Zur richtigen Zeit am perfekten Ort

Reise-Inspirationen für das ganze Jahr

Text von Wolfgang Rössig

Der Münchner Reiseautor und Fotograf Wolfgang Rössig war schon als Jugendlicher mit dem Interrail-Ticket in ganz Europa unterwegs. Auch während seines Romanistik- und Germanistikstudiums, später als Redakteur von Kindlers Neuem Literaturlexikon, nutzte er jede freie Zeit für ausgedehnte Reisen auf allen fünf Kontinenten. Inzwischen hat Wolfgang Rössig über 40 Reiseführer geschrieben und geht nach wie vor gern auf Entdeckungsfahrt.

INHALT

JANUAR

HAUPTSACHE WARM
10 Kambodschas Inseln
11 Dubai
11 Langkawi

KURZTRIPS
12 Usedom
14 Sauerland
15 Spitzingsee

ABENTEUER
16 Belize
17 Stockholm
17 Bwindi

MENSCHENLEER
18 Venedig
20 Chiemsee
21 Ecuadors Küste

VIEL ZEIT
22 Kolumbiens Karibikküste
24 San Juan del Sur
25 Tasmanien

SPARFUCHS
26 Corn Islands
27 Baracoa
27 Triglav

FAMILIE
28 Bayerischer Wald
29 Hurghada
29 Punta Cana

KULTUR
30 Guatemala
32 Rio de Janeiro
33 Myanmar

FEBRUAR

HAUPTSACHE WARM
36 Sri Lanka
37 San Blas Islands
37 Palawan

KURZTRIPS
38 Ibiza
39 Garmisch-Partenkirchen
39 Binche

ABENTEUER
40 Kilimandscharo
41 Kerala
41 Libanon

MENSCHENLEER
42 Lissabon
44 Lofoten
45 St. Petersburg

VIEL ZEIT
46 Australiens Südosten
48 Feuerland
49 Hokkaidō

SPARFUCHS
50 Budapest
51 Bansko
51 Vietnam

FAMILIE
52 Israel
54 Andamanenküste
55 Seiser Alm

KULTUR
56 Karneval in Port of Spain
58 Marrakesch
59 Singapur

MÄRZ

HAUPTSACHE WARM
62 Madeira
64 Halbinsel Samaná
65 Ghana

KURZTRIPS
66 Mallorca
68 Deutsche Weinstraße
69 Lago di Como

ABENTEUER
70 Dominica
72 Algarve
73 Annapurna

MENSCHENLEER
74 Florenz
75 Costa Rica
75 Spanische Estremadura

VIEL ZEIT
76 Amerikas Südwesten
77 Mendoza
77 Kirschblüte in Japan

54

SPARFUCHS
78 Tunesisches Djerba
79 Font Romeu
79 Utila und Roatán

FAMILIE
80 Kreta
81 Lappland
81 Serfaus-Fiss-Ladis

KULTUR
82 Teotihuacán
84 Petra
85 Pyramiden von Gizeh

APRIL

HAUPTSACHE WARM
88 Der Westen Zyperns
90 Riviera Maya
91 Lanzarote

KURZTRIPS
92 München
94 Wien
95 Ljubljana

ABENTEUER
96 Lake District
97 Los Glaciares
97 Bryce Canyon

MENSCHENLEER
98 Sark
99 Nationalpark Peneda-Gerês
99 Albanische Riviera

VIEL ZEIT
100 Madagaskars Norden
102 Kauai
103 Machu Picchu

SPARFUCHS
104 Bukovina
105 Pécs
105 Malediven

FAMILIE
106 Türkische Westküste
107 Gardasee
107 Bernina-Express

KULTUR
108 Sizilien
110 Paris
111 Madrid

MAI

HAUPTSACHE WARM
114 La Digue und Praslin
116 Costa Rica
117 Costa Amalfitana

KURZTRIPS
118 Kopenhagen
119 Salzkammergut
119 Elsass

ABENTEUER
120 Südafrikas Osten
122 Sognefjord
123 Abruzzen

MENSCHENLEER
124 Hebriden
125 Sylts einsamer Norden
125 Waldkarpaten

VIEL ZEIT
126 Uluru und Kata Tjuta
128 Camino de Santiago
129 Samarkand

SPARFUCHS
130 Istanbul
131 Lemberg
131 Zimbabwe

FAMILIE
132 Bodensee
134 Andalusien
135 Potsdam

KULTUR
136 Moskau
137 Berlin
137 Umbrien

JUNI

HAUPTSACHE WARM
140 Kykladen
142 Makarska Riviera
143 Korsika

KURZTRIPS
144 Amsterdam
145 Fränkische Schweiz
145 Luxemburg

ABENTEUER
146 Alaska
147 Cornwall
147 Etosha National Park

MENSCHENLEER
148 Schweden
149 Auvergne
149 Kurische Nehrung

VIEL ZEIT
150 Great Barrier Reef
152 Aitutaki
153 Huahine

SPARFUCHS

154 Bali
156 Bulgarien
157 Hainich

FAMILIE

158 Jütland
159 Irland
159 Schwarzwald

KULTUR

160 Rom
162 Delphi
163 Marseille

JULI

HAUPTSACHE WARM

166 Galicien
168 Languedoc
169 Sansibar

KURZTRIPS

170 Salzburg
172 Brügge
173 Liechtenstein

ABENTEUER

174 Island
176 Réunion
177 Kenia

MENSCHENLEER

178 Dalmatien
179 Finnland
179 Cairngorms

VIEL ZEIT

180 Marquesas
182 Australien
183 Neufundland

SPARFUCHS

184 Vilnius
185 Bolivien
185 Nordmazedonien

FAMILIE

186 Bretagne
187 Ko Samui
187 Amrum

KULTUR

188 Krakau
189 Tallinn
189 Belgrad

AUGUST

HAUPTSACHE WARM

192 Gotland
193 Lamu und Manda
193 Menorca

KURZTRIPS

194 Antwerpen
196 Delft
197 Hamburg

ABENTEUER

198 Großglockner
199 Montenegro
199 Chemin au fil du Doubs

MENSCHENLEER

200 Karelien
201 Sardinien
201 Färöer-Inseln

VIEL ZEIT

202 Amazonas
204 Westaustralien: Kimberley
205 Borneo

SPARFUCHS

206 Harz
207 Kantabrien
207 Sopoćani

FAMILIE

208 Französische Atlantikküste
210 Deutsche Märchenstraße
211 Südengland

KULTUR

212 Edinburgh
214 Riga
215 Telč

SEPTEMBER

HAUPTSACHE WARM

218 Costa de la Luz
220 Istrien & Kvarner Bucht
221 Îles d'Hyères

KURZTRIPS

222 Warschau
224 Weimar
225 Maastricht

ABENTEUER

226 Dordogne
227 Yukon
227 Iguazú

MENSCHENLEER

228 Kungsleden
229 Máni
229 Białowieża

VIEL ZEIT

230 Highway Number One
231 Westaustralien
231 Fernando de Noronha

SPARFUCHS
232 Gargano
233 Transsib
233 Sighişoara

FAMILIE
234 Rügen
236 Teneriffa
237 Korfu

KULTUR
238 New York City
240 Schlösser der Loire
241 Peking

OKTOBER

HAUPTSACHE WARM
244 Mayotte
246 Rhodos
247 La Palma

KURZTRIPS
248 Wachau
249 Ramsau & Konigssee
249 Barcelona

ABENTEUER
250 Provence
251 Yellowstone National Park
251 Sächsische Schweiz

MENSCHENLEER
252 Plitvicer Seen
253 Masuren
253 Kaieteur National Park

VIEL ZEIT
254 Yasawas & Mamanucas
256 Neues und altes China
257 Vermont

SPARFUCHS
258 Tiflis
259 Tunis
259 Hohe Tatra

FAMILIE
260 Malta
262 Gran Canaria
263 Türkische Südküste

KULTUR
264 Sevilla
266 Königsstadt Fès
267 Porto

NOVEMBER

HAUPTSACHE WARM
270 Fuerteventura
271 Uruguay
271 Costa Verde

KURZTRIPS
272 Helgoland
273 Wismar
273 Baden-Baden

ABENTEUER
274 Connemara
275 Aigües Tortes
275 Nepal

MENSCHENLEER
276 Neuschwanstein
277 Prag
277 Hiddensee

VIEL ZEIT
278 Kapstadt
280 Titicaca-See
281 Neuseelands Nordinsel

SPARFUCHS
282 Nilkreuzfahrt
284 London
285 Buenos Aires

FAMILIE
286 Florida
288 Mauritius
289 La Gomera

KULTUR
290 Rajasthan
292 Oaxaca & Chiapas
293 Toulouse

DEZEMBER

HAUPTSACHE WARM
296 Kapverdische Inseln
298 Grenadinen
299 Providenciales

KURZTRIPS
300 Lyon
301 Erfurt
301 Lüttich

ABENTEUER
302 Torres del Paine
304 Straße der Vulkane
305 Oman

MENSCHENLEER
306 Azoren
307 Ko Tarutao
307 Dawei

VIEL ZEIT
308 Queenstown
309 Alberta
309 Nordpatagonien

SPARFUCHS
310 Taghazout
311 Laos
311 Livigno

FAMILIE
312 Erzgebirge
313 Bahamas
313 Meiringen-Hasliberg

KULTUR
314 Bangkok
316 Havanna
317 Abu Dhabi

318 Register
320 Impressum

VORWORT

DAS PRINZIP

Warum es ausgerechnet Venedig im Januar sein muss? Dann ist es so schön menschenleer und im mysteriösen Winterlicht hat die Stadt einen besonderen Zauber. Der Großglockner im August ist nicht nur perfekt für Bergsportler, sondern auch für Familienurlaub oder Kurzreisen. Wonach der Sinn steht: Jeder Monat des Jahres hat sein eigenes Kapitel und verrät für jeden Reisewunsch die passenden und überraschenden Ziele. Einfach den Icons folgen und die Vielfalt unserer Welt neu entdecken – zur richtigen Zeit am perfekten Ort.

WAS SUCHEN SIE?

Hauptsache warm

Kurztrips

Abenteuer

Menschenleer

Viel Zeit

Sparfuchs

Familie

Kultur

REISEWÜNSCHE AUF EINEN BLICK

Die Grafik begleitet durch das Buch: Hier zeigt sich, welche Reisewünsche eine Destination zu einer bestimmten Jahreszeit erfüllen kann. Der Osten Südafrikas zum Beispiel ist im Mai nicht nur ideal für Abenteurer, sondern auch für alle, die keinen Zeitdruck haben und die Menschenleere schätzen.

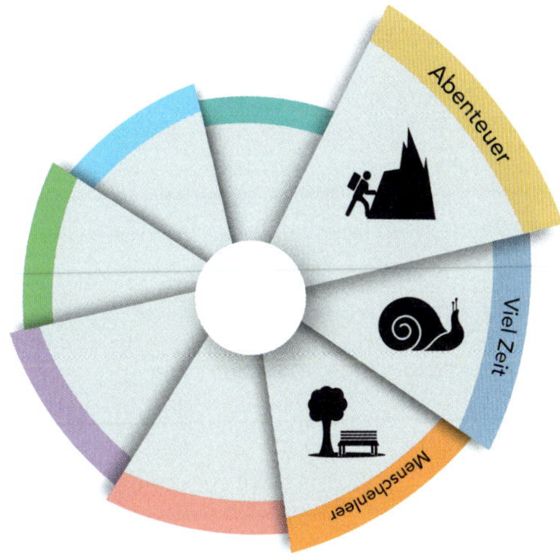

DIE DREHSCHEIBE

Kurztrip mit den Kumpels geplant, Sommerurlaub mit der Familie und noch keine Ahnung wohin? Einfach an der Scheibe drehen und voilá! Da ist die Antwort. Für jeden Reisewunsch, für jeden Monat. Der Reisekompass navigiert durch den Dschungel der Möglichkeiten und verrät die besten Ziele aus dem Buch.

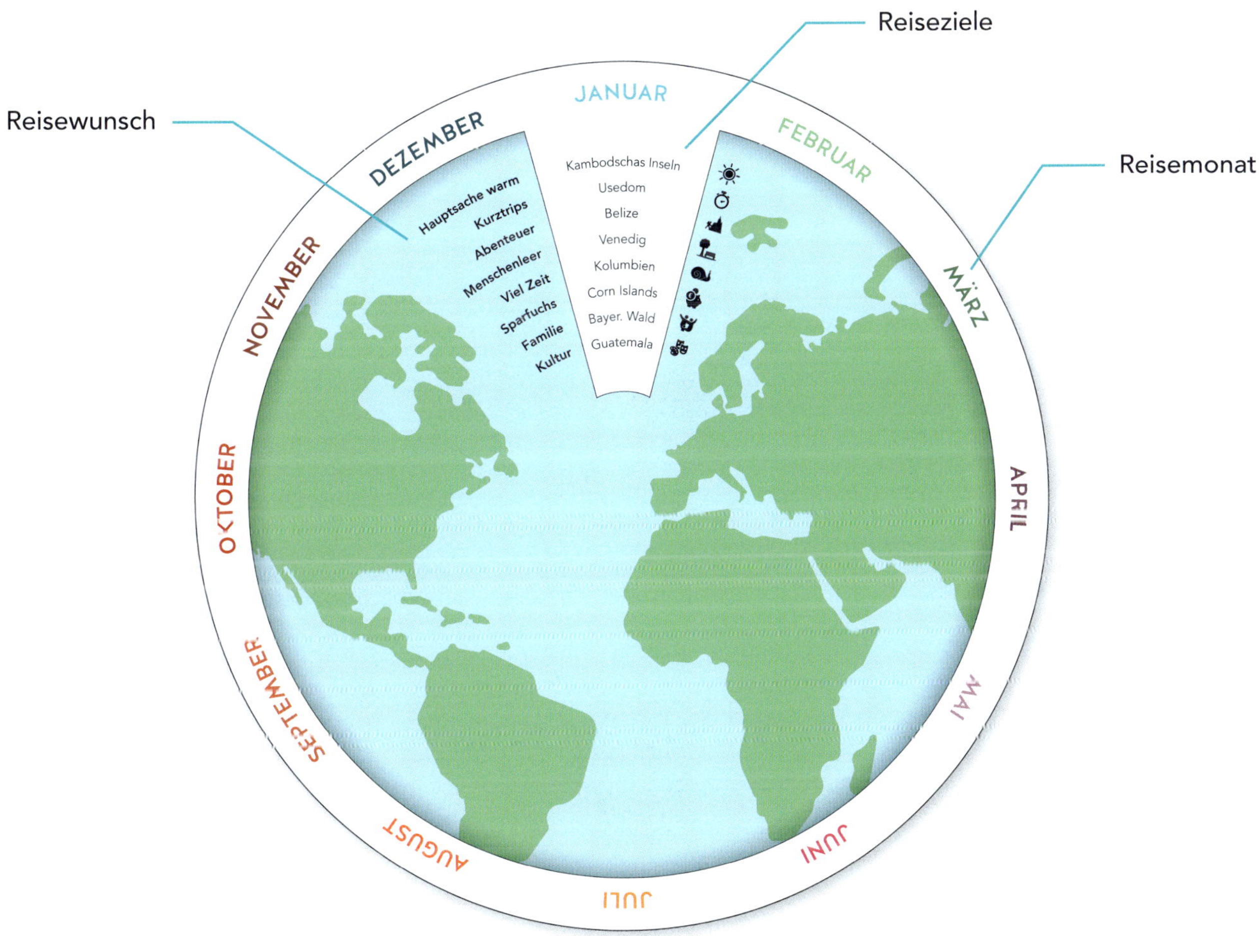

Ob die geheimnisvollen Tempel von Bagan (Foto), die Trauminseln von Kambodscha und Nicaragua, Venedig im mysteriösen Winterlicht, die Maya-Tempel in Guatemala, Wellness auf Usedom oder Wintersport im Bayerischen Wald – der Januar hat für jedes Bedürfnis perfekte Reiseziele zu bieten.

KAMBODSCHAS INSELN

TRAUMZIELE FÜR RUCKSACKREISENDE

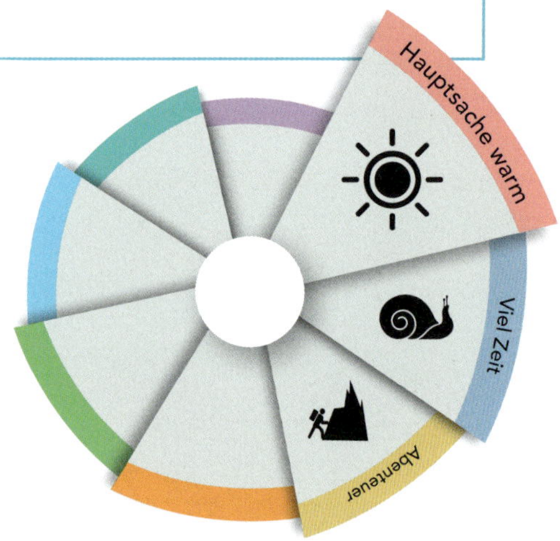

60 Trauminseln treiben vor der Küste Kambodschas im azurblauen Golf von Thailand. Meist sind sie leicht zugänglich, aber bisher weit weniger erschlossen als die Touristeninseln im Nachbarland Thailand. Auf einigen dieser Inseln wie Koh Russel oder Koh Dek Koul gibt es seit ein paar Jahren sehr komfortable Resorts für alle, die Traumurlaub mit dem entsprechenden Luxus schätzen. Doch anderswo sind weniger anspruchsvolle Rucksackreisende sehr willkommen. Sie nächtigen in rustikalen Bungalows am Strand und verbringen nicht selten gleich den ganzen Winter hier. Derzeit richten internationale Investoren ihren Blick auf das Backpacker-Paradies Koh Ta Kiev, was den preisbewussten Langzeiturlaubern natürlich etwas Sorgen bereitet.

PARADISE LOST?

Keinesfalls! Noch findet man auf der dicht bewaldeten Insel Koh Rong – von dem an der Festlandsküste gelegenen Sihanoukville in nur 45 Minuten mit dem Speedboot zu erreichen – auch günstige Quartiere. Auf Kambodschas zweitgrößter Insel ist wohl noch eine ganze Weile Platz für alle. Aquamarinfarbene kristallklare Wellchen laufen träge an endlosen, von Kasuarinen gesäumten Stränden wie dem Long Set Beach auf. Hier sieht es aus, als habe es über Nacht geschneit, so weiß ist der Sand. Noch immer findet man auf Koh Rong Abschnitte, die man nur mit Einsiedlerkrebsen teilt. Touristisch entwickelt und mit kleinen Guesthouses, Cafés, Bars, Strom und Internet ausgestattet ist eigentlich nur Koh Tui Beach, der Südwestzipfel der Insel – ein Paradies für partybegeisterte Backpacker, Schnorchler und Taucher. Bis Mitte Januar ist hier alles ausgebucht, danach wird es ruhiger. Eigentlich wurde Koh Rong schon vor Jahren an ein Konsortium verpachtet, das hier ein riesiges „Ökoresort" mit Yacht- und Flughafen bauen soll. Aber zum Glück wachsen in Kambodscha auch für schwerreiche Investoren die Bäume nicht in den Himmel. Und für Robinsons gibt es noch genügend andere Inseln wie Koh Ta Kieu und Koh Thmei zu entdecken.
Von Sihanoukville kann man übrigens geradezu spottbillig nach Siem Reap fliegen. Einem Spontanbesuch der Tempelanlage Angkor Wat steht daher auch Preisbewussten nichts im Wege.

Strandbungalows auf Koh Rong

DUBAI

EMIRAT MIT GLAMOUR

Winterlicher Spontantrip ins Warme mit Strand, internationaler Küche, Nightlife und Shopping bis zum Abwinken? Da ist Dubai kaum zu schlagen: Die Luxushotels überbieten sich mit Schnäppchenpreisen, wenn es nicht gerade das segelschiffförmige Burj al Arab mit seinen „7 Sternen" sein muss. Hier glitzert und funkelt einfach alles: die Schmuckauslagen im Deira Gold Souk, einem der populärsten Märkte Dubais, ebenso wie das nächtliche Farbspiel des 828 Meter hohen Wolkenkratzers Burj Khalifa. Auf der oberirdischen Metrofahrt bietet sich ein fabelhafter Blick auf die Skyline. Im milden Januar kommt man gerade recht zum Dubai Shopping Festival. Dann gibt es in den schillernden Malls hochwertige Designermode mit Abschlägen von bis zu 75 Prozent. Spottbillig sind auch die kleinen afghanischen, irakischen, syrischen, indischen und philippinischen Restaurants der asiatischen Kontraktarbeiter in den völlig sicheren Gassen von Deira am Nordufer des Dubai Creek. Das gesparte Geld kann man dann für eine wilde Sanddünentour mit dem Geländewagen in der Wüste verprassen.

Luxushotel Burj al Arab

LANGKAWI

MALAYSIAS GROSSE TRAUMINSEL

Ausblick auf Langkawi vom Cable Car Viewpoint

Während an der Ostküste Malaysias der Monsun sintflutartige Regenfälle bringt, ist es an der ohnehin schöneren Westküste im Januar sonnig und trocken. Auf dem 30 Kilometer vor der Küste an der Grenze zu Thailand gelegenen Langkawi, der größten Insel eines ansonsten weitgehend unbesiedelten Archipels, laden hochelegante Resorts zu stilvollem Urlaub an perfekten Stränden ein. In den Orten Cenang und Tengah gibt es auch wesentlich preiswertere Unterkünfte. Shopping ist auf Langkawi besonders günstig, denn auf der Insel herrscht Zollfreiheit. Eine der größten Attraktionen ist die Seilbahn Langkawi Cable Car, die auf den Gipfel des Gunung Machinchang (710 Meter) führt. Die Aussicht auf die Urwälder und die Andamanensee ist nicht zu toppen. Dschungeltrips, Ziplining über rauschenden Wasserfällen und Mangrovensafaris mit dem Kajak sorgen für unvergessliche Naturerlebnisse.

USEDOM

WINTERLICHE REIZE DER OSTSEEINSEL

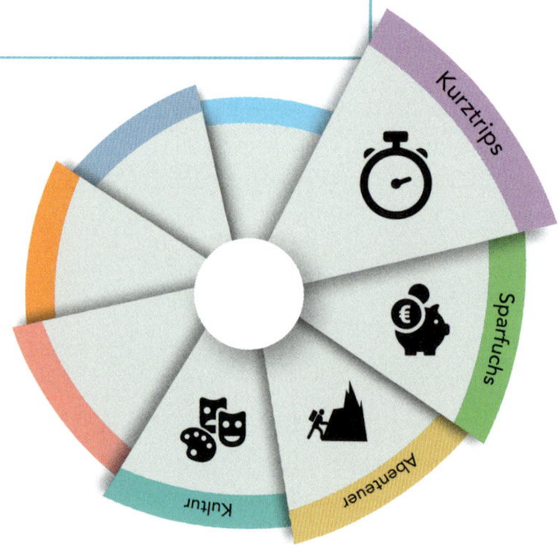

Über Nacht hat ein steifer Nordwind den Himmel über Usedom blank geputzt, das Zartrosa des späten Morgens geht über in ein unwirkliches silbriges Blau. Raureif liegt auf den Dünengräsern, die elegante alte Seebrücke von Ahlbeck, die noch jeder Sturmflut getrotzt hat, hat sich eine Schneehaube aufgesetzt. Der Sturm türmt glitzernde Eisschollen in bizarren Formen am brettharten Strand auf, als hätte Caspar David Friedrich sie dort hingemalt.
Während sich so mancher Wintergast noch sein üppiges Hotelfrühstück schmecken lässt, inspizieren einige dick eingepackte Gestalten den Flutsaum. Nach stürmischen Winternächten versteckt sich angespülter Rohbernstein zwischen Treibholz, Kohlestückchen und Tang. Im Loddiner Bernsteinbasar gibt's eine schöne Auswahl an Bernsteinschmuck und wertvolle Tipps zum Selbersammeln, damit man nicht aus Versehen braune Feuersteine oder gar gefährlichen weißen Phosphor aufsammelt.

WELLNESS-URLAUB VOM FEINSTEN

Berlin liegt nur zweieinhalb Stunden entfernt, und die Hoteliers von Usedom haben längst begriffen, wie man winterfeste Kurzurlauber auf die Insel zieht: mit einem erlesenen Wellness-Angebot. Die Spa-Hotels in Bansim, Heringsdorf und Ahlbeck locken mit ganzjährig beheizten Panoramapools, Saunalandschaften vom Feinsten und Beauty-Lounges. Bei den Massagen, Schönheitsbehandlungen, Strand- und Meersandpeelings greift man gern auf das zurück, was die Natur Usedoms liefert, zum Beispiel auf Heringsdorfer Sole. Definitiv „lokal" ist auch die Bernstein-Massage, bei der kundige Hände den Körper in kreisenden Bewegungen mit dem „Gold des Meeres" verwöhnen. Wer es exotischer mag, entscheidet sich für eine Hot-Stone- oder hawaiianische Lomi-Lomi-Massage.
Winterlichen Badespaß gibt es auch in der Ostseetherme Usedom und in der Bernsteintherme Zinnowitz mit Meerwasserhallenbad und Strandsauna. Während draußen die Ostsee mit 50 Shades of Grey spielt und der Wind mit Regenschauern an die Panoramascheiben trommelt, lässt man es sich drinnen bei „muggeliger" Wärme gut gehen. Einfach mal abschalten, den Alltagsstress vergessen und den Akku wieder aufladen.

WINTERLICHES OUTDOOR-VERGNÜGEN

Dann aber bricht die Sonne wieder durch, denn das tut sie hier auch im Winter oft. Also raus aus der Wohlfühlzone und rein in die Winterjacken! In Mütze, Schal und Handschuhen den Wolken nachgucken, den klagenden Möwen lauschen, die nackten Füße mal in den kalten Sand graben oder gar in die See tauchen: ein kostenloses Kneipp-Programm, das nicht nur die Durchblutung fördert. Und vor allem Luft holen, viel Luft, denn die ist so frisch und klar. Bretthart ist jetzt der Sand, ideal für eine Jogging- oder Nordic-Walking-Tour an der tosenden Brandung. Oder warum nicht mal ins Hinterland fahren und in der „Usedomer Schweiz" den stolzen, 40 Meter hohen „7-Seen-Berg" besteigen? Auch verschneit bietet die Landschaft mit tatsächlich sieben Seen – und natürlich der Ostsee – einen zauberhaften Anblick. Weitere Tipps für Winteraktive: Schlittschuhlaufen in der Eisarena Usedom. Oder vielleicht lieber Eisstockschießen? Zum Glück findet das Usedomer Winterbadespek-

UND ÜBRIGENS ...

Ende Januar keinesfalls das Winterstrandkorbfest versäumen! Bei der Weltmeisterschaft im Seebad Ahlbeck müssen Teilnehmer im Team über 20 Meter mit einem Strandkorb sprinten – angefeuert von begeisterten Zuschauern, die dabei gemütlich ihren Glühwein schlürfen.

takel erst im Februar statt: Im Januar kann man sich also ganz wunderbar vor dieser Mutprobe in den eisigen Fluten der Ostsee drücken. Aber nur davor!

Oben: Winterlicher Dünenstrand auf Usedom
Unten: Am Pier von Ahlbeck

SAUERLAND

WINTERZAUBER IN WESTFALEN

DORADO FÜR WINTERSPORTLER

Wo fahren eigentlich all die Kölner, Düsseldorfer und Dortmunder hin, wenn sie im Winter mal raus möchten, aber die Alpen für ein Wochenende im Schnee doch zu weit sind? Winterberg im Rothaargebirge ist einer der bekanntesten Wintersportorte Deutschlands, jedenfalls bei allen, die nördlich des Weißwurstäquators wohnen. Am 842 Meter hohen Kahlen Asten und dem Nachbargipfel Bremberg lockt das Skiliftkarussell Winterberg mit fast 28 präparierten und nahezu allesamt beschneiten Pistenkilometern. Anfänger treffen sich an den Übungsliften Herrenloh, auf den Pisten am Bremberg und am Käppchenhang. Für geübte Fahrer empfiehlt sich die Slalomstrecke, die steilste Abfahrt nördlich der Alpen, oder der schwarze Hang an der St. Georg Schanze. Jeden Mittwoch, Freitag und Samstag sind 14 Pisten des Skigebiets zwischen 18.30 und 22 Uhr beleuchtet und für den Skibetrieb geöffnet. Auch drei der zehn Rodelhänge besitzen eine Flutlichtanlage. Auf der Bobbahn Winterberg werden sogar Weltcuprennen im Bob- und Rodelsport ausgetragen. In einem Taxibob kann man als Passagier mit einem erfahrenen Bobpiloten die Bahn hinuntersausen. Für Langläufer werden in der Region 165 Kilometer Loipen gespurt. In Züschen gibt es eine Snow-Tubing-Bahn. Hier rutschen begeisterte kleine und große Kinder auf riesigen Gummireifen talwärts.

Sonnenaufgang am Kahlen Asten bei Winterberg

UNTERIRDISCHE WUNDERWELT

Auf der Fahrt von Rhein und Ruhr nach Winterberg lohnt sich ein Stopp bei der alten Hansestadt Attendorn, denn hier ist die Wunderwelt der sauerländischen Atta-Höhle zu bewundern. Schon seit 400 Millionen Jahren, als sich Kalkgebirge in den Korallenriffzonen des devonischen Meeres bildeten, gluckst und tropft hier das Wasser. Jährlich bestaunen an die 350 000 Besucher das ausgedehnteste zusammenhängende Höhlensystem Deutschlands, aber im Winter gibt's das Erlebnis ohne Menschenmassen: bis zu vier Meter lange, kunstvoll gewachsene Stalagmiten und Stalaktiten, steinerne Faltenwürfe, die „Sinterfahnen" genannt werden, milchweiß wie Alabaster leuchtendes Gestein, das Farbenspiel der Minerale und dazwischen kleine Seen mit glasklarem Wasser. Die bizarren Felsformationen beflügeln die Fantasie: Die Alhambra-Halle erinnert tatsächlich an die Maurenburg in Andalusien, und die Tropfsteine in der Orgelgrotte sehen verblüffend ähnlich aus wie Pfeifen. Jahraus, jahrein ist es hier neun Grad kühl, und die Luft ist – mit einer Feuchtigkeit von 95 Prozent – sauberer als im Hochgebirge oder an der See: völlig staub-, keim-, allergen- und ozonfrei.

SPITZINGSEE

SKIPARADIES IN DEN SCHLIERSEER ALPEN

Mit seinen beiden Skibergen zählt der oberbayrische Spitzingsee zu den beliebtesten Münchner Ausflugszielen, denn mit dem Auto ist man schon in einer Stunde da. Selbst Langschläfer schaffen es daher rechtzeitig zu den schneesicheren Abfahrten um Stümpfling und Firstalm. Ruhiger geht es am gegenüberliegenden Taubenstein zu. 25 Kilometer präparierte Abfahrten gibt es, die längste ist mit vier Kilometern die Rosskopf-Grünsee-Abfahrt. Langläufer wissen die sieben Kilometer lange, besonders schöne Valepper Almenloipe zu schätzen, die am Albert-Link-Haus startet. Der vom Head-Shaper Martin Poschenrieder gestaltete Snowpark beim Nordhanglift direkt unterhalb der Brecherspitze zählt mit seinen Kickern, Rails, Boxen und Jib-Tonnen für alle Könnerstufen in der Snowboarder-Szene zu einer Topadresse. Hier trainieren Weltcup-Sieger und Olympioniken, und das unter den Augen der Zuschauer, die sich auf der Sonnenterrasse der Unteren Firstalm eine heiße Schokolade oder einen Jagertee gönnen, während sie die waghalsigen Sprünge der Snowboarder bewundern. Tatsächlich schwingt sich nämlich so mancher Ausflügler hier auf 1300 Metern Höhe gar nicht erst auf die Bretter, sondern genießt einfach nur die herrlichen Aussichten und eine herzhafte Brotzeit, bevor es am Abend wieder in die meist unverschneite Landeshauptstadt zurückgeht.

Rechts: Zünftige Skihütte
Unten: Über den Wolken der Schlierseer Alpen

BELIZE

KARIBIK IM FARBRAUSCH

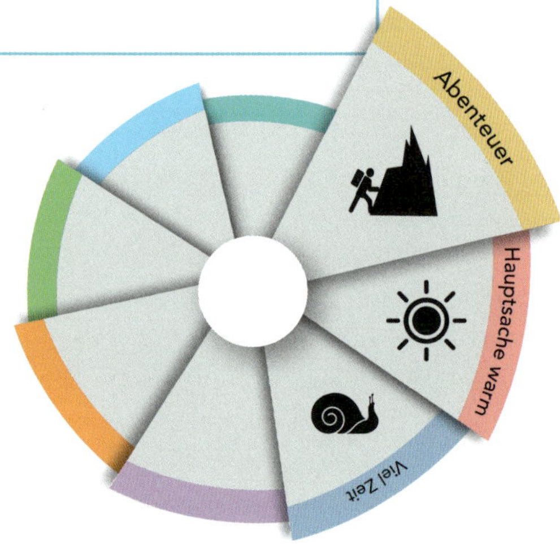

Das kleine Land zwischen Mexiko und Guatemala zählt zu den Topzielen für Taucher. Und wer die Karibikküste mit ihren blendend weißen Sandstränden entlangfliegt, versteht sofort, warum das so ist. Das größte Barriereriff der westlichen Hemisphäre und über 200 Inselchen, „Cayes" genannt, sorgen für traumhafte Bedingungen unter Wasser. Man taucht in unfassbar bunte Canyons, die von Elchhorn-, Hirschhorn- und Hirnkorallen geschaffen wurden.

Vom Helikopter aus bietet das Blue Hole Natural Monument auf dem Lighthouse-Atoll, ein tiefblauer perfekter Kreis inmitten einer türkisblauen See, einen geradezu surrealen Eindruck, besonders wenn auch noch ein Boot seine weiße Gischt im Fahrwasser hinterlässt. Die eingebrochene Doline mit 310 Metern Durchmesser fällt 135 Meter tief ab. Jacques-Yves Cousteau erklärte sie 1971 zu den zehn besten Tauchspots der Welt. Das ist sie aber, pardon Monsieur, nur, wenn man düstere Unterwasserhöhlen in anspruchsvoller Tiefe von 40 Metern mit – zugegeben – faszinierenden Stalagmiten- und Stalagtitenformationen mag.

Zauberwelt unter Wasser

CAYES UND ATOLLE

Auf Ambergris Caye, der größten Insel ganz im Norden, die Madonna einst als „Isla Bonita" besang, kommt man dem Belize Barrier Reef am nächsten. Hier landen Flugzeuge aus Belize City, deren Passagiere umgehend von Tauchveranstaltern empfangen werden, und schon kurze Zeit später geht es hinab in die Zauberwelt des wohlbehüteten und streng kontrollierten Schutzgebiets Hol Chan Marine Reserve. Nur zehn Meter tief ist dieser Einschnitt im Barriereriff, aber die starke Strömung sorgt für eine unglaubliche Artenvielfalt. In der Shark Ray Alley schwimmt man in seichtem Wasser mit Ammenhaien und riesigen Stachelrochen.

Weiter südlich liegt das relaxte Caye Caulker, Sprungbrett zu den paradiesischen Tauchrevieren Turneffe, Lighthouse (mit dem berühmten Blue Hole) und Glover's – drei von insgesamt nur vier echten Korallenatollen auf der westlichen Erdhalbkugel. Vielleicht ist das am weitesten vom Festland entfernte und damit am wenigsten besuchte Glover's Reef das beste Tauchrevier von Belize. Aber bitte nicht weitersagen!

STOCKHOLM

SCHWEDEN AUF EIS

Eisskater auf dem Mälarsee vor Stockholms Altstadt Gamla Stan

Von der „schwimmenden Stadt“ schwärmte die Graugans Daunenfein in Selma Lagerlöfs „Wunderbaren Reise des kleinen Nils Holgersson mit den Wildgänsen“, und tatsächlich ist Stockholm vom Wasser aus am schönsten. Im Winter scheint die Stadt oft zwischen Schnee und Nebel zu schweben, bis eine plötzlich durchbrechende tiefstehende Januarsonne die Silhouette in intensive Gelb- und Orangetöne taucht. Jetzt verwandeln die knackig-kalten, oft trockenen und erstaunlich sonnigen Tage Stockholms Seen- und Schärenlandschaften in Europas bestes „Schlittschuhgewässer“ (skridskovatten). Die Ostsee gleicht einer marmorierten, mit Eisblumen überzuckerten Fläche, auf der man mühelos von einer Schäreninsel zur nächsten gleitet. Wenn kein Schnee liegt, übt das besonders klare Spiegeleis des Mälarsees, den die Wintersonne zum Leuchten bringt, eine besondere Faszination auf Skater aus. Natürlich organisieren eine Reihe von Reiseagenturen fröhliche Ausflüge mit viel Aquavit.

BWINDI

SILBERRÜCKEN IN UGANDA

Auf Tuchfühlung mit den Silberrücken in Ugandas Regenwald zu gehen zählt zu den eindrucksvollsten Tiererlebnissen in Afrika. Die Berglandschaft des „undurchdringlichen Waldes von Bwindi“ im Südwesten des Landes, ein 331 Quadratkilometer großes Weltnaturerbe, zählt zu den besten Orten, diese faszinierenden Primaten aus aller Nähe in freier Wildbahn zu erleben, denn hier lebt mit etwa 400 Tieren ungefähr die Hälfte aller Berggorillas dieser Welt. Sogar die letzte Eiszeit haben diese Wälder überstanden, deren Biodiversität aufgrund der Höhen von 1160 bis 2607 Metern nahezu unglaublich ist: Waldelefanten, elf Primatenarten, Goldkatzen und über 350 Vogelarten sind hier heimisch. Im Winter regnet es am wenigsten, was die Gefahr unpassierbarer Wege durch Erdrutsche reduziert. Hauptattraktion ist natürlich Gorilla-Trekking mit kenntnisreichen Führern. Man muss wissen, dass pro Tag nur maximal 96 Permits ausgestellt werden und diese in der Hauptsaison 600 Dollars kosten. Aber das Erlebnis ist jeden Cent wert.

Berggorilla in Uganda

VENEDIG

LA SERENISSIMA IM WINTER

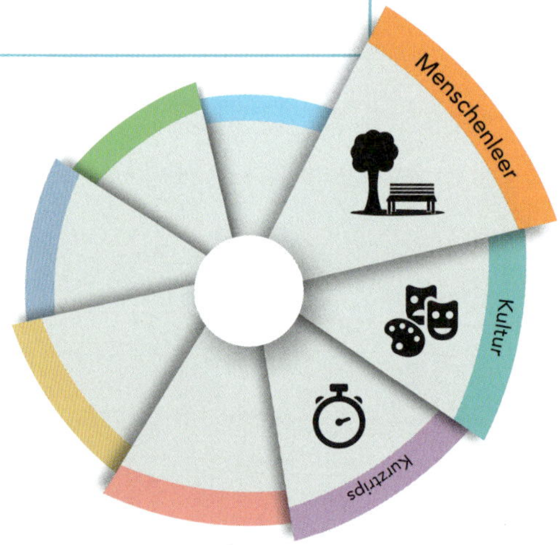

Traditionelle Gondel

Der Literaturnobelpreisträger Joseph Brodsky konnte sich nicht vorstellen, jemals im Sommer nach Venedig zu fahren, in jene brütende Schwüle, in der Thomas Mann den Künstler Aschenbach einen tragischen Tod sterben lässt.

WINTERZAUBER IN SEPIA

Nein, man muss keine Todessehnsüchte hegen, um das winterliche Venedig vorzuziehen, wenn sich die Stadt von ihren über 20 Millionen Touristen erholt, die jedes Jahr wie die Taubenschwärme auf dem Markusplatz über die Serenissima herfallen. Im Januar sitzen selbst Venezianer am Canal Grande, um mit Blick auf die Rialtobrücke ein paar „cicchetti" genannte Häppchen zu genießen. Unbedingt im Januar, nicht im Februar, wenn die Venezianer vor dem Karneval fliehen, der nur noch ein schwacher Abglanz der sinnenfrohen Zeit Casanovas ist. An nebligen Januartagen, wenn nur noch die gespenstischen Nebelhörner der Kreuzfahrtschiffe die Stille der autofreien Stadt durchdringen, verwandeln sich die filigranen gotischen Fenster des Ca' d'Oro in Schattenrisse, bis die Strahlen der Wintersonne goldene Kringel auf die tanzenden Wellen der Kanäle malen und Venedig in die unwirklichen Sepiatöne der Photochrombilder aus dem späten 19. Jahrhundert tauchen. Dann lichten sich die Nebelschwaden, und die Farben der Lagunenstadt leuchten mit klarer silbriger Transparenz, wie man sie aus den Gemälden Canalettos kennt. Im wärmenden Sonnenlicht genießt man im berühmten Caffè Florian auf der Piazza San Marco einen „Spritz", wo man gestern noch in Gummistiefeln auf Holzbohlen über das „Aqua alta" genannte Hochwasser balancierte

UND ÜBRIGENS ...

Auch im Winter sind die Unterkünfte in Venedig recht teuer. Wesentlich preiswerter übernachtet man im schönen Padua. Mit dem Zug sind es von hier nur 30 Minuten bis zum Canal Grande.

Winterstimmung am Canal Grande

– ein ständiges „Memento mori“ an die versinkende Lagunenstadt –, und taucht in das Dämmerdunkel des Markusdoms ein, dessen goldene Mosaiken eine mystische Stimmung schaffen, die im Sommer im Lärm der Touristenmassen untergeht.

STREIFZÜGE DURCH VENEDIG

Nein, bitte Venedig nicht auf den Spuren der altbackenen Filmkrimis von Donna Leon erforschen, in denen die Lagunenstadt nur wohlfeile Staffage ist, sondern lieber den Thriller von Ian McEwans „Der Trost von Fremden“ einpacken, der mit den fatal-dunklen, mysteriösen, gefährlichen Seiten Venedigs spielt. Und nur an nebligen Wintertagen verspricht die Suche nach den dunklen Bogengängen und matt erleuchteten Brücken hinter der Fondazione Querini Stampalia wirklich Erfolg, über die im Spielfilm „Wenn die Gondeln Trauer tragen“ des britischen Regisseurs Nicolas Roeg aus dem Jahr 1973 immer jene ominöse Figur im roten Mantel huscht. Nie wurde Venedig morbider in Szene gesetzt als in dieser verfilmten Erzählung von Daphne du Maurier über Obsessionen und den Tod.

Auch um die nicht aufzuzählenden Kunstschätze Venedigs zu besichtigen, ist der Januar die beste Zeit. Selbst im Winter ist man zwar nicht allein mit der byzantinischen Altartafel Pala d'Oro in der Markuskirche, mit Tintoretto, Bellini, Tizian, Veronese, Tiepolo, Carpaccio und Canaletto in der Galleria dell'Accademia und mit den Expressionisten der Collezione Peggy Guggenheim. Aber man kann sie in Ruhe genießen und zwischen den Museumsbesuchen all die „Itinerari Segreti“ entdecken, die „geheimen Wege“, die durch Venedig führen – sei es auf einem Streifzug durch die Giudecca, das älteste Ghetto der Welt oder bei einem Besuch des Dogenpalasts mit seiner Folterkammer und seinen Bleikammern unter dem Dach, aus denen Casanova eine spektakuläre Flucht gelang. Und wenn dann die Abendsonne die Kuppeln von Santa Maria della Salute in tiefes Rot taucht und über dem Markusplatz Eimer voll Goldfarbe ausschüttet, dann wird man – wie Rainer Maria Rilke – lernen, die „verdrießliche Hast“ der Venedig-Touristen abzulegen. Und ihre Blindheit, mit der sie „an tausend leisen Schönheiten vorbei zu jenen offiziellen Sehenswürdigkeiten hin“ laufen.

CHIEMSEE

AM BAYERISCHEN MEER

Zarte Nebelschwaden hüllen den See in silbriges Grau. Wie eine Fata Morgana gleitet ein Fischerboot über die spiegelglatte Wasserfläche. Manchmal sorgen die frostigen Temperaturen sogar dafür, dass der Chiemsee in der Schafwaschener Bucht sowie zwischen Prien und der Herreninsel zufriert. Hunderte von Menschen wandern dann auf dem glasklaren Eis hinüber zur Herreninsel, die kein Schiff mehr ansteuert. Zuletzt konnte man das Schauspiel 2017 beobachten. Eine offizielle Freigabe zum Betreten erteilt die Wasserschutzpolizei aber nie. Es geschieht stets auf eigene Gefahr. Wenn die Leute von Rimsting ihr Eisstock-Turnier auf dem See ausrichten wollen, muss das Eis schon 15 Zentimeter dick sein.

MÄRCHENIDYLL UND KLOSTERLEBEN

Aber meist verkehren die Boote. Das verschneite Königsschloss Herrenchiemsee, das ganz private Versailles des Märchenkönigs Ludwig II., wirkt jetzt – ohne die sommerlichen Besuchermassen – wie aus der Zeit gefallen. Fast allein wandelt man durch die goldstrotzende Spiegelgalerie und bewundert das versenkbare Tischleindeckdich im Speisezimmer, das unbenutzt blieb, und das prunkvolle Paradeschlafzimmer, in dem der König keine einzige Nacht verbrachte.

Der stahlblaue Januarhimmel gibt einen gestochen scharfen Blick auf die Schneegipfel der Alpen im Süden frei. Raureif liegt jetzt auf den Rosenstöcken, die Schwester Katharina auf der benachbarten Fraueninsel so liebevoll im Garten von Kloster Frauenwörth pflegt. Wo im Sommer jeden Tag bis zu 5000 Tagesgäste die winzige Insel stürmen, ist man im Winter zumindest unter der Woche fast allein mit den Einheimischen. Wer zwischen Weihnachten und Lichtmess (2. Februar) kommt, lernt die zweite große Passion der Ordensschwester kennen: die liebevoll betreute, kostbare barocke Weihnachtskrippe mit der Anbetung der Hirten und der Heiligen Drei Könige. Besonders zauberhaft ist die Figur des „tanzenden Jesuleins von Frauenwörth“, das den Heiligen Drei Königen bei der Huldigungsszene mit der zum Friedenszeichen erhobenen Hand auf einer Chiemseewelle entgegentanzt.

Nur alle drei Jahre bauen die Nonnen von Frauenwörth in der Irmengardkapelle ihre größte Kostbarkeit auf: eine Krippe, deren prunkvoll nach der Mode am kurfürstlichen Hof gewandete Figuren die Hochzeit zu Kana nachstellen, auf der Jesus als Gast Wasser in Wein verwandelt. Im Winter 2021/22 ist es das nächste Mal wieder so weit.

Blick von Gstadt auf die Fraueninsel

ECUADORS KÜSTE

VERWUNSCHENES NATURPARADIES AM PAZIFIK

Oben: Playa Los Frailes im Nationalpark Machalilla
Rechts: Blaufußtölpel

An Ecuadors Pazifikküste liegen herrliche Strände, die in Europa kaum jemand kennt, und an manchen ist man wirklich fast allein. Während weiter südlich in Peru der Humboldtstrom mit Seenebel und eiskaltem Wasser oft die Badefreude trübt und die Surfer dort in Neoprenanzügen bibbern, herrschen nördlich der schwülheißen Küstenstadt Guayaquil traumhafte Bedingungen. Zwar sind die Hausstrände der Guayacos alles andere als menschenleer, doch rund um Puerto López, wo es einige Unterkünfte für Rucksackreisende gibt, ist es himmlisch ruhig. Die trockenen tropischen Küstenwälder des Parque Nacional Machalilla säumen herrliche Strände, die aber nur mit Mototaxis über unbefestigte Pisten zu erreichen sind. Hotels darf hier zum Glück niemand bauen. Besonders schön ist die von mächtigen Felsvorsprüngen eingerahmte, feinsandige Playa Los Frailes, die man am frühen Morgen oft ganz für sich allein hat.

Mit dem Mototaxi kann man von Puerto López auch nach Agua Blanca fahren, um von dort aus einen zweistündigen Waldspaziergang zu unternehmen und die grandiose Aussicht auf die dramatische Küstenlandschaft zu genießen. Weiter landeinwärts geht der Trockenwald in den Nebelwald von San Sebastián über, in dem Brüllaffen, Ameisenbären und über 300 Vogelarten leben. In Puerto López starten Bootsausflüge zur Isla de la Plata, auf der Sir Francis Drake einen Silberschatz versteckt haben soll – daher der Name. Die Insel gilt als „Galapagos-Ersatz" für Leute mit knappem Reisebudget. Hier tummeln sich Blaufußtölpel, Maskentölpel und Fregattvögel, nur keine Menschenmassen.

KOLUMBIENS KARIBIKKÜSTE

TRAUMSTRÄNDE UND KOLONIALROMANTIK

Cartagena – Sehnsuchtsziel aller Piraten und Traum aller Liebhaber spanischer Kolonialstädte und mitreißender karibischer Musik. In der klaren karibischen Januarsonne leuchtet die Altstadt in allen Regenbogenfarben, und das Hay Festival sorgt am Ende des Monats für ein echtes kulturelles Highlight.

VON KOLONIAL BIS LOKAL

Die mächtige Stadtmauer stammt aus der Zeit, als Spanien in Cartagena de Indias die Schätze der Neuen Welt hortete, bevor sie nach Spanien verschifft wurden. Beim ziellosen Bummel durch die engen Gassen der Altstadt sieht man sich gar nicht satt an all den pastellfarbenen Kolonialgebäuden mit ihren schmiedeeisernen Balkonen, die üppig mit Bougainvilleen geschmückt sind. Ab und zu weicht man einer Pferdekutsche aus oder gibt einem Straßenhändler mit freundlichem Lächeln einen Korb. Bei Sonnenuntergang bietet sich vom Kloster Convento de la Popa auf dem Popa-Berg ein berückender Ausblick auf Stadt und Meer.

Nicht nur die spanischen Konquistadoren und Kolonisten, sondern auch die zwischen dem 16. und 19. Jahrhundert über Cartagena nach Kolumbien gebrachten Sklaven haben der Stadt ihren kulturellen Stempel aufgedrückt. Dementsprechend facettenreich sind die hier lebenden Menschen, ihre Musik und ihre Traditionen. Filigraner Goldschmuck prähispanischer Kulturen, erlesene spanische Kolonialkunst, aber auch farbenfrohe, afrikanisch inspirierte Bilder, Holzmasken und Schnitzereien: In Cartagenas Museen wird es ganz bestimmt nicht langweilig. Und auch die Kirchen sind verschwenderisch mit schönstem Barock ausgestattet. Der faszinierende Mix der Kulturen sorgt auch für ein turbulentes Nachtleben. Also, nichts wie raus aus dem Hotel und rein ins Nachtclubviertel Getsemaní. Hier schallen Cumbia- und Salsa-Rhythmen fast aus jedem Fenster, und das Nachtleben ist definitiv „lokal".

VAMOS A LA PLAYA

Während sich am Stadtstrand von Cartagena eher die Pauschaltouristen tummeln, lockt 35 Kilometer südwestlich der Stadt mit den Islas del Rosario ein Archipel kleiner Koralleninseln mit weißen Sandstränden und türkisfarbenem Wasser. Noch weiter südlich liegt das Archipel der zehn Islas de San Bernardo, dessen Traumstrände bislang fest in der Hand der Einheimischen sind. Kolumbiens Hochburg für Strandurlauber ist jedoch Santa Marta an der östlichen Karibikküste. An den von zahlreichen Hotels gesäumten Stränden machen vor allem Einheimische Urlaub, während internationale Rucksacktouristen das vier Kilometer nördlich gelegene Fischerdorf Tanganga zur Partymetropole umfunktioniert haben und es als Tauchbasis und Sprungbrett für Ausflüge in den Parque Nacional Tayrona nutzen. Und dieser Nationalpark ist nun wirklich einer der schönsten in der gesamten Karibik. Das Dörfchen Palomino, das östliche Tor zum Nationalpark, bietet nicht nur einen fabelhaften Palmenstrand mit Urwaldkulisse, sondern an klaren Tagen eine Traumaussicht auf die fast 6000 Meter hohen Schneegipfel der Sierra Nevada de Santa Marta. Vor Ort werden Tubing auf dem Río Palomino sowie Ausflüge in den Urwald zu Wasserfällen und natürlichen Badeteichen angeboten. In Punta Cañaveral übernachtet man hoch über dem Meer in „Ecohabs" genannten Lu-

UND ÜBRIGENS …

Fünf Tage dauert die in Santa Marta organisierte Wanderung zur Ciudad Perdida. Auf den Steinterrassen der vor 1500 Jahren mitten im Dschungel erbauten Hauptstadt der indigenen Tayrona fühlt man sich wirklich wie Indiana Jones.

xus-Cabañas. Zum Strand von Arrecifes läuft man etwa eine Stunde durch jungfräulichen Regenwald, von hier ist es eine weitere Stunde zum nicht minder paradiesischen Strand El Cabo. Riesige Felskugeln sprenkeln die Buchten, als hätten Dinosaurier hier ihre Eier hinterlassen. Mancherorts plätschert türkisfarbenes Meer sanft in idyllischen Bade- und Schnorchelbuchten, doch schon hinter dem nächsten felsigen Ausläufer der Sierra Nevada kann der Atlantik mit mächtigen Wellen an Land branden. Nur ein paar einfache Cabañas gibt es hier, aber viele Besucher knüpfen einfach ihre Hängematte zwischen zwei Palmen am Strand. Preiswerte kleine Restaurants servieren frischen Fisch und Meeresfrüchte. Hier kann man verloren gehen.

Oben: Blumengeschmückte Altstadtgasse in Cartagena
Unten: Koralleninseln Islas del Rosario

SAN JUAN DEL SUR

SURFERPARADIES IN NICARAGUA

Costa Rica gilt als Mittelamerikas Surferhochburg, doch Eingeweihte überqueren einfach die Grenze ins nördlich gelegene Nicaragua, wenn sie sich nicht gleich mit Shuttles vom Internationalen Flughafen im costaricanischen Liberia abholen lassen. Es dürfte der einzige Flughafentransfer der Welt sein, auf dem man binnen zwei Stunden gleich zwei Ozeane kennenlernt, denn die Fahrt führt auch an Nicaraguas Karibikküste entlang.

PARADIES FÜR SURFER

Das tiefenentspannte Städtchen San Juan del Sur lockt mit pazifischen Traumwellen und 300 Tagen Offshore-Wind pro Jahr. Im Januar sind die Bedingungen perfekt. Ideales Revier für Anfänger ist die Playa Remanso, eine kleine Bucht mit sanfter Brandung. Profis lieben die Playa Hermosa, die mit gleich fünf Breaks lockt. Und es gibt noch viele weitere Traumstrände.

Die von den Einheimischen sehr freundlich empfangenen Gringos gehen respektvoll mit diesem fast noch „geheimen" Hotspot der Wellenreiter um. Man genießt die unbeschwerte karibische Atmosphäre der alten Fischergemeinde, und kein Mensch stört sich daran, dass gelegentlich auch Kühe in den Wellen planschen. In den pastellfarbenen Häusern an der palmengesäumten Halbmondbucht sind heute viele fröhliche Hostels, Boardshops und Backpacker-Bars untergebracht, aber niemand schottet sich hier ab. Da auch die Preise niedriger sind als im benachbarten Costa Rica, verlängern viele ihren Kurztrip auf Wochen, ja Monate. Warum nicht gleich den ganzen Winter bleiben und die herrlichen Sonnenuntergänge in einer sanft schaukelnden Hängematte mit einem Glas Flor de Caña verbringen? Diese lokale Rumsorte schmeckt vorzüglich, und die Barkeeper mixen traumhaft gute Rumpunches. Feeling ohne Bacardi!

Oben: Relaxen an der Playa Hermosa
Links: Surfer an der Playa Maderas

TASMANIEN

AUSTRALIENS WILDE INSEL

Auf Australiens grüner Insel ganz im Süden ist vieles anders. Nur eine Flugstunde südlich von Melbourne warten nicht nur bestens erhaltene historische Städtchen, sondern einige der atemberaubendsten Wildnisse der südlichen Hemisphäre: unberührte Traumstrände mit kristallklarem Wasser, fast undurchdringliche feuchtkühle Regenwälder und zerklüftete, arktisch anmutende Berglandschaften. Hier leben bizarre Lebewesen wie der Tasmanische Teufel oder Schnabeltiere. Und die gastfreundlichen „Tassies“ heißen Besucher aus Übersee besonders herzlich willkommen.

Wer auf dem Flughafen in Hobart landet, holt erst mal tief Luft, denn diese ist – das ist wissenschaftlich erwiesen – die sauberste der Welt: ein fast berauschendes Gemisch aus Eukalyptuswald und Ozeangischt. Segelfans reisen am besten schon zur Jahreswende an, denn am 2. Januar ist in Hobart der Teufel los: Welche Yacht des legendären Sydney Hobart Race wird wohl als erste in Hobart einlaufen? Die Regatta zählt zu den härtesten der Welt, denn mit den stürmischen „Roaring Forties“ dieser Gewässer ist nicht zu spaßen.

Lange war Tasmanien die brutalste Strafkolonie des britischen Empire. Die Relikte dieser Zeit, alle in geradezu absurd schöner Landschaft gelegen, sind in Richmond, das an ein viktorianisches Städtchen erinnert, und Port Arthur zu sehen. Tasmaniens grandiose Küstenlandschaften sind nicht zu toppen. Den absoluten Wow-Effekt liefert der Freycinet National Park mit schneeweißen Sandbuchten, saphirblauem Meer und grünen Eukalyptuswäldern. Den perfekt geschwungenen Sandstrand der atemberaubenden Wine Glass Bay teilt man nur mit wenigen Menschen.

Das Highlight für Trekker ist die Tasmanian Wilderness World Heritage Area. Die Wanderung auf dem 83 Kilometer langen Overland Track vom Cradle Mountain im Norden zum Lake St. Clair im Süden führt durch eine endlose Wildnis mit alpin wirkenden schroffen Bergen, klaren Seen und allerdings auch unberechenbarem Wetter. Doch wenn die Sonne scheint, dann machen diese fast schon subantarktischen Landschaften ebenso süchtig wie die kühlen Regenwälder und die tosenden glasklaren Flüsse der jungfräulichen gebirgigen Wildnis des Franklin Lower Gordon Wild Rivers National Park weiter südlich – hier, am schönsten Ende der Welt.

Beerbarrel Beach an der Nordostküste Tasmaniens

CORN ISLANDS

NICARAGUAS KARIBIKINSELN

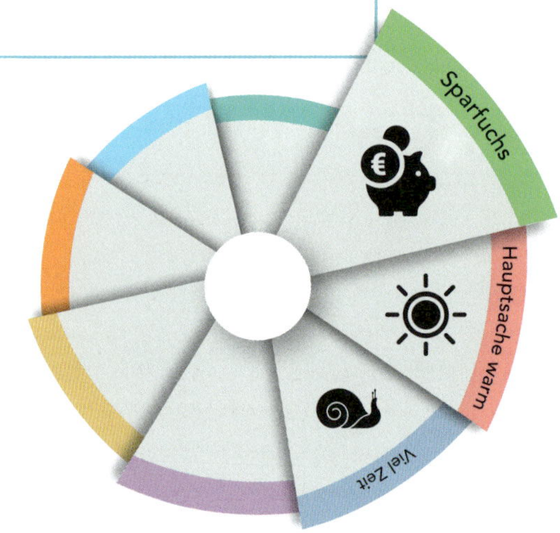

Karibik wie sie früher war? Auf den 70 Kilometer vor der Küste Nicaraguas gelegenen beiden Inseln gibt's das noch. Viel Geld braucht hier keiner. Dafür möglicherweise einen robusten Magen, denn die Fährüberfahrt von der Festlandsküste dauert mindestens fünf Stunden. Wer es eilig hat, nimmt eine Single-Prop-Cessna, und teuer ist die auch nicht. Im Januar ist das Wetter perfekt. Eigentlich heißen die „Mais-Inseln", auf denen einst Piraten und Miskito-Indianer Zuflucht suchten, „Islas de Maiz", weil sie zu Nicaragua gehören. Doch hier spricht man hauptsächlich Englisch, weil die Briten hier mal einen Außenposten ihres Empires gründeten. Auch die verwaschene pastellige Holzarchitektur erinnert an viktorianische Zeiten.

Auf Big Corn ist inzwischen schon etwas Moderne eingezogen. Wem es hier zu zivilisiert ist, setzt über nach Little Corn. Was es hier alles nicht gibt! Autos, Straßen (höchstens Urwaldpfade) und Elektrizität zum Beispiel. Okay, gut, Generatoren hat man schon, denn ohne kaltes Bier kein Paradies! Dafür unberührten Regenwald und perlweiße Strände, die jedes Karibikklischee locker übertreffen, türkisfarbenes Meer natürlich und eine Unterwasserwelt, die bunter ist als der Tuschkasten von Picasso, denn hier sind die Korallenriffe noch völlig intakt. Taucher schwimmen mit Hammerhaien durch Unterwassergrotten, Aussteiger gründen Tauch- und Kitesurfing-Schulen, Biofarmen, kleine Restaurants und Ökohotels mit charmanten Hütten in unverbaubarer Toplage am Strand. Für Unterhaltung ist auch gesorgt: Im „Village" kann man mit den Einheimischen abhängen, Pool spielen, trinken und tanzen. Das war es dann aber auch schon. Strandwanderer lieben die rauere windige Ostküste, Robinson-Fans zieht es an die Nordküste mit ihren herrlichen und abgeschiedenen Stränden. Goat Beach ist der schönste, auch bei den Sonnenuntergängen. Nicht mal die bescheidenste Hütte gibt es hier, dafür zahllose Palmen und Puderzuckersand. Hängematte nicht vergessen!

UND ÜBRIGENS …

La Costeña (www.lacostena.com.ni) fliegt täglich von Managua und Bluefields nach Big Corn. Das öffentliche Panga-Boot von Big Corn nach Little Corn verkehrt zweimal täglich.

Big Corn Island aus der Vogelperspektive

BARACOA

KUBAS CHARMANTER OSTEN

Von Santiago, Kubas quirliger Metropole des Oriente, geht es auf einer Serpentinenstraße mit Ausblick auf die Regenwälder der Berge hinunter zu Kubas ältester Stadt Baracoa. Die schmalen Straßen säumen verwitterte Häuser mit Dachtraufen und rostroten Ziegeldächern. Individualtouristen nächtigen in einer der über 200 Privatunterkünfte. Mehr als 20 Euro die Nacht kostet kaum eine, und die Vermieter kochen besser als die Restaurants, in Baracoa besonders lecker mit Kokosmilch. Nirgendwo bekommt man Hummer günstiger als hier. Abends flaniert, flirtet, trinkt und tanzt man auf der Uferpromenade Malecón. Mit dem Shuttle geht es zur Playa Maguana, einem von Urwald gesäumten Traumstrand. Im Hinterland erstrecken sich die herrlichen Regenwälder des Parque Nacional Alejandro de Humboldt, ein UNESCO-Weltnaturerbe. Auf geführten Wanderungen bieten sich atemberaubende Ausblicke, man schwimmt im kühlen Fluss und lernt auf einer Bootsfahrt durch die Mangroven sogar Seekühe kennen. Während es im Westen Kubas im Januar gelegentlich recht frisch sein kann, herrscht hier im Osten das perfekte Klima.

Fahrradtaxi in Baracoa

TRIGLAV

SLOWENIEN FÜR WINTERSPORTLER

Liftanlage im Vogel Ski Center

Der Triglav, Europas ältester Naturpark im Nordwesten Sloweniens, ist eine atemberaubend schöne alpine Gebirgslandschaft mit unberührten Flusstälern und Bergseen, Wasserfällen und Wildwasserschluchten sowie mit einzigartiger Flora und Fauna. Im Winter fährt man hier Ski – bei viel Sonne und um einiges preiswerter als im benachbarten Österreich. Das familienfreundliche Vogel Ski Center, benannt nach dem Berg „Vogel", liegt hoch über dem herrlichen See Bohinj mitten im Nationalpark. Insgesamt acht Liftanlagen bringen die Ski- und Snowboardfahrer bis auf 1880 Meter. Die nicht zu anspruchsvollen, hervorragend präparierten Pisten sind überdurchschnittlich lang, insgesamt 22 Kilometer. Abseits der Pisten lädt die malerische Landschaft rund um das Skigebiet zu gemütlichen Pferdekutschfahrten ein, und auch Langläufer kommen auf den bestens gespurten Loipen auf ihre Kosten. Im Programm sind auch Paragliding, Snow-Tubing, Airboarding und Eisklettern. Auf die Kleinen wartet ein Kinderpark mit Zauberteppichen, Rodelhang und Skikarussell.

BAYERISCHER WALD

GROSSER ARBER UND SILBERBERG

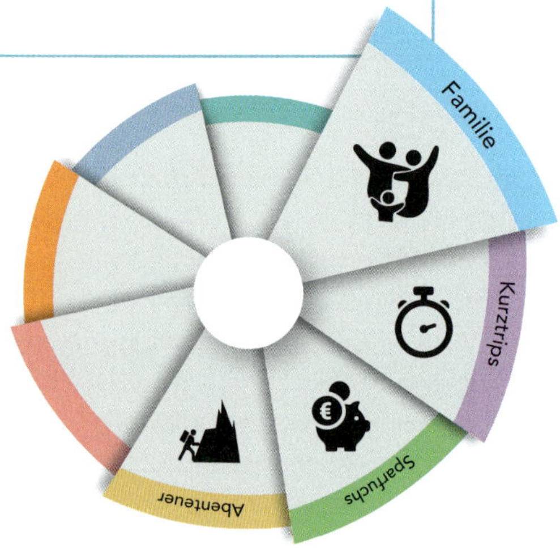

Es müssen nicht immer die Alpen sein! Im Bayerischen Wald schneit es mindestens genauso viel, und Wintersport ist hier oft bis in den April hinein möglich. Dabei geht alles um einiges gemütlicher und preiswerter zu als auf den Pisten der Alpengipfel, auch und gerade im Januar. Auf einer Höhe von 689 Metern liegt der Luftkurort Bodenmais am Fuß des Großen Arber (1456 Meter). Er gilt als schneesicherster deutscher Mittelgebirgsgipfel. Das Skigebiet kann sogar eine höchst anspruchsvolle alpine Weltcup-Strecke des Skilandesleistungszentrums vorweisen. Insgesamt sechs Liftanlagen führen binnen Minuten hinauf zu den insgesamt zehn Kilometer langen Pisten (überwiegend blau und rot). Für Wow-Effekte sorgt der Ausblick vom höchsten Punkt des Skigebiets über den Bayerischen Wald und den Böhmerwald. Wenn die Kleinen im ArBär-Kinderland ihre Leidenschaft für den weißen Sport entdeckt haben, geht's hinüber in den Familien-Cross-Park mit seinen völlig ungefährlichen weichen Spaßwellen und niedrigen Sprüngen: ein echtes Kinder-Skihighlight im „Woid".

Rodelparadies Bayerischer Wald

Nicht ganz so hoch hinaus geht es im Skigebiet Silberberg (bis 955 Meter), das mit besonders familienfreundlichen Abfahrten lockt. Zwei Lifte führen auf die insgesamt vier Kilometer langen, bestens gepflegten Pisten. Da auch in Bayern Kinder nicht auf Brettln geboren werden, sorgt der Kinderpark mit Zauberteppich, Ski-Karussell und liebevoller Betreuung dafür, dass die Schneehelden bald sicher auf Skiern oder Snowboard stehen. Die beiden Familienskigebiete „Großer Arber" und „Silberberg" sind von Bodenmais mit einem kostenlosen Skibus zu erreichen.

Viel Spaß macht auch die 500 Meter lange Winterrodelbahn. „Glückauf" heißt es im Besucherbergwerk bei Bodenmais. Hier erkunden Familien – ausgestattet mit blauem Umhang und Helm – den kühlen, feuchten Stollen Großer Barbaraverhau. In der Joska Kristallwelt bei Bodenmais kann man Graveuren, Glasmalern oder Glasbläsern bei der Arbeit zuschauen und selbst am Ofen eine Kristallkugel blasen.

HURGHADA

ÄGYPTEN AM ROTEN MEER

Ägyptens Tauchparadies am Roten Meer hat sich ganz auf die Bedürfnisse von Familien eingestellt. Hier stören Kinder nirgendwo, und sie dürfen (fast) alles. Im Januar ist es angenehm warm, aber nicht zu heiß, das Meer hat fast Badewannentemperatur, und eine Ferienanlage ist ohne Spielplätze und Kinderpools kaum zu denken. Dennoch gelangweilten Sprösslingen spendiert man einen Tag im Titanic Aquapark, einem Spaßbad mit zahlreichen aufregenden Wasserrutschen. Dann gibt's natürlich die beliebten Bubblemaker-Tauchprogramme für Kinder, damit einem Besuch von Nemo und seinen bunten Freunden bald nichts mehr im Wege steht. Wer es lieber trockener mag: Auf den zweitägigen Safaris in die Wüste mit Lagerfeuern und Nächten im Schlafsack unter freiem Himmel werden Kinderaugen leuchten wie die Millionen Sterne der Milchstraße, die man zu Hause in der Stadt schon lange nicht mehr sieht.

Masken-Schmetterlingsfische

PUNTA CANA

OSTKÜSTE DOMINIKANISCHE REPUBLIK

Strandidyll an der Punta Cana

Familien wird es freuen: Pauschalangebote und Flüge in die Dominikanische Republik sind preiswert, besonders an die Costa de Coco an der Ostspitze, die größte zusammenhängende Ferienregion der Karibik. Punta Cana wird nonstop von Deutschland angeflogen. Im Januar ist es herrlich warm, aber nicht zu heiß und schwül. Ein leichter Passatwind sorgt für Kühlung, das kristallklare Meer hat auch im Winter Badetemperatur, und der weiße Sand ist puderzuckerfein. Die All-inclusive-Resorts locken mit riesigen Poollandschaften und gut durchdachten Programmen zur Bespaßung der Kleinen. Wenn sie schon mindestens acht Jahre alt und 1,10 Meter groß sind, dürfen sie sich an den die Nerven kitzelnden Rutschen und Röhren im Wasserpark Sirenis Aquagames austoben. Adrenalinkicks versprechen auch die Ziplines von Canopy Adventures und im Bávaro Adventure Park, der noch viele weitere Abenteuer für Kids bereithält.

GUATEMALA

IM REICH DER MAYA

Sonnenaufgang im Dschungel Guatemalas: Die Brüllaffen sind schon wach, die Urwaldvögel intonieren ein vielstimmiges Konzert, und über dem noch nebelverschleierten grünen Baumdach beginnen die Firste der alten Mayatempel von Tikal zu glühen. Wer das erleben will, muss im ersten Morgengrauen um sechs Uhr mit einer Taschenlampe über wurzelverschlungene Terrassen und Felsen auf die Spitze von Tempel IV klettern. Die Fans von „Star Wars" kommen wegen des berühmten Filmblicks auf das „geheime Zentrum des Rebellenplaneten", romantische Naturen wandeln auf den Spuren der Abenteuerreisenden John Lloyd Stephens und Frederik Catherwood, die sich hier Mitte des 19. Jahrhunderts wunderten: „Wir sitzen zwischen den Ruinen und haben vergeblich versucht, das Geheimnis zu durchdringen: Wer waren die Erbauer dieser Städte?"

HOCHBURG DER MAYAKULTUR

Nur ein kleiner Bruchteil der Plätze, Tempel, Paläste, Pyramiden, Ballspielplätze und Mayastraßen von Tikal wurde ausgegraben und erforscht. Über 2000 Jahre alt ist die berühmteste und auch größte Mayastadt. Tikals Höhepunkt fällt in die sogenannte „klassische Zeit". In diese Epoche datierte Inschriften berichten von mindestens 39 Herrschergenerationen. Die Tempel mit ihren hohen Dachkämmen wurden verschwenderisch mit Masken und Götterdarstellungen verziert. Nur eine handverlesene Schar ausgewiesener Mayalogen vermag die Glypheninschriften der Stelen zu entziffern. Sie erzählen von Kriegen der mächtigen Könige, die mit prächtigem Kopfputz abgebildet sind, von komplizierten Kalenderberechnungen mit erstaunlich präzisen Datumsangaben, denn das Wissen um die Zeit und die exakte Berechnung von Himmelsereignissen verlieh den Herrschern und Priestern ihre Macht. Auf manchen Stelen sind sogar die Daten von Sonnen- und Mondfinsternissen angegeben, die erst in diesem Jahrtausend stattfinden werden. Nur warum Tikal im 9. Jahrhundert allmählich im Dunkel der Geschichte versank, davon erzählen sie nicht. Das organisierte Gemeinwesen der Riesenmetropole brach zusammen, Kriege, Überbevölkerung und Raubbau an der Natur besiegelten den Untergang.

UND ÜBRIGENS ...

Wer Tikal am frühen Morgen erleben möchte, sollte in einem der kleinen bescheidenen Hotels am Parkeingang übernachten. Wenn die meisten Besucher mit Bussen aus den komfortableren Hotels des fast zwei Stunden entfernten Santa Elena eintreffen, sticht die Sonne schon vom Himmel, und der wahre Zauber ist verflogen.

MAGISCHE MOMENTE

Zu kompliziert? Warum nicht einfach die Magie der Stätte auf sich wirken lassen, in den noch kühlen ersten Morgenstunden auf den Stufen der Tempel der Gran Plaza sitzen und dem Konzert von Affen und Papageien lauschen? Auch das Erlebnis des Sonnenuntergangs, der die Plaza und ihre 1300 Jahre alten Gebäude in magisches Rosa und Violett taucht, ist mit Worten kaum zu beschreiben. Nicht minder ergreifend ist der Blick von der großen Pyramide im „Komplex der Verlorenen Welt" auf dem Zeremonialbezirk der Ruinenstadt.
Die Maya sind aber gar nicht „untergegangen". Man trifft ihre in kunstvoll bestickte Blusen, Hemden, Röcke und Hosen gewandeten Nachfahren überall: auf dem farbenfrohen Sonntagsmarkt von Chichicastenango im Hochland, am Ufer des surreal kobaltblauen Lago Atitlán und in der von Vulkanen gesäumten Kolonialstadt Antigua Guatemala, der vielleicht malerischsten Stadt Mittelamerikas. Viele Ausländer bleiben nicht nur ein paar Tage, sondern studieren in den äußerst preiswerten Sprachschulen der Stadt Spanisch oder lassen sich gar für immer nieder. Das ganze Jahr über herrscht im Hochland frühlingshaftes Klima, doch im Januar ist die Luft besonders klar. Auch für Tikal, das tief im dampfenden Urwald liegt, ist der Winter die beste Reisezeit.

Oben: Maya-Stele in Tikal
Links: Sonnenuntergang über den Tempeln von Tikal

RIO DE JANEIRO

NEUJAHR IN BRASILIEN

SILVESTER DER SUPERLATIVE

Wann ist Rio am schönsten? Eigentlich immer, aber die Party, die Rio in der Silvesternacht feiert, ist wirklich nicht zu toppen. Das spektakulärste Feuerwerk der Welt taucht die „Cidade Maravilhosa“, die „Wunderbare Stadt“, in alle Regenbogenfarben. Die Menschen feiern rund um die Uhr, Bikinischönheiten wiegen sich im Rhythmus der Samba, Cachaça und Caipirinha fließen in Strömen – und das bei 30 Grad! Alle wirken viel entspannter als während der hektischen Karnevalstage mit ihren bombastischen, sündhaft teuren Umzügen. Tausende weiß gekleidete Menschen steigen an der von Palasthotels gesäumten Copacabana, der Strandpromenade mit wellenförmigem Mosaikmuster und Blick auf den Zuckerhut, in die Fluten des Atlantiks und streuen Blumen, die Wünsche hinaus aufs Meer zu den Göttern des Candomblé tragen sollen. Und am nächsten Tag liefern die nicht mehr ganz so minimalistisch wie früher bekleideten „Girls von Ipanema“, die höchstens knietief ins Wasser gehen, um unter bewundernden Augen am Bikinihöschen zu zupfen, wieder ihre Show am Strand. Unzählige Magazinartikel sind darüber geschrieben worden. Die Performance der mehr oder weniger athletischen Männer, die ihren Body mit Klimmzügen zur Schau stellen, ist aber nicht minder amüsant.

RUNDGANG DURCH RIO

Die Metrostation Uruguaiana ist ein guter Ausgangspunkt für einen Bummel durch den ältesten Stadtteil des Centro. In den restaurierten Häusern des 18. Jahrhunderts sind Galerien, Geschäfte, Restaurants und Cafés untergebracht. Prunkvolle Barockkirchen findet man hier, ein verschwenderisch ausgestattetes Theater, hochkarätige Kunstmuseen und sogar einen Kaiserpalast. Abends geht's hinüber nach Lapa, Rios Partyzentrum. Am Wochenende wird nicht nur in den zahllosen Bars und Clubs, sondern auch auf den Straßen gefeiert. Vorher noch ein Selfie auf der Escadaria Selarón, einer Treppe, die der weitgereiste chilenische Künstler Jorge Selarón viele Jahre lang mit farbenfrohen Fliesen aus aller Welt verzierte. Die Fahrt mit der Zahnradbahn auf Rios Panoramaberg hebt man sich für einen möglichst klaren Morgen auf. Auf dem 690 Meter hohen Corcovado breitet seit 1931 die 30 Meter hohe Christusstatue ihre Arme aus, um die schönste Aussicht der Welt zu segnen. Gott ist eben Brasilianer.

Silvesterfeuerwerk an der Copacabana

MYANMAR

LAND DER GOLDENEN PAGODEN

Links: Tempellandschaft von Bagan
Unten: Teakholzbrücke von Amarapura

So viel Gold! Wenn Buddha, der Erleuchtete, irgendwo zu Hause ist, dann in Myanmar. Weil jeder Buddhist zu guten Taten verpflichtet ist, um ins Nirwana zu kommen, baut man am besten Tempel oder Stupas. Wie viele mögen es wohl sein?
Im klaren Januarlicht leuchtet die berühmte Schwedagon-Pagode in Yangun am schönsten. Jetzt ist die kühlste und daher angenehmste Zeit, um mit einem Flussdampfer von der alten Hauptstadt Myanmars dem Irawaddy flussaufwärts zu folgen, in Pyay von der Aussichtsplattform der gewaltigen, 1000 Jahre alten Shwesandaw-Pagode den im Sonnenuntergang strahlenden „zehnstöckigen" Riesenbuddha (Sehtatgyi Paya) gegenüber zu bewundern, sich vom Goldtempel in Magwe blenden zu lassen, am frühen Morgen mit einem Heißluftballon über der in zartrosa Nebelschwaden getauchten, traumverlorenen Landschaft rund um Bagan mit ihren 2000 Tempeln zu schweben und 777 Stufen auf den natürlich von einem Tempel gekrönten Mount Popa zu klettern, um die herrliche Rundsicht auf die Myingyan-Ebene zu genießen. In Mandalay, dem historischen Herz versunkener Königreiche, wartet das Shwenandaw-Kyaung-Kloster mit seinen erlesenen Schnitzereien, dem größten Buch der Welt und einer riesigen Statue des Buddha, auf die Gläubige Goldblättchen kleben. Die Schriften des Buddha sind hier in 729 große Marmortafeln beidseitig eingemeißelt, und jede Tafel besitzt ihren eigenen Stupa. Tausende Mönche haben daran geschrieben!
Mit der Pferdekutsche geht es von Mandalay nach Amarapura. Hier gibt die älteste und längste Teakholzbrücke der Welt, die auf 1086 Pfählen steht, bei Sonnenuntergang ein einzigartiges Bild in Orange ab, mit Fußgängern als Schattenrisse. Beliebte Fotomotive sind auch die Fischer im Inle-See, die auf einem Bein stehend ihre Boote lenken. Nein, ein Januar reicht für all die Kulturschätze des Landes gar nicht aus!

Wie wär's, Neujahr mal im Februar in Singapur (Foto) zu feiern? Oder Karneval auf Trinidad? Auf Ibiza bezaubert die Mandelblüte, Traumstrände auf Sri Lanka laden zum Relaxen ein, der Kilimandscharo ruft, Israel lockt Familienurlauber, und Lissabon und Budapest geben sich jetzt entspannt.

龍獅

SRI LANKA

TRAUMSTRÄNDE DER SÜDKÜSTE

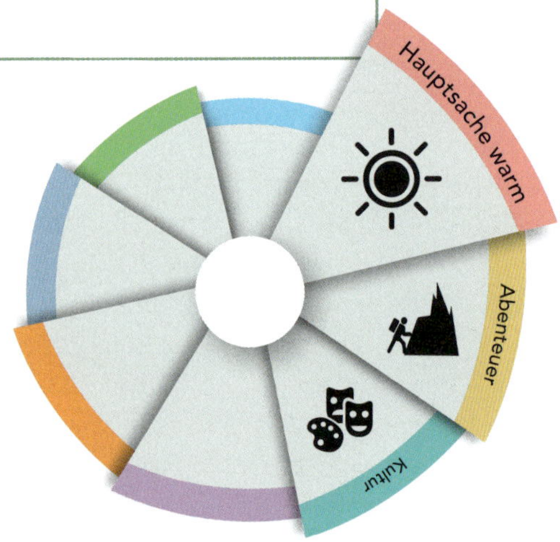

Unawatuna auf Sri Lanka

Februar ist der perfekte Monat für einen Urlaub an der Südküste Ceylons. Während im Nordosten der Monsun die Küste mit Sturm und Regen überzieht, bleibt es im Süden herrlich sonnig. An den champagnerfarbenen Tropenstränden mit ihren sanft im Wind schwankenden Palmen legen Seeschildkröten ihre Eier ab. Die Hotels bieten viel lokales Flair und erschwinglichen Komfort. Noch immer findet man hier verschlafene Dörfer, deren Einwohner Kokosnüsse ernten, Reis anbauen oder die traditionelle Stelzenfischerei betreiben. Stundenlang sitzen Männer bei Koggala zum Angeln auf ihren unbequemen Ast-Hochsitzen, bis ein Fisch anbeißt – oder ein Tourist mit Kamera ...

STRANDTOUR PER EISENBAHN

Von der alten Inselhauptstadt Colombo zuckelt Sri Lanka Railways zum kolonialen Weltkulturerbe Galle mit seiner alten holländischen Festung und der schönsten barocken Altstadt des Landes. Araber, Perser und Chinesen handelten hier mit Gewürzen und Juwelen. Auch die Weiterfahrt nach Matara führt direkt an der Küste entlang. Erfahrene Surfer lieben den halbmondförmigen Unawatuna Beach mit seinen meterhohen Wellen, preiswerten Strandhütten, komfortablen Retreats und hippen Lokalen. Im Hafen der schicken Partymetropole Mirissa weiter südlich starten die von verspielten Delfinen begleiteten Bootstouren, auf denen man sogar Blauwale erspäht, die ihre Fontänen in die Luft prusten, bevor sie wieder elegant in die Tiefen des Indischen Ozeans abtauchen. Die Region, einst Zentrum des alten Königreichs von Ruhuna, ist eine Hochburg der traditionellen singhalesischen Kultur. Farbenfrohe Tempel und riesige Buddhastatuen sprenkeln die Küste, und im religiösen Zentrum von Kataragama feiern Buddhisten, Hindus und Muslime gemeinsam das Vollmondfest. Östlich von Matara liegt das alte Tissamaharama, Standquartier für Ausflüge in zwei faszinierende Nationalparks: die vogelreichen Küstenlagunen von Bundala und die Savannen und Wälder von Yala, durch die Elefanten und Leoparden streifen.

SAN BLAS ISLANDS

PANAMAS KARIBIKINSELN

In etwa 365 Inselchen sollen es sein, die Panamas östliche Karibikküste zwischen dem Golfo de San Blas und Puerto Obaldía säumen, also eine für jeden Tag! Nur etwa 40 von ihnen sind bewohnt. Alle sind im Besitz der Kuna, einer Ethnie, die sich vor 100 Jahren ihre Autonomie erkämpfen konnten. Touristisch mit komfortablen Lodges erschlossen sind die paradiesischen Schnorchelreviere Cayos Limones und Cayos Holandés. Intensiver gestaltet sich die Begegnung mit der matriarchal geprägten Kultur der Kuna auf den östlichen Inseln wie Agligandi oder Mamitupu. Hier übernachtet man in Strandhütten oder in einer Hängematte zwischen zwei Palmen. Mit motorisierten Einbaum-Kanus bringen die einheimischen Führer Besucher zu völlig unberührten Stränden und Korallenriffen. Nicht minder lohnend ist der Besuch einer Inselgemeinde, besonders auf der Isla Tigre. Die Frauen tragen besonders farbenfrohe, kunstvoll gewebte Kleidung und goldenen Nasenschmuck, wie er schon bei den Maya verbreitet war. Mit etwas Glück erlebt man eine religiöse Zeremonie oder ein Fest. So wie hier könnte die Karibik vor der Ankunft von Christoph Kolumbus ausgesehen haben.

Strandidyll auf den San Blas Islands

PALAWAN

TRAUMARCHIPEL DER PHILIPPINEN

Blick auf die Lagunen von Coron in der Provinz Palawan

Südwestlich von Luzon erstreckt sich die schwertförmige, 450 Kilometer lange Hauptinsel der philippinischen Provinz Palawan. Das Landesinnere überzieht smaragdgrüner Regenwald. Die fast schneeweißen Strände, an die kristallklares türkisfarbenes Wasser spült, inspirierten Alex Garland zu seinem Roman „The Beach". Die steil aus dem Wasser ragenden Kalksteinfelsen versetzen den Betrachter in eine prähistorisch wirkende Landschaft. Touristisch erschlossen ist nur der Norden von Palawan. Die Inselhauptstadt Puerto Princesa ist Ausgangspunkt für Bootsfahrten auf dem Underground River mit seinen riesigen überfluteten Höhlensystemen: ein wirklich magisches Erlebnis. Die mintgrünen Lagunen von El Nido im Norden von Palawan und die vorgelagerten Inseln des Bacuit-Archipels sind Traumreviere für Schwimmer und Schnorchler, das Archipel von Coron weiter nördlich bietet einige der besten Tauchgründe der Welt. Dagegen ist der südliche Teil von Palawan, in dem sogar noch steinzeitliche Kulturen leben, weitgehend unerforscht.

IBIZA

FRÜHLING AUF SPANIENS BALEAREN-INSEL

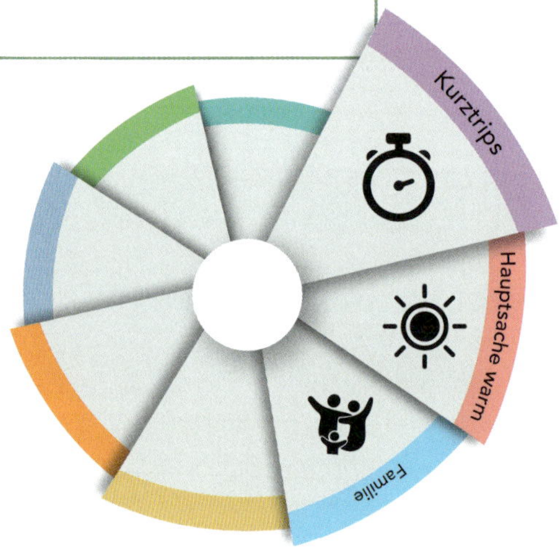

Auch auf „Eivissa“, so der katalanische Name der Baleareninsel, schneit es im Februar. Doch hier duftet der „Schnee“ honigsüß: Es sind nämlich Mandelblüten, die ab Ende Januar den nahenden Frühling ankündigen. Besonders zauberhaft ist die Mandelblüte in der Ebene Pla de Corona bei Santa Agnès, einem noch sehr ursprünglich wirkenden Dörfchen im Nordwesten. Ein maurischer Prinz soll die ersten Mandelbäume gepflanzt haben, um das Heimweh seiner aus dem schneereichen Atlasgebirge stammenden Gefährtin zu lindern. Besonders schön präsentiert sich die blühende Pracht vom Aussichtspunkt Puertas del Cielo, den „Pforten des Himmels“. Einfach zauberhaft ist der in Santa Agnès organisierte zweistündige Vollmond-Spaziergang durch die Mandelhaine.

Mandelblüte auf Ibiza

IBIZA FÜR SPORTLICHE

Himmlisch ruhig ist es zu dieser Zeit auf Ibiza. Oft vertreibt jetzt schon ein tiefblauer Himmel das nasse Wintergrau, die Sonne wärmt, ohne zu brennen. In den Mandelfeldern summen Bienen und Hummeln, die ersten Lämmer des Jahres steuern ein zaghaftes Blöken bei, und bald überzieht ein farbenfroher Blumenteppich das erste saftige Grün. Jetzt ist die Zeit der Wanderer – und der Radler, denn abseits der Autostraßen ist Ibiza mit seinen kaum befahrenen, oft unbefestigten Pisten ein wahres Paradies für sportliche Biker. An die 800 Kilometer Radrouten sind inzwischen ausgeschildert. Zum Baden ist das in der Sonne türkis- bis aquamarinfarben schimmernde Mittelmeer zwar noch zu frisch, aber die ersten Stehpaddler wagen sich schon auf ihre Bretter. Feinschmecker gehen mit der vor Ort erhältlichen Broschüre „Agrorutes del Bon Gust“ auf die Suche nach den leckersten Würsten, Käsesorten, Weinen und Olivenölen der Insel, während Kunstliebhaber mit dem Führer „Guía de Artistas“ die auch jetzt schon spontanen Besuchern offen stehenden Ateliers kennenlernen können. Das Partypublikum wird erst in einigen Monaten erwartet. Nur der legendäre Nachtclub Pacha sorgt samstags mit DJs von Weltrang für ein erstes, noch völlig tiefenentspanntes Warm up.

GARMISCH-PARTENKIRCHEN

RUND UM DIE ZUGSPITZE

Eibsee unterhalb der Zugspitze bei Garmisch-Partenkirchen

Skifahrer und Snowboarder schwärmen vom schneesicheren Zugspitzplatt. Doch den Winterzauber im Werdenfelser Land genießen auch weniger sportliche Naturen. Ein Spaziergang auf dem Kramerplateauweg eröffnet traumhafte Ausblicke auf das Panorama des Wettersteingebirges mit der Zugspitze, den Waxensteinen und der Alpspitze – und das ohne Lawinen- und Abrutschgefahr. Faszinierend ist auch der Rundblick von der Bergstation des Wank (1780 Meter), wenn das im klaren Sonnenlicht erstrahlende Zugspitzmassiv über dem nebligen Tal zu schweben scheint. An sonnigen Tagen fahren die Münchner gern spontan nach Garmisch, um mit der neuen Gondelbahn vom fjordblauen Eibsee zur imposanten Bergstation der Zugspitze zu gleiten. Bis zum Schweizer Piz Bernina und dem österreichischen Großglockner schweift der Blick! In der Faschingszeit sind auch die „Maschkera“ unterwegs. Diese nach altem Brauch kostümierten Gestalten verbergen ihr Gesicht hinter Holzmasken und treiben mit Schellen und Juchzern den Winter aus.

BINCHE

KARNEVAL IN BELGIEN

Seit über 400 Jahren feiert das kleine Binche zwischen Charleroi und Mons in Wallonien den ausgelassensten Karneval Belgiens, der von der UNESCO sogar zum Weltkulturerbe erklärt wurde. Am Montag vor der Karnevalswoche geht es so richtig los mit der „Nacht der feigen Memmen“, in der die kostümierten „Trouilles de Nouilles“ („Nudelreste“) einen Höllenlärm veranstalten und mit nicht verkleideten Zuschauern ihre Späße treiben. Am Sonntag darauf folgt der farbenfrohe Umzug der Karnevalsgesellschaften, am Rosenmontag feiern die Kinder, und am Mardi gras sorgt der Rondeau-Tanz der „Gilles“ für den fotogenen Höhepunkt. Die angeblich Inka-Indianer darstellenden Gilles tragen Wachsmasken mit grünen Brillen und Schnurrbärten, bunte Leinenkostüme, einen Hut mit Straußenfedern, Rutenbündel und Körbe mit Orangen, mit denen sie das Volk bewerfen. Gegen 21 Uhr endet der Karneval offiziell mit einem Feuerwerk auf der Grand Place, doch tanzen die Karnevalsgesellschaften bis zum Morgengrauen weiter.

Karneval im belgischen Binche

KILIMANDSCHARO

TREK AUF DEN HÖCHSTEN BERG AFRIKAS

Kurz vor dem Gipfel des Kilimandscharo

Der Ausblick vom kenianischen Amboseli-Nationalpark auf Afrikas höchsten Gipfel ist wahrscheinlich der berühmteste des Schwarzen Kontinents: im Vordergrund dekorative Schirmakazien, eine Herde Giraffen oder Elefanten und im Hintergrund das wie ein Solitär aufragende mächtige Bergmassiv in Tansania. Der Aufstieg gleicht eher einem anstrengenden Trek durch vier extrem unterschiedliche Klimazonen. Zunächst geht es durch den Regenwald der Kilimanjaro Forest Reserve (1800–3000 Meter), dann über Heidelandschaft mit alpiner Flora (3000–4300 Meter), danach über die immer steiler werdenden Geröll- und Wüstenhänge des Kibo und schließlich in eisiger dünner Luft über Gletscherfelder, die in der Tropensonne leuchten. Je nach Akklimatisation dauert das Abenteuer fünf bis sieben Tage. Die Höhenkrankheit kann sportliche Gipfelstürmer unvermutet zur Umkehr zwingen, doch auch ein 88-jähriger Mann und eine 86-jährige Frau haben den Aufstieg schon geschafft. Eine solidarische Trekkergemeinschaft sorgt dafür, dass niemand vorzeitig aufgibt.

WEGE ZUM DACH AFRIKAS

Die klimatisch günstigsten Monate für den Trek sind Dezember bis Februar. Es regnet so gut wie gar nicht, die Fernsicht ist besonders gut, und die Temperaturen am Berg sind am angenehmsten. Alle Wanderer sind verpflichtet, vor Ort einen kundigen Führer mitzunehmen. Dazu kommen mehrere Träger, die jeweils an die 15 Kilogramm auf den Berg schleppen. Die Marangu-Route mit Hütten gilt als besonders schön und ist auch für weniger erfahrene Bergsteiger gut geeignet. Noch beliebter ist die ebenfalls sehr reizvolle Machame-Route mit Zeltcamps, bei der der Abstieg über die Mweka-Route erfolgt. Wer die herrlichen Bergregenwälder genießen möchte, trifft in den ersten Tagen auf der Umbwe- und der Lemosho-Route nur wenige Bergtouristen. Der Gipfeltag beginnt in jedem Fall schon um Mitternacht, um den Sonnenaufgang auf dem Uhuru Peak des Kibo (5895 Meter) zu erleben, den selbst Hemingway kaum mit gebührenden Worten beschreiben könnte.

KERALA

DIE BACKWATERS IM SÜDEN INDIENS

Südlich der faszinierenden Kolonialstadt Kochi an Indiens Südwestküste verführt die Kuttinad-Backwaters-Region, eine amphibische Landschaft aus Seen, Lagunen und schon in niederländischer Zeit angelegten Kanälen, zu herrlich entspannten Touren mit „Kettuvallams" genannten Reisbooten aus Teakholz und Jackwood. Einige – wie das ökofreundlich gestaltete „Sauver Nigam" – wurden zu komfortablen Hotels mit Zimmern, Duschen und Klimaanlagen ausgebaut. Die besten Ausgangspunkte sind Alleppey und Kumarakom am Vembanad-See. Im Februar ist die Luftfeuchtigkeit noch niedrig und die Hauptsaison schon vorbei. Während die Crew navigiert und auf dem offenen Deck köstliche südindische Thalis serviert, zieht eine einmalige Landschaft mit grünen Reisfeldern, Palmenhainen und freundlichen Dörfern vorüber. Die Entdeckung der Langsamkeit lässt sich anschließend an vielen einsamen Stränden oder mit einer Ayurveda-Kur vertiefen, die viele Hotels in Kerala anbieten.

Hausboot in den Backwaters von Kerala

LIBANON

ZWISCHEN SCHNEEBERGEN UND MITTELMEER

Skifahrer im libanesischen Resort Mzaar Kfardebian

Ski fahren im Libanon? Das könnte so aussehen: Am Morgen im Bergresort Mzaar Kfardebian eine Stunde Autofahrt nordöstlich von Beirut unter blauem Himmel auf blütenweißen Pulverschneepisten talwärts sausen und am Nachmittag unter wärmender Sonne und bei Wassertemperaturen um die 18 Grad an den Stränden von Byblos die Wasserski anschnallen. Danach bleibt immer noch genügend Zeit, sich die antiken Ruinen des uralten Byblos aus der Zeit der Phönizier, Griechen und Römer anzusehen, zwischen denen schon die ersten Wildblumen blühen, und den Sonnenuntergang von den Zinnen einer Kreuzfahrerburg zu bewundern. Im wiederum nur eine Autostunde entfernten Beirut genießt man leckere libanesische Mezes, stöbert in schicken Boutiquen und entdeckt schließlich in den angesagten Clubs „B018" und „Skybar" Après-Ski auf libanesisch. Bei allen genannten Aktivitäten gut auszusehen ist im Libanon von entscheidender Bedeutung – ganz nach dem Motto: „Stay cool Abdul!"

LISSABON

AUF NOSTALGIETOUR DURCH PORTUGALS HAUPTSTADT

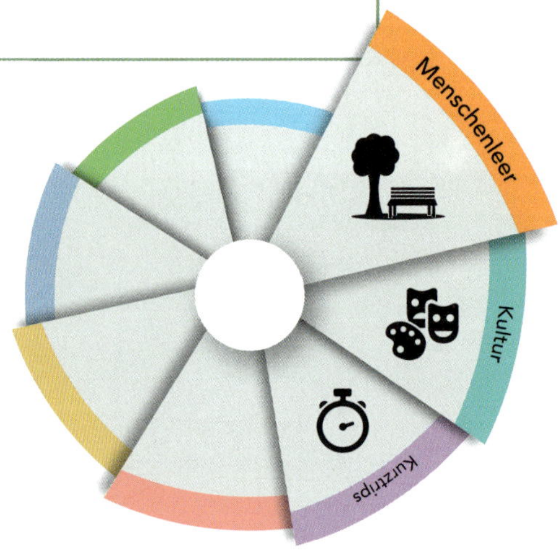

Wenn es ums Wetter im Februar geht, sollte man den Einwohnern Lissabons nichts glauben. Denn 15 Grad sind ihnen schon zu kalt, ein kurzer Regenschauer ist viel zu nass, und jede Windböe vom Atlantik empfinden sie ohnehin als Zumutung, wenn man nicht gerade Surfer ist. Die Wahrheit? Der Vorfrühling ist in Lissabon oft herrlich sonnig, die Temperaturen steigen gerne über 20 Grad, die blauen Azulejo-Fliesen leuchten im silbrigen Licht, und die Einheimischen haben ihre Stadt noch fast für sich allein – sogar auf der Rumpelfahrt mit der berühmten Tram 28 durch die Altstadt zum Campo Ourique, die haarscharf an schrundigen Häuserwänden entlangführt. Am Aussichtspunkt Miradouro de Santa Luzia blicken einheimische Liebespaare unter dem Laubengang verträumt über das Häusermeer der Alfama, der Altstadt von Lissabon, auf die Frachter und Fähren auf dem Tejo. In den dunklen Tascas (Kneipen) des Bairro Alto herrscht im Februar noch die melancholische Atmosphäre des Fado, die sich in der Hochsaison in den Sommermonaten verflüchtigt.

RUNDGANG MIT FADO-FLAIR

Alles ist jetzt viel entspannter. Auf der eleganten, von Arkaden gesäumten Praça do Comércio führen die Lisboetas bereits die neuen Frühjahrs-Kollektionen aus. Mit dem Aufzug Elevador Santa Justa, einer 1902 eingeweihten filigranen Eisenkonstruktion, fährt man ohne Anstehen und Gedränge von der Unterstadt Baixa in die Oberstadt Chiado. Selbst im berühmten Art-déco-Café „A Brasileira“, einst Treffpunkt der berühmtesten Kaffeehaus-Literaten der Stadt, kann man jetzt in aller Ruhe eine „bica“ (Espresso) trinken. Ganz ohne Blitzlichtgewitter kann man auch den barocken Prunk der mit Alabaster, Lapislazuli, Elfenbein, Jade und Amethyst verzierten Capela de São João Baptista in der äußerlich eher abweisend wirkenden Jesuitenkirche Igreja de São Roque bewundern. In den Marmorboden ist eine Armillarsphäre eingraviert, das Herrschaftszeichen König Manuels I. und gleichzeitig das Wappen von Portugal.

PORTUGALS GLANZ UND GLORIA

Dieses Symbol aus Portugals größter Zeit findet man auch im Mosteiro dos Jerónimos, dem Hieronymuskloster. An dessen prächtigen Portalen und im doppelstöckigen Kreuzgang versammelt sich die gesamte Ornamentik der großen Seefahrerzeit, in der König Manuel I. über ein halbes Weltreich zwischen Brasilien, Afrika und China herrschte: Wappen des Christusordens, indische Pflanzen, geknotete Schiffstaue und die besagten Armillarsphären, mit denen man Koordinaten am Himmel las. In der Kirche wachsen schlanke Säulen wie Palmen gen Himmel. Elefanten tragen die Königsgräber von Manuel I. und João III. Zusammen mit dem 1521 im Mündungstrichter des Tejo vollendeten Turm von Belém, der als Leuchtturm die Glanzzeit des portugiesischen See- und Handelsimperiums verkörpert, ist das Kloster Weltkulturerbe. Vor der Rückkehr ins Zentrum muss man unbedingt die himmlischen Vanilletörtchen in der „Confeitaria Pastéis de Belém“ probieren. Bei Regen fährt man einfach Metro, um die einzigartige Fliesenkunst der Stadt zu bewundern. In den Stationen Jardim Zoológico, Parque, Laranjeiras und Gare do Ori-

UND ÜBRIGENS …

Am ersten Sonntag des Monats nehmen viele große Sehenswürdigkeiten wie das Museu de Arte Antiga und das Mosteiro dos Jerónimos keinen Eintritt.

Oben: Lissabons Altstadt Alfama mit dem Castelo de São Jorge
Unten: Kreuzgang des manuelinischen Hieronymusklosters

ente gibt es die schönsten Gemälde aus blauer Keramik. Wie Lissabon vor dem großen Erdbeben im Jahr 1755 ausgesehen hat, zeigt das aus 1376 Fliesen zusammengesetzte monumentale barocke Lissabon-Panorama im Museu Nacional do Azulejo. Auch bei den ägyptischen Statuen, antiken Vasen, persischen Teppichen, chinesischen Porzellantellern und französischen Impressionisten im Museu Calouste Gulbenkian oder bei den alten Meistern im Museu Nacional de Arte Antiga lassen sich Schlechtwetterperioden bestens überbrücken. Abends geht es dann in die Clubs am Tejo-Ufer rund um den Fährterminal Cais do Sodré, Lissabons schräges In-Viertel. An der Rua Nova do Carvalho reihen sich etliche angesagte Adressen aneinander. Hier, aber natürlich nicht nur hier sorgen Menschen aus Mosambik, Angola, Guinea-Bissau und von den Kapverden dafür, dass Lissabon heute eine der aufregendsten multikulturellen Städte Europas ist.

LOFOTEN

NORWEGENS MYTHISCHE INSELN

Im Februar kommt die Sonne wieder aus dem „Tunnel“, wie die Norweger die Polarnacht nennen, und taucht die verschneiten Berge der Lofoten für einige Stunden in unwirkliches Zartrosa, während Himmel und Meer Violett und Indigoblau schimmern. In den Nächten tanzt das Nordlicht am Firmament und spiegelt sich in der oft ruhigen See. Mit den inzwischen sehr komfortablen Linienschiffen der Hurtigruten reist man meist schneller die fjordreiche Küste entlang als mit dem Auto. Dabei zählt die Fahrt von Bodø durch die Inselwelt zu den schönsten Strecken.

SÜDLICHE LOFOTEN

Stamsund auf Vestvågøya ist Sprungbrett für die Erkundung der südlichen Lofoten. An der offenen Nordmeerseite der Insel warten die vielleicht spektakulärsten Strände Nordeuropas: Zartgrün bemooste Felsklippen, schneeweißer Sand und türkisfarben schillerndes Meer, das in Schwarzblau übergeht, prägen den Traumstrand von Haukland. Am Strand von Unstad treffen sich Skandinaviens abgehärtetste Surfer. Auf Autofahrten über die Insel bieten sich immer wieder großartige Panoramaansichten der Fjorde. Keineswegs versäumen darf man den Besuch des Wikingermuseums, das in der Form eines traditionellen Langhauses gestaltet ist.
Und das war erst eine Insel! Das malerische Fischerdorf Nusfjord auf Flakstadøya mit seinen Holzhäusern aus dem 19. Jahrhundert ist Weltkulturerbe der UNESCO. Von hier aus bietet sich eine Wanderung durch eine bizarre Küstenlandschaft bis nach Nesland an. Und wer sich an den braunroten, fast knietief im Wasser stehenden Holzhäusern und türkisfarbenen Fjorden nicht sattsehen kann, der fährt hinüber zu den „Zwillingsdörfern“ Hamnøy und Reine auf der Insel Moskenesøya.

NÖRDLICHE LOFOTEN

Von Stamsund fährt das Schiff der Hurtigruten hinüber nach Henningsvær auf Austvågøya: wieder ein traditionelles Fischerdorf. Dicht an dicht säumen Holzhütten und Trockenfischspeicher das Hafenbecken, und gleich dahinter ragt eine mächtige Bergkulisse auf. Weiter nördlich, in der Lofoten-Hauptstadt Svolvær, kann man eine Galerie aus Eis besichtigen, deren Exponate in allen Regenbogenfarben beleuchtet werden. Von hier starten im Winter Bootsafaris hinaus in den Vestfjord, um Schwertwale zu beobachten. Manchmal liegt der Vestfjord spiegelglatt da: ein Paradies für Seekajakfahrer, wie auch der berühmte Trollfjord im Nordosten von Austvågøya. Über 1000 Meter steigen die Berge der Lofoten hier senkrecht in die Höhe. Und wer ganz genau hinsieht, sieht zwischen den Felsen vielleicht einen Troll herumhüpfen.

Polarlicht auf den Lofoten

ST. PETERSBURG

WINTERMÄRCHEN IN RUSSLAND

Oben: Isaakskathedrale in St. Petersburg
Links: Im weltberühmten Kunstmuseum Eremitage

Warum in den berühmten „weißen Nächten“ im Juni nach St. Peterburg fahren, in denen die Sonne nur für kurze Zeit untergeht? Die „weißen Tage“ im Winter sind mindestens genauso schön. Im Februar kann man in aller Ruhe wie ein Zar über die prachtvolle Jordantreppe des Winterpalasts schreiten. In der Eremitage ist man mit den Meisterwerken von Leonardo da Vinci, Caravaggio, Tizian, Caspar David Friedrich und Matisse fast allein. Man könnte hier Tage verbringen, um nur das Wichtigste zu sehen. Da stört schlechtes Wetter nicht. Außerdem wartet noch eine der weltweit größten Sammlungen russischer Kunst von mittelalterlichen Ikonen bis zur Avantgardemalerei des 20. Jahrhunderts im klassizistischen Michailow-Palast.

Und wenn die Wintersonne die Kuppeln der Isaaks- und der Kasaner Kathedrale erglühen lässt, dann strahlen die Palastfassaden an der eisbedeckten Newa und am zugefrorenen Mojka-Kanal, der sich von Ost nach West durch die Stadtlandschaft windet, in Kaisergelb, Rot und Jadegrün, den Petersburger Farben. Wie zwei Schiffsmasten beherrschen die goldene Turmspitze der Admiralität und die schlanke, von einem fliegenden Engel bekrönte Spitze des 122 Meter hohen Glockenturms der Peter-Paul-Kathedrale die Silhouette des historischen Zentrums. Das Weltkulturerbe im Winter: Was könnte russischer sein?

AUSTRALIENS SÜDOSTEN

SEHNSUCHTSSTÄDTE UND TRAUMKÜSTEN

Februar und März sind ideale Reisemonate für Australiens Südosten. Die Sommerferien der Aussies sind vorbei, und die Großstädte Sydney und Melbourne präsentieren sich in bester Festivallaune. Schon die Ankunft in Sydney reißt die nach meist über 24-stündigem Flug und zehn Stunden Zeitverschiebung übermüdeten Überseepassagiere aus ihrer Lethargie. Stundenlang hat man die rotbraune Einöde des australischen Outback überflogen, bis sie plötzlich vom blaugrünen Eukalyptusmeer der Blue Mountains abgelöst wird. Und dann taucht er auf, der azurblaue Hafen von Sydney mit seinen unzähligen Landzungen und Buchten, in denen sich die Yachten als kleine weiße Punkte abzeichnen. Dazu kommt der Panoramablick auf die Hochhäuser der City, die Harbour Bridge und das „größte Segelschiff der Welt", das Opera House. Dann rollt die Maschine über die in die Botany Bay hineingebaute Start- und Landebahn, ziemlich exakt an der Stelle, wo einst James Cook die Anker der Endeavour werfen ließ.

STRÄNDE ZWISCHEN SYDNEY UND MELBOURNE

Heute ist Sydney nicht nur eine der großen multikulturellen Metropolen der Welt, sondern auch eine der tolerantesten – und das nicht nur Ende Februar, wenn die LGBTQ-Gemeinde beim frechen Gay & Lesbian Mardi Gras Festival in äußerst gewagten Kostümen über die Oxford Street paradiert. Ihren Hang zum Hedonismus pflegen die Sydneysider auch an ihren über 70 Stränden – teils stille verschwiegene Hafenbuchten, teils weite goldene Sandstrände mit einer Brandung, von der Surfer aus der ganzen Welt träumen.

Im Februar wird Sydneys meist warmes sonniges Wetter die Fahrt auf dem Princes Highway von Sydney nach Melbourne begleiten. Er führt durch eine der schönsten Küstenlandschaften Australiens. Blendend weiße Sandstrände, felsige Klippen, versteckte Meeresarme, Flüsse, in denen das Schnabeltier anzutreffen ist, kleine Fischerdörfer und Nationalparks mit Regenwäldern prägen die „Saphirküste". Meist muss man auf Abzweigungen noch einige Kilometer hinunter zum Meer fahren, um die Bade- und Surferstrände von Ulladulla, Narooma oder Merimbula zu genießen. Gerne ein paar Tage verbummeln könnte man im Seebad Lakes Entrance, das ideal am Ausgang der durch hohe Dünen vom Meer getrennten Gippsland Lakes liegt. Der spektakuläre Ninety Mile Beach ist wirklich so lang, wie es sein Name verspricht.

HIGHLIGHTS VON VICTORIA

Weiter auf dem Highway erreicht man bald Melbourne, wo Anfang Februar die Tennisfinale der Australian Open steigen, und auch kulturell braucht sich die Viermillionenstadt nicht hinter Sydney zu verstecken: Oper, Theater, Tanz, klassische Konzerte und Comedy. You name it, we got it! Für Abwechslung sorgt auch das Wetter: In Melbourne gibt es noch vier Jahreszeiten, und bisweilen kann man sie an einem einzigen Tag erleben! Genau deshalb sind die Botanical Gardens der Stadt die schönsten in Australien, und „britische" Wetterkaprio-

len überbrückt man locker in der National Gallery of Victoria, Australiens wohl bester Kunstsammlung, oder beim Shopping im historischen Queen Victoria Market. Auf Naturfreunde warten die Kängurus und Koalas im 60 Kilometer nordöstlich gelegenen Healesville Wildlife Sanctuary, während man auf Philip Island im Südosten von Melbourne Zwergpinguine beobachten kann. Ebenfalls nur eine Autostunde von Melbourne entfernt liegt der geheimnisvolle Hanging Rock, an dem Peter Weir „Picknick am Valentinstag“ drehte. Auch die faszinierenden Sandsteinmassive der Grampians mit ihrer seltenen Flora und Fauna, die alten Goldgräberstädte Victorias und das Trekkerparadies Wilsons Promontory, eine wilde gebirgige Halbinsel mit mächtigen Granitblöcken und einsamen Stränden, liegen nur einen langen Tagesausflug entfernt.

Ein unvergessliches Erlebnis ist die Fahrt auf der Great Ocean Road zwischen Anglesea und Peterborough, der vielleicht spektakulärsten Küstenstraße der Welt. Die donnernde Brandung des Great Southern Ocean hat die Kalksteinklippen zu bizarren Felsformationen geschliffen. Die berühmten Felspfeiler Twelve Apostles im Port Campbell National Park sind das wahrscheinlich meistfotografierte Motiv in Victoria.

Oben: *Die Twelve Apostles an der Great Ocean Road*
Links: *Hafen von Sydney mit Opernhaus*

UND ÜBRIGENS

Touristen aus EU-Ländern können kostenlos das eVisitor Visum (Subclass 651) beantragen, das zwölf Monate gültig ist und innerhalb dieses Zeitraums zu beliebig vielen Aufenthalten in Australien von je bis zu drei Monaten berechtigt.

FEUERLAND

DAS ENDE DER WELT IN CHILE

Als „ungeheure Symphonie von tiefstem Schweigen, ungeheuren Eis- und Gletschermassen, grünen, schier undurchdringlichen Wäldern, blauem Meer und düsteren Kanälen“ beschrieb der deutsche Flugpionier Gunther Plüschow die Landschaft Feuerlands, die sich Argentinien und Chile teilen. Die Fjordküsten zwischen Ushuaia und Punta Arenas sind völlig menschenleer und von Land aus so gut wie unzugänglich. Also rauf aufs Wasser! Die chilenischen Schiffe Ventus Australis und Stella Australis der Reederei Cruceros Australis bieten echten Kreuzfahrtluxus mit Schlauchbootausflügen in die Gletscherlandschaften. Das Traumhotel Lakutaia in Puerto Williams auf der Isla Navarino organisiert ebenfalls Fahrten durch die Fjorde der Cordillera Darwin. Hier fließen mächtige Eisströme von 2000 Meter hohen Gipfeln hinunter zum Meer.

PER FÄHRE ZU DEN GLETSCHERN

Es geht aber auch wesentlich günstiger. Die von Transbordadora Austral Broom betriebene Auto- und Passagierfähre Yaghan fährt im Sommer mehrmals die Woche durch den Beagle-Kanal und die Magellanstraße von Puerto Williams nach Punta Arenas. Oft begleiten Wale und Delfine die Fahrt. Außerdem passiert man in unmittelbarer Nähe mehrere Gletscher, darunter mit La Romanche den größten chilenischen Gletscher, der ins Wasser reicht. Absolut magisch ist der Anblick des mächtigen pyramidenförmigen Gletscherbergs Monte Sarmiento (2246 Meter), wenn dieser sich nicht – wie so häufig – in Wolken hüllt. Mit einer Twin Otter DHC 6 der Aerovías DAP kann man anschließend nach Puerto Williams zurückfliegen und genießt dabei oft Traumausblicke auf die Cordillera Darwin.

ANTARKTIS 1000 KILOMETER VORAUS

Einmal mit geblähten Segeln rund um Kap Hoorn? Das kleine Unternehmen SIM Expeditions des deutschen Skippers Wolf Kloss in Puerto Williams organisiert Segeltrips rund um Kap Hoorn und zur Cordillera Darwin. Da seine zwei Jachten unter chilenischer Flagge fahren, dürfen sie in vielen kleinen Buchten im Archipel der Islas Wollaston ankern. Ist die Anlandung mit Schlauchbooten am steinigen Strand einer Bucht gelungen, geht es zur kleinen chilenischen Marinebasis hinauf. Ein rutschiger Bohlenweg führt über öde Tundra zu einem modernen Denkmal hinauf: eine rautenförmige Metallplatte, in die man die Silhouette eines Albatros geschnitten hat, des Symbolvogels aller Kap Hoorniers. Hoch über dem Meer schweift der Blick nach Süden, wo sich Atlantik und Pazifik mit bis zu 20 Meter hohen Wellenbergen vermählen. Hier ist man angekommen am Ende der Welt. Von hier geht es nur noch zurück, nach Hause.

Links: Landung am Pia-Gletscher auf Feuerland
Unten: Bohlenweg zum Leuchtturm von Kap Hoorn

HOKKAIDŌ

BEI JAPANS SCHNEEAFFEN

Japans nördlichste Hauptinsel ist im Februar ein schneereiches Winterwunderland. Dann ist der Besuch eines „Onsen", wie man in Japan ein von natürlichen heißen Quellen gespeistes Bad im Freien nennt, ein besonderer Genuss. Für Menschen gilt dabei eine recht strenge Etikette:
Gebadet wird zwar nackt und unabhängig von gesellschaftlichen Hierarchien, aber in der Regel nach Geschlechtern getrennt. Außerdem steigt man nur blitzsauber gewaschen in einen Onsen, um sich dort nach der Arbeit zu entspannen. Der hohe Anteil an Mineralien im Wasser gilt als gesundheitsfördernd. Die Durchblutung der Haut wird angeregt, die Hautalterung wird verzögert, und verspannte Muskeln lösen sich.

Schneeaffen auf Hokkaidō

Japanische Makaken, auch „Schneeaffen" genannt, baden mindestens ebenso gern wie Menschen, doch Vorschriften sind nicht so ihre Sache. Daher schauen die Japaner bei manchen Aktivitäten der Primaten lieber taktvoll zur Seite, denn der Winter fällt in die Paarungszeit. Umgekehrt nehmen die Schneeaffen, die ihre eigenen sehr menschlich wirkenden sozialen Rituale beim Baden pflegen, kaum Notiz von menschlichen Zuschauern, die ihnen im Jigokudani Monkey Park (Jigokudani Yaen Kōen) beim Baden zusehen. Der Park liegt in den Wäldern des Jigokudani-Tals in Yamanouchi, unweit der Onsenstädte Shibu und Yudanaka. Die Affen kommen und gehen, wie sie Lust haben. Die Touristen reisen mit dem Hochgeschwindigkeitszug Shinkansen von Tokyo nach Nagano und nehmen dann den Expressbus.

BUDAPEST

BADEVERGNÜGEN IN UNGARNS HAUPTSTADT

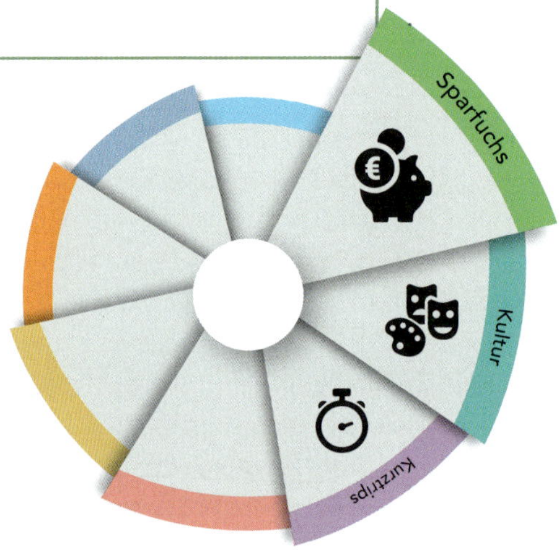

Széchenyi-Heilbad in Budapest

Mitten im Winter im Freien baden? In Budapest, einer der preiswertesten Städte Europas, kein Problem! Dafür sorgen 123 Thermalquellen, die im Stadtgebiet sprudeln. Hier kurierten schon römische Soldaten in 14 luxuriösen Thermen rund um den Burghügel ihre Zipperlein aus. Später gab es mindestens fünf prunkvolle osmanische Bäder allein in Buda.

Über eine Million Besucher im Jahr zählt das Széchenyi-Heilbad, eine überkuppelte neobarocke Palastanlage mitten im Stadtwäldchen. Mit seinen 15 Becken (26–38 Grad) zählt es zu den größten Badeanlagen Europas. Im riesigen, besonders warmen Außenbecken spielen die Besucher sogar im tiefsten Winter auf schwimmenden Brettern Schach. Samstagnachts werden hier schillernde Partys mit Lightshows, Chill-out und Bauchtänzerinnen bis in den frühen Morgen zelebriert, die „Spartys". „Fürdőruhás", also mit Badezeug, lautet der Dresscode, selbst wenn Schneeflocken vom Himmel fallen, denn die meisten Gäste feiern im warmen Wasser.

Noch berühmter ist das Gellért in Buda, ein prunkvolles Ensemble aus Grand Hotel und Bad im späten Sezessionsstil. Schon die mosaikgeschmückte Eingangshalle mit bunten Glasfenstern und herrlich altmodischen Kassen stimmt auf die riesige Schwimmhalle ein. Mit Marmorsäulen und großen Palmen ist sie besonders prunkvoll gestaltet.

NOSTALGIE ZU KLEINEN PREISEN

Kälter, aber nicht minder romantisch ist Europas größte Freiluft-Eislaufbahn am Rande des Stadtwaldes, die bis Ende Februar geöffnet ist und eine großartige Sicht auf die Vajdahunyad-Burg bietet. Wieder aufwärmen kann man sich dann in den nostalgischen Kaffeehäusern der Stadt. Auch beim Sightseeing muss man nicht frieren. Die Fahrt in den historischen Wagen der Straßenbahnlinie 2 entlang der Donau auf der Pester Seite zählt zu den schönsten Tramfahrten der Welt und kostet nur einen Euro – Ausblick auf Gellért-Berg, Budaer Burg, Parlament und fast alle Donaubrücken inklusive. Auch die Linienschiffe auf der Donau zwischen Újpest im Norden und der Rákóczy-Brücke im Süden sind spottbillig. Übrigens ist die Fahrt mit dem Europa-Spezial Ungarn im direkten IC/EC, etwa von Berlin oder München nach Budapest, in der 2. Klasse schon ab 39 Euro zu haben. Kinder unter 15 Jahren reisen sogar kostenlos mit.

BANSKO

WINTERSPASS IN BULGARIEN

Ski- und Snowboardfahren mit Blick auf das Mittelmeer? An klaren Tagen ist das im Skigebiet Bansko durchaus möglich, denn mit einer Höhe von bis zu 2600 Metern bietet es die höchstgelegenen Abfahrten Bulgariens, und die nordgriechische Ägäisküste liegt nur gute 100 Kilometer weiter südlich. Ende Februar beginnt die sonnigste und schneereichste Zeit. Am Berg beträgt die Schneehöhe dann über zwei Meter, im Tal immer noch über 80 Zentimeter. Die Pisten aller Schwierigkeitsgrade (insgesamt 70 Kilometer) sind, bei einem Höhenunterschied zwischen Tal- und Bergstation von 1664 Metern, besonders lang. Auf der nach dem italienischen Skifahrer Alberto Tomba benannten, 2,5 Kilometer langen Piste an den Hängen des Bergs Todorka (2746 Meter) finden sogar Weltcuprennen statt: Ende Januar 2020 sind es Abfahrt und Super-G der Frauen. Im Februar sinken die Preise aber wieder auf ein Niveau, das im Vergleich zu den Alpenresorts wirklich phänomenal niedrig ist. Nirgendwo in der EU macht man preiswerter Urlaub als in Bulgarien, und ein sechs Tage gültiger Skipass ist für 200 Euro zu haben. Kinder zahlen die Hälfte. Trotzdem erwartet Schnäppchenjäger eine moderne Infrastruktur im wunderschönen Pirin-Gebirge.

Skilift im bulgarischen Resort Bansko

VIETNAM

TROPENINSELN IM SÜDEN

Strand auf der vietnamesischen Insel Phu Quoc

Ho-Chi-Minh-Stadt (Saigon) und das Mekong-Delta sind klassische Reiseziele im Süden des preiswerten Vietnam, doch hier warten auch einige echte Trauminseln auf Entdecker. Gut erschlossen ist eigentlich nur Phu Quoc, die größte von ihnen, die ganz in der Nähe der Festlandsküste Kambodschas liegt. Selbst hier findet man noch einsame Strände, sehr erschwingliche Unterkünfte und exzellente Fischküche. Die Atmosphäre ist auf Phu Quoc besonders entspannt. Viel unberührte Natur bietet das Con-Dao-Archipel mit der Hauptinsel Con Son, einst die „Teufelsinsel" Vietnams. Hier kann man Seeschildkröten und Dugongs (Seekühe) beobachten. Nur wenige Touristen verirren sich auf das kleine Phu Quy, das etwa 100 Kilometer vor der Küste von Mui Ne liegt, denn Besucher benötigen (noch) ein Permit. Derzeit gilt dies auch für die paradiesische Inselgruppe Nam Du südlich von Phu Quoc. Doch wer die Bürokratie meistert, lernt unverfälschtes einheimisches Inselleben kennen.

ISRAEL

UNTERWEGS IM HEILIGEN LAND

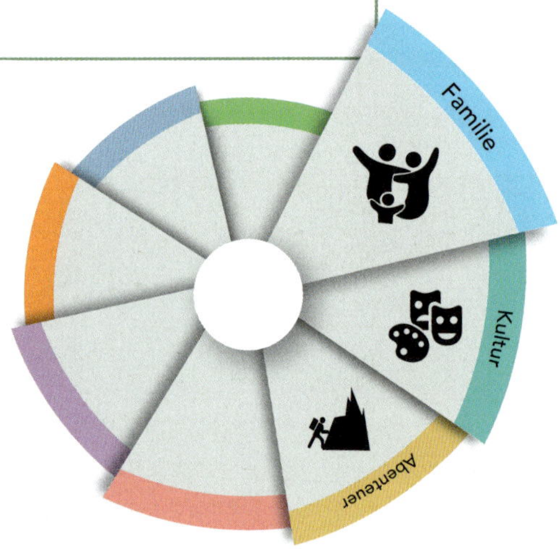

Schon im Februar hält der Frühling Einzug in Israel. Jetzt ist die Zeit, die spektakuläre Wildblumenblüte in der nördlichen Negev-Wüste zu erleben. Das Scarlet South Festival feiert die roten Klatschmohnfelder im Ruhama-Wald. Auch Anemonen, Alpenveilchen, Narzissen und lila Lupinen blühen jetzt verschwenderisch, Letztere besonders schön im Elah-Tal südlich von Beit Shemesh. Dazu kommt die herrliche Mandelblüte im Naturschutzgebiet Sataf am westlichen Stadtrand von Jerusalem, ein Pastelltraum in Weiß bis Rosa.
Das kleine Israel hat so viele Klimazonen, dass man, wenn auf den Golan-Höhen Schnee gefallen ist, im Mount Hermon Resort skifahren kann, während das Mittelmeer am 14 Kilometer langen Sandstrand von Tel Aviv bereits 17–18 Grad erreicht. Da Israelis bei diesen Wassertemperaturen nicht baden gehen, ist das Meer frei für die Kitesurfer. Am Dolfinarium Beach bringt der Israel Surf Club Kindern schon ab sechs Jahren das Wellenreiten bei. Wenn die Mittelmeerwellen gerade Pause machen, kann man auf Stehpaddeln und Kajakfahren ausweichen. Natürlich gibt es hier auch topmoderne Surfausrüstung zu leihen. Wem das Wasser noch zu frisch ist, fährt ans Rote Meer. In Eilat ist es um diese Zeit angenehm warm, aber nicht zu heiß, und das streng geschützte Korallenriff lädt zum Schnorcheln und Tauchen ein.

BIBLISCHE BEGEGNUNGEN

Die perfekte Einstimmung bietet der Time Elevator gegenüber dem Independence Park in Jerusalem, eine halbstündige virtuelle Multimediareise auf beweglichen Sitzen mit Achterbahnfeeling durch die Geschichte der biblischen Stadt. Den „Führer“ spielt der berühmte Schauspieler Chaim Topol, bekannt als Milchmann „Tewje“ in „Anatevka“. Der Themenpark Mini Israel bei Latrun zwischen Jerusalem und Tel Aviv präsentiert die bedeutendsten Bauwerke aller Religionen, Ausgrabungsstätten und Landschaften Israels im Maßstab 1:25, darunter die Klagemauer mit Pilgern, der Felsendom, der Baha'I-Tempel in Haifa und der Flughafen Ben Gurion, auf dem Miniflugzeuge starten und landen. Am schönsten ist der Park am frühen Abend, wenn die Innenbeleuchtung der Gebäude angeschaltet wird. In den schönen Tisch Family Zoological Gardens von Jerusalem tummeln sich viele Tiere, die in den Büchern Mose erwähnt werden, aber vor Ort inzwischen ausgestorben sind, darunter asiatische Löwen, Bären und Leoparden, das Nilkrokodil und der Mesopotamische Damhirsch. Außerbiblisch, aber berühmt sind die Giraffenherden, und einen Kinderzoo gibt es dort auch. Ebenfalls in der Schrift nicht erwähnt wird die australische Tierwelt, der Israels Klima offenbar sehr gut gefällt. So hüpfen gleich sieben verschiedene Känguruharten durch die Eukalyptushaine des Wildparks Gan Garoo bei Beit Shean. Kookaburras „lachen“, Kakadus krächzen, und natürlich sitzen auch einige kuschelige Koalas in den Astgabeln. Es darf gestreichelt und gefüttert werden.
Der biblische Themen- und Abenteuerpark Kings City in Eilat ist im Stil eines alten Wüstenpalasts erbaut. Die Attraktionen drehen sich rund um Geschichten aus dem Alten Testament. So kann man im 4D-Kino eine Zeitreise durch das alte Ägypten unternehmen und Pharaonen bei Streitwagenrennen zusehen, außerdem

UND ÜBRIGENS …

Am besten findet man sich drei Stunden vor Abflug am Check-in ein. Vor allem wer sich häufiger in Israel aufhält oder Stempel arabischer Länder im Reisepass hat, muss eventuell mit Fragen der Sicherheitsbeamten rechnen – besonders vor dem Rückflug.

Computerillusionen rund um König Salomo bestaunen oder auf einer Wildwasserbahn durch das biblische Babylon sausen.

WISSENSCHAFT ZUM ANFASSEN

Das interaktive Angebot im Bloomfield Science Museum der Hebrew University ist für Kinder so spannend, dass man für den Besuch keinen Regentag in Jerusalem abwarten sollte. Auf spielerische Weise lernen die Kids hier viel über Wasser, Elektrizität und Illusionen, die dem menschlichen Gehirn einen Streich spielen. In der 20 Kilometer südlich von Tel Aviv liegenden Stadt Rehovot lohnt der Clore Garden of Science des renommierten Weizmann Institute of Science einen Besuch. Hier können Kinder fast 80 interaktive Angebote ausprobieren: Wie fühlt es sich an, auf der Mondoberfläche zu laufen? Wie vermag ein Sonnenofen binnen Minuten, einen Wald in Brand zu setzen? Wie erzeugt man mit Wassersprinklern einen tollen Regenbogen? Langeweile kennt man hier nicht.

Oben: Blick auf die Hauptstadt Jerusalem
Unten: Taucher im Roten Meer bei Eilat

ANDANAMENKÜSTE

FAMILIEN-ELDORADO IM SÜDWESTEN THAILANDS

Thais sind ausgesprochen kinderlieb und hilfsbereit. In den Restaurants kümmert man sich rührend um die Kleinen, ist nachsichtig, wenn sie herumtoben, und bereitet ihnen gern extramilde Gerichte zu. Phuket, die beliebteste Ferieninsel, ist bestens auf die Bedürfnisse von Familien eingestellt. Jedes bessere Resort hat verlässliche Babysitter an der Hand. Urlaub auf Phuket ist für Kinder ideal, wenn man ein Quartier wählt, bei dem keine Straße das Hotel vom Strand trennt. Noch bessere Bedingungen für einen Urlaub mit Nachwuchs bietet die weiter südlich gelegene Insel Ko Lanta.
Viele Strände der Andamanenküste sind wahre Kinderträume, auf Phuket besonders Nai Harn, Bang Tao, Kata Noi und Karon. Viel Spaß macht auch ein Ausflug von Krabi auf das Inselchen Ko Poda, wo man zum unbeschwerten Planschen und Treibholzsammeln nur wenige Minuten zu menschenleeren Robinsonstränden laufen muss. Auf Ko Lanta empfiehlt sich der flache und breite Klong Dao Beach.

Traumstrand auf Ko Poda

FASZINIERENDE TIERWELT

Viele Tauchzentren unterrichten auch Kinder: Am Bubblemaker-Programm können schon Achtjährige teilnehmen, die Lehrer sprechen Deutsch. Die richtige Einstimmung auf die faszinierende Unterwasserfauna mit Haien, Meeresschildkröten und zahllosen Korallenfischen bietet das Phuket Aquarium am Cape Panwa. Spannend ist aber nicht nur die Begegnung mit Nemo und seinen vielen bunten Freunden. In Phukets Gibbon Rehabilitation Center begegnet man „singenden“ Affen, und im vorbildlich geführten Elefantencamp Elephant Hills im Khao Sok National Park lernt man die faszinierenden Dickhäuter auf artgerechte Weise kennen. Besucher dürfen auch beim Waschen und Füttern helfen. Ein unvergessliches Erlebnis sind die für die ganze Familie geeigneten Kajakexkursionen in der Phang Nga Bay mit ihren bizarren Felsformationen und unzähligen Kalkstein-Inselchen. Dabei fährt man durch labyrinthische Höhlengänge in die „Hongs“ genannten stillen Gezeitenlagunen der Inseln.

SHOWS UND ABENTEUER

Der große Themenpark Phuket FantaSea bietet eine gigantische Abendshow im 3000 Zuschauer fassenden Palace of the Elephants, der im Khmer-Stil gestaltet wurde. „Fantasy of a Kingdom“ heißt das Spektakel mit den Helden Rama, Hanuman und Prinz Kamala. Zauberkünstler, Schwertkämpfer, Artisten, Elefanten,

Oben: Elefant im Nationalpark Khao Sok

Wasserbüffel und sogar ein Tiger treten auf. Im Camp Laguna am Bang Tao Beach, ebenfalls auf Phuket, gibt es ein beliebtes Dschungelgelände mit einem Abenteuerspielplatz. Saurierskulpturen, Höhlen und Wasserfälle machen den Minigolfplatz Dino Park am Südende des Karon Beach zur Attraktion für die ganze Familie. Jede Menge Wasserspaß garantiert der Splash Jungle im Centara Grand West Sands Resort am Mai Khao Beach in der Nähe von Phukets Flughafen mit Wellenpool, Kinderpool, Wasserkanonen und aufregenden Wasserrutschen.

SEISER ALM

SKIPARADIES IN SÜDTIROL

Die Südtiroler Seiser Alm (Alpe di Siusi) bei Kastelruth zwischen Brixen und Bozen bietet nicht nur eine traumhafte Alpenkulisse, sondern gilt auch als das vielleicht familienfreundlichste Skigebiet Italiens. Schon Fritz Steubens Kinderbuch „Wolfram fährt nach Südtirol“ (1937) erzählt vom Kinderurlaub auf der Seiser Alm. Heute gibt es hier 60 perfekt präparierte Pistenkilometer mit 22 modernen Aufstiegsanlagen. Nicht nur Skifahrer und Snowboarder kommen hier auf ihre Kosten, sondern auch Schneeschuhwanderer, Langläufer und Rodler. Am besten fährt man von Kastelruth mit dem kostenlosen Skibus zur Talstation nach Seis. Von dort bringt die Umlaufseilbahn junge und junggebliebene Skihasen auf das 1800 Meter hoch gelegene Plateau, die mit 52 Quadratkilometern größte Hochalm Europas. Hier warten mehrere Skikindergärten und Funparks mit Tunneln, Zauberteppichen, Hüpfburgen und einem Mini-Express-Zug auf die Kids. Für Abwechslung sorgen die Spaßbäder Acquarena in Brixen und Mardolomit in St. Ulrich.

Hütte auf der Seiser Alm mit Blick auf den Langkofel

KARNEVAL IN PORT OF SPAIN

TRINIDAD & TOBAGO

Fast überall in der Karibik wird Karneval gefeiert, doch der Karneval auf Trinidad gilt als der lauteste, bunteste und ausgelassenste. Schon Monate vorher werden die Kostüme festgelegt, proben die Calypso-, Soca- und Steelbands. Zwei Wochen vor Aschermittwoch beginnt die heiße Phase des Karnevals. Die Bands treffen sich zu Ausscheidungs-Wettbewerben („tents"), die fleißig in Rundfunk, Fernsehen und Presse kommentiert werden, und in den Mas Camps werden die Kostüme zusammengenäht. Der Samstag vor Aschermittwoch gehört den Kindern, die ihren Kiddies Carneval mit bunten Kostümen nicht weniger enthusiastisch feiern als die Erwachsenen. Am Abend tragen die besten Steelbands der Insel das „Panorama" genannte Finale ihres Wettbewerbs aus. Die Teilnehmer entlocken den speziell präparierten Ölfässern die erstaunlichsten Klänge. Am Sonntagabend (Dimanche Gras) finden dann die Calypso-Finale statt, auf denen der „Calypso Monarch" des Jahres gekrönt wird. Zunehmend verdrängt die im Wesentlichen auf Rhythmus abgestimmte Soca-Musik – eine Wortzusammenziehung von Soul und Calypso – die witzigen satirischen Wechselgesänge der klassischen

UND ÜBRIGENS ...

Am Aschermittwoch erholt man sich am besten am wunderschönen Strand von Maracas Bay im Norden Trinidads oder an den Traumstränden von Tobago.

Prachtvoll kostümierte Karnevalsgruppe auf der Insel Trinidad

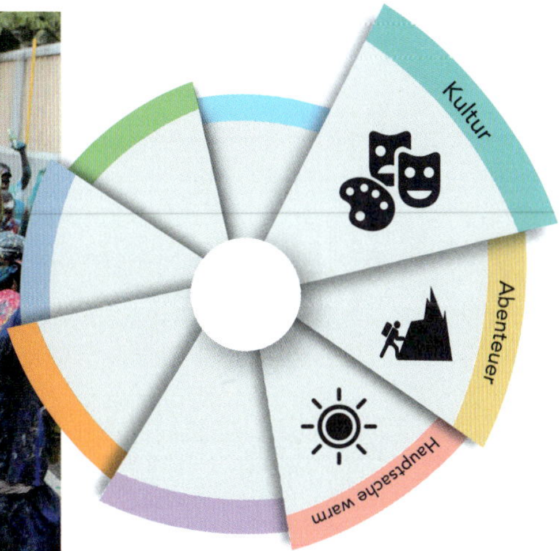

Am „Schmutzigen Montagmorgen“

Calypsonians. Wer hier keinen Erfolg hat, kann immer noch König oder Königin der Straßenbands (Road March King oder Queen) werden. Am besten kommen beim Publikum die Aufforderungen zum „Jump up“ an, wie man das ausgelassene Rumgehopse zur Musik nennt. Auf der gleichen Veranstaltung werden auch die kunstvollsten, bis zu zehn Meter hohen Karnevalskostüme prämiert, die ihre Besitzer oft viele Tausend Dollar gekostet haben.

KARNEVALISTISCHE HÖHEPUNKTE

Anschließend ist die letzte Gelegenheit, noch eine Mütze voll Schlaf zu nehmen, denn um vier Uhr morgens beginnt der anarchistische Teil des Karnevals, genannt „J'ouvert“. In dieser „Ole Mas“ (Old Masquerade) ziehen die Teilnehmer in ihren hässlichsten und anstößigsten Klamotten durch die Straße und beschmieren sich mit Öl und buntgefärbtem Schlamm. Später am Tag probiert man die schönen Kostüme aus und feilt an der ausgeklügelten Choreografie.

In der Nacht von Montag auf Dienstag finden die heißesten Partys statt, und am Dienstag (Mardi Gras) steigt die größte Kostümparade der Road Marches. Sie nimmt ihren Ausgang in der Innenstadt und wälzt sich langsam auf Queen's Park Savannah zu. Lastwagen, aus deren überdimensionalen Lautsprechern die beliebtesten, fast das Trommelfell zerfetzenden Soca-Titel schallen, begleiten die manchmal über 1000 Mitglieder zählenden Gruppen, die von Preisrichtern prämiert werden. Zwischen den ausgelassen Tanzenden, deren bunte Kostüme oft tiefere Bedeutungen haben, springt der Organisator der Gruppe hin und her und versucht, seine komplizierte Choreografie zu retten. Aber es ist „Bacchanal Time“ – so der Titel eines populären Soca-Songs –, und oft endet alles in hemmungslosem Chaos, besonders dann, wenn ein tropischer Regenschauer auf die Feiernden niederprasselt. Die Steelbands sind im Soca-Fieber der letzten Jahre ein wenig in den Hintergrund getreten, doch werden ihre Auftritte nach wie vor stürmisch beklatscht.

Am besten lässt man Videokamera oder Fotoapparat im Hotel und stürzt sich selbst in das – im Gegensatz zu Rio de Janeiro – nahezu ungefährliche Gewühl. Sehr schnell begreift man dann auch, warum die spärlich bekleideten Frauen fast alle trotz tropischer Hitze Strumpfhosen tragen. Beim „wining“, bei dem sich Männer und Frauen hüftkreisend antanzen, kommt man sich körperlich sehr nahe. Es bleibt aber alles sehr keusch, zumindest vor den Augen der Zuschauer. Punkt Mitternacht verstummen die Rhythmen, unter denen Port of Spain tagelang vibrierte. Erschöpft schleichen die Feiernden nach Hause.

MARRAKESCH

EIN MÄRCHEN AUS 1001 NACHT

Schon lange zieht die rote Oasenstadt Europäer geradezu magisch an. Eine abendliche Kutschfahrt rund um die 13 Kilometer lange Stadtmauer aus rotem Stampflehm mit ihren 200 Bastionen ist ein Muss für Romantiker. Ihre mächtigen Tore gehen bis auf die Gründer der Stadt im 12. Jahrhundert, die Almoraviden, zurück. Noch immer beherrschen alte Nomadentraditionen diesen letzten großen Außenposten der Zivilisation, bevor die Sahara beginnt. In Marrakesch wurde seit dem Mittelalter mit Gold und Elfenbein aus dem Inneren Afrikas gehandelt, hier duftet es nach allen Gewürzen Afrikas und des Orients. Besucher haben die Wahl zwischen den schicken Hotels und Nachtclubs von Gueliz, der französisch inspirierten Neustadt, und dem Gassengewirr der Medina, hinter deren Mauern sich heute manch elegantes Riad-Hotel verbirgt. Für Orientierung sorgt das kunstvolle, 77 Meter hohe Minarett der Koutoubiya-Moschee. Von der Plattform ruft der beste Muezzin des Landes mit unvergleichlicher Stimmgewalt zum Gebet.

Im Februar leuchten die Gipfel des Hohen Atlas noch schneeweiß, während in den herrlichen Gärten schon die Granatapfel- und Orangenbäume blühen. Sonnige milde Tage und noch kühle Nächte machen den Aufenthalt zu dieser Zeit sehr angenehm. Marokkos aufregendste Stadt lockt mit prächtigen Palästen und kunstvollen mittelalterlichen Medresen (Koranschulen). Besonders exquisit ist die Schnitz- und Fliesenkunst der Medersa Ben Youssef im Herzen der Medina. Nicht minder erlesen sind die Saaditengräber: Sultan Ahmed el Mansour schuf mit den märchenhaften Reichtümern aus Timbuktu im 16. Jahrhundert Marokkos kostbarste Nekropole, ein Juwel der hispano-maurischen Kunst mit Stalaktitennischen, vergoldeten Zedernholzdecken, polychromen Fayencemosaiken, schwarz glasierten Schriftbändern, stuckierten Inschriftenfriesen und verschlungenen Rosettenmotiven.

Marktplatz Jemaa el Fna in der Abendsonne

BUNTES TREIBEN AUF DEM MARKTPLATZ

Früher spießte man auf dem Jemaa el Fna, dem „Versammlungsplatz der Getöteten“, die Köpfe der Hingerichteten auf lange Stangen. Heute ist der berühmteste Platz der islamischen Welt eine einzigartige Bühne der Märchenerzähler, Feuerschlucker, Schlangenbeschwörer, Zahnausreißer, Wahrsagerinnen, Affenbändiger, Gaukler und Gnaoua-Musikanten. Hier preisen gewitzte Händler Zauber- und Wundermittel gegen Unfruchtbarkeit oder den bösen Blick an, und bunt bekleidete Verkäufer bieten Wasser feil. Am Abend wird der Platz im Licht der Karbidlampen mit seinen Garküchen zum Freiluftrestaurant. Ungestört betrachtet man das

Oben: Innenhof der Medersa Ben Youssef in Marrakesch

Treiben von den Dachterrassen der Café-Restaurants. Rohrgeflecht, durch das die Sonne geheimnisvolle Lichtstreifen wirft, überdeckt viele Gassen der größten Souks des Landes. Man lässt sich einfach treiben: durch die Töpfersouks, den Souk der Gewürze, vorbei an all den Lädchen, in denen Geheimrezepte, Tinkturen und Elixiere der Wunderheiler und Gesundbeter verkauft werden. Teppiche, Kupferwaren, Silberschmuck und Babuschen: Alle haben sie ihren eigenen Souk wie auch die Wollfärber und Holzschnitzer. Noch immer ist Elias Canettis Momentaufnahme „Die Stimmen von Marrakesch" (1967) die beste Einführung in diese magische Welt.

SINGAPUR

PULSIERENDER STADTSTAAT

Februar ist vielleicht der angenehmste Monat in Singapur. Zu dieser Zeit ist es etwas kühler und trockener, obwohl das hier am Äquator wenig heißt. Dazu kommen die farbenfrohen Umzüge des chinesischen Neujahrsfests. Faszinierende Architektur, erlesene Museen, schicke Boutiquen und das fabelhafte Streetfood der Hawker-Markets – seit einigen Jahren sogar mit Michelin-Stern ausgezeichnet – machen den blitzsauberen Stadtstaat zu einem beliebten Stopover- oder Einstiegsziel für Südasienbesucher. Futuristisch muten die Gardens by the Bay mit ihren Bio-Kuppeln, Hightech-Supertrees und skurrilen Skulpturen an: ein Meisterwerk der Stadtplanung. Seit 2010 beherrschen die drei eleganten, leicht geneigten, 55-geschossigen Hoteltürme des Marina Bay Sands mit dem wohl spektakulärsten Infinity Pool der Welt auf dem Dach die Hafenkulisse. Das Asian Civilisations Museum und die National Gallery Singapore versammeln einige der erlesensten Kunstwerke Asiens. Auch der beste und artgerechteste Zoo Südostasiens ist natürlich in Singapur zu finden. Einzigartig auf der ganzen Welt und nichts für Nervenschwache sind die Nachtsafaris auf vier Trails. So aufregend kann Singapur sein!

Drachentanz auf dem Chinesischen Neujahrsfest in Singapur

Die Mandelbäume auf Mallorca hüllen sich in Zartrosa (Foto), auf Kreta und Djerba lockt ein erstes Bad im Mittelmeer, faszinierende Naturerlebnisse bieten der Grand Canyon und die Karibikinsel Dominica, und Kulturfans zieht es nach Florenz und zu den Pyramiden in Teotihuacán und Gizeh.

MADEIRA

PORTUGALS BLUMENINSEL IM ATLANTIK

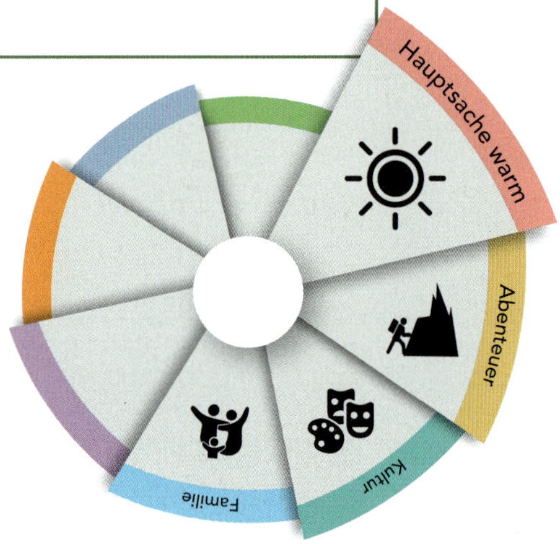

Fast senkrecht fallen Madeiras Basaltklippen viele Hundert Meter tief ins indigoblaue Wasser des Atlantiks ab. Eigentlich herrscht hier das ganze Jahr mehr oder weniger Frühling. Im März ist es im Inselsüden am sonnigsten und wärmsten.

SCHUSSFAHRT MIT KORBSCHLITTEN

Auf Madeira gibt man Touristen einen Korb und fährt mit ihnen Schlitten! „Carro de cesto" heißen die Korbschlitten, mit denen man früher Waren vom hoch gelegenen Vorort Monte hinunter nach Funchal brachte. Zwei traditionell in Weiß gekleidete „Carreiros" mit Strohhut auf dem Kopf steuern das Gefährt, eine Mischung aus Wäschekorb und Korbsofa mit weich gepolsterten Sitzbänken.

Funchal, Madeiras „Hauptstadt", prägen barocke Kirchen, alte Gebäude im manuelinischen Mudéjar-Stil und elegante Straßencafés. Der farbenfrohe Mercado dos Lavradores, die Markthalle von Funchal, bietet eine Symphonie der Sinne: Bunt gekleidete Landfrauen mit üppigem Blumenschmuck warten am Eingang. In der Fischhalle hängen tiefschwarze, glitschige Degenfische geradezu furchteinflößend über den Tischen. Doch lieber zu den Obsthändlern? Hier schmecken die kleinen fingerdicken Madeira-Bananen, die goldgelben klebrig-saftigen Mangos und die eigentlich aus Südamerika stammenden Zuckeräpfel besonders gut.

Einen wunderbaren Eindruck von der Natur Madeiras vermittelt der riesige tropische Garten der Jardins do Monte Palace: ein Meisterwerk europäischer Gartenarchitektur mit Skulpturen, Vasen und einer Allee mit Azulejos, die das Alltagsleben auf der Insel im Delfter Blau-Weiß abbilden. Verschwenderisch blühen hier Hortensien, Magnolien, Azaleen und Kaplilien, gelbrot leuchten die Hibisken, champagnerfarben die Yuccapalmlilien, elfenbeinweiß die betörend duftenden Frangipaniblüten und lila die Bougainvilleen. Die Königin von Madeiras Blüten aber ist die Strelitzie oder Paradiesvogelblume, deren extravagante, mehrfarbige Blüten an den Kopf eines exotischen Vogels erinnern.

PANORAMEN FÜR AUTOFAHRER UND WANDERER

Früher sausten die Korbschlitten vom 300 Meter oberhalb von Monte gelegenen Terreiro da Luta zu Tal, bis ihnen die harte Konkurrenz der Zahnradbahn den Garaus machte. Wem die tolle Aussicht von hier noch nicht genügt, kann über Passo de Poiso (1400 Meter) auf einer tollen Panoramastraße weiter hinauf bis zum Pico do Arieiro fahren. Von der Aussichtsterrasse genießt man den herrlichsten Blick über die zerklüftete Bergwelt Madeiras mit ihren messerscharfen Graten hinunter zu den Küsten und hinüber zum steil abfallenden grünen Erosionskessel Curral das Freiras.

Wild und schroff ist auch die oft in Wolkenwatte gepackte Steilküste im Norden zwischen Porto Moniz und Porto do Cruz, an die sich Lorbeerbäume und Baumheide klammern und von der sich Wasserfälle über von Moosen, Farnen und Lilien bewachsenem Gestein in die Brandung stürzen. Die 52 Kilometer lange alte Küstenstraße verspricht mit ihren unzähligen Nadelöhrkurven und extrem schmalen Tunneln eine der aufregendsten Autofahrten der Welt.

Oben: *Botanischer Garten in Funchal*
Unten: *Korbschlittenfahrer auf Madeira*

UND ÜBRIGENS ...

Stickereien aus Leinen, Organza, Batist oder Baumwolle sind beliebte Mitbringsel. Aber Vorsicht: Nur Stickereien mit dem Gütesiegel des IBTAM sind authentische Ware aus Madeira.

Eine der schönsten Wanderungen entlang der „Levadas" genannten Bewässerungsgräben führt auf einem Lehrpfad durch den berühmten Lorbeerwald von Ribeiro Frio, ein Naturerbe der Menschheit, und dann entlang der stillgelegten Levada Velha zum Aussichtspunkt Balcões mit spektakulärem Gipfelblick. Wendet man sich vom Lorbeerwald in entgegengesetzte Richtung, erreicht man entlang der wildromantischen Levada do Furado den Portela-Pass.

ÜBERFAHRT NACH PORTO SANTO

Zum Baden setzt man lieber über zur kleinen Nachbarinsel Porto Santo. Ihren acht Kilometer langen goldgelben Sandstrand umspülen türkisfarbene Wellen. Hier las Christoph Kolumbus immer wieder unbekannte Früchte und Hölzer auf, was ihn in seiner Idee bestärkte, dass dort am Horizont Indien liegen müsse. Im Süden haben sich inzwischen Wellness- und Golfhotels angesiedelt, ansonsten ist der Strand fast unbebaut, und man kann dort über weite Strecken einsame Spaziergänge unternehmen – umfächelt vom kühlenden Passatwind.

HALBINSEL SAMANÁ

TROPENPARADIES IN DER DOMINIKANISCHEN REPUBLIK

In der Bucht von Samaná flogen Kolumbus am 12. Januar 1493 die ersten Pfeile um die Ohren. Es gibt hier noch heute viel zu verteidigen: die letzten großen Regenwälder Hispaniolas, kühle Wasserfälle, einsame Buchten, eine einzigartige Karstlandschaft mit Mangrovendickicht, Atollen und Höhlen und schließlich die 2000 Buckelwale, die in den Wintermonaten in die Bucht von Samaná ziehen, um sich dort zu paaren und zu kalben. Wer einmal erlebt hat, wie diese 15 Meter langen und 40 Tonnen schweren grauschwarzen Meeressäuger auf Freiersfüßen ihr „Meeresballett" aufführen, wird diesen Anblick nie wieder vergessen.

Playa Cayacoa mit der „Brücke ins Nirgendwo"

IM PARQUE NACIONAL LOS HAITISES

Das Karstgebiet des Nationalparks wartet mit einer bizarren Küstenlandschaft, unterirdischen Flüssen und zahlreichen Seen und Höhlen auf. Die Ausflugsboote fahren durch ein Labyrinth endloser Mangrovenwälder mit meterhohen Luftwurzeln, Inselchen und Grotten. Die Wände der Cueva de la Linea und der Cueva de l'Arena sind mit Felszeichnungen der indigenen Siboney und Taino verziert, die Cueva San Gabriel ist so groß wie eine Kathedrale. In der Cueva de la Pequera (Fischergrotte) badet man im kürzesten Fluss der Welt: Er mündet bereits nach wenigen Metern ins Meer. Im Nationalpark gibt es über 100 Vogelarten, und wer besonders viel Glück hat, bekommt sogar eine der inzwischen selten gewordenen Rundschwanzseekühe („Manati") zu Gesicht. Landeinwärts erstreckt sich eine unwegsame, tief ausgewaschene Karstlandschaft mit bis zu 300 Meter hohen Kalkkegeln, den „Mogotes".

PARADIESISCHE STRÄNDE

Noch immer gibt es auf der Halbinsel Samaná verschwiegene Buchten mit blendend weißem Strand und Palmen, die dekorativ über kristallklarem Wasser hängen. Die Strände von Las Galeras und die Playa Rincón eignen sich hervorragend als Motive für Postkarten oder Instagram. Weitgehend intakt ist auch noch der Regenwald der Halbinsel, deren Bewohner sich ihre eigenen Bräuche bewahrt haben. In Las Terrenas an der Nordküste hat man dagegen – wie die Comicfigur Asterix – nur Angst, dass einem der Himmel auf den Kopf fallen könnte. Hier hat sich nämlich ein Völkchen von Galliern niedergelassen. Einträchtig mit Italienern,

Oben: Fischerdorf Pueblo de los Pescadores in Las Terrenas

Spaniern und Deutschen verteidigen die Franzosen ihr Paradies hinter den Bergen. Im Hotel Atlantis, dessen weiße Pilzbungalows an die Häuschen der Schlümpfe erinnern, schwingt ein ehemaliger Chef aus dem Élysée-Palast den Kochlöffel. Weiter westlich erstreckt sich ein wenigstens acht Kilometer langer, leerer Tropenstrand, an dem im Winter die Wale vorbeiziehen und der sich seit Kolumbus' Zeiten nicht verändert hat.

GHANA

AN DER GOLDKÜSTE

Westlich der Hauptstadt Accra erstrecken sich die schönsten Strände dieses kleinen westafrikanischen Landes, das zu den sichersten und friedlichsten in Afrika zählt. Im März ist das Klima besonders angenehm: warm, sonnig, aber mit einer kühlenden Meeresbrise. Die Gold Coast, an der früher Abenteurer aus ganz Europa nach Gold suchten, ist etwa 200 bis 300 Kilometer von Accra entfernt. Das bedeutet zwar vier bis fünf Stunden Autofahrt, doch verkehren auch recht verlässliche Busse. Zu den saubersten Stränden zählt der weitläufige Busua Beach, der 45 Kilometer westlich der Hafenstadt Takoradi liegt. Dieser Küstenabschnitt ist frei von gefährlichen Strömungen und daher perfekt für Badegäste geeignet. Nicht minder bezaubernd sind die fast endlosen palmengesäumten Elmina Beaches einige Kilometer westlich der farbenfrohen Stadt Cape Coast. Die tolle Brandung und die oft steifen Brisen wissen auch die Surfer zu schätzen. Hier kann man getrost die Klimaanlagen der Küstenhotels abschalten und einfach die Fenster aufreißen. Sogar ein Weltkulturerbe gibt es hier. 1482 errichtete der portugiesische Seefahrer Diogo de Azambuja in dramatisch schöner Lage das 1637 von den Niederländern eroberte und erweiterte Fort São Jorge da Mina, heute St. George's Castle genannt – die erste europäische Festung an der Küste Schwarzafrikas. Sie war lange der wichtigste Stützpunkt für den Handel mit Elfenbein, Gold, Pfeffer, Zucker und später auch Sklaven. 1987 diente sie als Drehort für Werner Herzogs Spielfilm „Cobra Verde", in dem Klaus Kinski einen gefürchteten Desperado mimte. Heute stehen noch 30 dieser Bollwerke an Ghanas Küste.

Butre Beach in Ghana

MALLORCA

FRÜHLING AUF SPANIENS GRÖSSTER INSEL

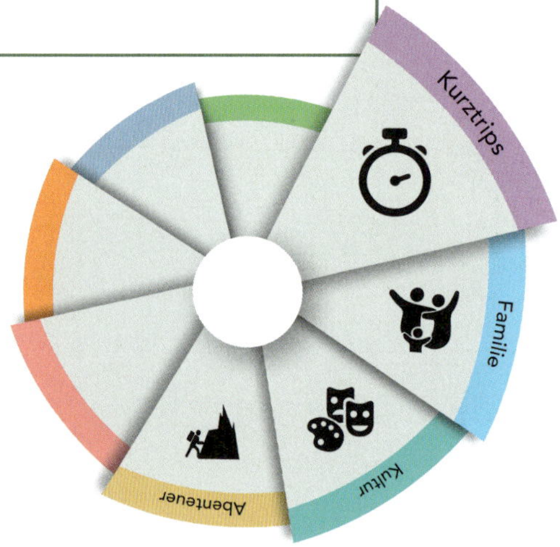

Mandelblüte auf Mallorca

Angesichts von fast 14 Millionen Besuchern, die jedes Jahr Urlaub auf den Balearen machen, klingt es geradezu abwegig, von „Geheimtipps" zu sprechen, und doch findet man auf Mallorca wunderschöne Flecken, die man nur den besten Freunden verrät. Das gilt besonders für die Nebensaison, in der die Insel wieder Atem holt. Während im März in Deutschland der Wetterbericht noch Schnee- und Graupelschauer verkündet, verwandeln sich auf Mallorca Felder und Wiesen in bunte Blumenteppiche, der Duft von Rosmarin und Lavendel liegt in der milden Luft, und an den Stränden wagen sich die ersten Sonnenanbeter ins frische Wasser.
Sage und schreibe 179 Strände zählt die Insel, manche sind nur winzige Felsenbuchten, andere kilometerlange Sandstrände. Je mühseliger man sich einen Weg über Felsen und durch Macchia-Gestrüpp bahnen muss, zum Beispiel zur tiefblauen Cala Figuera auf der Halbinsel Formentor, desto einsamer wird der Strand sein. In der Vorsaison ist sogar bei S'Arenal viel Platz.

UNTERWEGS DURCH DAS INSELINNERE

Es wäre schade, die großartige Landschaft des Inselinneren nur aus dem Auto- oder Busfenster kennenzulernen. Schließlich zuckelt eine fast 90 Jahre alte Eisenbahn, scherzhaft der „Rote Blitz" genannt, von Palma durch die Horta de Sóller, eine auf maurische Zeiten zurückgehende Terrassenlandschaft mit Orangenhainen. Endstation ist die von Bergen umrahmte Bucht von Sóller. Noch besser, man erobert die wildromantische Bergwelt im Nordwesten Mallorcas zu Fuß. Das malerische Dörfchen Fornalutx, das schon zweimal zum schönsten Dorf Spaniens gewählt wurde, ist nur einen Spaziergang von Sóller entfernt. Schöne Wanderwege führen durch die wilde Serra de Tramuntana mit ihren abgeschiedenen Bergdörfern sowie zu den verschwiegenen Buchten und versteckten Höhlen der Halbinseln von Formentor und Alcúdia.
Nicht weit von Sóller in Valldemossa verbrachte die französische Schriftstellerin George Sand gemeinsam mit ihrem lungenkranken Geliebten Frédéric Chopin 1838/39 einen Winter auf Mallorca, der nicht nur des

Bergdorf Valldemossa bei Sóller

UND ÜBRIGENS …

Vorsicht vor diebischen „Nelkenfrauen", die besonders an den Treppen hinauf zum Palast und zur Kathedrale aktiv sind. Auch um die Hütchenspieler macht man unbedingt einen Bogen. Hier kann man nur verlieren!

verregneten Wetters wegen ein ziemliches Fiasko wurde, wie sie in ihrem Reisebericht „Ein Winter auf Mallorca" schildert. Dummerweise reiste George Sand bereits im Februar wieder ab und bekam gar nicht mit, welch ein Traum die Landschaft rund um das ehemalige Kartäuserkloster, in dem das unverheiratete Paar sein Quartier bezogen hatte, im Frühling ist.

Noch immer ruhig und idyllisch gibt sich auch die sanfte, hügelige Landschaft der Inselmitte rund um den schönen alten Ort Sineu mit ihren verschlafenen Dörfern und weidenden Schafherden, ein ideales Revier für Radfahrer und Leute mit Muße. In den kleinen Dorfrestaurants kommt noch „Cuina mallorquina", deftige Mallorquiner Hausmannskost, auf den Tisch.

IN DER HAUPTSTADT

Schließlich Palma de Mallorca selbst, das die Insulaner schlicht „La Ciutat" nennen: „die Stadt". Ihre mächtige, nie zu Ende gebaute spätgotische Kathedrale „La Seu", deren bunte Glasfenster im Inneren ein wahres Feuerwerk an Lichteffekten entzünden, beherrscht die Silhouette der Altstadt. Zahlreiche Adelspaläste und Bürgerhäuser mit noblen Treppenaufgängen und Balustraden zeugen von Reichtum und Macht vergangener Zeiten. Im März trifft man hier entspannte Einheimische, die ein katalanisches „Bon Dia" freundlich erwidern. Vom Castell de Bellver genießt man das grandiose Stadtpanorama. Die mittelalterliche, trutzige Festung kündet von der stolzen, aber kurzen Epoche, als Mallorca ein unabhängiges Königreich war, dessen Kaufleute und Seefahrer mit Genua und Venedig konkurrierten. König Jaume I. hatte 1229 in einem Husarenstreich Mallorca den Mauren entrissen. „Venen els moros!", lautet bis heute ein mallorquinischer Schreckensruf: „Die Mauren kommen!"

DEUTSCHE WEINSTRASSE

MANDELBLÜTE IN DER PFALZ

In der Pfalz beeilt sich der Lenz ganz besonders und kleidet die Landschaft in ein zauberhaftes luftiges Rosa: Mandelbäume kündigen den Frühling an. Gefeiert wird die Mandelblüte vom 1. März bis zum 14. April mit zahlreichen Veranstaltungen. Nachts erstrahlen die Burgen und Schlösser in einer rosa Lichtsymphonie. Auch der 77 Kilometer lange Pfälzer Mandelpfad zwischen Bad Dürkheim und Schweigen-Rechtenbach zeigt sich dann von seiner schönsten Seite. Im malerischen Weindorf Gimmeldingen feiert man schon im März Deutschlands erstes Weinfest – mit über 1500 blühenden Mandelbäumen.

Deutschlands älteste Ferienstraße führt durch viele von Burgruinen überragte Fachwerkdörfer mit blumengeschmückten Winzerhöfen, durch sanft geschwungene Weinberge und eine geradezu toskanisch anmutende Hügellandschaft mit viel Sonne und azurblauem Himmel. Man muss sich Zeit nehmen für die romantischen Winkel der Winzerdörfer, die auf schroffen Felsen thronenden Burgruinen und natürlich für den Wein. Auf dem Vormarsch sind „Große Gewächse", und immer mehr Rotweine verdienen sich Spitzenprämierungen. Die großen Orte an der Deutschen Weinstraße wie Grünstadt, Deidesheim, Bad Dürkheim, Edenkoben und Bad Bergzabern sind problemlos mit der Bahn zu erreichen, und aufgrund der geringen Entfernungen zwischen den Winzerdörfern lässt sich die Weinstraße wunderbar zu Fuß oder mit dem Drahtesel erforschen. So wurde ein 98 Kilometer langer „Radwanderweg Deutsche Weinstraße" ausgeschildert.

WEINSTRASSE FÜR GENIESSER

Feinschmecker steuern Deidesheim an, wo Helmut Kohl seinem Freund „Frangsoa" und anderen internationalen Staatsgästen Pfälzer „Saumaache" vorsetzte, der viel besser ist als sein Ruf. Das mediterran wirkende Vorzeigestädtchen ist aber tatsächlich ein Tummelplatz der

Mandelblüte an der Deutschen Weinstraße

Michelin-Sterne und Gault-Millau-Kochmützen. Mit neun überaus schmucken eingemeindeten Weindörfern verströmt auch Neustadt an der Weinstraße südlich anmutende Romantik mit viel mittelalterlicher Architektur.

Gar den ältesten Weinberg der Welt – aus Römerzeiten – will das einige Kilometer südlich gelegene Rhodt unter Rietburg besitzen. Die historischen Winzerhöfe an der Theresienstraße, einer herrlichen Kastanienallee, sind mit ihren üppig bepflanzten Innenhöfen und alten Torbögen besonders pittoresk. Hier hat der gebürtige Bayer und Wahlpfälzer Max Slevogt (1868–1932) groß-

Oben: Klassizistisches Schloss Villa Ludwigshöhe

artige impressionistische Gemälde geschaffen. Diese sind in der Villa Ludwigshöhe zu bewundern, die sich König Ludwig I. von Bayern im „pompeijanischen Stil“ erbauen ließ. Nach seiner Abdankung erholte er sich hier als königlicher Privatier von seiner Liaison scandaleuse mit Lola Montez und schwärmte nur noch für die Landschaft: „Welch milde Luft weht da! Dass mit süßen Früchten bedeckte Kastanien meine Villa umgeben, südlichen Klimas beste Zeugen!“ Der Ausblick auf die Naturgärten der Pfalz ist tatsächlich so fantastisch, dass Ludwig weise auf das Anlegen eines Schlossparks verzichtete.

LAGO DI COMO

ITALIENS ELEGANTESTER SEE

„Dieser See übertrifft alles, was ich je an Schönheit gesehen habe“, schwärmte der englische Romantiker Percy Bysshe Shelley im Jahr 1818. Spektakuläre Aussichtspunkte setzen den blauen See mit seiner Kulisse schneebedeckter Berge effektvoll in Szene. Schon im März blüht es im Süden verschwenderisch, da die Ausläufer der Alpen kalte Nordwinde abhalten. Hohe Berge, darunter der Monte Legnone (2609 Meter), umrahmen den Nordarm des Sees, den Ramo Colico. Östlich des südöstlichen Lecco Arms bieten die felsigen Grigna-Berge bereits im März hervorragende Wander- und Spaziermöglichkeiten. Der südwestliche Ramo di Como ist der schönste Arm des Sees, und an der Riviera Tremezzina glaubt man sich bereits ans Mittelmeer versetzt. Die absolute Toplage genießt Bellagio mitten im See an der Spitze der Halbinsel, die beide südlichen Arme trennt. Architekturfans bewundern Comos mittelalterliche Kathedrale, die romanische Basilika Sant’Abbondio, die zauberhafte Kirche Santa Maria del Tiglio in Gravedona mit ihren erlesenen romanischen Fresken, die weltberühmte Villa Carlotta in Tremezzo mit ihren prachtvollen Gärten und die subtropischen Gärten der Villa Monasterio in Varenna. Vielleicht schaut ja auch Barack Obama bald wieder bei George Clooney in Laglio vorbei?

Bellagio am Comer See

DOMINICA

NATURINSEL DER KLEINEN ANTILLEN

Leichtfüßig springt der Führer vor den müden Wanderern hin und her, die leise fluchend über Stock und Stein schliddern. Immer wieder sinken die Füße knöcheltief in zähem Schlamm ein, die Luft ist kühl, aber extrem feucht, und das Hemd klebt am Körper. Ziel ist der zweitgrößte Solfataren-See der Welt, eine brodelnde Schwefelsuppe mit wabernden Dampfschwaden, die aufkommender Wind gelegentlich lüftet. Der Weg dorthin führt durch klatschnassen Regenwald, in dem seltene Sisserou-Papageien pfeifen, vorbei an tiefen Schluchten und über die Mondlandschaft des Valley of Desolation, einem aktiven Fumarolen-Gebiet. Am Ende der Tour warten die wohltuenden heißen Quellen der Titou Gorge, und nach der ersten Flasche des einheimischen Kubuli-Biers kehren die Lebensgeister zurück.
Nein, das gebirgige, regenreiche Dominica (gesprochen: Domnieka) bedient nicht die üblichen karibischen Klischees. Die wilden, lavaschwarzen Strände sind meist menschenleer, der Himmel gibt sich oft wolkenverhangen. Aber an kaum einem anderen Ort sind Luft und Wasser so klar und rein wie hier. Wer aus dem Flugzeug steigt, atmet erst einmal tief durch. Und es muss ja nicht gleich die achtstündige Wanderung zum Boiling Lake sein. An den vielbesuchten Zwillingswasserfällen Trafalgar Falls kann man abwechselnd heißes und kühles Wasser auf sich prasseln lassen, und dazu muss man nur über einige glitschige Steine klettern.
Noch sind die Regenwälder des Nationalparks Morne Trois Pitons, ein Naturerbe der Menschheit, fast unberührt. Auch die Korallenwelt vor der Südküste Dominicas wird bislang nur von wenigen Tauchern bestaunt. Im tiefen Wasser vor der geschützten Westküste tummeln sich das ganze Jahr über bis zu acht der zwölf großen Walarten, dazu sieben verschiedene Spezies von Delfinen.

UND ÜBRIGENS …

LIAT, die lokale Fluglinie, ist für Verspätungen und Überbuchungen bekannt, was man vor dem Rückflug nach Europa (meist Paris) von Guadeloupe und Martinique einkalkulieren sollte. Die Expressfähren zu den französischen Inseln sind zuverlässiger.

Trafalgar Falls im Regenwald von Dominica

KARIBEN UND RASTAS

„Wai'tukubuli", was übersetzt so viel wie „Groß ist ihr Körper" bedeutet, nennen die letzten Nachfahren des indigenen Volkes, das vor 1000 Jahren auf den Kleinen Antillen die friedliebenden Arawak verdrängte und der Karibik seinen Namen gab, ihre Insel. Sie leben in einem 1500 Hektar großen Reservat zwischen Marigot und Castle Bruce an der wilden Atlantikküste. Am Straßenrand fallen strohgedeckte Pavillons und Stände auf, in denen Menschen mit seidigem blauschwarzem Haar und asiatisch wirkenden Gesichtszügen kunstvolle, in Ocker, Braun und Schwarz gehaltene Flechtarbeiten aus Larouma-Schilf verkaufen: Körbe, Hüte, Untersetzer, Fächer und Flaschenhüllen. Noch immer sind die „Karifuna", wie sich die Kariben selbst nennen, begnadete Bootsbauer. Sogar der Altar in der Kirche von Salybia wurde aus einem Kanu geschnitzt, und auch das Gemeindehaus Carbet ist bootsförmig. 1997 fuhr eine Besatzung von neun männlichen und zwei weiblichen Karifuna mit dem Kanu Gli-Gli, geschnitzt aus dem Stamm eines Gommier-Baums, von Dominica bis nach Guyana an der südamerikanischen Festlandsküste und wieder zurück.

Im unwegsamen Süden der Insel leben besonders viele Rastas. Ihre ursprünglich aus Jamaika stammende Bewegung fordert ein naturverbundenes Leben – möglichst nah am Zustand, den die Welt unmittelbar nach ihrer Schöpfung hatte. Der Wunsch, nach Afrika zurückzukehren, ist in den letzten Jahren zwar merklich abgeflaut. Doch nach wie vor glauben die Rastas daran, dass die bestehende Weltordnung, die sie „Babylon" nennen, zugrunde gehen muss, damit die Menschen in Einheit und Frieden leben können. Hören lassen können sich die recht zahlreichen Reggae-Gruppen Dominicas. Bob Marley ist auch hier das Sinnbild eines stolzen, schwarzen Selbstbewusstseins, das sich nicht mehr an weißen Vorbildern orientiert und bis in die Zeit zurückreicht, als entflohene Sklaven, die Maroons, von den unzugänglichen Bergen aus erbitterte Guerillakriege gegen die Kolonialherrschaft der Plantagenbesitzer führten. Heiß her geht es heute nur noch während des Karnevals, der gelegentlich in den Anfang des März fällt. Ansonsten herrscht Gelassenheit, wie schon der allgegenwärtige freundliche Gruß der Einheimischen zeigt: „Cool man!"

ALGARVE

PORTUGALS SONNENKÜSTE

Im März ist der Frühling in Portugals Süden längst eingekehrt: eine ideale Zeit, um an den von dramatischen Felsformationen umrahmten Stränden bereits richtig Sonne zu tanken und bei mildem Wetter das üppig grünende und blühende Hinterland auf Wanderungen zu erkunden. Immer mehr Landhäuser und Bauernhöfe öffnen mit staatlicher Förderung ihre Tore für Individualreisende, die den authentischen Lebensstil der Algarve kennenlernen möchten. „Turismo Rural" nennt man das. Vorbildlich setzen diese Idee die Casas do Palheiro Velho bei Castro Marim ganz im Osten der Algarve um. Auf diesem alten Landgut empfangen Domingos und Anabela mit viel Wärme ihre Gäste, wobei bei aller Tradition der Komfort nicht zu kurz kommt. Ein schöner Sandstrand liegt nur 15 Autominuten entfernt.

ZU LANDE UND ZU WASSER

Auch Radfahrer schätzen den März, um auf dem 214 Kilometer langen Fernradweg Ecovia, der mit einer blauen Linie am Wegrand markiert ist, wunderbar entspannt von Vila Real de Santo Antonio bis Sagres durch schöne Landschaften mit drei Naturreservaten zu fahren. Auf weiten Strecken herrscht kein Autoverkehr. Unter anderem zwischen Silves und Mexilhoeira Grande kann man den Weg mit der Eisenbahn abkürzen (Räder werden befördert) und danach die besonders schöne Strecke nach Sagres an der Costa Vicentina genießen. Hier an der Südwestspitze Portugals liegt eines der besten Surferreviere Europas. Als Schauplatz nationaler und internationaler Surf- und Body-Board-Wettkämpfe besonders gefragt ist die Praia do Amado. Derzeit 17 Surfschulen, denen Sicherheit, Qualität und Nachhaltigkeit besonders am Herzen liegen, haben sich in der Associação de Escolas de Surf da Costa Vicentina zusammengeschlossen. Von Sagres aus kann man mit Mar Ilimitado, einem Team von Meeresbiologen, Beobachtungsfahrten zu den Sturmvögeln und Raubmöwen rund um das Cabo São Vicente unternehmen. Auch Delfine lassen sich hier öfters blicken. Einfach nur Spaß macht die Grottentour mit dem Piratenschiff Caravela Santa Bernarda, einem Fischkutter, der zur Replik einer alten portugiesischen Zweimast-Karavelle umgebaut wurde. Das Boot legt – unterstützt von Motorkraft – mit geblähten Segeln vom Sardinenkai in Portimão ab, um die Steilküste zu erkunden. Auf mitgeführten Ausflugsbooten fährt man in die Grotten von Lagos oder Carvoeiro hinein.

Rechts: Karneval in Loulé
Unten: Auf dem Küstenwanderweg der Algarve

KARNEVAL IN LOULÉ

Ende Februar oder Anfang März findet der Karneval in Loulé statt. Mit seinen traditionellen farbenfrohen Umzügen gilt er als einer der schönsten in Portugal. Auf der Avenida Jose da Costa Mealha paradiert ein gutes Dutzend Umzugswagen. Außerdem unterhalten Sambaschulen, Stelzenläufer, Clowns und traditionelle Figuren aus Pappmaschee, die politische und soziale Themen aufs Korn nehmen, das amüsierte Publikum. Der wichtigste Umzug findet am Samstagnachmittag statt. Urlauber sind herzlich eingeladen, sich zu verkleiden und mitzutanzen.

ANNAPURNA

ABENTEUERSPORT IN NEPAL

Gebetsfahnen am Annapurna

Das subtropische Pokhara ist nicht nur Ausgangspunkt für einige der weltweit besten Treks und Mountain Bike Trails, hier versammeln sich auch die Rafter und Kajakfahrer, die sich in die schäumenden Fluten von vier Flüssen stürzen: Kali Gandaki, Trisuli, Seti und Marsyangdi. Im März herrschen aber auch perfekte Bedingungen für alle, die hoch hinaus oder tief hinunter wollen – ob auf Ziplines, an Bungee-Seilen, mit dem Fallschirm oder am Hängegleiter. Guesthouses und Agenturen vor Ort organisieren alles zu recht zivilen Preisen. Ein Tandemflug mit einem erfahrenen Piloten ist ab etwa 100 Euro zu haben, und die sind gut angelegt. Einmal vor der atemberaubenden Kulisse von Manaslu (8163 Meter), Annapurna (8091 Meter) und dem an einen Fischschwanz erinnernden „heiligen" Berg Machhapuchhre (6991 Meter) sanft über dem üppig grünen Urwald und dem schimmernden Fewa Lake schweben – nahezu geblendet von der schneeweißen Bergfront und dem stahlblauen Himmel –, der Erde entruckt nur noch dem Wind lauschen, der den Schirm sanft durch die Lüfte trägt: Das zählt zu den Erfahrungen, die ein ganzes Leben nachhaltig verändern können. Ein unvergleichliches Erlebnis, bei dem nur noch Adler den Weg kreuzen.

FLORENZ

ITALIENS HAUPTSTADT DER RENAISSANCE

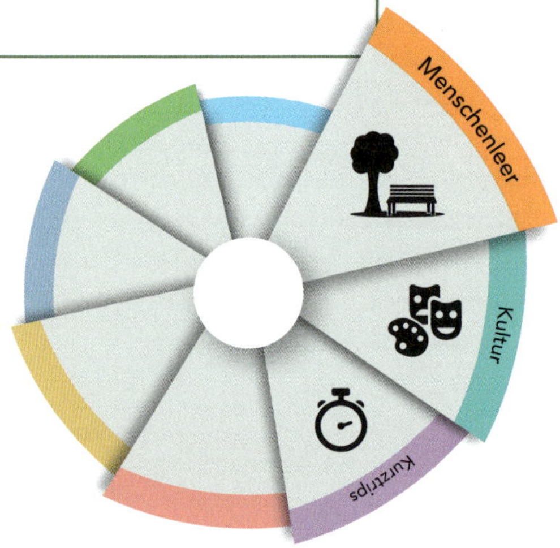

Kathedrale Santa Maria del Fiore in Florenz

Im März kann sich die toskanische Metropole nicht recht zwischen Frühling und Winter entscheiden. Es kann passieren, dass gelegentlich so frische Winde durch die engen Gassen fegen, dass nur noch eine Ribollita hilft, der berühmte heiße florentinische Gemüseeintopf, oder eine zarte „Bistecca alla Fiorentina", zubereitet mit dem vielleicht besten Olivenöl der mediterranen Welt und serviert mit einem Glas Montepulciano oder Chianti. Die Schlangen vor den Uffizien sind jetzt erträglich kurz, und in den Gärten blüht es bereits verschwenderisch.

DIE STADT ALS BÜHNE

Frühmorgens hat man Florenz tatsächlich fast für sich allein. In der Morgendämmerung, vom Arno kommend, empfängt die noch menschenleere Piazza della Signoria den Frühaufsteher mit ihrer Loggia dei Lanzi, die König Ludwig I. als Feldherrnhalle in München kopierte, und mit ihren melodramatischen, in weißem Carrara-Marmor skulptierten Göttern, wilden Heroen und geschändeten Sabinerinnen wie eine Operettenbühne. Die ersten Sonnenstrahlen lassen den hohen Turm des Palazzo Vecchio im Licht erglühen. Diese Piazza, auf der die Florentiner seit dem Mittelalter ihre unbändige Streitlust austobten, auf der sie die Beschlüsse ihrer Ratsherren, der „Signoria", vernahmen, auf der sie erst ihre Schätze und dann den fanatischen Dominikanermönch Girolamo Savonarola, der sie dazu angestiftet hatte, verbrannten, ist das Herz der Stadt, das allen gehört. Das berüchtigte „Stendhal-Syndrom" kann Touristen treffen, die glauben, die Kirchen, Paläste und Bildergalerien von Florenz im Schnelldurchgang absolvieren zu können, und dann – wie einst Rilke – „das Schauen nicht mehr ertragen". An einem Sonnentag sollte der Weg daher in die zauberhaften Boboli-Gärten führen, in denen Hermann Hesse einige Nachmittage verträumte und „von einer glücklichen Stelle aus den Dom und Kampanile in einem Rahmen von Lorbeer und Zypressen" erblickte. Die Kunst läuft ja nicht weg.

COSTA RICA

DIE KARIBIKKÜSTE

Im Gegensatz zu den Pazifikstränden des mittelamerikanischen Landes ist die Karibikküste fast noch ein Geheimtipp. Bei Puerto Limón, einer leicht morbiden Hafenstadt mit bunten Holzhäusern, landete 1502 Kolumbus auf der vorgelagerten Isla Uvita. Auch wenn man hier nicht gerade Karneval feiert, reisen fröhliche Ticos gerne aus der Hauptstadt San José an und tanzen Rap, Ska und Reggae, denn Costa Ricas Karibikküste ist die Hochburg der afroamerikanischen Bevölkerung des Landes: Bob Marley lives, man! Während man an der nördlichen Karibikküste Bootsfahrten auf dem schlammigen Rio Tortuguero durch die amphibische Welt des Parque Nacional Tortuguero unternimmt, um Schildkröten und Krokodile zu beobachten, findet man die schönsten Karibikstrände ganz im Süden zwischen Puerto Viejo, dem neuen „Szenetreff", und Manzanillo. Die Playa Cocles zählt zu den besten Surfrevieren der Karibikküste. Ganz einsam sind die palmengesäumten Traumstrände des Refugio Nacional de Vida Silvestre Gandoca-Manzanillo am äußersten Südostzipfel Costa Ricas an der Grenze zu Panama. Hier legen die Meeresschildkröten ungestört ihre Eier ab, auch das vorgelagerte Korallenriff ist noch völlig intakt. März und April gelten als relativ trockene Monate. Man übernachtet sehr naturnah in idyllischen Lodges und Refugios mitten im Regenwald.

Ökolodge im Regenwald bei Puerto Viejo de Talamanca

SPANISCHE ESTREMADURA

HEIMAT DER KONQUISTADOREN

Wallfahrtsort Guadalupe in der Provinz Cáceres

Von wegen karg: Ende März „schneien" eine Million Kirschbäume das Valle del Jerte nördlich von Cáceres mit seinem besonders warmen Mikroklima ein. Dieser wirklich berauschende Anblick wird mit der Fiesta del Cerezo en Flor gebührend gefeiert. Eigentlich müsste man im Juni wiederkommen, denn dann ist die „Picota de Jerte", also die Jerte-Kirsche, reif. Und ihr Geschmack ist einfach unvergleichlich gut. Mit etwas Glück fällt die Kirschblüte in die Zeit der Semana Santa. Die Osterwoche begeht man in der Estremadura ebenso eindrucksvoll wie im benachbarten Andalusien, doch abseits des Touristentrubels. Spaniens berühmteste Konquistadoren stammen aus der Estremadura. Mit den in Mexiko und Peru erbeuteten Schätzen bauten sie sich prunkvolle Herrenhäuser oder „solares", darunter die manieristische Casa de Toledo-Moctezuma in Cáceres, dessen Altstadt komplett zum Weltkulturerbe erklärt wurde. Dem Städtchen Trujillo hat dagegen die Pizarro-Familie ihren architektonischen Stempel aufgedrückt. Für das grandiose Theater, das Forum und die Brücke von Mérida sind allerdings andere, wesentlich frühere Eroberer verantwortlich: die Römer.

AMERIKAS SÜDWESTEN

LAS VEGAS UND DER GRAND CANYON

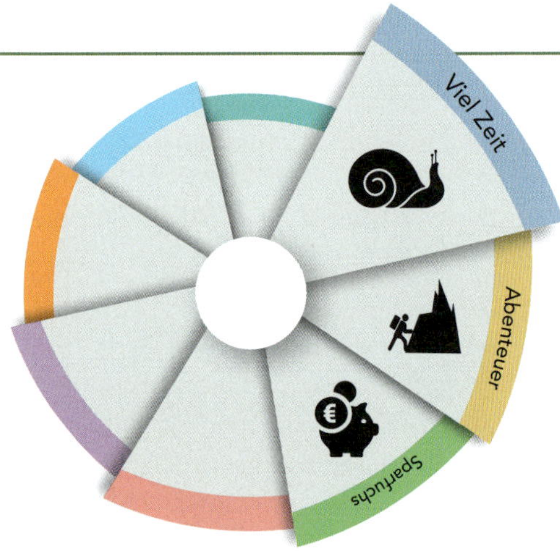

Sonnenuntergang am Horseshoe Bend im Grand Canyon

Viva Las Vegas! Amerikas Glücksspiel-Metropole hat natürlich immer Saison, aber im März herrscht in der Wüste Nevadas ein besonders angenehmes sonniges und trockenes Klima. Wer in der Stadt, die bekanntlich „von Verlierern" gebaut wurde – jedenfalls von deren Geld –, ganz sicher zu den Gewinnern zählen möchte, überlässt einarmige Banditen den Zockern und spielt Roulette nur bei der Hotelauswahl auf speziellen Websites. Diese bieten auch Fünf-Sterne-Hotels auf dem Las Vegas Strip unter der Woche zu Schnäppchenpreisen an, nennen aber deren Namen nicht. Eingeweihte wissen aber, dass es sich nur um das Venetian, das Wynn oder das Palazzo handeln kann, deren Zimmer regulär oft über das Doppelte kosten. Jede Menge sparen kann man auch bei dem üppigen Büfett, das die meisten großen Casinohotels auch Nichtgästen zu wirklich günstigen Pauschalpreisen anbieten, um mehr Publikum an die Spieltische zu locken. Topqualität bietet das „Wicked Spoon Buffet" des Cosmopolitan. Das Gesparte investiert man am besten nicht in Chips, sondern in eine der wirklich spektakulären Shows.

DIE SCHLUCHT DES COLORADO RIVER

Viele Besucher nutzen Las Vegas als Sprungbrett für einen Ausflug in den weltberühmten Grand Canyon. Vier Stunden Autofahrt sind es bis dorthin, und der eigene Mietwagen kommt günstiger als die viel beworbenen „VIP-Touren" per Bus. Das Geld für den Skywalk kann man sich sparen: Entlang des auch im März zugänglichen Southern Rim – der Northern Rim ist wegen Schneefalls bis Mai geschlossen – gibt es genügend Aussichtspunkte, von denen aus man diese einzigartige Naturlandschaft völlig ungestört bewundern kann, die der Colorado River in Jahrmillionen geschaffen hat. Der Blick auf bis zu zwei Milliarden Jahre alte Gesteinsformationen in Rostrot, Ocker und Gelb ist unbezahlbar – und völlig kostenlos. Auch die abendliche Fahrt zurück nach Las Vegas wird zum spektakulären Erlebnis. Erst bietet sich ein atemberaubender Sonnenuntergang, der alle Farbspektren der Gesteinsschichten von Tieforange bis Lila in Szene setzt, dann beginnen die Sterne am klaren Wüstenhimmel zu funkeln, während am Horizont das Lichtermeer der Stadt immer näher rückt.

MENDOZA

ARGENTINISCHE HOCHANDEN

Weinfelder bei Mendoza

März ist der beste Reisemonat für die argentinische Weinprovinz Mendoza, deren Hauptstadt dann das vielleicht farbenfroheste Weinfest Südamerikas feiert. Doch auch die Natur selbst zeigt sich in knalligen Herbstfarben: ein fast immer tiefblauer Himmel, die verschneite, am frühen Morgen rosa leuchtende Kulisse der Sechstausender an der Grenze zu Chile und die in allen Gelb- und Orangetönen entflammten Laubbäume. Dazu kommen schwarze Vulkanebenen und rostrote Felslandschaften. Rund um Mendoza, besonders aber im dramatisch schönen Valle de Uco, dessen westlichen Horizont die mächtige Bergkette des Cordón de la Plata beherrscht, gedeiht der beste Wein des Landes: Hier läuft die Malbec-Traube zur Hochform auf. Heiße sonnige Tage, kühle Nächte, klares Schmelzwasser und sandiger Boden, den die Reblaus verschmäht: Besser könnten die Bedingungen nicht sein! Die nahen Anden sind Traumreviere für Trekker, Bergsteiger, Reiter und Kajakfahrer. Wer den Gipfel des Aconcagua erklimmen möchte, mit 6962 Metern Südamerikas höchster Berg, braucht eine erstklassige Kondition, denn der technisch gesehen nicht übermäßig anspruchsvolle Aufstieg ist im wahrsten Sinne des Wortes atemberaubend.

KIRSCHBLÜTE IN JAPAN

EINE NATION IM HANAMI-FIEBER

Unzählige Haikus haben Nippons beste Dichter über die Kirschblüte („Sakura“) zu Papier gebracht. Sie gilt als Symbol für die fragile Flüchtigkeit der menschlichen Existenz schlechthin. Den Blüten der Zierkirsche sind nur etwa zehn Tage der Glorie beschert, dann treiben sie wie zartrosa Schneeflocken ihrem Ende entgegen. Auf den „Hanami“ genannten Kirschblütenfesten zollt man der Schönheit der Blüten seine Verehrung, vergisst dabei aber auch den Sake nicht. „Hanami“ – das bedeutet „Blüten betrachten“. Wem zehn Tage zu wenig sind, reist der Sakura durch ganz Japan hinterher, Eilige mit dem superschnellen Shinkansen-Zug. Um den 20. März geht es los in Nagasaki, dann wandert die „Sakura-zensen“, die „Kirschblütenfront“, nordwärts. In den letzten Märztagen erreicht sie den Ueno-Park in Tokio und die Region des Fujijama. Mitte April ist der Zauber auf der Hauptinsel Honshū weitgehend vorbei, nur auf Hokkaidō ganz im Norden fallen die letzten Blüten erst Ende April. Die Website des Tourismusministeriums informiert über die genauen Termine. Oft vergessen wird, dass vor der Kirschblüte Anfang März bereits die Pflaumen- und Pfirsichbäume blühen: eigentlich genauso zauberhaft, aber eben ohne Mythos.

Kirschblüte am Tempel Kiyomizu-dera in Kyoto

TUNESISCHES DJERBA

INSEL DER LOTOSESSER

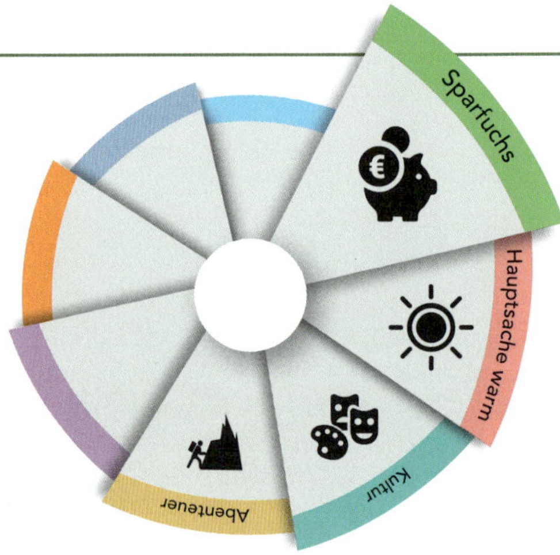

Beinahe wäre Odysseus mit seinen Gefährten auf der paradiesischen „Insel der Lotosesser“ geblieben. Heute fühlen sich Urlauber an den auch im Winter sonnenwarmen, feinsandigen Stränden von „Djerba la Douce“ wohl, auch der wirklich niedrigen Preise wegen. An den Ostküstenstränden Plage de Sidi Mahrez und Plage de la Seguia wird jeglicher Komfort geboten. Doch wer die traditionelle Lebensweise der Djerbi kennenlernen möchte, steigt in einer renovierten alten Karawanserei im Hauptort Houmt Souk ab und erkundet am kühlen Morgen auf einem Drahtesel das flache Eiland. Ein freundliches „as-salâmu'aleikum“ – und schon macht der Urlauber Bekanntschaft mit einer gastfreundlichen djerbischen Großfamilie. Die meisten leben nach wie vor in ihren traditionellen Menzel. Das sind weißgekalkte Wehrgehöfte mit Gemüse- und Gerstenfeldern, Obstgärten, Dattelpalmen- und Olivenpflanzungen. Eigene Zisternen garantieren fast vollständige Autarkie.

GEMEINSAM GEGEN INVASOREN

Selbst die kleinen, weiß getünchten Moscheen wirken wie Bollwerke, denn oft musste man sich gegen Invasoren verteidigen. So entstand auf Djerba eine Schicksalsgemeinschaft zwischen den strenggläubigen Ibaditen, einer egalitär gesinnten islamischen Sekte, die selbst Verfolgung erfahren hat, und den Juden, die schon zu Zeiten des babylonischen Königs Nebukadnezar nach Djerba gekommen sein sollen. Nach ihrer Vertreibung aus Spanien ließen sich im 15. Jahrhundert neuerlich viele Juden auf Djerba nieder. In ihrer 1920 mit blauweißen Kacheln, azurblauen Säulen und bunten Fenstern wiedererrichteten Synagoge La Ghriba bewahrt ein alter Holzschrank eine der angeblich ältesten Thora-Rollen der Welt.

TYPISCHES KUNSTHANDWERK

Die Djerbi haben in Tunesien das Monopol auf den Teppich- und Stoffhandel. Auch das Färberhandwerk beherrscht man hier schon seit punischen Zeiten. In den kleinen Läden von Houmt Souk kann man stundenlang dabei zusehen, wie um die vielen bunt schillernden Stoffe und Faltenumhänge gefeilscht wird. Und wer mitbekommen hat, auf welch mühsame und gefährliche Weise die Schwammtaucher in der Meerenge von Adjim ihr Brot verdienen, der wird den nächsten nervigen Souvenirhändler mit milderen Augen betrachten. Nach wie vor kann man in Houmt Souk und Midoum den schönen Schmuck der jüdischen Silberschmiede und Juweliere kaufen.

Teppichhändler in Houmt Souk auf Djerba

FONT ROMEU

FRANZÖSISCHE PYRENÄEN

Skiresort Font Romeu im Département Pyrénées Orientales

Zugegeben, die Anfahrt ist um einiges länger, doch wer einen günstigen Flug nach Toulouse, noch besser nach Perpignan ergattert, kann sich schon wenige Stunden später auf die Pisten der Cerdagne an der Grenze zu Spanien wagen. Der Zwergstaat Andorra ist nahe und verführt zum zollfreien Einkauf. Die Saison in Font Romeu/Pyrénées 2000 geht bis Ende März, die Preise sind jetzt besonders günstig. Sonne gibt es mehr als irgendwo sonst in Frankreich, da macht das Skifahren umso mehr Spaß. Außerdem kurieren Asthmakranke hier ihr Leiden aus. Sehr sehenswert ist die Ermitage Notre-Dame-de-Font-Romeu, eine der berühmtesten Pilgerstätten der Pyrenäen. Man verehrt hier eine großartige romanische Madonnenstatue. Von der Aussichtsterrasse des Calvaire (1859 Meter) bietet sich ein herrlicher Blick auf die ganze Cerdagne. Die große Attraktion im benachbarten Odeillo ist der Sonnenofen („Four solaire"), der 1969 in Betrieb ging. Bei Temperaturen von über 3500 Grad, die hier erreicht werden, testet man für die Raumfahrt unter anderem die Hitzebeständigkeit von Materialien.

UTILA UND ROATÁN

DIE BAY ISLANDS VON HONDURAS

Der kleine mittelamerikanische Staat genießt in punkto Sicherheit nicht den besten Ruf, doch die drei Hauptinseln der Bay Islands – Utila, Guanaja und Roatán – sind kleine tropische Paradiese. Sie liegen vor der karibischen Nordküste des Landes und sind mit Fähren von La Ceiba aus zu erreichen. Für die relaxte Atmosphäre sorgt die freundliche Bevölkerung. Die meisten Bewohner sprechen Englisch, weil ihre Vorfahren von den Garifouna der Antilleninsel St. Vincent abstammen oder aus Grand Cayman eingewandert sind. Die Inseln erfüllen die typischen Karibikklischees: weiße Sandstrände, Kokospalmen, sanfte Meeresbrisen, tolle Sonnenuntergänge und eine spektakuläre Unterwasserwelt. Zu den Korallenriffen kann man oft vom Strand aus schwimmen. Noch immer suchen Taucher hier nach versunkenen Schätzen, die aus dem Überfall des Freibeuters Henry Morgan auf Panama im Jahr 1671 stammen sollen. Am besten erschlossen ist Roatán, besonders preiswert ist Utila. Hier kann man ganze Tage in einer Hängematte am Strand verträumen. Utilas größte Attraktion sind die vor der Küste kreuzenden Walhaie, die hier ganzjährig zu beobachten sind.

Auf einem Key im Westen der Insel Utila

KRETA

GRIECHENLANDS GROSSE URLAUBSINSEL

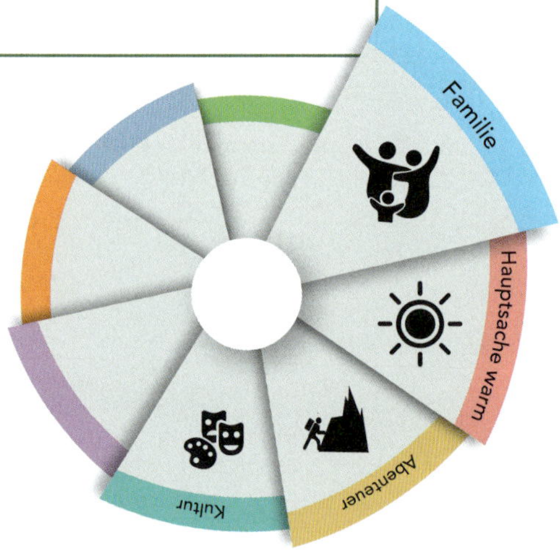

Frühling auf Kreta – das bedeutet milde, sonnige Tage und weitgehend leere Strände. Elafonisi mit seinen kristallklaren türkisfarbenen Lagunen und dem rosa schimmernden Sandstrand im Südwesten Kretas hat die BBC zu einem der „fünf besten geheimen Strände“ erklärt. Baden werden um diese Zeit in diesem „Südseetraum“ aber nur Kids, die Nordsee-Temperaturen gewöhnt sind, aber man kann mit dem Wasser ja auch den Graben der gerade gebauten Sandburg füllen.

FERIENPARADIES FÜR GROSS UND KLEIN

Herrlich grün ist Kreta zu dieser Zeit, überall färben Blumenteppiche die Landschaft. Jetzt durch die spektakuläre Samaria-Schlucht zu wandern, ist ein Hochgenuss. Während die meisten Tageswanderer sich mit Bussen zur Hochebene von Omalos bringen lassen und eine anstrengende Tour über Stock und Stein vor sich haben, sollten Familien die entgegengesetzte Richtung wählen. Schon am frühen Morgen läuft die erste Fähre von Chora Sfakion im Hafen Agia Roumeli am Ausgang der Schlucht ein, der mit dem Auto nicht zugänglich ist. Von dort sind es nur zwei gemütliche Stunden bis zur besonders spektakulären Kluft „Eiserne Pforte“. Hier genießt man das Idyll mit vielen bunten Schmetterlingen fast ungestört, denn bis die Tageswanderer eintreffen, ist man schon wieder auf dem Rückweg zum Hafen. Im März kann es auf Kreta auch mal regnen. Kein Problem, denn das topmoderne Cretaquarium Gournes bei Iraklio lockt mit Kraken, Haien, Langusten, Meeresschildkröten, Seepferdchen, Quallen und natürlich vielen bunten Fischen. Falls sich die Sonne wieder blicken lässt: Ein Sandstrand ist nur 100 Meter entfernt. Nicht minder spannend ist Aquaworld in Limani Hersonissou, ein kleines, aber liebevoll von einem Paar geführtes Tierrettungszentrum – ideal für Kinder, die mit ihren Eltern im Osten Kretas Urlaub machen. Zu sehen gibt es nicht nur viele Meerestiere, sondern auch Reptilien, darunter Riesenschlangen, große Echsen, einen Komodo-Drachen und Riesenschildkröten zum Anfassen.
Im Westen der Insel garantiert der Golden Fun Park in Chania mit klimatisiertem Indoor-Bereich Spaß für die ganze Familie.
Kleine und große Urlauber können vom alten venezianischen Hafen Rethimno aus mit dem „Piratenschiff“ Barbarossa, gesteuert von einem waschechten Korsaren, zu dreistündigen Abenteuerfahrten starten oder auf der Kartrennbahn in Mournies bei Chania in die Fußstapfen von Michael Schumacher treten. Kreta im März, das heißt Entspannung und Abenteuer!

Frühling auf Kretas Lasithi-Hochebene

LAPPLAND

FINNLAND IM WINTER

Welches Kind möchte nicht gern mal den Weihnachtsmann besuchen? Direkt am Polarkreis hat man ihm in Rovaniemi ein Weihnachtsdorf gebaut, das Santa Claus Village. Hier wohnt er, auch zu Ostern. Dann sind die Preise viel niedriger, es herrscht kein Trubel mehr, und in der Mittagszeit erhellt ein zartrosa Tageslicht die Schneelandschaften. Da es auch jetzt im hohen Norden Finnlands noch knackig kalt ist, kann man in einem Schneehotel übernachten, das jeden Herbst neu aufgebaut wird, oder in einem Glasiglu. Hier muss man sich nicht mal dick einpacken, um die am Himmel tanzenden Polarlichter zu bewundern. Gemütlich und kuschelig liegt man auf dem Bett, wenn die himmlischen Schleier der Aurora Borealis erscheinen. Am häufigsten tritt sie rund um die Tag- und Nachtgleiche auf, und im März kann man das Erlebnis mit vielen anderen Abenteuern verbinden. Kinder lieben die Schlittenfahrten mit Huskies, und auch die Fahrt mit einem Eisbrecher von Kemi hinaus auf die zugefrorene Ostsee – kombiniert mit Ausflügen auf die Eisfläche – ist aufregend. Oder vielleicht in einer Gondel mit eingebauter Sauna zum Skifahren auf die Hänge von Ylläs hinaufgleiten? Lappland bei minus 30 Grad: ganz schön heiß!

Santa Claus Village in Rovaniemi, der Hauptstadt von Lappland

SERFAUS-FISS-LADIS

FAMILIENSPASS IN TIROL

Die weitgehend autofreie und als besonders familienfreundlich geltende Tiroler Urlaubsregion auf der Oberinntaler Sonnenterrasse – entstanden durch den Zusammenschluss der Skigebiete Serfaus, Fiss und Ladis – liegt auf einer Höhe zwischen 1200 und 2820 Metern und bietet 214 Kilometer gut präparierte Pisten, die bestens für Anfänger und Fortgeschrittene geeignet sind.

Wie fürsorglich man sich hier um Kinder kümmert, beweisen schon die Familienhotels. In Serfaus kommt die Murmlibahn dazu, eine eigene Seilbahn nur für Skischulkinder. Sie führt auf die Kinderschneealm direkt unterhalb der Mittelstation Komperdell. Hier warten Schaukeln, ein Igludorf, ein Tubingpark mit vier Bahnen und ein Kinder-Motorschlitten-Parcours auf kleine und größere Schneehasen.

Pistenvergnügen für Kids

Mittags geht es mit dem Murmli-Truck ins kindergerecht ausgestattete Restaurant. Für die Kleinsten, die noch nicht auf die Piste dürfen, organisiert die Murmlikrippe eine bestens geschulte Betreuung. In Fiss-Ladis kümmert sich Bertas Kinderland bei der Mittelstation der Sonnenbahn um die Kids: Hier gibt es Förderbänder, Übungslifte, einen Funpark mit Wellenbahn, ein Snowmobil, eine Tubingbahn und Spielwelten. Für Freerider und Freestyler wurden eigens zehn anspruchsvolle Freeride-Routen sowie mehrere Funareale eingerichtet.

TEOTIHUACÁN

PYRAMIDEN IM MEXIKANISCHEN HOCHLAND

In Teotihuacán, der größten Ruinenstätte Mesoamerikas, die etwa 50 Kilometer nordöstlich von Mexiko-Stadt liegt, begann vor über 2000 Jahren die Geschichte Mexikos. Der Einfluss von Teotihuacán reichte weit über das mexikanische Hochland hinaus, und doch weiß man wenig von dieser großartigen Kultur, die imposante Ruinenstädte und herrliche Wandmalereien, aber kein einziges geschriebenes Wort hinterlassen hat. Die Azteken glaubten, dass sich in Teotihuacán, dem „Ort, an dem die Götter geboren werden", die Gottheiten Nanauatzin und Tecciztecatl nach dem Untergang der Vierten Sonne aus dem Universum herab in einen Scheiterhaufen gestürzt hätten, um nach der Selbstopferung als Sonne und Mond wieder zu erscheinen. Damit hätten sie das Zeitalter der Fünften Sonne geschaffen, also die Ära, in der die Azteken lebten.

AUF DER TOTENSTRASSE ZUM FEDERSCHLANGENGOTT

Vom Kulturzentrum am Eingang im Süden führt eine zwei Kilometer lange und 45 Meter breite Straße, die Hauptachse der Anlage, bis zur Mondpyramide im Norden. Die Kultachse wurde von den ehrfürchtigen Azteken irrtümlich als „Straße der Toten" bezeichnet, da man glaubte, dass es sich bei den Bauwerken um Gräber ehemaliger Könige und Priester handelte. Gleich nach Überqueren der Straße steht man vor einem von vier Plattformen begrenzten Komplex. Die schmalen Rampen des Quetzalcóatl-Tempels zieren zwölf vollplastische Köpfe des Federschlangengottes. Dessen Drachenrachen – mit drohenden Fangzähnen gestaltet – tritt aus einem Kragen hervor, der an Flammen oder Strahlen, aber auch an Blütenblätter oder Federn erinnert. Auf den Füllungsfeldern der einzelnen Niveaus erscheinen im steten Wechsel die Bildnisse der Federschlange und des Regengottes Tláloc, dessen stilisierte Masken ringförmige Glotzaugen und Reliefscheiben aufweisen.

SONNEN- UND MONDPYRAMIDE

Folgt man der Straße der Toten nach Norden, erreicht man über eine Treppe den etwa 70 Meter breiten Platz der Sonnenpyramide. An dessen Ostseite erhebt sich das größte Monument von Teotihuacán, die Sonnenpyramide, die vermutlich im ersten Jahrhundert v. Chr. begonnen, jedoch erst Jahrhunderte später fertiggestellt wurde. Dieses gigantische Bauwerk wurde so konstruiert, dass die Sonne am Tag der Sommersonnenwende genau gegenüber der Frontseite hinter dem Horizont verschwindet. Da alle Baulichkeiten gemäß einem rechtwinkligen Raster angeordnet wurden, ist die ganze Stadt an der religiös bedingten Orientierung des Hauptheiligtums ausgerichtet. Die Grundfläche der Sonnenpyramide (222 × 225 Meter, also fünf Hektar) kann sich in der Größe fast mit der ägyptischen Cheops-Pyramide messen, ist jedoch heute mit 63 Metern nicht einmal mehr halb so hoch wie das Pharaonengebäude. Mächtige Treppen führen zum Tempel hinauf. Von oben hat man eine großartige Aussicht über die gesamte archäologische Zone.

Treppen und zumeist vierstöckige Pyramidenkonstruktionen säumen den besonders schönen Platz der Mondpyramide. Auf der linken Seite steht der prächtige Palast des Quetzal-Schmetterlings. Im östlichen Arkadenhof stehen zwölf viereckige, steinerne Pfeiler, deren Flach-

Oben: Pyramiden von Teotihuacán
Links: Relief aus Teotihuacán im Museo Nacional de Antropología

UND ÜBRIGENS …

Meisterwerke der Kultur von Teotihuacán sind im gleichnamigen Saal des Museo Nacional de Antropología in Mexiko-Stadt zu sehen, darunter Götterstatuen und eine weltberühmte Maske, die mit einem Mosaik aus Türkis, Perlmutt und Korallen überzogen ist.

reliefs den Quetzalvogel mit Brustschmuck in Schmetterlingsform zeigen. Der sich anschließende Jaguarpalast beeindruckt durch seine frühen Wandmalereien, die auf rotem Untergrund große Raubkatzen mit Federputz zeigen. Die Jaguare blasen in Muschelhörner, Voluten symbolisieren die Töne. Die auf die Erde fallenden Blutstropfen deuten auf einen mit Menschenopfern verbundenen Fruchtbarkeitskult hin.
Im Norden des Platzes ragt die mächtige Mondpyramide vor dem Hintergrund des Berges Cerro Gordo, als dessen verkleinertes Abbild sie erscheint, in den Himmel. Eine breite Freitreppe führt zur eigentlichen Pyramide aus vier übereinander gesetzten Stockwerken. Vom dritten Treppenabsatz bietet sich ein herrlicher Blick über die geometrische Symphonie der Totenstraße.

PETRA

LEGENDÄRE FELSENSTADT IN JORDANIEN

„Petra ist der herrlichste Ort der Welt", schrieb Thomas Edward Lawrence, besser bekannt unter dem Namen Lawrence von Arabien, in seinem Buch „Die sieben Säulen der Weisheit". Jede Beschreibung müsse vor dem eigenen Erleben der Stadt verblassen. Im März sorgen blühende Wildblumen für Farbtupfer auf den spektakulären antiken Ruinen und Felslandschaften der alten Nabatäerstadt – ein Weltkulturerbe, das in einer globalen Abstimmung zu einem der „Neuen Sieben Weltwunder" gewählt wurde. Angenehm warm, sonnig und trocken ist es jetzt, und die Wüstennächte sind nicht mehr bitterkalt. Die ständigen Licht- und Schattenwechsel sorgen für eine fast übernatürliche Aura der einstigen Hauptstadt des Nabatäer-Reiches.
Noch heute wirken die architektonischen und künstlerischen Details der erst 1812 wiederentdeckten Denkmäler fast so frisch und scharf gezeichnet wie vor 2000 Jahren. Nach wie vor umranken viele Geheimnisse die hoch entwickelte kosmopolitische Kultur dieses Königreichs, das sich als Föderation vom Roten Meer bis zum Euphrat erstreckte. Wann, warum und wie das Königreich untergegangen ist, wissen Archäologen noch immer nicht so recht, denn 80 Prozent der Stadt, in der einmal bis zu 40 000 Menschen lebten, sind vermutlich noch gar nicht ausgegraben. Aber selbst der Besuch aller bekannten Denkmäler in den Wadis und auf Felswänden und Berggipfeln würde Wochen dauern.

Prächtiges Felsgebäude Ad Deir

ANTIKER FASSADENZAUBER

Petra liegt 240 Kilometer südlich der jordanischen Hauptstadt Amman, in der Nähe der Stadt Wadi Musa, und ist für Hunderte von kunstvollen Fassaden im klassischen Stil berühmt, die in die roten nubischen Sandsteinfelsen gehauen wurden. Die größten markieren die Gräber der nabatäischen Könige.
Wie in der Antike ist der Siq, eine enge gewundene Schlucht, noch immer der Haupteingang zu Petra – ein faszinierendes Naturdenkmal. Über einen Kilometer lang schlängelt sich der Siq-Weg vom modernen Besucherzentrum zwischen bizarr erodierten, stellenweise 150 Meter hoch aufragenden Felswänden hindurch. Manchmal verbreitert sich der Pfad zu lichtüberfluteten Plätzen, um sich danach wieder auf wenige düstere Meter zu verengen. Am Ende geht es durch eine dunkle, schmale, fast totenstille Kluft, und plötzlich erscheint die weltberühmte, 40 Meter hohe, in die Felswand gehauene Portikus-Fassade des Khazne al-Firaun, des Schatzhauses des Pharaos, in dem man einst die Schätze ägyptischer Herrscher vermutete

Oben: Siq-Weg, Petra

und das im Abenteuerfilm „Indiana Jones und der letzte Kreuzzug" (1989) als Gralstempel dient. In der Morgensonne wirkt die Fassade besonders spektakulär. Vom Schatzhaus, das eigentlich ein Mausoleum ist, spaziert man in 20 Minuten zu den – inzwischen längst leeren – Gräbern der Königswand und dem gegenüberliegenden römischen Theater. Hier herrschen bei Sonnenuntergang die besten Lichtverhältnisse. Der atemberaubende Blick auf die zerklüftete Felslandschaft des Wadi Musa mutet biblisch an, als hätte Moses wirklich von hier, wie die Legende berichtet, sein Volk in das Gelobte Land geführt.

PYRAMIDEN VON GIZEH

ÄGYPTENS WELTWUNDER

Um 2600 v. Chr. schritt der altägyptische König Djoser über die himmlische Leiter hinauf zu den Sternen. Seine Stufenpyramide bei Sakkara, das Werk des Baumeisters Imhotep, war das erste Grabmal in Ägypten, das vollständig aus Stein errichtet wurde. Schon bald wandelten sich die Pyramiden zu steingewordenen Sonnenstrahlen – wie die drei einst mit leuchtend weißen, glatten Platten aus Tura-Kalkstein verkleideten Pyramiden von Gizeh –, die Pharaonen wie Cheops, Chephren und Mykerinos in den Himmel geleiten sollten. Noch heute staunt man über die Leistungen der Baumeister, die mit über zwei Millionen Steinblöcken, von denen einige bis zu 15 Tonnen wiegen, in nur 20 Jahren die heute noch exakt 138,75 Meter hohe Große Pyramide für Pharao Chufu (griechisch: Cheops) errichteten. Ob sie dafür Rampen aus Lehm und Stein oder komplizierte Kran- und Hebevorrichtungen verwendeten, ist bis heute nicht geklärt. Die in den Stein gehauene Sphinx von Gizeh, ein rätselhaftes Fabelwesen mit Löwenkörper und Kobrakopf, sollte Störenfriede eigentlich vertreiben, doch wurde trotz raffiniertester Baumaßnahmen die Jenseitsreise schon in pharaonischer Zeit von Grabräubern gestört. Als Herodot vor 2500 Jahren Ägypten besuchte, ritzten bereits griechische Studienreisende ihre Graffiti in den Stein der Monumente.

Cheops-Pyramide und Sphinx

In München erblühen die Kastanien und auf Sark (Foto) die Wildblumen. Jetzt ist auch die ideale Zeit für einen Urlaub an den Traumstränden Yucatáns und auf Madagaskar, eine Wanderung auf dem Inka-Trail oder eine Kulturreise nach Sizilien und zu Rumäniens Moldauklöstern.

DER WESTEN ZYPERNS

FRÜHLING IN APHRODITES HEIMAT

Die Insel der griechischen Liebesgöttin wurde wirklich großzügig mit Schönheit bedacht: herrliche Sandstrände, türkisblaues Meer, die faszinierenden römischen Mosaiken von Paphos, blühende arkadische Landschaften, malerische Bergdörfer und Klöster mit weltberühmten byzantinischen Wandmalereien. Die Wälder des majestätischen Troodos-Gebirges leuchten im jungen Grün, die Olivenhaine glitzern silbrig. Meer und Himmel zeigen sich meist strahlend blau, und die milde Frühjahrsbrise kitzelt die Sinne aus dem Winterschlaf. Da sieht man gern darüber hinweg, dass das Mittelmeer noch etwas frisch ist, dafür aber fast überall glasklar.

Leuchtturm von Paphos

WANDERTOUREN AUF DER HALBINSEL AKAMAS

Die Sonne brennt noch nicht vom Himmel, also ideales Wetter für ausgedehnte Wanderungen, bei denen niemand ins Schwitzen kommt und sich immer wieder Panoramaausblicke auf das Meer eröffnen. Die Halbinsel Akamas nördlich von Paphos ist ein fast unberührtes Naturparadies mit duftenden Kiefern, Zypressen und Eichen, Wacholderbüschen, Farnen und wilden Blumen. Am Lara Beach im Süden der Halbinsel lockt ein unberührter Sandstrand mit kristallklarem Wasser. Keine Asphaltstraße, kein Dorf, ja nicht einmal ein Hotel stören das Idyll. Überall wachsen Orchideen, Oleander und wilde Tulpen, seltene Schmetterlinge flattern herum. Festes Schuhwerk ist angesagt, damit es dem Wanderer nicht so ergeht wie Aphrodite, die barfuß durch den Wald hüpfte und sich dabei den zarten Fuß verletzte. Noch heute erinnern die roten Klatschmohnfelder an das Malheur. Das „Bad der Aphrodite“, in dem die Göttin planschte und sich mit ihrem Geliebten Akamas, dem Sohn des Theseus, vergnügte, hat seinen Zauber bis heute nicht verloren: Die kühle Grotte, in der eine unermüdliche Quelle sprudelt, ist von Feigenbäumen beschattet. Ein Bad darin soll ewige Jugend verheißen.

UND ÜBRIGENS …

Tolle Mitbringsel sind die farbenfrohen Kaftane, Schals, Gürtel und Handtaschen der einheimischen Designerin Joanna Louca sowie die im Weberdorf Phyti nordöstlich von Paphos in Handarbeit gefertigten Spitzen.

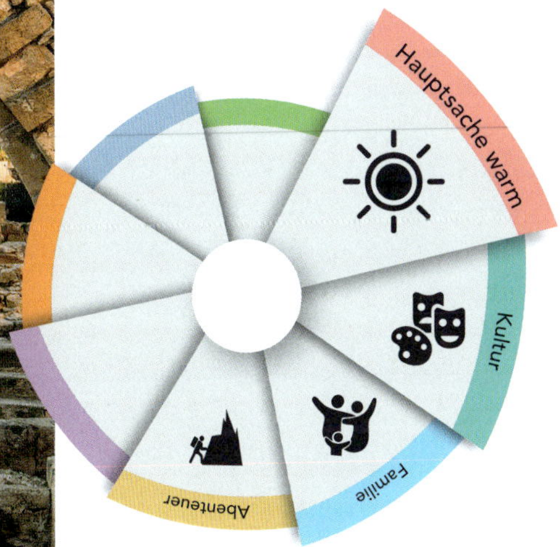

Archäologischer Park von Paphos

DIE MOSAIKEN VON PAPHOS

Was die Liebesgöttin oft an Unheil anrichtete, erzählen die berühmten römischen Mosaiken in den freigelegten antiken Villen des Archäologischen Parks von Paphos, einem Weltkulturerbe. Da ist die Geschichte des schönen Jünglings Narziss, der die Nymphe Echo abwies. Als Strafe sorgte Aphrodite dafür, dass Narziss sich in sein eigenes Spiegelbild verliebte. Fatal endete auch die Liebesgeschichte zwischen Pyramos und Thisbe, die antike Version von Romeo und Julia.

URLAUB AUF DEM LAND

Wer unverfälschte zyprische Gastfreundschaft genießen und vielleicht sogar lernen möchte, wie man den köstlichen Halloumi-Käse herstellt, nächtigt in einer der von der Cyprus Agrotourism Company (CAC) arrangierten Unterkünfte in traditionellen, mit allem Komfort hergerichteten Steinhäusern auf dem Land. Im Kafeneio, dem Kaffeehaus, das es in jedem zyprischen Dorf gibt, kann man stundenlang beim Mokka oder bei einem Glas Zivania, einem zyprischen Tresterbrand, sitzen und zahllose Runden Backgammon spielen, auf Zypern als „Tavli“ bekannt. Verständigungsprobleme gibt es kaum, denn auf der Insel wird noch immer viel Englisch gesprochen.

DORADO FÜR WEINLIEBHABER

In den traditionellen Tavernen der Insel kommt bis heute authentische zypriotische Küche auf den Tisch, und in den zahlreichen Pubs, Cocktail-Bars und Nachtclubs verbünden sich die Götter der Liebe und des Weins. Auf Zypern muss sich Dionysos besonders wohlgefühlt haben, denn schon Homer wusste den Wein der Insel zu rühmen. Weinkenner machen hier faszinierende Entdeckungen, denn es gibt sage und schreibe 25 Rebsorten, die nur auf Zypern gedeihen. Besonders die dunkelrote Mavro und die grüne Xynisteri-Traube bringen unverwechselbare Tropfen hervor. Daraus kelterten die Tempelritter im Mittelalter den Commandaria, einen an Sherry erinnernden, kühl servierten Dessertwein, und lieferten ihn an europäische Königshäuser. Zypern ist wirklich eine echte Genussinsel.

RIVIERA MAYA

MEXIKOS KARIBIKKÜSTE

Schneeweiße Strände, türkisblaues Meer, Korallenriffe in allen Farben des Regenbogens und geheimnisvolle Ruinen der Maya-Kultur: Die Riviera Maya der mexikanischen Halbinsel Yucatán kombiniert geradezu perfekt hedonistische Strandfreuden und Hochkultur im Hinterland. Cancún, Playa del Carmen, Cozumel und Tulúm sind die Hochburgen der Strandurlauber. Im April ist der Partyrummel der „Springbreaker" aus den USA vorbei, und nach der Karwoche, also spätestens Mitte April, purzeln auch in den Luxushotels die Preise.

UNTER UND ÜBER WASSER

Karibisches „Fifty-Fifty": Man sitzt halb über Wasser auf dem warmen weißen Sand, umspült von trägen Wellchen mit glasklarem Karibikwasser. Vor dem Fischerstädtchen Puerto Morelos taucht man aber ganz unter, denn das vorgelagerte Riff ist ein Schnorchel- und Taucherparadies, das schon Jacques-Yves Cousteau zum Schwärmen brachte. Hier wetteifern Fische und Korallen um die strahlendsten Farben. Wer die Karibik auch über Wasser genießen möchte, bucht einen Ausflug mit dem Katamaran und fährt hinein ins unendliche Blau – begleitet von vorwitzigen Delfinen –, bis der Abendhimmel in allen nur erdenklichen Orange- und Rottönen erglüht.

IM REICH DER MAYA

Die faszinierenden Ruinenstätten der Maya im Osten Yucatáns kann man bequem auf einem Busausflug besuchen. Besonders monumental ist das Weltkulturerbe Chichén Itzá mit der Pyramide des Federschlangengotts Kukulcán, dem Kriegertempel, dem runden astronomischen Observatorium Caracol und einem Ballspielplatz mit kunstvollen Steinreliefs, die Kämpfe, Opferungen und Ballspiele darstellen. Noch tiefer im Buschwald liegt Cobá, dessen Stelen verblüffend exakte Kalenderberechnungen zeigen. Rund um die Ruinenstätten bietet Yucatáns Buschwald echten Hochgenuss, denn hier badet man in den schönsten natürlichen Swimmingpools der Welt. „Cenotes" heißen die nie versiegenden natürlichen, meist kreisrunden Dolinenbrunnen der Karstlandschaft, die von unterirdischen Wasserschichten gespeist werden. Das intensiv türkis leuchtende Süßwasser ist kühl und absolut kristallklar, die Tropfstein-Atmosphäre traumhaft-verwunschen. Den Mayas waren die Höhlen heilig, und sie versenkten hier einst Schätze für ihre Götter.

Oben: Pyramide des Kukulcán in Chichén Itzá
Unten: Tempel des Windes in der Maya-Stätte Tulúm, Yucatán

„WO DER HIMMEL ENTSTEHT"

So nannten die Maya die grandiose, 150 Kilometer lange Küstenlandschaft südlich von Tulúm. Der Nationalpark Sian Ka'an, eines der letzten unberührten Küstengebiete Nordamerikas, ist seit 1987 Weltnaturerbe. Die Vielfalt dieses wirklich einzigartigen Ökosystems ist verblüffend: Hier gibt es Süßwasser- und Küstenlagunen, Mangrovensümpfe, Koralleninselchen, Savannen, tropische Wälder und ein Barriereriff. Nicht einmal 1000 Maya leben heute in dieser Region, dafür umso mehr exotische Vögel, Fische und Pflanzen. Nur mit dem Boot lässt sich die amphibische Landschaft erkunden. Die hier vorkommenden Manatis (Seekühe) hielten die spanischen Konquistadoren übrigens für Meerjungfrauen.

LANZAROTE

LAVAINSEL DER KANAREN

Ausgedehnte dunkle Lavalandschaften und ein besonders trockenes Klima mit beständig wehenden angenehmen Nordostpassatwinden prägen die Afrika besonders nahe „Sonneninsel" der Kanaren. Einem Badeurlaub in den Osterferien steht also nichts im Weg. Zwischen Februar und April gibt es an der Caleta de Famara, dem Surf-Zentrum Lanzarotes, die „perfekte Welle". Doch auch das Inselinnere hat seine Reize. „Turismo Rural" heißt die Alternative zu den Touristenzentren an der Küste. Oft schläft man in schön restaurierten, über 200 Jahre alten Landhäusern. Manche bieten sogar Pool und Jacuzzi. Sehr angesagt ist auch ökofreundliches „Glamping" in komfortabel ausgestatteten mongolischen Jurten, wie sie Lanzarote Retreats in Arrieta anbietet. Mit Lanzatrekk lernt man die verschwiegenen schönen Winkel von Lanzarote kennen, von denen manche selbst in den besten Wanderführern nicht verzeichnet sind: geheime Pfade in der Pufferzone der Feuerberge, Streifzüge durch die Weinregion La Geria mit Verkostungen, Küstentouren, Inselüberquerungen oder eine Dünenwanderung auf La Graciosa. Kunstliebhaber wird es nach Taro de Tahíche ziehen, um die abstrakte Avantgardekunst und die naturästhetischen Prinzipien folgende Basaltarchitektur von César Manrique (1919–1992) aus den 1960er Jahren zu bewundern. Der einflussreiche Maler, Bildhauer, Designer und Naturschützer, den die Lavalandschaften Lanzarotes zu kühnen Schöpfungen inspirierten, hat seine Heimatinsel nachhaltig geprägt.

Playa Las Conchas

MÜNCHEN

HAUPTSTADT DER BAYERISCHEN LEBENSART

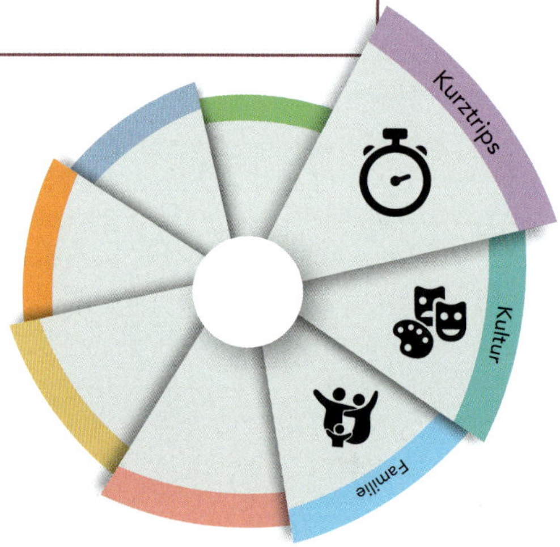

Ende April, wenn der Himmel wirklich so blau ist, wie in der Bayernhymne besungen, und in den Biergärten die Kastanien weiß und rot blühen, dann ist es in der Isarmetropole besonders schön. Genau die richtige Zeit, um durch den Schlosspark von Nymphenburg und den angrenzenden Botanischen Garten zu spazieren, in dem jetzt die Tulpen in allen nur möglichen Farbschattierungen blühen, am Chinesischen Turm im zartgrün leuchtenden Englischen Garten die erste Maß zu genießen und auf dem Viktualienmarkt die malerischen Auslagen mit Obst, Gemüse, Käse, Würsten, Gewürzen, Oliven, Knoblauchsträußen und Blumen zu bewundern.

IN DER ALTSTADT

An klaren Tagen, besonders aber bei Föhnwetterlage, rücken die Alpen fast in greifbare Nähe. Den schönsten Überblick verschafft der anstrengende Aufstieg zur Turmgalerie des „Alten Peters": links die Frauenkirche mit den ihrer „Welschen Hauben" wegen unverwechselbaren Zwillingstürmen, rechts der grazile Turm des spätgotischen Alten Rathauses und dazwischen der Marienplatz mit dem Neuen Rathaus, dessen Glockenspiel man am besten vom Fenster des gleichnamigen Cafés gegenüber im 5. Stock betrachtet, denn dann muss man sich nicht den Hals verrenken.

WEGE ZUR KUNST

Vom Marienplatz aus sind es nur wenige Fußminuten zu den größten Attraktionen der Stadt. Nur ein kurzer Spaziergang durch die Fußgängerzone Sendlingerstraße – und schon steht man vor der Asamkirche, dem kleinen, aber feinen barocken Kunststück der Asam-Brüder. Dann wieder zurück zum Marienplatz, ins „Tal" hinein und durch die Böhmler-Passage geradewegs zum Hofbräuhaus. Weiter zur Maximilianstraße mit ihren Nobelboutiquen, und schon gelangt man zur Residenz der Wittelsbacher. Hinein geht's durch ein Portal, das zwei Löwen mit blankgeputzten Nasen (Reiben verheißt Liebesglück!) bewachen. Das Antiquarium mit seinem Tonnengewölbe gilt als größter und prächtigster profaner Renaissanceraum außerhalb Italiens, und mit den Schätzen des Residenzmuseums könnte man viele Stunden verbringen. Im Cuvilliés-Theater, Europas schönstem Rokokotheater, wurde 1781 Mozarts „Idomeneo" uraufgeführt. Verschnaufen kann man im Hofgarten mit Blick auf den Dianatempel und die ockergelbe Theatinerkirche, die München italienisches Flair verleiht. Weiter westlich liegt das Kunstareal mit den Pinakotheken. Wenigstens eine Stippvisite bei Altdorfer, Brueghel, Dürer und Co. in der Alten Pinakothek sollte man sich gönnen. Anschließend kann man auf dem Weg zum Karlsplatz oder Stachus von der Dachterrasse des Cafés im Vorhoelzer Forum (Arcisstraße) die sensationelle Aussicht genießen und danach in der Galerie im Lenbachhaus die Meisterwerke des „Blauen Reiters" bewundern. Zwei S-Bahnstationen südöstlich liegt das Deutsche Museum, dessen Wunder der Technik man sich vielleicht doch lieber für einen Regentag aufspart.

MODERNES MÜNCHEN

An schönen Tagen fährt man mit der U-Bahn zum Olympiastadion, dessen Zeltarchitektur auch nach

Oben: Münchner Stadtpanorama mit Frauenkirche
Unten: Biergarten am Chinesischen Turm im Englischen Garten

UND ÜBRIGENS ...

Ende April findet die traditionelle Auer Dult auf dem Mariahilfplatz statt, und in der letzten April- und ersten Maiwoche lockt das Frühlingsfest, die „kleine Wiesn" auf dem Oktoberfestareal.

50 Jahren nichts von ihrer Einzigartigkeit verloren hat, saust im Expressfahrstuhl hinauf zur Aussichtsplattform des Olympiaturms, und wenn es dunkel wird, sieht die effektvoll beleuchtete avantgardistische BMW-Welt gleich noch aufregender aus. Abends dann die Qual der Wahl: Vielleicht eine Aufführung im Residenztheater oder in den Kammerspielen, ein Symphoniekonzert eines der drei Münchner Orchester von Weltrang? Wenn der Hotelconcierge seine Beziehungen spielen lässt oder man auf der Vortreppe des Nationaltheaters eine Restkarte ergattert, klappt es vielleicht sogar mit einer Opernaufführung. Oder man stürzt sich ins Münchner Nachtleben. Das Glockenbachviertel rund um den Gärtnerplatz und die „Feierbanane" zwischen Sendlinger Tor und Maximiliansplatz gelten als angesagte Hotspots.

WIEN

DONAUMETROPOLE MIT SCHMÄH

Im Prater blühen wieder die Bäume, der Flieder duftet, und das 67 Meter hohe Riesenrad von 1896 dreht sich. Es wird Zeit für den ersten Heurigen im Garten der Buschenschänken von Grinzing oder Nußdorf, dazu genießt man Bärlauchaufstrich, frische Radieserl oder vielleicht schon den ersten Spargel vom Marchfeld. Und wenn sich der Winter doch noch mal mit kalten Böen zurückmeldet, dann gibt es nichts Schöneres als einen verbummelten Nachmittag in einem Kaffeehaus, zum Beispiel im Café Goldegg, das immer noch viel nostalgisches Flair verbreitet. Es liegt nur einen Katzensprung vom Belvedere entfernt, dem Sommerschloss Prinz Eugens von Savoyen. Das Obere Belvedere hat den Traumblick auf Wien und beherbergt die Meisterwerke von Gustav Klimt, Oskar Kokoschka und Egon Schiele, im Unteren Belvedere finden sich der Marmorsaal, das Goldkabinett, die Orangerie und der Prunkstall mit Kunst des Mittelalters. Dazwischen liegt ein terrassenförmig angelegter Park mit Brunnen, Statuen und Blumenrabatten. Auch der spätbarocke, im französischen Stil gestaltete Schönbrunner Schlosspark lädt zu Spaziergängen ein. Das Schloss selbst, dem Kaiserin Maria Theresia ihren Stempel aufgedrückt hat, lohnt natürlich ebenso einen Besuch.

KUNST AN DER RINGSTRASSE

Dass Wien nicht an der Donau, sondern an der Ringstraße liegt, ist ein altes Bonmot. Mit der Bim um den Ring, also mit den Tramlinien 1 und 2 (am Schwedenplatz oder am Parlament einmal umsteigen), kostet die Sightseeing-Fahrt nur wenige Euro, und Wiens größte Attraktionen warten nur kurze Fußwege von den Haltestellen entfernt. Mittendrin in der Altstadt steht natürlich der Stephansdom. Ein Aufzug führt auf den unvollendet gebliebenen Nordturm des gotischen „Steffls". Die Tram rattert vorbei am Burgtheater und

Fiaker vor der Wiener Hofburg

Auf dem Wiener Naschmarkt

am Parlament, und spätestens am Heldenplatz wird man aussteigen, um in der Hofburg die Kaiserappartements, das Sisi-Museum, die kaiserliche Schatzkammer mit den mittelalterlichen Insignien des Heiligen Römischen Reiches und erlesene Kunst aus über zwei Jahrtausenden – von Funden aus dem antiken Ephesus bis zum Érard-Flügel Beethovens – zu bewundern. Nicht weit entfernt zeigt die Albertina im Palais Erzherzog Albrecht eine der erlesensten Grafiksammlungen der Welt, darunter den berühmten „Feldhasen“ von Albrecht Dürer. Wieder nur wenige Schritte weiter präsentiert das Kunsthistorische Museum wirklich alle großen Meister Europas, eine wertvolle Antikensammlung und eine ägyptisch-orientalische Sammlung.

Der kultige Würstelstand Bitzinger am Albertinaplatz versorgt Millionäre und Arbeitslose gleichermaßen mit Käsekrainern und Bosna. Gourmets decken sich etwas weiter südlich auf dem Naschmarkt ein, bewundern zwei der berühmtesten Jugendstilbauten Otto Wagners in der angrenzenden Linken Wienzeile und fahren dann in einem gläsernen Panoramalift hinauf in die Kuppel der barocken Karlskirche, um aus 60 Metern Höhe wieder eine wundervolle Aussicht über die Dächer Wiens zu genießen.

LJUBLJANA

HABSBURG IN SLOWENIEN

Nur wenige Autostunden von München entfernt und noch immer fast ein Geheimtipp: Das Zentrum der Hauptstadt Sloweniens ist ein Juwel barocker und sezessionistischer Jugendstilarchitektur. Für Letztere steht ein großartiger Architekt: Jože Plečnik, der bei dem Wiener Jugendstilgenie Otto Wagner in die Lehre gegangen ist. Eindrucksvoll ist die Tromostovje („Dreierbrücke“), ein theatralisches Brückentriumvirat, das trapezförmig von der Altstadt über die Flussschleife der Ljubljanica auf den Prešernov Trg zuführt und den Hauptplatz der Stadt mit seinen Jugendstilbauten und der italienisch-barocken Franziskanerkirche erst richtig in Szene setzt. Sehr sehenswert ist auch die Kathedrale Stolnica sv. Nikolaja mit ihren 1705 entstandenen illusionistischen Fresken mit Szenen von Wundertaten des Hl. Nikolaus von Giuglio Quaglio, der Stari trg („Alter Platz“) mit seinen mittelalterlichen und barocken Häusern, in denen kleine Lokale und Straßencafés untergebracht sind, sowie das Nationalmuseum mit einer erlesenen archäologischen Sammlung und einer Abteilung für slowenische Volkskunst. Außerdem lohnt es sich unbedingt, über den Fußweg südlich des Marktes zur spätmittelalterlichen Festung Ljubljanski Grad hinaufzusteigen oder mit der Standseilbahn emporzuschweben. Vom Aussichtsturm genießt man ein fantastisches Stadtpanorama. Bei klarer Witterung reicht die Sicht bis zu den Karawanken, den Kamnišker und den Julischen Alpen.

Franziskanerkirche

LAKE DISTRICT

ENGLANDS LANDSCHAFT DER POETEN

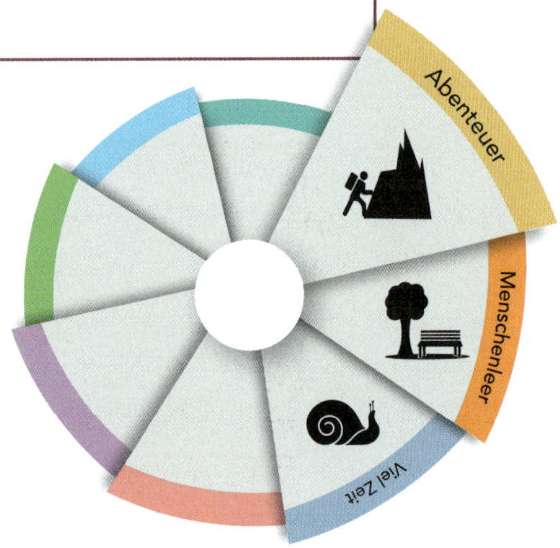

„Ich wandert' einsam wie die Wolke, die treibt dahin in ihrer Höhe, als plötzlich ich vor einem Volke von goldnen Osterglocken stehe: Am See, dort wo die Bäume sind, flattern und tanzen sie im Wind ..." Wer die cumbrischen Narzissen aus William Wordsworths berühmtem Gedicht „I wandered lonely as a cloud" sehen möchte, der muss im April in den nordenglischen Lake District fahren. Bis heute dominiert das Dreigestirn der „Lake Poets" bestehend aus William Wordsworth, Samuel Taylor Coleridge und Robert Southey die literarische Landschaft von Cumbria. Um 1750 begannen britische Landschaftsmaler die Bergwelt mit ihren Seen, Wasserfällen und zerklüfteten Felsen zu erforschen. Bald suchten immer mehr gebildete Stadtmenschen im Lake District das Naturerlebnis.

NATURPARADIES FÜR WANDERER

Hohe Berge – jedenfalls nach englischen Maßstäben – rahmen 16 große Seen ein. Natürlich wird Englands höchster Gipfel, der 978 Meter hohe Scafell Pike, von jeder Pfadfindergruppe des Landes bestiegen. Rund um Lake Windermere, Coniston Water, Ullswater und Derwent Water tummeln sich die Ausflügler, doch wer die kleinen Seen umwandert, erlebt die Landschaft fast so wie zu Wordsworths Zeiten. Besonders einsam liegen der Haweswater, der tiefe Wast Water und der absolut glasklare Ennerdale, in dessen Umgebung fast senkrecht die 188 Meter hohe Felswand Pillar Rock aufragt.
Der schönste Fernwanderweg ist der 128 Kilometer lange und flache Cumberland Way, für den man fünf bis sechs Tage braucht. Er führt von den Dünenlandschaften der Irischen See über Hochmoore, durch Wäldchen und entlang idyllischer Seen mit großartigen Bergpanoramen, vorbei an einsamen Farmen und verschlafenen Weilern. In den Lüften kreisen Sperber, Wanderfalken und Steinadler. Von Keswick geht es weiter in Richtung Westen vorbei am spektakulären Aussichtspunkt Castlehead zum Aira Force, Englands romantischstem Wasserfall. Hier hat Wordsworth seine Verse geschrieben. Und einsam wie eine Wolke kann man hier immer noch sein, manchmal jedenfalls.

Maiden Moor im Lake District

LOS GLACIARES

ARGENTINISCHES PATAGONIEN

Eistrekker auf dem Gletscher Perito Moreno

Der 4459 Quadratkilometer große Nationalpark ist ein Naturerbe der Menschheit. Man unterscheidet zwei Sektionen. Die einsame Landschaft des nördlichen Abschnitts wird von der bizarr gezackten Bergwelt rund um Cerro Fitz Roy und Cerro Torre beherrscht, die von El Chaltén aus über mehrere, meist gut markierte Trekkingrouten zugänglich ist. Schon die Halbtagestour zur Laguna Capri bietet traumhaft schöne Landschaftseindrücke, besonders im März und April, wenn die Südbuchenwälder in ihren herrlichsten Farben erstrahlen. Auch die Heidelandschaft färbt sich in dieser Zeit rot. Im südlichen Abschnitt konzentriert sich die touristische Aufmerksamkeit auf die westlich von El Calafate gelegenen Gletscher, vor allem den Glaciar Perito Moreno, dessen in unwirklichen Blautönen schimmernde majestätische Schönheit man von mehreren Aussichtsplattformen würdigen kann. Den westlichen Teil beider Abschnitte nimmt das gigantische, nur professionellen Eistrekkern zugängliche Eisfeld des Hielo Continental Sur ein.

BRYCE CANYON

HOODOOS IN UTAH

Was bitte sind Hoodoos? So heißen die bizarren Felsnadeln des Bryce Canyon National Park auf dem Colorado-Plateau im Südwesten des US-Bundesstaats Utah. Diese Abfolge natürlicher halbkreisförmiger Felskessel präsentiert wahrscheinlich eine der eindrucksvollsten Landschaftsformen, die man sich vorstellen kann. Den perfekten Monat für einen Besuch gibt es zwar nicht, aber im April ist es nicht mehr bitterkalt und noch nicht überlaufen wie ab Juni. Und das Wichtigste: Es kann hier noch mal schneien, und weiß überzuckert sieht diese Felsenlandschaft, deren Farbschattierungen von Rosa über Orange bis Rot reichen, wirklich aus wie nicht von dieser Welt. Die meisten Besucher fahren ohne Zwischenstopp vom Parkeingang die 18 Meilen lange Parkstraße entlang der Pink Cliff bis zum Ende und wenden dann, so dass sich auf der Rückfahrt alle Aussichtspunkte bequem auf der rechten Seite befinden. Besonders dramatisch sind Sunset Point, Sunrise Point, Inspiration Point und Bryce Point. Von hier blickt man auf Hunderte von Hoodoos. Der fünf Meilen lange Rim Trail verbindet die vier Aussichtspunkte – eine spektakuläre Wanderung, die man unbedingt am Abend unternehmen sollte. Übrigens ist die Luft in den USA fast nirgendwo sauberer als hier.

Bryce Canyon bei Sonnenaufgang

SARK

DIE EINSAME KANALINSEL

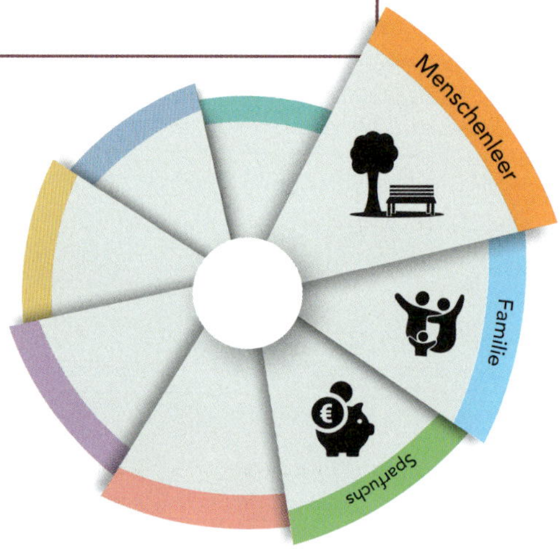

Isthmus von La Coupée zwischen Sark und Little Sark

Es klingt verwirrend: Die Inseln im Ärmelkanal sind weder englisch noch britisch, ja, streng genommen gehören sie noch nicht einmal zum Vereinigten Königreich. Sie sind nämlich direkter Kronbesitz, was Unternehmen, die möglichst wenig Steuern zahlen wollen, für sich zu nutzen wissen. Normalsterbliche fahren aber nicht auf die Kanalinseln, um Gesellschaften zu gründen, sondern weil der Frühling hier im April schon so mild und schön ist. Und wer es wirklich einsam mag, der setzt von Guernsey auf das winzige Sark über. Die Insel (www.sark.co.uk) ist das ganze Jahr über mit der Fähre erreichbar, und die Überfahrt dauert eine Stunde (www.sarkshippingcompany.com). Nur 600 Menschen leben hier, die einen normannischen Dialekt sprechen, das Sercquiais, und auch sonst für ihre Eigenwilligkeit bekannt sind. Straßenlaternen gibt es nicht, um die Lichtverschmutzung zu reduzieren. Dementsprechend fantastisch präsentiert sich in dieser „Dark Sky Community“ der Nachthimmel.

WILDE BLUMEN, WILDE KÜSTEN

Autos braucht man bei 5,5 Quadratkilometern Inselfläche wirklich nicht, aber wer mag, kann einen Pferdewagen mieten. Der Inselarzt nimmt bei Notfällen den Traktor. Besucher gehen besser zu Fuß. Im Frühling sind die Wildblumenwanderungen das Highlight, und sie führen zu wirklich schönen Strandbuchten. Zum Baden ist es allerdings noch zu frisch. Von den Wanderwegen entlang der Küste bieten sich grandiose Ausblicke. Auch den possierlichen Papageitauchern, die hier nisten, könnte man stundenlang zusehen.

Oberhalb von Les Autelets an der Nordwestküste schweift der Blick über die Klippen bis zu der weiter südlich gelegenen Insel Brecqhou, die noch winziger ist als Sark. Sie gehört seit 1993 den britischen Zeitungsverlegern David und Frederick Barclay. Die beiden lassen nur wenige Besucher auf ihre Insel und würden am liebsten die Unabhängigkeit von Sark erklären, da das Erbrecht noch immer Relikte aus der Feudalzeit beinhaltet. Wer es genauer wissen will, mietet sich in einem Bed & Breakfast ein und wird dann von der Landlady bei Tee und Scones mit alten Geschichten und neuestem Klatsch versorgt.

NATIONALPARK PENEDA-GERÊS

PORTUGALS STILLER NORDEN

Portugals einziger Nationalpark auf dem Festland liegt ganz im Nordosten des Landes an der Grenze zu Spanien. Karge, steile, über 1500 Meter hoch aufragende Bergzüge, die an die Pyrenäen erinnern, dicht bewaldete Hügel mit kristallklaren sprudelnden Quellen, grüne Weidewiesen und Täler mit vielen tiefblauen Seen prägen die stillen Naturlandschaften der Gebirgszüge von Peneda, Soajo, Laboreiro, Amarelo und Gerês. Die meisten Menschen leben in winzigen Dörfern oder einsamen Weilern. Im Frühjahr, wenn der Stechginster die Landschaft in leuchtendes Gelb taucht, kann man hier schon wandern, reiten oder die rauen Wege mit dem Mountainbike erkunden. Sanfter Tourismus wird großgeschrieben, denn Wölfe, Luchse und Ginsterkatzen sollen nicht gestört werden. Faszinierend ist auch der Vogelreichtum des Nationalparks: Am Wasser leben Graureiher und Eisvögel, in den Wäldern Habichte, Eulen und Spechte, und hoch oben beginnt das Reich der Steinadler und Wanderfalken. Man übernachtet im Kurhotel des Nationalpark-Zentrums oder in lizensierten privaten Unterkünften.

Alte Getreidespeicher im Nationalpark Peneda-Gerês

ALBANISCHE RIVIERA

GEHEIMTIPP AM MITTELMEER

Strand Plazhi i Jalës zwischen den Orten Himare und Dhermi

Ganz im Süden der albanischen Mittelmeerküste liegt eine Riviera, von der die meisten Westeuropäer noch nie etwas gehört haben. Die Riviera Shqiptare, auch als „Bregu“ bezeichnet, erstreckt sich zwischen Vlora und Saranda entlang des nordöstlichen Ionischen Meeres. Das karge Ceraunische Gebirge fällt hier steil zum Meer ab. Im Sommer, wenn Albaner, Kosovaren, Montenegriner, Serben und Bosnier an der Riviera Urlaub und Party machen, finden diverse Musikfestivals statt. Jetzt im Frühling hat man viele Strandbuchten mit weißem Sand und türkisfarbenem Wasser fast für sich allein. Die Fahrt entlang der Riviera Shqiptare über den Llogara Pass (1025 Meter), den 48 v. Chr. wahrscheinlich Julius Caesar überquerte, gehört zu den aufregendsten in ganz Südosteuropa. Hier gibt es noch viele intakte alte Dörfer mit ursprünglichem Flair. Zu den schönsten Stränden zählt Dhërmi, in dessen Umgebung sich eine Reihe preiswerter Unterkünfte befinden. Ebenfalls noch kaum vom Tourismus berührt ist der sieben Kilometer lange Strand von Borsh.

MADAGASKARS NORDEN

INSELSTAAT IM INDISCHEN OZEAN

Wie eine Arche treibt Madagaskar etwa 400 Kilometer östlich der Küste von Mosambik im Indischen Ozean. Schon vor 150 Millionen Jahren wurde der „sechste Kontinent" von Afrika und vor 90 Millionen Jahren von Indien getrennt. So ist eine höchst eigenständige Natur entstanden. In den fast unberührten Schutzgebieten leben endemische Lemuren, Chamäleons und seltene Vögel. Die komplexe Hochkultur der überaus gastfreundlichen Madagassen, die sich aus 18 miteinander verwandten Bevölkerungsgruppen malaiischer, afrikanischer und arabischer Herkunft zusammensetzen, fasziniert mit ihrem Geisterglauben und ihren Ahnenkulten. Außerdem stehen die palmengesäumten Sandstrände Madagaskars denen der Seychellen oder von Mauritius in nichts nach, sind aber um ein Vielfaches preiswerter. Ab April beginnt die angenehme Trockenzeit.

DIE NACHBARINSEL NOSY BE

Am besten erschlossen und dennoch keinesfalls mit klassischen Feriengebieten zu vergleichen ist die Insel Nosy Be im Nordwesten Madagaskars. Nosy Be (gesprochen: Nuschbeh) – das ist Madagaskar „in der Nussschale". Ein süßer Duft nach Ylang Ylang, Vanille und Gewürznelken liegt in der Luft. Auf dem Markt türmen farbenfroh gewandete Frauen schwarze Vanilleschoten, Zimtstangen, Zitronengras, Baumrinde, rote Paprika und hocharomatischen grünen madagassischen Pfeffer zu Stapeln oder Häufchen auf. Im etwas morbide wirkenden Hell Ville, dem nach einem französischen Admiral benannten Hauptort der Insel, bröckeln die ehemaligen Prachtvillen der französischen Zuckerbarone vor sich hin. An der Westküste locken die goldgelben bis rötlichen Palmenstrände von Madirokely und Andilana. Vom 329 Meter hohen Mont Passot schweift der Blick über sieben, von heiligen Krokodilen und den Geistern der Sakalava- und Antakarana-Fürsten bevölkerten Kraterseen, und im letzten intakten Primärwald auf der Halbinsel Lokobe, einem bereits seit 1923 geschützten Naturreservat, machen mächtige Boaschlangen Jagd auf Wieselmakis. Letztere gehören zu den Lemuren: Halbaffen, die es nur auf Madagaskar gibt. Auf der kleinen Nachbarinsel Nosy Komba leben die eigentlich sonst sehr scheuen, hier aber besonders zutraulichen Mohrenmakis. Unendlich sanft nehmen sie Besuchern ein Stück Banane oder Orange aus der Hand.

VON DER KÜSTE IN DEN BERGREGENWALD

Eine Autofähre setzt von Nosy Be über nach Ankify auf Madagaskar. Von hier sind es etwa sechs Stunden Fahrt nach Antsiranana an der Nordspitze der Insel. Hier gründeten Seeräuber einst die freie Republik Libertalia. Heute ist Antsiranana, das auch als „Diego Suarez" bekannt ist, eine von verblichenen Kolonialbauten geprägte ruhige Stadt an einer 30 Kilometer breiten Traumbucht. In den Straßen trifft man auf ein buntes

Völkergemisch aus Madagassen, Franzosen, Chinesen, Arabern und Komorern. Nach einem Stadtbummel kann man an den idyllischen Stränden von drei Buchten entspannen. Besonders schön sind die türkisgrün leuchtende Bucht Mer d'Emeraude und die Bucht von Ramena, an deren Badestrand am Wochenende die Einwohner von Antsiranana strömen: fröhliches madagassisches Leben pur. Wer es exklusiver mag, genießt die weißen Sandstrände der von Korallenriffen gesäumten Baie de Sakalava.

Südlich von Antsiranana liegt der vulkanisch geprägte Nationalpark Montagne d'Ambre, in dessen Bergregenwäldern sieben verschiedene Lemurenarten beheimatet sind. Man wandert zu versteckten Kraterseen, imposanten Wasserfällen, und die noch völlig intakte Pflanzen- und Tierwelt ist einfach faszinierend: Riesige Baumfarne, Trompetenbäume, Orchideen und wilder Pfeffer bestimmen das Bild. Ohne Führer übersieht man wahrscheinlich den unheimlichen langfingrigen Aye Aye und den winzigen Mausmaki. Letzterer wiegt nur 50 Gramm und ist somit der kleinste lebende Primat der Erde. Auch das mit drei Zentimetern kleinste Chamäleon der Welt und seltene Vögel wie den Malachit-Eisvogel bekommt man hier zu Gesicht. Auf einer Nachtwanderung erspäht man nachtaktive Lemuren, deren Glubschaugen im Schein der Taschenlampe leuchten.

Oben: Inselchen Tsarabanjina nordöstlich von Nosy Be
Links: Kolonialarchitektur in Diego Suarez (Antsiranana)

UND ÜBRIGENS ...

Das Visum wird bei der Einreise erteilt – ein sechs Monate gültiger Reisepass vorausgesetzt. Malariaprophylaxe wird dringend empfohlen. In stehenden Süßgewässern herrscht Bilharziosegefahr.

KAUAI

HAWAII-INSEL FÜR WANDERER

Kuilau Trail am frühen Morgen auf Kauai

Himmlische Strände und höllische Klippen – so sieht die Küste von Kauai aus. Sie ist die westlichste der hawaiianischen Hauptinseln. Die klimatisch beste Zeit endet offiziell zwar im März, doch ist im April das Wetter kaum schlechter, dafür sind die Preise um einiges günstiger. Kauais Nordküste säumen besonders spektakuläre weiße Sandstrände. Am berühmtesten ist der Hanalei Beach mit rasiermesserscharfen Klippen, tosenden Wasserfällen, goldenem Sandstrand und sanft heranrollenden Wellen, denn Korallenriffe halten die Ozeanbrandung von der Küste fern. Westlich schließt sich der nicht minder idyllische halbmondförmige Lumahai Beach an, der von üppiger Vegetation und Basaltklippen gesäumt ist. In der Nähe lockt Hawaiis schönster Botanischer Garten, die Limahuli Gardens, in dem man die ursprünglich auf Hawaii heimische Flora bewundern kann.

STEILKÜSTEN, URWALDTÄLER UND CANYONS

Diese Küste westlich des Hanalei Beach ist eine der sensationellsten Felsenküsten des Pazifiks – zugänglich nur auf einer anstrengenden, aber spektakulären Wanderung durch dichten Dschungel auf dem schmalen Kalalau Trail, der durch die Täler Hanakapi'ai, Hanakoa und Kalalau führt. Seit Juni 2019 ist er wieder geöffnet, jedoch nur mit online zu beantragendem Permit zu begehen. Hier begegnet man langgefiederten tropischen Vögeln, riesigen bunten Schmetterlingen wie dem Goldenen Monarchfalter und jeder Menge endemischer Flora. Kein Wunder, dass die entlegene Gegend Schauplatz für das Remake von „King Kong“ war. Die Saurier von „Jurassic Park“ stapften wiederum bei den Wasserfällen des Hanapepe Valley im Süden der Insel durch den Urwald. All diese zeitlosen Landschaften lernt man am besten auf einem Hubschrauberflug kennen: Man wird den tiefen Griff ins Portemonnaie nicht bereuen. Der Helikopter fliegt nämlich auch über den 1000 Meter tiefen, 16 Kilometer langen und anderthalb Kilometer breiten Waimea Canyon hinweg, den Mark Twain den „Grand Canyon des Pazifiks“ nannte. Auch er ist ein Paradies für Wanderer. Die schönsten Ausblicke auf die in Ocker, Rostrot und Bernstein schimmernden Felsformationen – durchbrochen von grüner Vegetation und weiß schäumenden Wasserfällen – bieten sich von Aussichtspunkten wie dem Waimea Canyon Lookout an der Waimea Canyon Road oder dem 1100 Meter hohen Puu Hina Hina Lookout.

MACHU PICCHU

PERUS VERLORENE STADT DER INKAS

120 Kilometer nordwestlich von Cusco liegt Südamerikas berühmteste Ruinenstätte inmitten eines tropischen Bergwaldes auf einem Berggipfel (2430 Meter) – umgeben von „Apus", den heiligen Gipfeln der Inka-Mythologie. Die Besucherzahl wird inzwischen auf 2500 pro Tag begrenzt. Dafür ist die 112 Kilometer lange Zugfahrt von Cusco bzw. Ollantaytambo nach Aguascalientes entlang des Río Urubamba mit Blick auf schneebedeckte Gipfel schon ein Erlebnis für sich.

AUF DEM INKA-TRAIL

Abenteuerlustige entscheiden sich für den Anmarsch auf dem 33 Kilometer langen Inka-Trail, dessen bekannteste Route in Piscacucho am Ufer des Urubamba beginnt und über drei hohe Gebirgspässe führt. Üppig grüne Schluchten, verzauberte Nebelwälder, eisige Höhen sowie mehrere sonst nicht zugängliche Inka-Ruinen entschädigen für die viertägigen Strapazen, zu denen auch die gleißende Sonne beiträgt. Exotische Orchideen, Polylepis-Sträucher und Pisonay-Bäume säumen den Weg, und mit etwas Glück begegnet man Brillenbären. Die Regenzeit ist spätestens Mitte April – noch vor dem großen Ansturm der Trekker – vorbei. Später muss man mit einer Vorausbuchungsfrist von sechs Monaten rechnen. Idealerweise wählt man die Zeit um den Vollmond.

MAGISCHE KULTSTÄTTE IN DEN ANDEN

Eine traumverlorene Stimmung prägt Machu Picchu am frühen Morgen, wenn die ersten Sonnenstrahlen über die zerklüftete Ruinenlandschaft kriechen, ein Gebäude nach dem anderen erhellen und die fernen schneebedeckten Gipfel der Cordillera Vilcabamba in feurigen Orangetönen erglühen lassen. Es ist gar nicht so sehr die Archäologie, sondern der einzigartige Sattelsitz zwischen zwei oft geheimnisvoll in wattebauschartige Wolken gehüllten Andengipfeln, der Machu Picchu zu einer der größten Attraktionen Südamerikas macht. Viele Gebäude dürften unter dem Inkaherrscher Pachacútec Yupanqui Mitte des 15. Jahrhunderts errichtet worden sein. Die Architektur verrät wenig über die Geschich te des Ortes, umso mehr über den Sinn der Inka für höchste Landschaftskunst. Die steilen Terrassen, Gärten, Granit- und Kalksteintempel, Treppen und Aquädukte scheinen direkt aus dem Hang herausgearbeitet zu sein. Ihre Formen nehmen die Umrisse der umliegenden Berge auf. Die Ruinen liegen – wie der Stempel einer Blüte – im Zentrum mehrerer Andengipfel.

Ruinenstätte Machu Picchu

BUKOVINA

RUMÄNIENS MOLDAUKLÖSTER

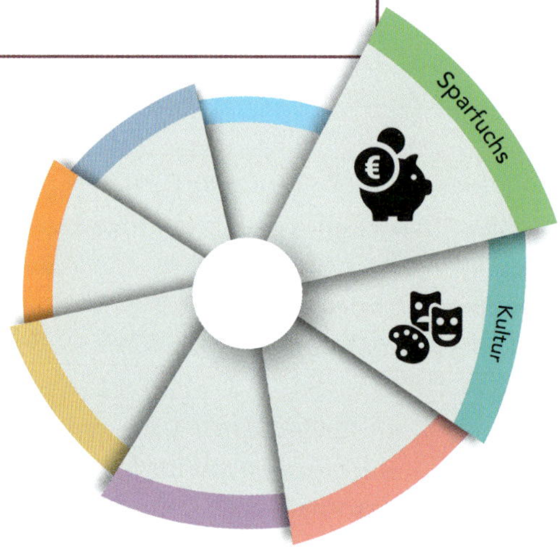

Moldaukloster Sucevița in der Bukovina, ein Weltkulturerbe

Rumänien zählt noch immer zu den preiswertesten Ländern der EU. April ist der perfekte Monat, um die faszinierenden Moldauklöster zu besuchen, denn hier wird die Karwoche besonders intensiv begangen. Am Karfreitag werden die Ostereier rot bemalt, dabei symbolisiert die Farbe das Blut des Erlösers. Am Karsamstag packt jede Familie einen Korb mit Nusskuchen, Osterkranz, den rot gefärbten Eiern, Lammfleisch, Käse, Kräutern und Geldmünzen. Vor Mitternacht trifft man sich im Festtagsgewand mit den Körben in der Kirche. Die Ostermesse, die um Mitternacht beginnt, dauert bis vier Uhr morgens. Dann geht es mit dem gesegneten Korb wieder zurück nach Hause.

„SIXTINISCHE KAPELLEN" AN DER MOLDAU

Die viele Jahrhunderte alte Gläubigkeit der Menschen in der Bukovina, dem „Buchenland", lässt sich auch an ihren alten Kirchen ablesen. Blau, Ocker, Karmesin, Ziegelrot, Violettrosa und Grün: Das waren die „Waffen", mit denen sich die Bewohner in Nordmoldawien im 16. Jahrhundert ikonografisch gegen den Ansturm des Islam verteidigten. Entstanden sind diese „Sixtinischen Kapellen" des Ostens zwischen 1530 und 1547. Sieben von ihnen zählen heute zum Weltkulturerbe, und ein Kloster ist schöner als das andere. Einzigartig ist ihre flächige Außenbemalung, deren Farben trotz des rauen Klimas heute noch strahlen wie am ersten Tag. Beimischungen von Lapislazuli-Staub und Kasein sorgten für den wetterfesten Erhalt der „Armenbibel" an den Außenwänden, deren Bildsprache auf die Welt der Ikonen im Inneren verweist.

Immer wiederkehrende Themen sind das in Syrien entstandene Marienlob, die Wurzel Jesse, das Jüngste Gericht, die Schöpfungsgeschichte, der Hymnos des Hl. Nikolaus, die Allerheiligenlitanei, die Himmelsleiter und das Leben der Heiligen. Die Fresken an der Südwand der Mariä Himmelfahrtskirche von Kloster Humor huldigen in geradezu schwärmerischer Farbkomposition der Gottesmutter. An der Westwand der Kirche von Kloster Voroneţ ist eine einzigartige dramatische Darstellung des Jüngsten Gerichts in fünf Bildstreifen zu sehen – gemalt im leuchtenden „Blau von Voroneţ". Nicht minder faszinierend ist die Himmelsleiter der Klosterkirche von Sucevita.

PÉCS

UNGARISCHES DONAUSCHWABEN

Das südlich des Plattensees gelegene Transdanubien ist ein warmer, geradezu italienisch heiterer Landstrich mit sanften Hügeln, weiten Ebenen und romantischen Wäldern. Der Höhenzug des Mecsek schirmt Pécs, das alte Fünfkirchen, vor den kalten Winden der ungarischen Ebene ab. Besonders am barocken Széchenyi tér, einem der schönsten Plätze Ungarns, wirkt die Stadt geradezu italienisch. Aber auch alte, sorgsam restaurierte Moscheen aus der Osmanenzeit gibt es hier noch. Auf den idyllischen, von Pappeln gesäumten Straßen begegnet man noch Pferdefuhrwerken. In den Obstgärten der weiß gekalkten, blitzblanken Handwerkerdörfer blühen jetzt die Bäume, und in vielen Weinkellerhäuschen am Straßenrand, aber auch in einladenden Schlosshotels werden edle Tropfen kredenzt: herrlich süffige Chardonnays aus der Gegend rund um Pécs und körperreiche, in Barrique-Fässern gereifte Pinot Noirs aus Villány. Mit den ungarischen Billigsorten deutscher Discounter haben diese Köstlichkeiten so gar nichts zu tun. Und trotzdem ist der Genuss hier so preiswert.

Kathedrale St. Peter und Paul in Pécs

MALEDIVEN

KORALLENINSELN PRIVAT

Malediveninsel mit Stelzenbungalows

Wie eine Halskette aus Smaragden liegen sie da, ausgebreitet auf dem samtenen Blau des Indischen Ozeans. Die Rifflandschaften der Malediven gehören mit ihrem unvergleichbaren Artenreichtum zu den schönsten unserer Erde. Erfahrene Taucher schwärmen von der Begegnung mit bis zu 13 Meter langen Walhaien. Die Zeiten der „Barfußinseln" scheinen weitgehend vorbei, denn die alten preiswerten Resorts werden modernisiert, neue Inseln ausschließlich mit geradezu übertriebenem Luxus erschlossen. Und trotzdem kann man sparen. Im April, einer durchaus angenehmen Zwischensaisonzeit, fallen die Preise. Inzwischen gibt es auch Unterkünfte auf Einheimischeninseln, die sehr ordentlich sind und schon ab 50 Euro feilgeboten werden. Sie machen die Malediven wieder zum erschwinglichen Urlaubsziel. Auf diesen Inseln gibt es in der Regel einen „Bikini-Strand", der meist sehr sauber gehalten wird. Zu den Hotspots für Individualtouristen im Nord-Male-Atoll ist der Flughafentransfer besonders kurz. In den südlichen Atollen ist die Bevölkerung seit Jahrhunderten an den internationalen Handelsverkehr gewöhnt und daher besonders aufgeschlossen.

TÜRKISCHE WESTKÜSTE

FRÜHLING IN DER ÄGÄIS

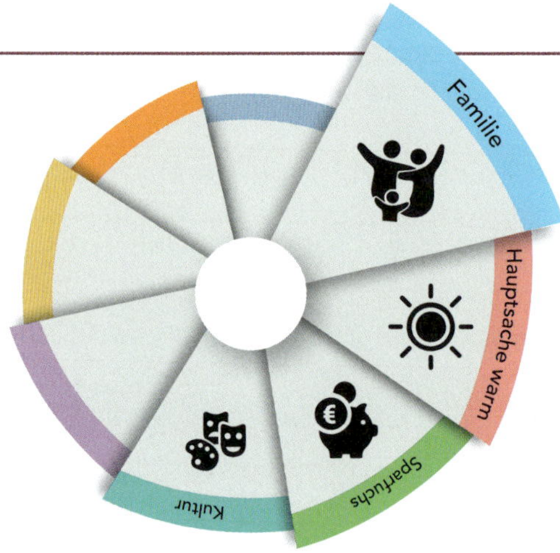

Im April ist die türkische Westküste besonders schön. Zwischen den antiken Ruinen blühen Wildblumen, das Wetter ist sonnig und warm. Auch ins klare Wasser kann man sich schon wagen und stört dabei keine Meeresschildkröten, denn die kommen erst ab Juni zur Eiablage hierher. Außerdem fällt der islamische Fastenmonat Ramadan, der in der Türkei „Ramazan" heißt, 2020 und 2021 teilweise in den April. In den Feriengebieten der Ägäis ist das durchaus ein Vorteil, da einheimische Urlauber diese Zeit meiden. Es geht also viel ruhiger zu.

ANTIKE RUINENSTÄTTEN

Im April ist auch der Besuch der antiken Stätten wie das berühmte Ephesos viel angenehmer. Die „Leuchte Asiens" ist noch immer eine der eindrucksvollsten Ruinenstätten am Mittelmeer. Ohne von der im Sommer fast unerträglich glühenden Mittagshitze geplagt zu werden, schlendert man jetzt über die von Säulenstümpfen gesäumte marmorgepflasterte Arkadiané, bewundert das Südportal der Agora und die Galerien der Celsus-Bibliothek und setzt sich auf die Stufen des Theaters. Dort lässt sich trefflich über die berühmten Worte Heraklits nachdenken, des berühmten Philosophen von Ephesos: Alles fließt, alles ist ewig in Veränderung.

JEDE MENGE WASSERSPASS

Der durch enge Kalksteinschluchten und duftende Kiefernwälder schäumende Dalaman-Fluss bei Marmaris ist ab April ein ideales Revier für Raftingtouren. Baden kann man in seichten warmen Naturbecken, oder man hüpft von Felsvorsprüngen ins kristallklare Wasser. Über einen Tag im Atlantis Waterpark in Marmaris werden sich auch kleine Wasserratten freuen. Familien mit Surferkids steuern die nicht weit von Izmir entfernte Bucht von Alaçatı an. Hier bläst der angenehm kühle „Surferwind" Meltemi zuverlässig und sorgt für heiteres Wetter und klare Sicht – beste Voraussetzungen für die Orsa Windsurf School (Orsa Sörf Okulu), die hier mit viel Enthusiasmus Kindern und Jugendlichen seit über 20 Jahren das Surfen beibringt.

Steinrelief der Göttin Nike in Ephesus

GARDASEE

ITALIEN FÜR BAMBINI

Frühling am Gardasee, eine wunderschöne Zeit! Das Angebot für Familien ist riesig. Viele Attraktionen haben schon geöffnet, zum Beispiel der Abenteuer- und Kletterpark Jungle Adventure am Südhang des Monte Baldo. Hier können sich junge Klettermaxe auf fünf Parcours verschiedener Schwierigkeitsgrade nach Herzenslust austoben. Die leichteste Tour ist bereits für Knirpse ab drei Jahren geeignet. Ein tolles Erlebnis ist auch Parasailing in Bardolino. Mit einem bunten Fallschirm – gezogen von einem Boot – über den See zu schweben ist ein Heidenspaß für die ganze Familie, denn im Parasailing & Water Ski Center gibt es Schirme für ein oder zwei Personen, die nebeneinander fliegen. Man sitzt bequem und muss nichts lernen, und selbst kleinere Kinder – sicher im Schoß von Mama festgezurrt – sind vollauf begeistert. Rasante Achterbahnen wie „Blue Tornado" oder „Magic Mountain", Karusselle, Geisterbahn und zahlreiche weitere Fahrgeschäfte sowie aufregende Shows sorgen dafür, dass Familien im Vergnügungspark Gardaland (1,5 Kilometer nördlich von Peschiera an der Gardesana) gerne einen ganzen Tag verbringen. Im April halten sich die Warteschlangen noch in Grenzen.

Vergnügungspark Gardaland in Castelnuovo del Garda

BERNINA-EXPRESS

ZUGFAHRT DURCH DIE SCHWEIZER ALPEN

Bernina-Express beim Dorf Privilasco im Val Poschiavo

Mit einem Weltkulturerbe fahren – wer hat's erfunden? Die Schweizer natürlich! Auf der Fahrt von Landquart in Graubünden nach Tirano in Italien werden Kinder fast nonstop am Panoramafenster kleben. Warum gerade im April? In diesem Monat ist der Kontrast zwischen den oft noch meterdick im Schnee versunkenen Alpendörfern und dem frühlingshaften Poschiavo am Fuße des Piz Palü am frappierendsten. Stellenweise fräst sich der Zug der Rhätischen Bahn mit seinen knallroten Waggons geradezu durch eine Schneewand. Durch 55 Tunnel und über fast 200 Viadukte und Brücken geht die Fahrt. Immer wieder eröffnen sich weite Ausblicke auf die grandiosen Berg- und Seelandschaften des Schweizer Hochgebirges. In Ospizio Bernina ist der höchste Punkt mit 2253 Metern über dem Meeresspiegel erreicht. Dann schraubt sich der Zug in mehreren Schleifen über Alp Grüm steil bergab nach Poschiavo, und im nur 429 Meter hoch gelegenen Tirano erwarten Palmen und blühende Bäume die noch sprachlosen Passagiere. Wer eine Rundfahrt gebucht hat, auf den wartet die zweite Alpenüberquerung an einem Tag!

SIZILIEN

ITALIENS SCHMELZTIEGEL DER KULTUREN

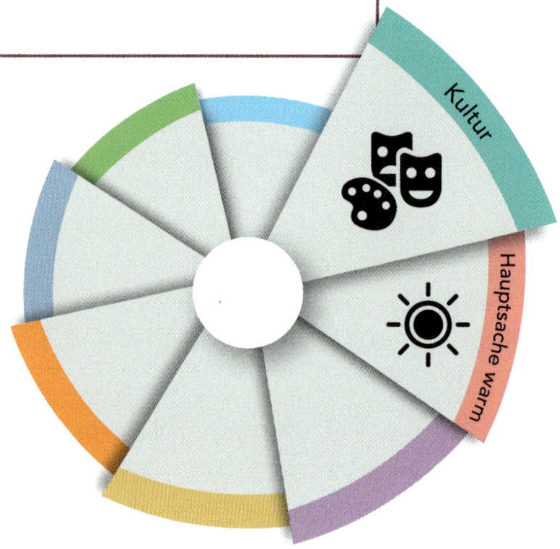

Scylla und Charybdis, die beiden Ungeheuer aus der Odyssee, lauern heute natürlich nicht mehr an der Meerenge zwischen Kalabrien und Sizilien. Ungefährdet setzt der Besucher mit der Autofähre über und bewundert kurze Zeit darauf das Panorama mit dem kleinen antiken Theater und dem tiefblauen Mittelmeer vor der Kulisse des schneebedeckten rauchenden Ätnas. Den Zeiten, in denen die Crème der europäischen Gesellschaft mit Sonderzügen aus Berlin und Paris in den Wintermonaten direkt zum kleinen Bahnhof von Giardini reiste und in Taormina in den eleganten Hotels der Belle Époque abstieg, haben das verheerende Erdbeben von 1908 und der Ausbruch des Ersten Weltkriegs ein jähes Ende gesetzt, aber zum Sterben schön ist es hier immer noch.

RÖMISCHE VILLEN UND GRIECHISCHE TEMPEL

Dabei hat man in Taormina erst an Sizilien geschnuppert. Es gibt auf der Insel ja so viel zu sehen. Syrakus im Süden, heute ein Juwel des Barock, ist eigentlich eine antike Stadt, in der ein römischer Soldat mit seinem Schwert die Kreise des Archimedes störte. Die Römer haben der Nachwelt aber auch viel Erfreuliches hinterlassen: junge Frauen beim Sport und monumentale Jagdszenen zum Beispiel, die als Mosaiken in der Villa Romana del Casale in der Nähe der Stadt Piazza Armerina zu sehen sind. Von zeitloser Faszination bleiben auch die 2500 Jahre alten griechischen Tempel von Agrigent, Segesta und Selinunte, die sich in eine archetypisch wirkende mediterrane Landschaft einbetten.

MITTELALTERLICHE TOLERANZ

Palermo, die Hauptstadt der Insel, ist ein mittelalterliches Gesamtkunstwerk, das Byzantiner, Araber und Normannen geschaffen haben. Als arabisch-sizilianische Handwerker die Normannenkirche La Martorana nach dem Vorbild byzantinischer Kreuzkuppelkirchen schufen, war die Stadt ein Hort der religiösen Toleranz. So zeigt die Kuppel einen christlichen Hymnus in kufischer Schrift, aber in griechischer Sprache. Gleich nebenan erinnern die drei roten halbkugelförmigen Kuppeln von San Cataldo an ein jordanisches Wüstenschloss. Nicht minder eindrucksvoll demonstrieren die fünf roten Kuppeln von San Giovanni degli Eremiti die Kultursynthese des frühen 12. Jahrhunderts. Im zauberhaften Kreuzgang duftet es nach blühenden Zitronenbäumen, Jasmin und Rosen.

Auch der benachbarte mächtige Normannenpalast ist aus einem arabischen Bau hervorgegangen. Die zwischen 1130 und 1140 entstandene Cappella Palatina kombiniert den Grundriss byzantinischer Kirchen im Presbyterium mit dem im Stil einer lateinischen Basilika angelegten dreischiffigen Langhaus. Die fatimidisch inspirierten, figürlichen Malereien der Decke, deren Holzteilchen wie Stalaktiten (Muqarnas) herabhängen, erinnern wiederum an kostbaren arabischen Brokatstoff. Die kufischen Buchstaben preisen König Roger – ebenso wie die auf seinem in Wien aufbewahrten Krönungsmantel. Ein prachtvoller biblischer Mosaikzyklus im byzantinischen Stil mit segnendem Christus in der Apsis schmückt die Wände der Palastkapelle.

Gibt es noch Steigerungen? Auf den 1186 entstandenen Bronzetüren des Doms von Monreale außerhalb von

Oben: *Ruinen des antiken Theaters von Taormina*
Unten: *Römisches Mosaik in der Villa Romana del Casale*

UND ÜBRIGENS ...

Keine Lust auf Hotels? Die englische Agentur Think Sicily bietet eine exklusive Auswahl an Unterkünften in sizilianischen Villen an – vom idyllischen Sommerhaus am Strand oder mitten in der Bergwelt bis hin zu luxuriösen Villen mit Privatpool und Garten (www.thinksicily.com).

Palermo schildert der Architekt und Bildhauer Bonanus da Pisa in 42 Reliefs Szenen von Adam und Eva bis zum Triumph Christi. Dieser Bilderbibel wird man im marmorverkleideten Inneren des Doms auf unvergleichlich kunstvollen Goldmosaiken wieder begegnen. Alles Geschehen läuft auf die Apsis zu, in der Christus in seiner segnenden Herrlichkeit erscheint.

Flimmern die Augen? Dann wartet Erholung im kostbarsten Kreuzgang Italiens. Seine 228 kleinen Doppelsäulen sind mit gold- und buntfarbigen Mosaiksteinchen verziert, die germanische Band- und Flechtmotive mit den geometrischen Mustern des Islam verbinden: ein Paradies auf Erden, an dem sich Christen wie Moslems gleichermaßen ergötzen können.

PARIS

FRANKREICHS LICHTERSTADT

Jardin du Luxembourg in Paris

Um alle Kunstschätze von Paris kennenzulernen, reicht ein Leben nicht aus. Auf einen Besuch der Kathedrale Notre-Dame wird man die nächsten Jahre zwar verzichten müssen, doch die mystische Erfahrung, die man beim Anblick der Fensterrosen machte, gibt es auch in der Sainte-Chapelle, deren in Blau- und Rottönen wie kostbare Juwelen funkelnde frühgotische Glasfenster an einem späten sonnigen Nachmittag besonders intensiv strahlen.

PARIS FÜR FLANEURE

Ende April ist der Frühling in der Stadt der Liebe besonders schön. Wenn die Sonne scheint, dann flaniert man natürlich am Seine-Ufer entlang. Vielleicht ist bei den Bouquinisten des Open-Air-Büchermarkts eine „Trouvaille" zu machen? Immer romantisch ist ein Spaziergang durch den Jardin du Luxembourg oder den Jardin des Tuileries, auf deren Parkbänken sich die Pärchen küssen. Ein Bummel auf dem Boulevard Saint-Germain mit seinen berühmten Intellektuellencafés gehört natürlich auch zum Pariser Lebensgefühl. Sehr stilvoll sind die Arkadengänge der Place des Vosges im Herzen des Marais-Viertels. Den unvermeidlichen Bummel auf der Avenue des Champs-Élysées startet man an der Metrostation Franklin D. Roosevelt auf der rechten Straßenseite des sanft ansteigenden Prachtboulevards. So setzt sich der langsam näher rückende Arc de Triomphe am schönsten in Szene, ganz besonders bei Einbruch der Dunkelheit. Dann ist es auch auf den Stufen von Sacré-Cœur am Montmartre am schönsten: Tout Paris liegt einem hier zu Füßen. Tolle Ausblicke auf das nächtliche Farbspiel des Eiffelturms genießt man vom Pont Alexandre III, von der Terrasse des Kaufhauses „Printemps", vom Trocadero und vom Pont de Bir-Hakeim.

PARIS FÜR KUNSTLIEBHABER

Mona Lisa im Louvre oder Monet im Musée d'Orsay? Die Museen von Paris sind ebenso zahlreich wie die Galerien. Zur Orientierung: Zeitgenössische Kunst findet man besonders rund um das Centre Georges Pompidou, das Musée Picasso und die Opéra Bastille. Die Avantgarde ist derzeit rund um die Rue Vieille du Temple im nördlichen Marais angesiedelt. Etablierte Kunst führen die Galerien rund um die Rue du Faubourg St-Honoré und die Avenue Matignon.

MADRID

KUNSTGENUSS IN SPANIENS HAUPTSTADT

April ist eine ideale Zeit für einen Besuch in Madrid. Im Retiro-Park ist noch alles grün, und an den meisten Tagen scheint die Sonne. Zwar sind die Nächte kühl, aber bereits so angenehm, dass man beim Tapeo, dem Streifzug durch die Tapaslokale rund um die Plaza Santa Ana, keine kalten Füße mehr bekommt.

BEI VELÁZQUEZ UND PICASSO

Die vielen Tausend Bilder des Prado, eines der bedeutendsten Museen Europas, an einem Tag sehen zu wollen ware unmöglich. Ausgeklügelte Routen führen zu den allerwichtigsten Meisterwerken: dem alptraum haft-bizarren „Garten der Lüste" von Hieronymus Bosch, einem Selbstbildnis von Albrecht Dürer und den „Las Meninas" von Diego Velázquez zu El Grecos „Die Anbetung der Hirten" und Goyas „Die nackte Maja". Während der Siestazeit sind die Schlangen am kürzesten. Besonders Impressionisten und Expressionisten vom Feinsten hat die Sammlung des Museo Thyssen-Bornemisza zu bieten, darunter Gauguin, Monet, Kandinsky, Nolde und Feininger. Sakrale Kunst des Mittelalters und hochkarätige alte Meister sind im Villahermosa-Palast zu bewundern. Ein Besuch des Centro de Arte Reina Sofia, Madrids bestem Museum für die Kunst des 20. und 21. Jahrhunderts, lohnt allein schon wegen Pablo Picassos monumentalem Kriegsgemälde „Guernica", das hinter massivem Panzerglas eine ganze Wand einnimmt. Aber auch die Bilder von Joan Miró, Juan Gris, Salvador Dalí und Antoni Tapiès sind sehr sehenswert.

FLAMENCO VOM FEINSTEN

Zwölf Flamencobühnen oder „Tablaos" buhlen in Madrid um Besucher. Spektakulär sind die Shows im Corral de la Morería (Calle Morería 17) und im Café de Chinitas (Calle Torija 7). Intimer geht es in der Casa Patas (Calle Cañizares 10) zu. In diesem Bar-Restaurant kann man im Anschluss an die geradezu familiär anmutenden Auftritte spät nachts oft mit den Sängern und Tänzern plaudern.

Auftritt im Flamenco-Lokal Casa Patas in Madrid

Im Wonnemonat Mai zieht es Abenteuerlustige zum Uluru in Australien oder auf eine Safari in Südafrika (Foto). Die Hebriden verheißen einsame Inselträume, Familien erkunden den Bodensee oder Andalusien. Angenehm sind jetzt auch Städtetouren durch Kopenhagen, Istanbul und Moskau.

LA DIGUE UND PRASLIN

TRAUMINSELN DER SEYCHELLEN

Würde man eine Topliste mit den besten Stränden der Welt aufstellen, dann könnte man mühelos die Hälfte davon mit den Traumbuchten der Seychellen besetzen. Vielleicht sind hier aber gar nicht die üblichen Tropenklischees das Schönste, sondern die Tatsache, dass man sich als Tourist überall an den stets öffentlichen Stränden wie selbstverständlich unter die gastfreundlichen Einheimischen mischt und sich herzlich willkommen fühlt. Im Mai weht der kühlere, trockenere Südostmonsun und sorgt für perfektes Wetter.

FILMREIFES LA DIGUE

Ockergelb bis orangefarben leuchten die mächtigen, von Wind und Wasser in 300 Millionen Jahren zu modernen Skulpturen rundgeschliffenen Granitfelsen in der Traumbucht Anse Source d'Argent von La Digue. Fast waagerecht wiegen sich mächtige Palmen im Passatwind und malen filigrane Schattenmuster auf den perlweißen Sand, in dem sich das Model einer Pariser Modeagentur räkelt – sanft umspült von kristallklaren, türkis schimmernden Wellchen des Indischen Ozeans, die sich bereits weiter draußen an einem Korallenriff gebrochen haben. Die Kamera des hochbezahlten Fotografen klickt im Dauerfeuer. Jetzt ist das beste Licht, und die Ausflugstouristen von der größeren Nachbarinsel, die noch vor Stunden den vielleicht schönsten Strand der Welt bevölkerten, sind bereits abgezogen, um das letzte Boot nach Praslin nicht zu verpassen.

Und das ist nicht der einzige, denn die kleine Insel La Digue hat noch weitere Traumstrände zu bieten, zum Beispiel die malerischen Ozeanbuchten Anse Patates ganz im Norden sowie Grande Anse und Petite Anse im Osten. Hier ist das gleiche Fotomodell vermutlich im Licht des frühen Morgens als moderne schaumgeborene Venus den mächtig heranrollenden tiefblauen Brechern des Indischen Ozeans entstiegen, wenn es nicht die mächtige Strömung fortgespült hat, denn hier schützt kein Riff die Küste. Darum werden die meisten Werbespots doch lieber an der „Silberquellenbucht" gedreht, und oft musste dieses Sehnsuchtsziel sogar für Karibik- und Südseeromantik herhalten. Tatsächlich ist La Digue die wohl am meisten fotografierte und gefilmte Insel der Welt. Wer sich nicht scheut, über Granitblöcke zu klettern, die je nach Quarzkristalleinschluss in den verschiedensten Farben schillern, der stößt irgendwann auf seinen privaten, völlig einsamen kleinen Traumstrand. Was gibt es Schöneres, als sich in die glatte Mulde einer sonnenwarmen Granitskulptur zu legen wie Bo Derek, die auf den Seychellen Tarzans Jane spielte?

URWALDINSEL PRASLIN

Die Lianen hätten Tarzan und Jane im prähistorischen Urwald des Vallée de Mai auf der größeren Nachbarinsel Praslin gefunden. Das gleißende Licht der Äquatorsonne vermag das mächtige Palmendach dieses Naturerbes der Menschheit kaum zu durchdringen, und im Dämmerdunkel gedeihen viele Pflanzen, die es sonst nirgends auf der Welt gibt. Die Krone der urzeitlichen Schöpfung ist die Coco de Mer, die sagenumwobene Seychellenpalme (Lodoicea seychellarum). Ihre riesigen, bis zu 25 Kilogramm schweren Nüsse sehen aus wie ein wohlgeformtes weibliches Becken und wurden zum Objekt der Begierde maledivischer Sultane und europäischer Herrscher. Es

UND ÜBRIGENS ...

Impfungen für die direkte Einreise aus Europa sind nicht vorgeschrieben, eine Malariaprophylaxe ist nicht erforderlich. Auch Giftschlangen und giftige Insekten sind auf den Inseln unbekannt.

Oben: Strand Anse Source d'Argent auf La Digue
Unten: Strand Anse Lazio auf Praslin

heißt, König Rudolf II. von Habsburg habe jedem, der ihm eine Meereskokosnuss brachte, 4000 Goldgulden geboten – eine damals astronomisch hohe Summe. Auch Praslin ist für seine von Granitfelsen geprägten Traumstrände berühmt, und die Anse Lazio an der Nordküste wetteifert mit der Anse Source d'Argent von La Digue um den Titel der schönsten Bucht der Seychellen. Noch durfte hier niemand ein Hotel bauen, und man kann sich vorstellen, welche Summen für dieses Privileg geboten würden. Die nächsten Gästehäuser liegen zwei Kilometer entfernt. Aber ein wunderbares kleines, aus Holz und Palmenblättern gebautes Restaurant gibt es, das leckere kreolische Küche serviert. Nicht minder zauberhaft ist die Anse Georgette, deren einziges Hotel seinen Gästen einen Buggyservice bietet. Alle anderen Besucher müssen sich auf einem Urwaldpfad zum Strand durchkämpfen. Aber öffentlich ist auch er – wie alle Traumbuchten der Seychellen.

COSTA RICA

NATURPARADIESE AN DER PAZIFIKKÜSTE

Eigentlich ist im Mai die Trockenzeit vorbei, deshalb kann es in dieser Übergangszeit schon ab und zu regnen. Dafür blüht es jetzt umso üppiger, und die Preise sinken beträchtlich, da viele nordamerikanische Langzeitgäste ihren langen „Winterurlaub" beenden. Obwohl die Surfbedingungen schon jetzt fast ideal sind, kommen die Profis erst ab Juni – also eine perfekte Zwischensaison.

NÖRDLICHE PAZIFIKKÜSTE

Besonders beliebt sind die Strände der Halbinsel Nicoya. Noch kaum entdeckt und von rauer Schönheit ist die Playa Junquillal. Ein Ausritt mit bestens gepflegten Pferden an kilometerlangen menschenleeren Stränden bei Sonnenuntergang zählt zu den Höhepunkten eines Urlaubs am Pazifik. Am Korallenstrand Playa Sámara tummeln sich „Expats" und „Ticos", wie man die Einheimischen nennt, harmonisch vereint, während das ehemalige Fischerdorf Montezuma weiter südlich das Zentrum der kreativ-alternativen Szene ist. Südwestlich der Hafenstadt Puntarenas liegen weitere herrliche Strände. An der Playa Herradura kurz vor Jacó drehte Ridley Scott 1992 seinen Kolumbusfilm „Die Eroberung des Paradieses".
Noch mehr Schönheit? Im Parque Nacional Manuel Antonio kann man Totenkopfäffchen beim Spielen zusehen und an blendend weißen Sandstränden in kristallklarem Wasser baden. Die meisten Hotels liegen am Hang, Ozeanpanorama ist also garantiert. Wieder weiter südlich im Parque Nacional Marino Ballena ziehen Buckelwale an der Küste vorbei. Landeinwärts erhebt sich der Cerro Chirripó, mit 3819 Metern der höchste Gipfel von Costa Rica. Zurück aus eisigen Höhen badet man am Nachmittag bereits wieder im warmen Pazifik.

Tukan-Pärchen in Costa Rica

SÜDLICHE PAZIFIKKÜSTE

An der Grenze zu Panama ist der Touristenboom noch nicht angekommen. Auf einem Trek durch den Parque Nacional Corcovado glaubt man sich in den Urwald des Amazonas versetzt. Hier kreischen rote Aras, man begegnet Tapiren und Faultieren, und im Blattwerk sitzen in Gelb, Grün, Orangerot oder sogar Blau leuchtende Pfeilgiftfrösche. In der Bahia Drake ging schon der englische Korsar Francis Drake vor Anker. Man schnorchelt in türkisblauen Buchten, liegt an weißen Stränden, hinter denen grüner Regenwald aufsteigt, und fährt mit dem Kajak den Rio Claro flussaufwärts zu einem versteckten Wasserfall. Und wer mal so richtig die Seele baumeln lassen will, verbringt einige Tage auf der Yoga-Farm in Punta Banco ganz im Süden, hart an der Grenze zu Panama: Mitten im Regenwald – untermalt von Meeresrauschen – ist hier bei Yoga, Massagen, Tanz und veganer Küche für völlige Entspannung gesorgt.

COSTA AMALFITANA

SEHNSUCHTSORT AN ITALIENS WESTKÜSTE

Auf der Amalfitana zwischen Praiano und Amalfi

Wo die fast senkrechten Felswände der Halbinsel Sorrento aufsteigen, da lauschte Odysseus – am Mast seines Schiffes festgebunden – dem Gesang der Sirenen. Schon der Schriftsteller Boccaccio rühmte in seiner Novellensammlung „Decamerone“ die Steilküste als „anmutigste Gegend Italiens“. Auf den 40 Straßenkilometern der dramatischen „Amalfitana“, die zwischen Vietri sul Mare und Positano jeden Felssporn, jede Bucht und jedes Halbinselchen dieser Küste bezwingt und sich durch die engen Gassen der sich an die Felsklippen schmiegenden Dörfer zwängt, jagt eine Traumaussicht die nächste. Schwindel überkommt den Reisenden, als hätte man zu viel Limoncello genossen, den köstlichen Zitronenlikör der Amalfiküste. Wer die Langsamkeit entdecken will, kann in drei Tagen von Ravello nach Positano wandern und den Duft der Macchia und das Küstenpanorama genießen – meist völlig ungestört.

ZWISCHEN AMALFI UND POSITANO

Das hochmittelalterliche Amalfi ist das pulsierende Herz der Costa Amalfitana. Mit seinen zierlichen Doppelsäulenreihen und seinen gotischen Arkaden gleicht der Kreuzgang des Chiostro del Paradiso einem Märchen aus Tausendundeiner Nacht, und auch das Altstadtlabyrinth mit seinen weiß getünchten Tunnelgängen erinnert an eine arabische Medina. Orientalisch inspiriert wirkt auch die alte Villa Rufolo im mittelalterlichen Bergstädtchen Ravello hoch über Atrani bei Amalfi, in deren Park Richard Wagner 1880 den Garten des Zauberers Klingsor aus „Parsifal“ gefunden zu haben glaubte. Das mondäne Positano weiter westlich ist mit seinem kubistischen Häusergewirr laut Paul Klee der „einzige senkrechte Ort der Welt“. Auf dem 600 Meter über dem Meer verlaufenden Naturpfad Sentiero degli Dei, dem Götterweg, von Agerola nach Positano bieten sich Traumpanoramen bis hinüber nach Capri.

KOPENHAGEN

DÄNEMARK MIT HYGGE-FLAIR

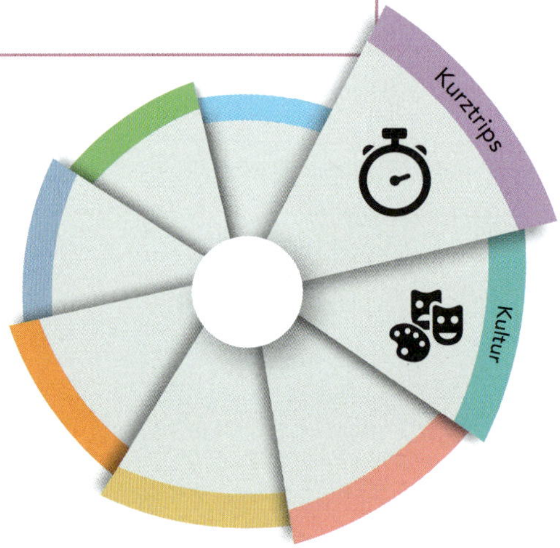

Wonderful Copenhagen! Im Mai ist es im Tivoli besonders schön. Noch blühen die Tulpen, später die Rhododendren und vielleicht schon die ersten Rosen. Abends, wenn über eine Million Glühlampen angeschaltet werden, wirkt das Haupttor an der Vesterbrogade wie der Eingang zu einem Maharadschapalast.
Der Tivoli ist für die Dänen der Inbegriff von „Hygge", eine urdänische Mischung aus Gemütlichkeit, Traditionsbewusstsein und Weltoffenheit. In den Vergnügungspark geht man nicht nur, um beim horizontalen Schweben oder vertikalen Stürzen durch die Lüfte voller Vergnügen zu kreischen. Hier schaut man sich die kunstvolle Commedia dell'arte im Pfauen-Theater an, genießt im Konzertsaal feines Ballett und Aufführungen des Sjælland Symphony Orchestra oder hört sich im Plænen dänische und internationale Rockgruppen an. Zu Hygge zählt auch, in dänische Hotdogs, die Pølser, zu beißen, Zuckerwatte zu schlecken, einen extravaganten Luftballon zu kaufen, der Freundin in einem romantischen Fernostpavillon einen Kuss zu rauben und natürlich jede Menge dänisches Leichtbier zu trinken. Ausländische Besucher reagieren etwas irritiert, wenn am Eingang gefragt wird, ob man „Øl" dabei hat. So heißt „Bier" auf Dänisch, und mitbringen darf man es hierher keinesfalls. Hygge und Geschäftstüchtigkeit schließen sich nicht aus. Die besten Pølser Kopenhagens sind übrigens die Hotdogs von DØP, die nur mit biologischen Zutaten zubereitet werden (www.doep.dk).

DIE HIGHLIGHTS VON KOPENHAGEN

Bis es dunkel wird, kann man die weltberühmte Antikensammlung der Ny Carlsberg Glyptotek oder fünf Fußminuten weiter im Dänischen Nationalmuseum den Sonnenwagen von Trundholm, eine über 3400 Jahre alte Bronzeskulptur, bestaunen. Vom Rathausplatz (Rådhuspladsen) lohnt sich ein Bummel über den Alten und den Neuen Markt (Gammeltorv und Nytorv) die Einkaufsmeile Strøget entlang bis zum malerischen Nyhavn-Kanal. Unterwegs kann man sich beim Aufstieg zum „Runden Turm" in der Købmagergade einen Drehwurm holen. Von Schloss Amalienborg bietet sich ein toller Blick auf das moderne Operngebäude am anderen Hafenufer. Altvertraut ist dagegen die Kleine Meerjungfrau, die noch immer die Ausfahrt des Øresund bewacht. Aber wehe, ihr hat mal wieder ein Vandale den Kopf abgesägt. Da hört bei den Dänen der Spaß, pardon, die Hygge nun wirklich auf!

Farbenfrohe Häuserfront am Nyhavn

SALZKAMMERGUT

ÖSTERREICHS PROMITREFF

Drei Bundesländer – Oberösterreich, Salzburg und Steiermark – teilen sich das Salzkammergut: 76 Seen und markante Berge wie der Dachstein, das Tote Gebirge und der Traunstein prägen sein Gesicht. Im Mai blüht es auf den Alpenwiesen in allen Regenbogenfarben. In Ischl traf der junge Franz Joseph I. 1853 die zarte, fünfzehn Lenze zählende Elisabeth aus Bayern beim Fünfuhrtee im noblen Grand Hotel, nicht beim Angeln wie im Sisi-Film von 1955. Die schönbrunngelbe Kaiservilla schaut heute noch so aus wie in den glanzvollen Zeiten der österreichisch-ungarischen Doppelmonarchie. Mit ihren Ansichten vom Hallstätter See im Süden von Ischl verhalfen Ferdinand Waldmüller und Franz Steinfeld der Landschaftsmalerei des Biedermeier zum Durchbruch. Am Altausseer See versammelten sich berühmte Dichter wie Arthur Schnitzler, Hugo von Hofmannsthal und Rainer Maria Rilke. Am Traunsee ließen sich exilierte Könige, Fürsten und Herzöge nieder. Das Türkisblau des Attersees malte Gustav Klimt immer wieder in seine schönsten Jugendstilansichten hinein, und Gustav Mahler komponierte, wie er sagte, gleich den ganzen See weg. Und wem der Rössl-Kitsch in St. Wolfgang gar zu arg wird, der fährt mit der Zahnradbahn hinauf auf den Schafberg (1782 Meter) und genießt die Traumaussicht von hier oben.

Hallstatt im Salzkammergut

ELSASS

FRANKREICH GANZ NAH

Im Mai strahlt im Elsass meist die Sonne und bringt in Straßburg die Buntglasfenster des Münsters und die blumengeschmückten Fachwerkhäuser der Weindörfer zum Leuchten. Die kleine Altstadt von Straßburg, ein Weltkulturerbe, kann man gemütlich zu Fuß erkunden. Oder warum nicht ein Kanu mieten und auf dem Rheinzufluss Ill und seinen Kanälen die romantischen Häuserfassaden im Gerberviertel von ihrer schonsten Seite entdecken? Abstecher in das Europaviertel und die Hafenanlagen am Rhein zeigen Straßburg aus ungewohnten Perspektiven. Fachwerkromantik pur bietet Colmar, und mit dem 2019 glanzvoll restaurierten Isenheimer Altar von Matthias Grünewald besitzt das Musée Unterlinden eine der ergreifendsten Kreuzigungsmalereien der frühen Renaissance. Die weltberühmte humanistische Bibliothek von Sélestat erinnert daran, dass im Elsass seit über einem halben Jahrtausend Bücher gedruckt werden. Im Oldtimermuseum von Mulhouse sind einige der schönsten Fahrzeuge der Welt zu besichtigen. Autofans pilgern auch nach Molsheim, um dabei zuzusehen, wie in einem Avantgarde-Bau des Architekten Gunter Henn der Bugatti Veyron 16.4 Super Sport gefertigt wird, der mit 1200 PS schnellste straßenzugelassene Seriensportwagen der Welt.

Straßenzug mit Fachwerkhäusern in Colmar

SÜDAFRIKAS OSTEN

TRAUMSTRÄNDE UND BIG FIVE

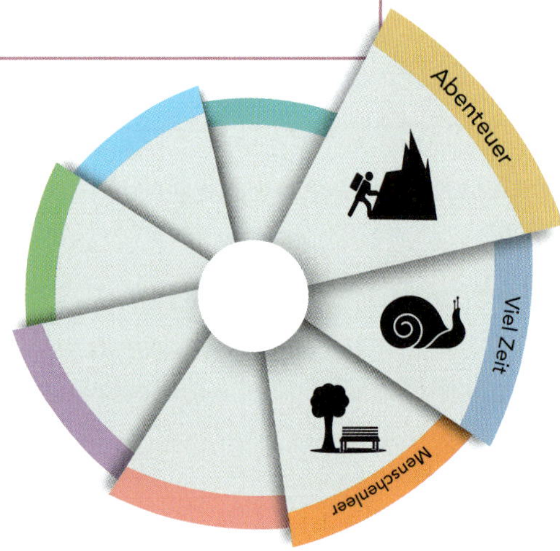

Subtropisch warmes Wasser umspült die weiten makellos weißen, von wilden Feigenbäumen gesäumten Sandstrände der Rocktail Bay im Maputaland, die zwischen den wegen ihres Vogelreichtums einzigartigen Buchten Kosi Bay und Sodwana Bay ganz im Nordosten Südafrikas liegt. Der Südwinter, also auch der Monat Mai, ist hier die perfekte Jahreszeit. Vor der Küste erstrecken sich die einzigen Korallenriffe des Landes, deren unberührte Tauchgründe bis vor wenigen Jahren noch nicht einmal kartografiert waren: Erfahrene Taucher sprechen schon vom südafrikanischen Great Barrier Reef.

STRANDPARADIES ROCKTAIL BAY

In dieser Traumlage bietet die im Küstenwald versteckte Rocktail Bay Lodge eine der exklusivsten Stranderfahrungen Südafrikas: stundenlange Wanderungen am Flutsaum, ohne auf Menschen und Häuser zu treffen. Das wird auch so bleiben, denn diese traumverlorene Gegend gehört zum Greater St Lucia Wetland Park. Das 235 000 Hektar große Seen- und Sumpfgebiet mit schilfbewachsenen Inseln, Mangroven, Wäldern und baumbestandenen Dünen ist ein ungemein artenreiches Vogelparadies, das 1999 zum Naturerbe der Menschheit erklärt wurde.

Und es kommt noch besser: Von Rocktail Bay kann man in 15 Minuten mit einem Kleinflugzeug in das private Phinda Game Reserve fliegen (die Fahrt dorthin dauert auch nur 45 Minuten), um von offenen Landrovern Afrikas „Big Five“ zu beobachten, sprich: Löwen, Leoparden, Elefanten, schwarze und weiße Nashörner und Büffel – und das nahezu garantiert in wenigen Tagen, denn das „Buschtelefon“ der Führer funktioniert perfekt. Eine elegante Lodge verwöhnt die Gäste, die oft genug dreckbespritzt von ihren Exkursionen zurückkehren, weil die Fahrer gerne durch schlammige Bäche brettern. Das Reserve liegt im riesigen Schutzgebiet des Hluhluwe-Umfolozi-Nationalparks, der 1885 gegründet wurde, um das Überleben des zu dieser Zeit fast völlig ausgerotteten Breitmaulnashorns zu sichern – mit Erfolg, wie man sieht. Wer auch noch Flusspferden und Krokodilen begegnen möchte, bucht eine Bootsfahrt auf dem nur anderthalb Meter tiefen Lake St. Lucia.

Luxus pur – diese Strategie hat sich in vielen privaten Game Reserves mit ihren oft höchst komfortablen Lodges am Rand der Nationalparks bewährt. Da bekommt man beim Dinner auf der Veranda Wildtiere am nahen Wasserloch zu Gesicht: Löwen und ihre „laufenden Mahlzeiten“, wie Spötter sagen. So entdeckt man die „Big Five“ in kürzester Zeit – manchmal auch mithilfe von Peilsendern oder künstlichen Wasserlöchern.

ABENTEUER IM KRUGER-NATIONALPARK

Eine echte Safari durch den Kruger-Nationalpark ist dagegen noch immer das höchste der Gefühle. Mit dem richtigen Ranger kann man die „Big Five“ auch hier in wenigen Tagen sehen. Wer mit dem Mietwagen auf eigene Faust durch den Park fährt, dem entgeht oft viel. Trotzdem gilt: Aussteigen verboten, denn Löwen sind nun mal keine harmlosen Kätzchen, auch wenn sie träge an einem Wasserloch liegen. Nur mit dem Ranger darf man zu Fuß den Löwenspuren folgen, und das Gewehr bleibt stets im Anschlag. Löwen werden am späten Nachmittag aktiv. Der Ranger weiß auch, ob der Leopard

Oben: Morgendliche Safari im Mkuze Falls Game Reserve
Links: Endloser Dünenstrand im Sodwana Bay Nature Reserve

hoch oben in der Astgabel nur ein Verdauungsschläfchen hält oder auf Beute lauert. Die Chancen, einen Leoparden tagsüber zu erspähen, sind allerdings gering, denn die Raubkatzen sind nachtaktiv und echte Einzelgänger. Nachttouren durch den Krugerpark werden daher immer beliebter, und im Scheinwerferlicht spielen sich mitunter die aufregendsten Szenen ab. Respektvoller Abstand ist vor Nashörnern angesagt, denn wenn sich diese tonnenschweren Kolosse gestört fühlen, preschen sie los, und das kann böse Folgen haben, selbst wenn man scheinbar sicher im Kleinbus sitzt. Keinesfalls unterschätzen sollte man auch die wehrhaften afrikanischen Büffel mit ihren mächtigen Hörnern. Wenn sie mit gesenktem Haupt zum Angriff übergehen, nehmen selbst Löwen lieber Reißaus.

UND ÜBRIGENS ...

Braai – das Grillen ist in Südafrika Volkssport. Auf den Rost kommen alle erdenklichen einheimischen Fleischsorten. Eindecken kann man sich in den Läden der meisten Rastlager in den Nationalparks.

SOGNEFJORD

NORWEGENS GRÖSSTER FJORD

Stabkirche Borgund in der Provinz Sogn og Fjordane

Um den Titel des „schönsten norwegischen Fjords" streiten sich viele, und vielleicht ist der weiter südlich gelegene Hardangerfjord landschaftlich wirklich der dramatischste unter den „Bewerbern". Aber nur einer trägt den Namen „König der Fjorde": der Sognefjord. 204 Kilometer ist er lang und über 1300 Meter tief, und von ganz oben sehen selbst die riesigen Kreuzfahrtschiffe wie winzige weiße Spielzeugdampfer aus. An der Fjordeinfahrt tönen vertraute Weisen der Peer-Gynt-Suite von Edvard Grieg aus den Bordlautsprechern.

OBSTBLÜTE IM MAI

An der klimatisch begünstigten Nordflanke des Fjords, an der eine gut ausgebaute Straße mit entsprechender Aussicht entlangführt, gedeihen sogar Pfirsiche, Aprikosen und Walnüsse: Der Golfstrom macht's möglich. So zeigt Balestrand denn auch bereits im Frühling zur Obstblüte sein schönstes Gesicht, und die noch schneeblitzenden Kuppen der Jostedalsberge, die bei Sonnenuntergang geradezu entflammen, runden das Postkartenmotiv ab. Doch so majestätisch der Sognefjord auch ist, seine Seitenarme sind fast noch reizvoller. Besonders beeindruckend ist der Aurlandsfjord, eine südliche Verzweigung mit stellenweise bis zu 1500 Metern fast senkrecht aufragenden Felswänden. Enger noch ist die tiefe Kerbe des Weltnaturerbes Nærøyfjord. Stellenweise beträgt der Abstand zwischen den Felswänden nur 250 Meter. Im Winter sieht man hier monatelang keine Sonne, im Sommer erst gegen Mittag.

URALTE KIRCHENARCHITEKTUR

An den Seitenarmen des Sognefjords findet man auch Norwegens größte und einzigartige architektonische Sehenswürdigkeit: wie Pagoden wirkende Stabkirchen aus Holz, von denen es im Mittelalter einmal über 800 gegeben haben soll, bevor man sie im 18. Jahrhundert durch Steingebäude ersetzte. Schon die um 1185 direkt am gleichnamigen Fjord errichtete Stabkirche von Kaupanger ist wegen ihres noch vollständig bewahrten Innenraums mit gewaltigen Hochsäulen einen Abstecher wert. Die in herrlicher Landschaft im Valdres-Tal gelegene Stabkirche von Borgund stammt von 1150 und wurde nie umgebaut. Gar zum Weltkulturerbe erklärt wurde Norwegens älteste erhaltene Säulenstabkirche von Urnes am Lustrafjord. Ihr Nordportal datiert von 1060. Kunstvoll geschnitzte Fabeltiere verweisen auf eine Zeit zurück, in der vermutlich noch mancher an den Göttervater Odin und den Donnergott Thor glaubte.

ABRUZZEN

DIE RAUE SEITE SÜDITALIENS

Etwa 1500 Kilometer lang durchziehen die Apenninen Italien von Nordwesten nach Südosten. Ihre zentrale Region, die Abruzzen, liegt nur zwei Autostunden von Rom entfernt: Schroffe Gipfel, sanfte Almen und Täler mit dichten Buchenwäldern zeichnen sie aus. Gerade im Mai und Juni ist es hier wunderschön, denn dann überzieht ein verschwenderisch bunter Teppich seltener Wildblumen die Bergwiesen. Über 2300 Pflanzenarten hat man hier gezählt, darunter auch viele wilde Orchideen.

WANDERUNGEN IM NATIONALPARK

Die Römer kommen in den Parco Nazionale d'Abruzzo Lazio e Molise, um zu wandern, zu klettern und rustikale Gerichte wie Wildschweinprosciutto und lokalen Schafskäse zu genießen. Dazu trinkt man kräftigen Montepulciano d'Abruzzo. Ausländische Besucher sind selten, und man kann stundenlang laufen, ohne jemandem zu begegnen. Das wissen auch die Tiere des Nationalparks zu schätzen: Gämsen, Rehe, Marder, Luchse und sogar Wölfe haben hier einen Zufluchtsort gefunden. Sogar der Marsische Braunbär ist hier noch heimisch. Wanderer müssen sich aber keine Sorgen um „Problembären" machen: Die Tiere sind sehr scheu, und man muss schon viel Glück haben, um Meister Petz zu erspähen, bevor er wieder zwischen den Bäumen verschwindet.

Das Bergdorf Pescasseroli ist das beste Standquartier für Wanderungen in den Abruzzen. Hier gibt es mehrere gemütliche Hotels. Am Besucherzentrum startet eine Reihe von Wanderwegen. So kann man von hier durch den Wald wandern und zu dem langen Grat hinaufsteigen, der vom Monte Petroso (2247 Meter) zum Monte Tranquillo (1830 Meter) und weiter zum Monte Cornacchia (2003 Meter) führt. Auch Mountainbiker finden hier jede Menge raue Pisten.

Lago di Barrea im Parco Nazionale d'Abruzzo Lazio e Molise

HEBRIDEN

SCHOTTISCHE INSELTRÄUME

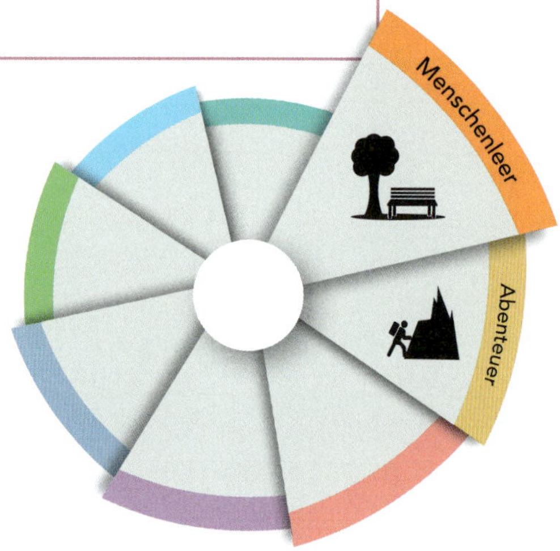

Es gibt zwei Filme, bei denen man sofort Lust verspürt, die Koffer zu packen und an Schottlands Westküste zu fahren, ob es da nun regnet oder nicht: „Highlander“ (1986) und „Local Hero“ (1983). Beide wurden an Schauplätzen gedreht, die Sehnsucht wecken, und ist man erst mal dort, stellt man fest: Es gibt sogar noch schönere Orte hier.

DIE MAGIE EINSAMER STRÄNDE

Unvergessen bleibt der Schwertkampf zwischen dem Highlander Connor MacLeod und seinem Widersacher Kurgan auf einem Felsvorsprung in den geheimnisvollen Black Cullin Mountains der Hebrideninsel Skye, auf der man mit Dunvegan Castle auch den Stammsitz des MacLeod-Clans findet. Weitere Highlander-Szenen wurden am silbernen Sandstrand von Morar gedreht. Der gleiche Strand verführt im Film „Local Hero“ einen texanischen Ölmagnaten dazu, lieber die Sterne am klaren schottischen Himmel zu beobachten, als eine Raffinerie zu bauen.

Und dieser Festlandstrand an der „Road to the Isles“ ist noch nicht einmal der schönste. Diese Auszeichnung gebührt wohl den weiten einsamen Stränden der Westküste von Harris, einer Insel der Äußeren Hebriden, auf der seit 5000 Jahren die Standing Stones of Callanish von präzisen kosmologischen Kenntnissen der Vorzeit zeugen. Selbst bei grauem Wetter scheint der Sand von Tràigh Losgaintir unter den Wellen zu leuchten. Immer wieder taucht die Sonne das Meer in unwirkliche Azurfarben, und der Sand schimmert schneeweiß. Nur noch Palmen fehlen zum Karibik-Feeling, das auch am Sandstrand von Calgary auf der Insel Mull aufkommt. Zugegeben, das Wasser ist etwas frischer. Am ebenfalls herrlichen Sandstrand der Gott Bay auf der Insel Tiree scheint im Mai und Juni die Sonne sogar länger als irgendwo sonst in Schottland.

DIE INSEL SKYE

Die Trotternish Peninsula auf Skye ist mit ihren baumlosen Heidelandschaften und Basaltklippen eines der schönsten Wanderreviere auf den Inneren Hebriden. „Wolkeninsel“ bedeutet der gälische Name von Skye, und das Spiel von Licht und Schatten wird tatsächlich nie langweilig. Schlechtes Wetter gibt es auf den Hebriden ohnehin nicht, jedenfalls nicht länger als ein paar Stunden. Und ganz im Süden von Skye, auf der Halbinsel Sleat, sorgt der Golfstrom für so mildes Klima, dass hier sogar wirklich Palmen wachsen.

Neist Point ganz im Westen der Insel Skye

SYLTS EINSAMER NORDEN

AM LISTER ELLENBOGEN

Promi-Insel Sylt? Das klingt nach reichlich Rummel. Doch Kampen mit seinen Schicki-Cafés und Nobelboutiquen ist weit weg. Am Nehrungshaken Lister Ellenbogen, dem nördlichen Ende Deutschlands mit zwei Leuchttürmen in Rot-Weiß, kann man stundenlang an einem Sandstrand entlanglaufen, ohne mehr als fünf anderen Wanderern zu begegnen. Hier gibt es weder Strandkörbe noch Würstchenbuden. Am frühen Morgen und am späten Nachmittag ist man hier oft völlig allein, und dunkel wird es erst nach 22 Uhr. Am schönsten ist es hier im Mai. Dann trällern die Lerchen am Himmel, die Luft ist frisch und klar, vielleicht noch etwas kühl, doch in den Dünenkuhlen wärmt die Sonne. Wer nicht stundenlang wandern will, fährt mit dem Fahrrad die einsame Ellenbogenstraße entlang, die in Roman Polanskis Film „Der Ghostwriter" als Drehort diente, und spaziert hinunter zu den Stränden an der wilden Seeseite mit Blick hinüber zur dänischen Insel Rømø. Schön ist auch eine kleine Wanderung an der ruhigen Wattenmeerseite des Ellenbogens mit Blick über den Königshafen nach List. Ganz in der Nähe des Leuchtturms List Ost steht das Haus Uthörn. Die Familie Diedrichsen, denen seit Jahrhunderten der gesamte Ellenbogen gehört, vermietet hier Ferienwohnungen – die nördlichsten Deutschlands, und wohl auch die einsamsten.

Leuchtturm List Ost am Ellenbogen

WALDKARPATEN

IM OSTEN DER SLOWAKEI

Wanderer im Nationalpark Große Fatra, Karpaten

Zartes Grün begrüßt die Besucher, die sich im Mai in den hintersten Winkel der Ostslowakei an der Grenze zur Ukraine verirren. Hier erstrecken sich die weiten Buchenurwälder der Karpaten, die zum Weltnaturerbe erklärt wurden. Über 500 Pflanzenarten sind hier heimisch, viele kommen nur in den Waldkarpaten vor. Nur wenige Wanderer stören das Revier von Bär, Luchs und Wolf. Stolz ist die einsame Region am Rand der EU aber auch auf ihr Weltkulturerbe, die berühmten Holzkirchen (Drevený kostol). Die vermutlich älteste Holzkirche steht in Hervartov (Herbertsdorf) sieben Kilometer südwestlich von Bardejov. Sie wurde um 1500 aus Lärchenholz erbaut. Im Inneren blieben erlesene biblische Wandmalereien erhalten. Die römisch-katholischen Gotteshäuser erkennt man am gotischen Grundriss, die protestantischen Kirchen an der zentralen Kreuzungsachse und dem frei stehenden Turm. Kegelförmige Schindeldächer mit barocken Zwiebeltürmchen zeichnen die griechisch-katholischen Gotteshäuser der Ruthenen aus. Besonders schön ist die bemalte Rokokokirche von Krajne Cierno. Auch hier gilt wie für alle Kirchen: zuerst die Person suchen, die den Schlüssel hat.

ULURU UND KATA TJUTA

WALKABOUT IN DIE AUSTRALISCHE TRAUMZEIT

„This is the timeless land, this is our land", heißt es in einem Song von Yothu Yindi, der bekanntesten Popgruppe der Aborigines. Für die Ureinwohner Australiens gibt es zwei eng miteinander verflochtene Zeitebenen: die aktuelle Gegenwart und die mythische Traumzeit (Tjukurrpa), in der schöpferische Kräfte, die zumeist menschliche und tierische Eigenschaften vereinten, die Topografie des Landes prägten und den Menschen die heute noch zu befolgenden Gesetze mitgaben. Die Aborigines betrachten sich als Erben der Traumzeitwesen, deren Präsenz sich in den Landschaftsmerkmalen manifestiert. Ganz folgerichtig ist somit Australiens berühmter Uluru Kata Tjuta National Park 450 Kilometer südwestlich von Alice Springs zugleich Kultur- und Naturerbe der Menschheit. Er wird gemeinsam von seinen traditionellen Hütern, den sich „Anangu" nennenden Pitjantjara und Yankuntjatjara, sowie dem Australian National Parks and Wildlife Service verwaltet.

Im Mai sind die Temperaturen am Uluru oder Ayers Rock besonders angenehm: Während es tagsüber sonnig und trocken ist, kühlt es in den Wüstennächten ab. Vor allem am Morgen und Abend lässt das Licht der auf- oder untergehenden Sonne den einsam in einem von Desert Oaks, Mulgasträuchern und Spinifex-Gras geprägten Sanddünenland stehenden Monolithen erglühen. Das gilt auch für die 35 Kilometer westlich davon liegenden Felskuppeln Kata Tjuta oder Olgas. Auf dem Gipfel des Uluru lebt in einem tiefen Wasserloch die mythische Schlange Wanambi. Wenn sie gestört wird, kann sie die Form eines Regenbogens annehmen. Sie bekämpft ihre Feinde dadurch, dass sie allen Quellen und Wasserlöchern der Umgebung das Wasser raubt.

MYTHEN DER ABORIGINES

Um den Uluru ranken sich unzählige Traumzeitgeschichten der Anangu, doch wie immer darf nur ein Bruchteil dieses Wissens mitgeteilt werden. Aus Respekt vor seinen traditionellen Hütern ist die Besteigung des Monolithen inzwischen verboten. Von unten ist die 348 Meter hohe geologische Formation aus Sandstein und aus Schichten miteinander verbackener Kiesel ohnehin viel interessanter. Eine Umrundung des Felsens zu Fuß – am besten am frühen Morgen im Uhrzeigersinn – in Begleitung kundiger Anangu ist ein faszinierendes Erlebnis. Die Südwestflanke des Uluru zeugt vom Kampf

zweier Schlangenvölker, den ungiftigen Kuniya-Pythons und den giftigen Liru-Schlangen. Dort sind in der Nähe des Wasserlochs Mutitjulu an einem Felsüberhang die besten Malereien erhalten. Die konzentrischen Kreise können Wasserlöcher und Lagerstellen darstellen, anderswo für ein Honigameisennest stehen oder auch die Eier der Kuniya-Pythons symbolisieren. Andere Details werden als Emuspur, Schlafhöhle oder sitzende Frau interpretiert.

Die Nordwestseite des Uluru wurde von den Mala (Hasenwallabies) geprägt, die hier die Mannbarkeitsriten an ihren Knaben durchführten. Für Frauen war die Teilnahme absolut tabu, und noch heute dürfen sie die Höhle, in der diese Initiationen stattfanden, noch nicht einmal von Weitem anblicken. Auch hier berichten die Traumzeitgeschichten von blutigen Kämpfen, diesmal mit den Wintalyka, den Mulgasamenmännern. Die Furchen auf der Felsoberfläche sind Fluchtspuren der Mala. Auch die 36 Felskuppeln Kata Tjuta („viele Köpfe") sind heilig. Lediglich drei Wanderungen sind für Touristen freigegeben. Auch auf dem Mount Olga, dem höchsten Monolithen, lebt eine Regenbogenschlange namens Wanambi. Der Wind, der manchmal in Orkanstärke durch Olga Gorge bläst, ist der Atem des erzürnten Wanambi. Die Kuppeln der Westseite sind versteinerte Pungalunga-Männer, menschenfressende Riesen, die einst die örtlichen Aborigines in Angst und Schrecken versetzten.

Oben: Uluru (Ayers Rock) bei Sonnenuntergang
Links: Base Walk rund um den Uluru

UND ÜBRIGENS ...

Niemand kennt sich im Outback besser aus, als die Menschen, die dort schon immer leben. Warum sich also nicht von einem kundigen Guide die Natur erklären lassen? Zum Beispiel bei Uluru Aboriginal Tours (Tel. 04-47 87 88 51).

CAMINO DE SANTIAGO

AUF DEM JAKOBSWEG DURCH NORDSPANIEN

Eigentlich sind es ja eine ganze Reihe von Pilgerwegen, die durch Nordspanien nach Santiago de Compostela führen. In Roncesvalles vereinen sich mehrere aus Frankreich kommende Wege zum „Camino Francés", dem „französischen Weg", der über die Pyrenäen ins spanische Baskenland und weiter über Navarra, Burgos und León ans Ziel führt. Zu Fuß kalkuliert man in der Regel 32 Tagesetappen ein, mit dem Fahrrad dauert die Tour zwei Wochen.

DURCH BURGOS UND LÉON

Der in der Handschrift Codex Calixtinus überlieferte Führer des Mönchs Aimery Picaud begleitete die Pilger schon ab 1140 auf ihrer gefährlichen Reise ans „Ende der Welt", wie man damals annahm. Am Weg liegen sehenswerte romanische Kirchen, Klöster und Brücken. Längere Aufenthalte verdienen die altkastilische Stadt Burgos mit ihrer gotischen Kathedrale sowie León, dessen Basilica San Isidoro als Meisterwerk der romanischen Baukunst gilt. Ihr schon 1063 errichtetes königliches Mausoleum Panteón de los Reyes wurde aufgrund seiner vollendeten romanischen Fresken als „Sixtina der Romanik" gefeiert. Leóns gotische Kathedrale entzückte Papst Johannes XXIII., denn sie habe „mehr Glas als Stein, mehr Licht als Glas und mehr Glauben als Licht". Wie durch ein Fegefeuer tritt man durch eine tiefe Vorhalle – vorbei an einst farbigen Portaldarstellungen des Jüngsten Gerichts aus dem 13. Jahrhundert mit brodelnden Höllenkesseln für die Verdammten und dem Einzug der Seligen ins Paradies – hinein in das mystische blaue und rote Lichtkaleidoskop der gotischen Buntglasfenster, die den Gläubigen einen Vorgeschmack auf das Himmlische Jerusalem gaben. Die herrliche Fensterrose des Westbaus zeigt Maria mit dem Kind, umgeben von zwölf musizierenden Engeln. Die Glasmalereien illustrieren auch faszinierende Details aus dem Alltagsleben des Mittelalters und Pilger am Grab des Hl. Jakobus in Santiago de Compostela.

Pilger auf dem Jakobsweg in der Provinz León

Kathedrale von Santiago de Compostela

AM ENDE DER WELT

Natürlich hat sich die grandiose Kathedrale von Santiago de Compostela seit der Zeit, da Aimery sie sah, stark verändert. Im 18. Jahrhundert hat man eine reich skulptierte Barockfassade vor die westliche romanische Dreiportalanlage Pórtico de la Gloria gesetzt, die ein von Meister Mateo um 1168/88 geschaffenes weltberühmtes Skulpturenwerk zeigt. Die Szenen am noch älteren Südportal, der heutigen Puerta de las Platerías, hat schon Aimery haarklein beschrieben: Sie lenkten die Wünsche, Ängste und Versuchungen der Pilger in heilsgeschichtliche Bahnen und festigten damit das religiöse Weltbild der Menschen. Denn anders als die modernen Pilger, die „dann mal weg" sind und den Jakobsweg als Selbsterfahrungstrip nutzen, mussten die Menschen des Mittelalters auch die Heimreise zu Fuß antreten. Und diese war stets der schwerere Teil der Reise ans „Ende der Welt", nach „finis terrae".

SAMARKAND

JUWEL DER USBEKISCHEN SEIDENSTRASSE

Mai ist der schönste Monat im zentralasiatischen Usbekistan. Noch dörrt die sommerliche Hitze das Land nicht aus, und die Rosen blühen verschwenderisch. Schon Alexander der Große rühmte Samarkand, das damals „Marakanda" hieß, eine Stadt im Achämenidenreich. Noch heute ist die Stadt, der der mongolische Eroberer Timur Lenk im 14. Jahrhundert mit Architekten und Künstlern aus der gesamten islamischen Welt seinen Stempel aufdrückte, die schönste und faszinierendste an der Seidenstraße. Ihre honigfarbenen Moscheen mit türkis glasierten Kuppeln gehören zum Kulturerbe der Menschheit. Das einzigartige architektonische Ensemble des „Registan" („Platz des sandigen Ortes") mit seinen drei Medresen (islamische Hochschulen) nannte der nachmalige Vizekönig Indiens George Curzon „den edelsten öffentlichen Platz der Welt". Die von hohen proportionalen Minaretten flankierte Ulug'bek-Madrasa (1417–1420) an der Westseite weist ein hoch aufragendes Portal mit erlesenen Sternenmotiven und hellen, geometrisch gemusterten Kacheln auf. Gegenüber liegt die 200 Jahre später erbaute Sher-Dor-Madrasa (1619–1636), deren Portalmosaiken eine im Islam unerhörte Kreuzung zwischen einem Tiger und einem Löwen mit religiös-zoroastrisch inspiriertem Sonnengesicht zeigen. Die dritte Madrasa Tillya Kori (1646–1660) brilliert mit einer riesigen Kuppel und einem reich vergoldeten Innenraum. Die Abendsonne verleiht dem Ensemble einen einzigartigen perlmuttfarbenen Glanz.

Auf dem Registan

ISTANBUL

IM TÜRKISCHEN BASAR

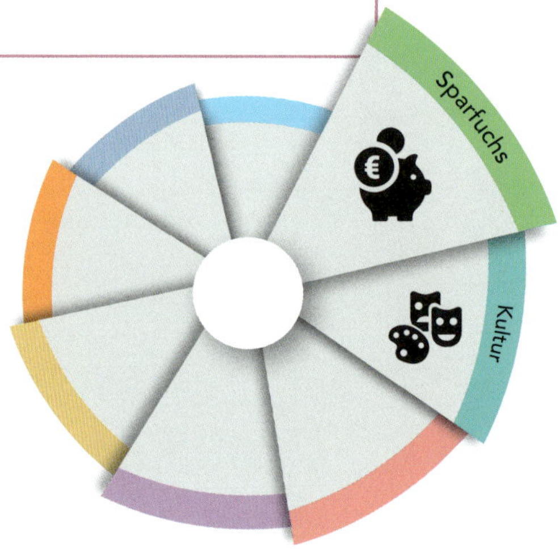

Sultan-Ahmed-Moschee in Istanbul

2000 Jahre Kultur erwarten Besucher am Bosporus, einzigartige Bauwerke, aber auch faszinierende Basare und coole Clubs wie das rundum verglaste Dachterrassenlokal 360Istanbul, das eine traumhafte Rundsicht über Stadt und Bosporus bietet. Mai ist die perfekte Zeit für einen Besuch in Istanbul: Das Wetter ist ideal, und die Preise, um die sich stets genussvoll feilschen lässt, sind günstig.

IM GROSSEN BASAR

Der Kapalı Çarşı, über dessen rote Ziegeldächer James Bond in „Skyfall" (2012) raste, ist ein Reich der Sinne, das auf den Besucher einstürmt. Dabei flimmern einem die Augen schon von den byzantinischen Goldmosaiken der Hagia Sophia, den kobaltblauen Fayencen der Sultan-Ahmed-Moschee, den reich verzierten Dolchen und funkelnden Diamanten im Topkapı-Palast und den farbenfrohen Fresken der Chora-Kirche. Auf dem breiten Pflasterweg der Kalpakçılar Caddesi, in der die Juweliere und Andenkenhändler ihre Ware feilbieten, prasseln die Angebote in allen nur denkbaren Sprachen auf Touristen ein. Also schnell tiefer hinein in die kleinen Gassen: Hier offenbart sich der wahre Zauber des Großen Basars. Noch immer arbeiten hier manche Verkäufer gleichzeitig als Handwerker. Die Armenier waren immer die hervorragendsten Silberschmiede, die Usbeken hatten den besten Ruf als Sticker und Knüpfer, die Kurden webten die buntesten Kelims, und die Türken schneiderten die sorgfältigsten Lederarbeiten. Istanbul ist nach wie vor der beste Platz im Orient, um türkische, persische, usbekische, kasachische und turkmenische Teppiche zu kaufen. Den Duft von Zimt, Kümmel, Thymian, Safran, Rotpfeffer, verriebenen Kokosnüssen und Minze sucht man dagegen lieber im Ägyptischen Basar (Mısır Çarşısi) an der Galatabrücke, wo Gewürze, Weihrauch und Rosenöl die Sinne kitzeln. Noch heute vertreiben die heilkundigen „Attar" Pillen und Pasten, die besser wirken sollen als so manches schulmedizinische Mittel und darüber hinaus reine Natur sind – in geheimster Mischung, versteht sich!

LEMBERG

ALTES MITTELEUROPA IN DER UKRAINE

Die Hauptstadt von Galizien war einmal die viertgrößte Stadt Österreich-Ungarns mit Kaffeehäusern voller Literaten wie Joseph Roth und Alfred Döblin. Eine Stadt an der Peripherie, deren Oper sich aber mit Wien messen konnte. „Klein Wien“ nannte man Lemberg (Lviv) damals oder gar „Florenz des Ostens“. Vom Gedächtnishügel der Lubliner Union auf dem Schlossberg schweift der Blick über die Türme und Paläste der historischen Stadt. Auf dem Rynok, dem Marktplatz mit seinem mächtigen spätklassizistischen Rathaus, möchte man am liebsten mit Schwarzweißfilm fotografieren, und die Bilder sähen aus, wie vor 100 Jahren geschossen. Noch aus gotischer Zeit stammt die römisch-katholische Marienkathedrale nicht weit vom Marktplatz. Nur ein paar Schritte entfernt erhebt sich die 1363 errichtete armenische Kirche, eine immer wieder umgebaute Kreuzkuppelkirche mit drei Apsiden und Glockenturm. Schönste Renaissance zeigen das Bandinelli-Haus, das Schwarze Haus, das Kornjakt-Haus und das rote Scholz-Wolf-Haus, im Rokokostil ist der Lubomirski-Palast gestaltet. Anderswo entdeckt man Klassizismus und Jugendstil. Gerne flaniert man auf dem breiten Schewtschenka Prospekt, den zahlreiche Geschäfte und Cafés säumen, und genießt die günstigen Preise der Ukraine.

Altstadt von Lemberg

ZIMBABWE

SAFARI LOW BUDGET

Victoriafälle aus der Vogelperspektive

Allmählich kehrt in Zimbabwe, einem der schönsten Länder Afrikas, wieder politische Stabilität ein. Noch sind Safaris nirgendwo günstiger als in diesem Land, dabei ist die touristische Infrastruktur besser als erwartet. Die donnernden Victoriafälle ganz im Norden, eines der sieben Naturwunder der Welt, waren selbst in unruhigsten Zeiten immer ein sicheres Reiseziel. In der Stadt Victoria Falls starten die meisten Veranstalter ihre Safaris in den Hwange National Park, Zimbabwes ältestes und größtes Wildreservat. Es ist berühmt für eine der weltweit größten Elefantenpopulationen, außerdem wird man garantiert Afrikas „Big Five“ – Löwe, Leopard, Elefant, Büffel und Nashorn – vor die Kameralinse bekommen. Auch Giraffen und Zebras sowie verschiedene Hyänenarten, Großkatzen und der seltene afrikanische Wildhund sind hier anzutreffen. Spätestens im Mai beginnt die Trockenzeit – der perfekte Monat für Zimbabwe, denn die Wasserfälle rauschen besonders mächtig, und die Nationalparks sind noch nicht ausgedörrt.

BODENSEE

FRÜHLING IN DREI LÄNDERN

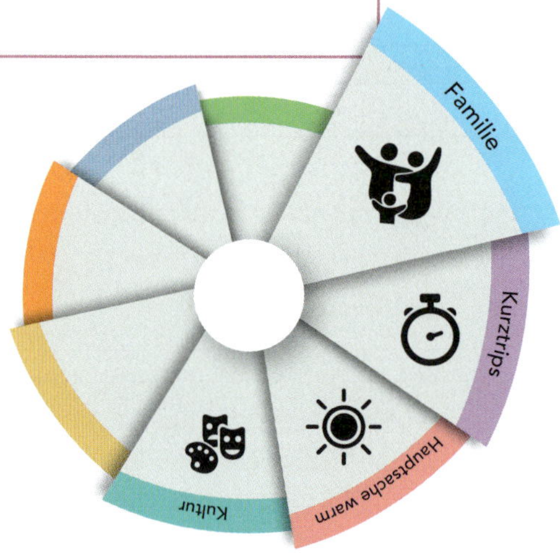

Blick vom Konstanzer Ufer auf die Insel Mainau

Mai auf der Blumeninsel Mainau! Jetzt ist die Zeit der großblütigen späten Tulpensorten, und auch die Rhododendren schmücken sich mit den ersten Blütendolden. Für zauberhafte Farbspiele sorgen gelber Goldregen, roter Islandmohn, rosa Pfingstrosen und violette Iris. Wer dem Rummel der Pfingstferien entgehen möchte, kommt – wenn die Kinder mitspielen – schon frühmorgens oder – was wahrscheinlicher ist – am Abend, denn dann sind die Busausflügler bereits wieder fort.

An Blumen zu schnuppern ist für Kinder natürlich kein tagesfüllendes Programm. Aber es gibt ja die Mainauer Wasserwelt: eine rund um einen See mit Insel angelegte Pfahlbausiedlung. Hier können die Kleinen sich mit Seilen und Kletterstegen von Haus zu Haus hangeln, auf Flößen Pirat spielen, die Seilfähre zur Insel erobern oder am Spielhügel mit einer Archimedischen Schraube experimentieren.

Auf der großen Insel Reichenau werden kunstinteressierte Eltern natürlich die berühmten ottonischen Fresken in der Kirche St. Georg in Oberzell bewundern wollen. Ob die Kinder im Religionsunterricht aufgepasst haben und die Wundertaten Christi identifizieren können? Für Abwechslung sorgt die Tour mit dem nostalgischen Doppeldeckerbus, außerdem kann man die Insel entspannt per Rad erkunden.

Apropos Rad: In schönster Berglandschaft immer nur bergab radeln – das geht in der Regel nur nach anstrengendem und schweißtreibendem Gipfelsturm. Nicht so beim Pfänder, dem Bregenzer Hausberg. Die Seilbahn nimmt nämlich das Fahrrad mit, und so fährt man – 600 völlig mühelos einkassierte Höhenmeter im Gepäck – auf dem Bergrücken auf verkehrsarmen Höhenwegen entlang, genießt dabei die herrlichen Ausblicke über Bodensee und Alpenrhein und saust dann immer bergab wieder zum See hinunter.

Insel Reichenau mit der Kirche St. Peter und Paul

UND ÜBRIGENS …

Handytelefonierer und mobile Internetsurfer sollten in grenznahen Städten wie Konstanz und auf den Bodenseeschiffen darauf achten, ob sich ihr Handy nicht automatisch ins vielleicht stärkere, aber auch teurere Schweizer Netz eingebucht hat.

ÜBERNACHTEN MAL ANDERS

Für Stadtkinder ein besonderes Erlebnis: Übernachten im duftenden Heu! Rund um den Bodensee hat eine ganze Reihe von qualitätsgeprüften Bauernhöfen blitzsaubere Scheunen mit weicher Strohpolsterung eingerichtet. Bevor die Kleinen – und Großen – in die eigenen mitgebrachten Schlafsäcke schlüpfen, können sie sich nach Herzenslust im Heu müde toben. In Deutschland und in der Schweiz werden kindgerechte kurze Radwanderungen mit Übernachtungen in Strohhotels angeboten. Noch origineller ist das Bootsstüble in Wangen auf der Halbinsel Höri. Hier kann man in einem hübsch renovierten, blauweißen Zirkuswagen oder in einem Baumhaus schlafen. Außerdem verleihen die Besitzer Kanus und Kanadier für Wasserwandertouren auf Untersee und Hochrhein.

SURFEN UND SEGELN

Zum Baden ist der See jetzt eigentlich noch zu frisch, aber die speziell auf junge Schüler eingestellte Surfschule in der windgeschützten Meersburger Bucht ist schon im Mai geöffnet. Das Alter ist egal, nur 25 Kilo muss man mindestens wiegen. Übrigens sollte man den Bodensee nicht unterschätzen: Über zwei Meter hohe Wellen sind durchaus möglich! Schon ab sechs Jahren können ganz junge Freizeitkapitäne in der Segelschule Konstanz mit einem „Optimist" – das ist ein Segelboot speziell für Kinder – das Segeln lernen. Die Älteren ab zwölf dürfen schon die etwas größere Jolle nehmen.

TIPPS FÜR REGENWETTER

Und was macht man bei schlechtem Wetter? Dann fährt man nach Konstanz, um auf einem Rundgang durch die riesigen Aquarien von Sea Life Konstanz die Unterwasserwelt von der Rheinquelle in den Alpen bis in die Tiefen der Meere kennenzulernen. In einem Berührungsbecken darf man Krebse, Miesmuscheln, Seesterne, Seeigel und See-Anemonen sogar anfassen. Im Ozeanbecken tummeln sich Schwarzspitzen-Riffhaie, Ammenhaie und Meeresschildkröten. Auch die Bodensee-Therme in Überlingen hat schon manchen verregneten Ferientag gerettet. Besonders begehrt ist die 90 Meter lange Reifenrutsche, und im Kinderbereich können sich kleine Wasserratten mit Wasserläufen, Bächen, Schleusen und Schiebern ihre eigene Wasserwelt bauen.

ANDALUSIEN

URLAUB AN SPANIENS SONNENKÜSTE

Spaniens südliche Mittelmeerküste zwischen Almería und Tarifa ist für einen Urlaub während der Pfingstferien ideal, denn Ende Mai herrschen hier schon richtige Badetemperaturen. Doch nur zum Baden wäre der Urlaub fast zu schade. Wie wäre es mit einem Wildwest-Abenteuer? Die Landschaft des Desierto de Tabernas in der Provinz Almería erinnert an die Wüsten und Canyons des amerikanischen Südwestens, und so wurden hier in den 1960er- und 1970er-Jahren zahlreiche „Spaghetti-Western" gedreht. Drei Filmsets sind heute Wildwest-Themenparks, die ihr Publikum mit Stunts unterhalten: An der Carretera Nacional 340 liegen „Oasys Mini Hollywood" und „Fort Bravo", an der Carretera A92 befindet sich „Western Leone".

BEGEGNUNGEN MIT TIEREN

Kinder lieben das exotische Wildfreigehege Selwo Aventura östlich von Estepona. Mit einem Ranger kann man zu festgelegten Zeiten auf Tuchfühlung mit Löwen, Geparden, Hyänen und Lemuren gehen. Im Angebot sind auch Ziplining, Kamelreiten, Bogenschießen und Spaziergänge auf Hängebrücken über den Canyon. Der Bioparc Fuengirola bei Málaga gilt aufgrund seiner artgerechten Tierhaltung in großzügigen Habitaten als Spaniens Modellzoo. In „Äquatorialafrika" tummeln sich Leoparden, Nashörner und Gorillas, in „Südostasien" wohnen Tiger und Orang-Utans, in „Madagascar" klettern Lemuren herum, und im indopazifischen Sektor sind Diamantpythons und Komodo-Warane zu bestaunen. Es gibt einen großen Kinderspielbereich und Nachtführungen. Haie, Seelöwen, Meeresschildkröten und Krebse kann man im Sea Life Benalmádena bei Málaga kennenlernen. Kinder fasziniert hier auch das versunkene Atlantis und der Mittelmeertunnel.
„Loros" heißen Papageien auf Spanisch. Im Parque Ornitológico Loro Sexi in Almuñécar krächzen exo-

Hängebrücke im Wildfreigehege Selwo Aventura bei Estepona

Iberischer Luchs bei Estepona

tische Vogelarten in großzügigen Volièren, darunter bunte Aras, Kakadus und Tukane. Im Crocodile Park bei Torremolinos können die Kids wiederum an die 300 Krokodile und Alligatoren aus nächster Nähe beobachten. Im Lobo Park bei Antequera leben Timberwölfe aus Kanada, Tundrawölfe aus Alaska sowie Europäische und Iberische Wölfe fast wie in freier Wildbahn in weitläufigen Gehegen.

ALLES INTERAKTIV

„Einfach ausprobieren" lautet das Motto des Parque de las Ciencias in Granada. In den Pavillons kann man unter anderem eine „Reise in den menschlichen Körper" unternehmen, einen Erdbebensimulator testen und ein tropisches Schmetterlingshaus oder ein Planetarium erkunden. „Bitte spielen!" („Se ruega tocar") – dazu fordert das MIMMA, Málagas Interaktives Museum für Musik, alle jugendlichen Besucher auf. Tatsächlich dürfen Kinder hier die vielen Musikinstrumente aus aller Welt nicht nur angucken, sondern auch benutzen. Außerdem gibt es Spezialveranstaltungen für Familien.

POTSDAM

ENTDECKUNGSTOUR FÜR KINDER

„Sans Souci" heißt übersetzt „ohne Sorgen", und die müssen sich Eltern garantiert nicht machen, wenn sie das berühmte Schloss Friedrichs des Großen besichtigen wollen. Denn Potsdam hält für Kinder zahlreiche Attraktionen bereit. Allein im Filmpark Babelsberg kann man locker einen ganzen Tag verbringen und dabei am Außenset beim Seriendreh von „Gute Zeiten, schlechte Zeiten" zusehen, im Fernsehstudio einmal die Nachrichten sprechen, eine Bootsfahrt in Janoschs Traumland Panama unternehmen und aufregende Stuntshows oder eine Simulation im 4-D-Actionkino erleben. Kleinen Wissenschaftlern wird es auch in der naturwissenschaftlichen Erlebniswelt des Extavium Potsdam gefallen. Wie machten die alten Römer Speiseeis? Wie finden Mäuse ihren Weg durch ein von Kinderhänden erbautes Lego-Labyrinth? Dies und viel mehr erfahren Kinder in dem Mitmachmuseum auf spielerische Weise. Auf die ganz Kleinen wartet die Wichtelwelt. Sterngucker verfolgen im Urania-Planetarium Potsdam unter einer Kuppel mit acht Metern Durchmesser in 360°-Videos den Weg der Sterne am künstlichen Himmel. Am Wochenende können Kinder die Sternenfee Mira retten, das kleine Einmaleins der Sterne lernen oder auf die „Planetenreise für Kinder" gehen. Oder ab ins Freie? Die Havel ist zwar nicht gerade der Mississippi, Spaß macht eine Floßfahrt mit Huckleberry Tours aber allemal. Die recht kleinen Flöße mit Aufbau und Holzdach werden mit einem Außenbordmotor betrieben. Trockentoilette, Gaskocher und Campinggeschirr gehören zur Ausstattung. Platz ist auch für Fahrräder, mit denen man die Umgebung erkunden kann.

Janoschs Kinderland

MOSKAU

FRÜHLINGSERWACHEN IN RUSSLANDS HAUPTSTADT

Zwischen Maifeiertag und 9. Mai, wenn am Roten Platz die gigantische Parade zur Feier des Sieges im „Großen Vaterländischen Krieg" stattfindet, „impft" man die Wolken rund um Moskau mit Silberjodid, damit sie sich außerhalb der Stadt abregnen. Aber eigentlich herrscht im Wonnemonat auch sonst viel strahlender Sonnenschein, und die Birken im brandneuen Zarjadje-Park neben der Basiliuskathedrale leuchten in frischem zarten Grün. Hier und im Gorki-Park liegen die Moskoviter jetzt entspannt im Gras, was noch vor wenigen Jahren undenkbar schien, und auf dem Teich im Sokolniki-Park genießen die Liebespaare die erste romantische Kahnfahrt des Jahres.

Von der Fußgängerbrücke, die über die Moskwa zur mächtigen Christ-Erlöser-Kirche führt, bietet sich am frühen Morgen ein hektikfreier Milliarden-Rubel-Blick auf die rotbesternten Türme und die goldenen Kuppeln des illuminierten Kreml. Auch für die prunkvollen Metrostationen ist frühmorgens die beste Zeit. Russische Kunst vom Feinsten hängt in der Tretjakow-Galerie, Meisterwerke der europäischen Kunst gibt es im Puschkin-Museum zu sehen.

FUNKELNDE METROPOLE

Abends verwandelt sich Moskau in ein unbeschreibliches Lichtermeer. Immer wieder neue Perspektiven der Stadt eröffnen sich von den Skybars. Neu hinzugekommen sind die Aussichtsplattformen der Moscow City, einer Hochhauskulisse im Westen der Innenstadt. Der OKO Tower besitzt mit 354 Metern das höchste Aussichtsdeck Europas. Und dann hinein ins spektakuläre Moskauer Nachtleben! Die Szenetreffs wechseln, aber „Gazgolder", „Garasch" und „Gipsy" halten sich hoffentlich noch eine Weile. Beim berühmten Bolschoi-Theater muss man derlei Bedenken natürlich nicht haben.

Mai ist aber auch ein wunderbarer Monat, um die altrussischen Klosterstädte am Goldenen Ring nordöstlich von Moskau zu besuchen. Besonders stadtnah liegt das um 1340 gegründete Dreifaltigkeitskloster von Sergijew Possad, dessen blaue und goldene Kuppeln jetzt mit dem Frühlingshimmel um die Wette strahlen.

Basiliuskathedrale und Erlöserturm des Kreml

BERLIN

DEUTSCHLANDS KULTURHAUPTSTADT

Spreeufer mit Berliner Dom

Im Mai blüht der Flieder im Viktoriapark, der Grunewald kleidet sich in Zartgrün, im Freien schmeckt die erste Berliner Molle. Endlich ist es abends warm genug, um den romantischen Sonnenuntergang mit Fernsehturm von der Modersohnbrücke in Friedrichshain ohne Frösteln zu bewundern. Man bummelt auf der Prachtstraße Unter den Linden, und an dem obligatorischen Selfie vor dem Brandenburger Tor kommt niemand vorbei. Dann steigt man den Volksvertretern „aufs Dach", besser gesagt in die von Sir Norman Foster entworfene, begehbare Glaskuppel des Reichstags. Aufregend Neues tut sich auf der Museumsinsel, die Kunstschätze aus sechs Jahrtausenden versammelt. Die am 12. Juli 2019 eröffnete James-Simon-Galerie zwischen Neuem Museum und Kupfergraben fungiert nun als zentrales Eingangsgebäude und Infozentrum für die gesamte Museumsinsel. Bald wird man auf einer „Archäologischen Promenade", die vier der insgesamt fünf Museen miteinander verbindet, von Nofretete nach Babylon, vom Pergamonaltar zu spätgotischen Madonnen spazieren können.

UMBRIEN

ITALIENS GRÜNES HERZ

Es gibt unzählige Gründe, im Mai in das blühende Umbrien zu fahren. Allein seine idyllisch gelegenen Dörfer und oft einsam in der Landschaft stehenden romanischen Kirchen sind einen Besuch wert. Auch an den Fresken aus dem 13. Jahrhundert von Pietro Lorenzetti und Simone Martini in der Basilica San Francesco in Assisi wird man sich nie sattsehen. Die Kunstschätze im mittelalterlichen Perugia sind auf einer Reise gar nicht alle zu würdigen, schon für die Galleria Nazionale dell'Umbria mit ihren Meisterwerken von Piero della Francesca und Duccio di Buoninsegnia reicht ein Tag nicht aus. Im noch milden Sonnenlicht des Mai präsentieren sich die Domfassaden von Spoleto und Orvieto in all ihrem künstlerischen Glanz. Und nur im Mai erlebt man Umbrien in Ekstase, nämlich während der berühmten Corsa dei Ceri im Städtchen Gubbio. Im Laufschritt werden die „Kerzen" – drei schmale, sieben Meter hohe Holztürme mit aufmontierten Heiligenfiguren von Sant' Ubaldo, Santo Giorgio und Sant' Antonio – durch die fahnengeschmückte Altstadt bis zum Gipfel des Monte Ingino getragen, wo die Basilika des Hl. Ubaldo steht.

Corsa dei Ceri in Gubbio

Juni ist ein Traummonat für Urlaub auf Korsika (Foto), den Kykladen oder den schwedischen Schäreninseln, für Städtetrips nach Amsterdam und Rom, Abenteuer in Alaska und am australischen Great Barrier Reef, Exotik auf Bali oder unbeschwerten Familienurlaub in Jütland.

KYKLADEN

INSELPERLEN DER GRIECHISCHEN ÄGÄIS

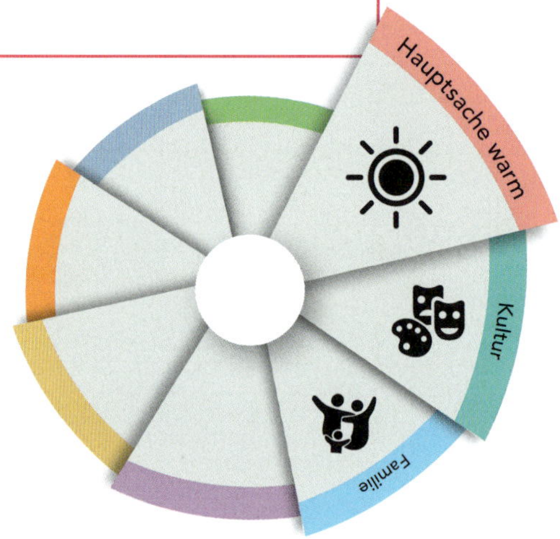

„Kalliste", also „die Schönste", nannte Hesiod die Kykladeninsel Thira, heute besser unter dem Namen „Santorini" bekannt. Platon sah in ihr die sagenumwobene Insel Atlantis. Und blickt man vom Kraterrand der sichelförmigen Insel, die eigentlich der Rand einer Caldera ist, über die blendend weißen, kubistisch anmutenden Häuser und über das unwirklich tiefblaue Meer hinüber zur Vulkaninsel Néa Kaméni, dem „Haus des klugen Feuerbeherrschers Hephaistos", möchte man die Legenden nur zu gerne glauben.

SAGENUMWOBENES SANTORINI

Was ein Vulkanausbruch mit anschließendem Tsunami vor über 3500 Jahren hinwegfegte, das war die kykladische und minoische Kultur in der südlichen Ägäis, mit der Europa aus dem Dunkel der Geschichte getreten war. Die in der ausgegrabenen Ruinenstätte Akrotiri auf Santorini entdeckten bronzezeitlichen Fresken in Ocker, Tiefrot und Ägyptisch-Blau zeigen keine bekannten griechischen Göttermythen, sondern spielende und tanzende Menschen, Lilien und Schwalben. Man bewundert die „Erwachsenen Frauen", die feine Kleider und viele Schmuckstücke tragen, die „Nackten Fischer", die vielleicht Diener einer Gottheit darstellen, die „Jugendliche Priesterin" mit eingeflochtener Schlange auf dem Kopf, die „Boxenden Knaben", die ungemein naturgetreuen „Weißen Antilopen", die auf Santorini gar nicht vorkommen, und den kletternden „Blauen Affen". Einige dieser Fresken sind bereits im Prähistorischen Museum von Firá zu sehen, die übrigen sollen ebenfalls bald aus dem Athener Archäologischen Museum in ihre Heimat zurückkehren.

Tor des Apollon-Tempels auf Náxos

Ob die kykladische Kultur wirklich eine so hedonistische war, lässt sich natürlich kaum ermessen. Die Besucher von heute knüpfen jedenfalls gern an alte Traditionen an. Nachdem die Fähre aus Piräus festgemacht hat, reitet man mit einem Maultier von der Bootsanlegestelle über fast 600 Stufen hinauf nach Firá und wandert dann immer am fast senkrecht abfallenden Kraterrand entlang nach Norden bis Oia, einem Labyrinth aus Treppengässchen, weiß gekalkten Häusern und blauen Kirchenkuppeln. Am Ende der Tour lässt sich am Lóntza-Kastell ein wunderschöner Sonnenuntergang erleben, am besten mit einem Glas dunkelrotem oder orange-goldenem Vulkanwein in der Hand. Wenn nicht gerade der Kabános weht, ein heftiger Wind, der sogar Kirchenglocken zum Läuten bringt. Für den ist Aíolos

Sonnenuntergang in Oia auf Santorini

UND ÜBRIGENS …

Auf Naxos ist es ein uralter Brauch, in der ersten Mainacht Esel auf Hausdächer zu hieven. Keine Sorge: Die Tiere werden am 1. Mai wieder heruntergeholt.

zuständig, der Sohn des Poseidon. Drüben, im Krater Ágios Geórgios von Néa Kaméni, schläft Hephaistos mit Aphrodite im Arm. Wer möchte da stören?

TIPPS FÜR INSELHÜPFER

Anfang Juni ist das Meer schon herrlich warm, die Strände der Kykladen sind noch nicht überfüllt, und auch für Wanderer sind die Temperaturen ideal. Schon mancher Rucksacktourist hat sich im Hafen von Piräus gefragt, für welche Insel er sich nun entscheiden soll. Keine Frage, für Party ist das tolerante und überaus fotogene Mykonos zuständig, dessen weiß getünchte kubische Häuser mit ihren grünen und blauen Fenstern und Holztüren das Bild von Griechenland schlechthin verkörpern. Die besseren Strände hat aber das weiter nordwestlich gelegene Tinos. Diese besonders schöne Insel lädt zu idyllischen Wanderungen zu gepflegten Dörfern mit zahllosen Kapellen und Kirchen, aber auch blühenden Höfen und malerischen Tavernen ein.

Noch recht bäuerlich geprägt ist Náxos. Auf der größten und gebirgigsten Insel der Kykladen ließ der treulose Athener Königssohn Theseus seine aus dem Labyrinth des Minotaurus entführte Braut Ariadne schlafend zurück. Der Hauptort besitzt eine malerische mittelalterliche Altstadt mit venezianischer Burg. Weithin sichtbar erhebt sich auf einem vorgelagerten Inselchen das Wahrzeichen von Náxos: das riesige Marmortor des um 530 v. Chr. begonnenen, aber unvollendet gebliebenen Apollon-Tempels.

Bisher vom Massentourismus verschont blieb die kleine, hufeisenförmige Insel Milos, auf der nur etwa 5000 Einwohner leben. Ihre Küsten sind vielleicht die schönsten der Kykladen, denn die Geologie sorgt dafür, dass hier das Meer in allen nur erdenklichen Blau-, Grün- und Türkistönen leuchtet. Ob Poseidon nicht auch ein Maler war?

MAKARSKA RIVIERA

DALMATIENS BADEKÜSTE

Turm der Kathedrale von Hvar

Mit ihren weißen Kies- und Sandstränden gilt die Makarska Riviera, hinter deren Ferienorten das weiße Kalkmassiv des Biokovo-Gebirges fast senkrecht aufsteigt, als schönste Küste Dalmatiens. Vier große Inseln machen die Region zum schönsten Segelrevier Europas. Vom Vidova Gora, dem mit 778 Metern höchsten Gipfel aller adriatischen Inseln, genießt man eine grandiose Aussicht über die karge Marmorinsel Brač und natürlich auf Zlatni rat, das „Goldene Horn", wie der wohl malerischste Strand Kroatiens heißt.

DIE INSELN HVAR, KORČULA UND MLJET

Verschwenderischer gibt sich die Vegetation auf der gegenüberliegenden Insel Hvar, die nur ein schmaler Meeresarm von Brač trennt. Die hohen Berge von Brač halten die kalten Bora-Winde ab, und so herrscht hier ein milderes Klima. Von Mitte Mai bis Juni kleiden blühende Lavendelfelder das lang gestreckte Eiland in leuchtendes Lila, für mediterranes Flair sorgen auch Olivenhaine, Weingärten und schlanke Zypressen. Die Hvar vorgelagerten Pakleni otoci, die „Hölleninseln", haben geradezu himmlische Wälder, Buchten und Sandstrände zu bieten. Zu den schönsten Orten der Adria zählt der Hauptort Hvar. Über dem Segelhafen steigt die Altstadt mit ihrer romanischen Kathedrale und venezianischen Renaissancepalästen auf, und von der Spanischen Festung eröffnet sich ein herrlicher Rundblick. Nur Korčula, das mittelalterliche Bilderbuchstädtchen der gleichnamigen Nachbarinsel, könnte Hvar den Rang noch ablaufen. Wuchtige Mauern, Türme und Zinnen schützen die Altstadt des „kleinen Dubrovnik". Im Meereskanal zwischen Korčula und der wie ein schmaler Finger ins Meer hinausragenden, touristisch fast unerschlossenen Halbinsel Pelješac locken an die 20 Badeeilande. Auf Badjia, dem größten Inselchen, kann man ein Franziskanerkloster aus dem 15. Jahrhundert mit gotischem Kreuzgang besichtigen. Natürlich gibt es auch auf Korčula selbst schöne Strände, und im Hafen ankern weiße Jachten.
Mljet, die südlichste der vier Inseln, besitzt zwei natürlich entstandene Salzseen und wurde wegen ihrer besonders artenreichen mediterranen Flora teilweise zum Nationalpark erklärt.

Küste vor Brela an der Makarska Riviera

AN DER KÜSTENSTRASSE

Auch ohne eigenes Segelboot könnte man zwischen Split und Dubrovnik von Insel zu Insel hüpfen, doch hat auch die malerische Küstenstraße beträchtliche Reize. Etwas westlich von Split liegt Trogir, ein Postkartenstädtchen mit krummen Pflastergassen, imposanten Festungsmauern und einem roten Meer aus Ziegeldächern. Hier scheint seit dem Mittelalter die Zeit stehengeblieben zu sein. Ein eleganter Kampanile steigt über dem Dom auf, dessen romanisches Westportal bildreich vom Neuen Testament erzählt. Dass es in Trogir aber alles andere als museal zugeht, dafür sorgt schon der bunte Fischmarkt vor dem Seetor des Städtchens, auf dem man alles kaufen kann, was in der Adria schwimmt und schmeckt.

KORSIKA

FRANKREICHS WILDE TRAUMINSEL

Schon die alten Griechen bewunderten Korsikas Schönheit, heute ist die Heimat Napoleons, der seine Insel allein am Duft der Macchia erkannt haben soll, eine Hochburg des Tourismus. Korsika bietet mittelalterliche Städte wie Bonifacio, in deren Hafen Jachten dümpeln. Trutzige Bollwerke säumen die Küsten, das Inselinnere durchziehen wilde Schluchten, kristallklare Seen und Berglandschaften mit uralten Dörfern. Tagelang könnte man hier wandern und sich zwischendurch immer wieder in den Badebecken der Flüsse erfrischen. Traumhaft schön sind viele korsische Strände – mal aus weißem Sand, mal aus Kies. Einige sind kilometerlang, andere von bizarren Felsformationen eingerahmt. Der schönste ist wohl die Plage de Palombaggia bei Porto-Vecchio. Eigentlich sind es zwei Strände mit hohen pinienbestandenen Dünen, getrennt durch eine felsige Landzunge. Anfang Juni hat man dieses Paradies noch fast für sich, aber die Sommerrestaurants sind schon geöffnet. Natürlich ist Korsika auch eine Genussinsel: Auf den Märkten unbedingt probieren sollte man den Brocciu aus Schafs- oder Ziegenmilch, das feine korsische Olivenöl und die leckere Kastanienmarmelade. Ja sogar Bier wird hier aus Kastanienmehl gemacht. Auch die Würste und Schinken der Insel schmecken so gut, weil die verwilderten Hausschweine frei herumstreifen und besonders gerne Kastanien fressen.

Îles Sanguinaires südwestlich von Ajaccio, Korsika

AMSTERDAM

ZWISCHEN GÄRTEN UND GRACHTEN

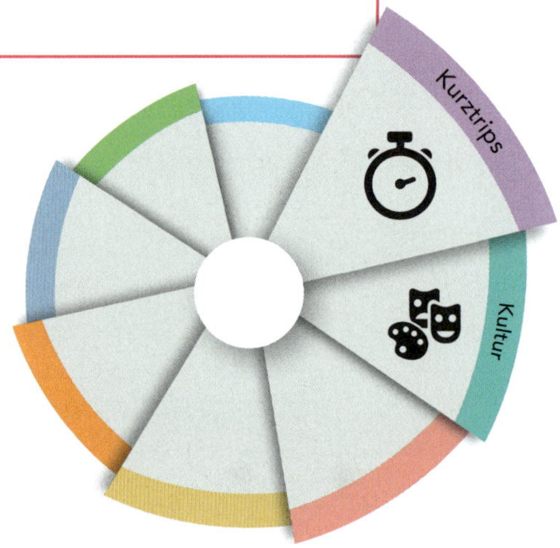

Sehnsüchtig warten Amsterdamer und eingeweihte Besucher jedes Jahr auf das dritte Juniwochenende. Denn dann kann man drei Tage lang etwa 30 neugierigen Blicken sonst verschlossene private Stadtgärten besichtigen, die in den Hinterhöfen vornehmer Häuser des Grachtengürtels angelegt wurden. Vom originalgetreuen, streng geometrischen Barockgarten bis hin zum anarchistischen Blütenmeer ist alles dabei. Schon der Gang durch den Hausflur vermittelt aufregende Einsichten in niederländische Wohnkultur. Nicht minder spannend sind die Einblicke im Rijksmuseum, das Hollands Goldenes Zeitalter präsentiert. Derzeit wird Rembrandts berühmte „Nachtwache“ vor aller Augen in einem Glaskasten restauriert. Sollte die Menschentraube zu groß sein: Ruysdaels Windmühlen, Vermeers Stillleben und Averkamps Winterlandschaften fesseln nicht minder. Und es warten ja noch die berühmten Sonnenblumen im Van Gogh Museum und die bunten Rechtecke von Piet Mondrian im Stedelijk Museum.

Grachtenhäuser in Amsterdam

GRACHTENTOUREN DURCH DIE ALTSTADT

Kein Giebel in der Herengracht, der Prinsengracht und der Keizergracht gleicht dem anderen. Entdecken kann man sie mit einem „fiets“, wie die schweren Hollandräder heißen. Auch auf einer Tour mit dem „Rondvaartboot“ lernt man Amsterdams schönste Häuserfronten kennen – nebst amüsanter Anekdoten und gelegentlicher Einblicke in luxuriöse Interieurs, denn Gardinen sind verblüffend selten. Die nobelsten Domizile versammeln sich im Gouden Bocht, dem „Goldenen Bogen“ an der Herengracht zwischen Leidsestraat und Vijzelstraat. Besonders stimmungsvoll sind Grachtentouren nach Einbruch der Dunkelheit, wenn die Brücken und Fassaden in romantisch-farbenfroher Beleuchtung erstrahlen und auf den Hausbooten die Lichter flackern. Preiswert ist das Leben auf den restaurierten flachen Lastkähnen nicht mehr, dafür aber erstaunlich geräumig und mit Strom- und Wasseranschluss durchaus komfortabel. Auf einigen dieser „woonships“ kann man sogar übernachten – oft mit Traumblick auf die schönsten Häuserzeilen.

UND ÜBRIGENS ...

Das Fotografieren im Rotlichtbezirk De Wallenwinkel lässt man lieber bleiben, denn es ist schon manche Kamera in der Gracht gelandet.

FRÄNKISCHE SCHWEIZ

DIE ZEIT DER KIRSCHEN

Kirschblüte in der Fränkischen Schweiz

Nirgendwo sonst in Deutschland stehen mehr Kirschbäume als in den romantischen Tälern rund um das 513 Meter hohe Walberla bei Forchheim, und im Juni sind die Kirschen reif. Vor 1000 Jahren pflanzten die Mönche des Benediktinerklosters Weißenohe die ersten Kirschbäume, und vor allem frisch gepflückt sind die süßen Früchte ein wahrer Hochgenuss – wie auch die gesamte gesegnete Landschaft zwischen Nürnberg, Bamberg und Bayreuth. In der Altstadt von Forchheim erwartet den Reisenden eine waschechte Kaiserpfalz mit Wandmalereien aus dem 14. und 16. Jahrhundert. Im tausendjährigen Ebermannstadt und in den nicht minder schönen benachbarten Orten lässt sich die „Entschleunigung" des Reisens so richtig genießen. Auf idyllischen Wanderwegen durch Kirschbaumhaine und schattige Wälder – entlang an vielen kühlen „Bächla", die das glasklare Wasser für zahlreiche Naturbiersorten liefern – wandert man von Burg zu Burg, von Brauerei zu Brauerei und von einem malerischen Kletterfelsen zum nächsten. Die in bizarren Formationen hoch über den Fachwerkhäusern aufragenden Kalkfelsen von Tüchersfeld zieren fast jedes Titelfoto zur Fränkischen Schweiz.

LUXEMBURG

EUROPA WIE ES LEIBT UND LEBT

Wenn das kleine Land am 22. und 23. Juni den Geburtstag seines Großherzogs feiert, illuminiert in der Hauptstadt ein grandioses Feuerwerk die mächtige Burg auf dem schroff abfallenden Sandsteinfelsen über den Tälern der Alzey und der Petruss. Deren Aussicht hielt 1792 Goethe in einigen Skizzen fest. 1817 und 1839 machte sich der englische Maler William Turner ans Werk, auch er heimlich – und noch bevor man ab 1867 die gewaltigen Wälle in dekorative Ruinen sprengte. Das war der Preis für die Eigenstaatlichkeit, die man bis heute mit dem trotzigen Motto verteidigt: „Mir wölle bleiwe, wat mir sin." Weltoffenheit schließt das nicht aus, wie jeder weiß, der Luxemburgs steile europäische Europa-Karriere kennt. In der von heimeligen Altstadtgassen, prachtvollen Boulevards und großzügigen Parks geprägten kosmopolitischen Oberstadt setzen das interaktiv gestaltete Museum für Stadtgeschichte und das Nationalmuseum für Kunst, in dem die schönsten römischen Mosaikböden nördlich der Alpen zu bewundern sind, kulturelle Akzente. In der Unterstadt zeugen viele Restaurants mit ihrer vielfältigen Küche davon, dass Luxemburg auch kulinarisch ein Modell der europäischen Einheit ist.

Parade am Nationalfeiertag in Luxemburg

ALASKA

BIS ZUM POLARMEER

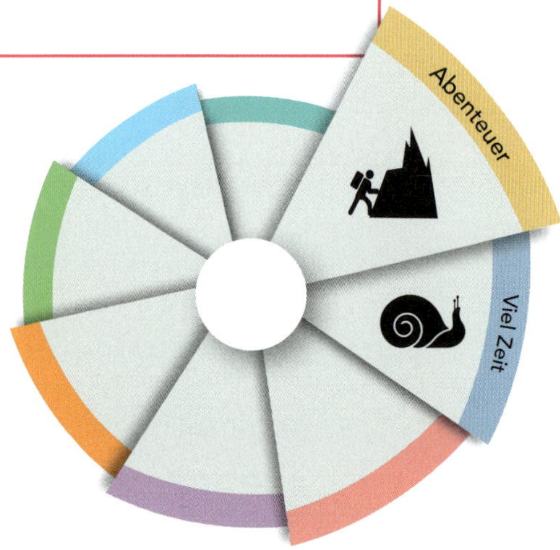

Eine Reise durch Alaska verspricht eine Menge unvergesslicher Highlights: eine Kajakfahrt in Begleitung von Killerwalen im Gletscherfjord Prince William Sound, Begegnungen mit mitten im reißenden Fluss nach Lachsen schnappenden Braunbären im Katmai National Park, eine einsame Trekkingtour im Denali National Park vor der Kulisse des mächtigen Mount McKinley, dem mit 6193 Metern höchsten Berg Nordamerikas, oder ein Flug über die „Eisstraße“ des monumentalen Ruth-Gletschers. Doch es bleibt noch die Fahrt ans Ende der Welt. Dorthin, nämlich ans graue Eismeer, bringt mutige Autofahrer der 700 Kilometer lange Dalton Highway. Eigentlich ist diese endlose, einsame, raue Straße das Revier der Trucker. Sie versorgen die Ölindustrie am Eismeer, und oft sitzt eine toughe Frau am Steuer der Ungetüme. Jede von ihnen hat schon mal einen Abenteurer aus misslicher Lage gerettet, ohne viel Aufhebens darum zu machen.

ABENTEUER DALTON HIGHWAY

Eigentlich erreichen die Pässe nur Höhen von 1400 Metern, wirken aber angesichts des hohen Breitengrads wie Eislandschaften im Himalaya. Immer wieder tauchen Schneeberge am Horizont auf, dazwischen subarktische Landschaften mit tiefblauen Seen und schütteren Fichtenbäumchen. Am Ende begleiten baumlose arktische Tundra und weite Ebenen mit atemberaubenden Licht- und Schattenspielen die Fahrt entlang der meist auf Eisenstelzen verlaufenden Alaska Pipeline. Jenseits des Polarkreises wird es Ende Juni nicht mehr dunkel. Um 1 Uhr morgens leuchten verschneite Bergketten rosa in der Mitternachtssonne, mächtige Grizzlies tapsen wenige Meter vor dem Kühlergrill unbekümmert über die Straße. Dann schließlich ist Deadhorse an der Prudhoe Bay an der Beaufort Sea erreicht, eine Containerstadt inmitten einer Maschinenlandschaft mit mächtigen Bohrtürmen in pfeifendem Wind und grauem Nebel. Von hier sind es 23 000 Kilometer ans andere Ende der Welt, der Lapataia-Bucht auf Feuerland, und alle paar Wochen taucht tatsächlich jemand auf, der diese ganze Strecke bewältigt hat: nicht mit Truck oder Geländewagen, sondern mit dem Fahrrad!

Der 700 Kilometer lange Dalton Highway im Norden von Alaska

CORNWALL

AN ENGLANDS GRANITKÜSTE

Im Spätfrühling taucht Stechginster die Küstenlandschaften Cornwalls in leuchtendes Gelb, und wer an sonnigen Tagen an der Kynance Cove den Fußpfad vom Parkplatz hinunterklettert, gerät angesichts dieser traumhaft schönen Bucht der Lizard Peninsula aus dem Häuschen: schneeweiße Sandbuchten, eine in Türkis- bis Saphirblau schimmernde See und smaragdgrün überzogene zerklüftete Klippen und Felsenbögen. Für einen Augenblick liegt England wirklich in der Südsee! Den ganzen Coastal Path, der in knapp 500 Kilometern die Süd- und Nordküste Cornwalls umrundet, werden nur die wenigsten Urlauber am Stück gehen. Doch für die besten Abschnitte reichen ein Tag und zwei Pubs, versteht sich. Auf einer Wanderung entlang der äußersten Südwestküste von Porthcurno zu den mächtigen Granitklippen von Land's End kommen Karibik- und Schottlandgefühle auf, manchmal wechselt die Stimmung binnen weniger Minuten. Die Nordküste hält mit den grandiosen Aussichten zwischen Boscastle und den Ruinen von Tintagel Castle dagegen. In dieser Burg soll König Artus geboren sein und residiert haben. Einen besseren Ort hätte man für Englands Sagenkönig nun wirklich nicht erfinden können.

Auf dem South West Coast Path bei St Agnes Head

ETOSHA NATIONAL PARK

REISE ZU NAMIBIAS „BIG FIVE"

Juni bis August ist die beste Zeit für eine Safari durch Namibias berühmtesten Nationalpark. Etosha – das ist eine riesige flache Senke, die vor zwölf Millionen Jahren ein tiefer Binnensee war. Heute nimmt die weiße, für ihre täuschenden Luftspiegelungen berüchtigte Tonpfanne fast 25 Prozent der Parkfläche ein. Die spektakuläre Landschaft ist verblüffend vielfältig: dicht bewaldetes Buschland, weite Grasebenen, über die mächtige Herden ziehen, und dann plötzlich kleine salzverkrustete Senken, in denen Zehntausende von Flamingos stehen und blaugrüne Algen fressen. Jetzt in der Trockenzeit versammelt sich die Tierwelt an den vielen Wasserlöchern am südlichen Rand der Etosha-Pfanne. Über 100 verschiedene Arten sind es. Seit Jahrzehnten steuern die Tiere die ihnen vertrauten Tränken an und lassen sich von Autos nicht stören. Die „Big Five" sind geradezu selbstverständlich, aber auch Leoparden, Geparden, die seltenen schwarzen Impalas sowie die kleinsten, aber auch die größten Antilopen Afrikas lassen sich hier blicken. Giraffen und Zebras streifen durch die Ebenen, Springböcke machen ihrem Namen alle Ehre. Am beleuchteten Wasserloch Okaukuejo heißt es warten und in der Nacht erbärmlich frieren. Und dann taucht plötzlich ein Spitzmaulnashorn auf, und selbst die Löwen ergreifen die Flucht.

Giraffe in Namibias Etosha National Park

SCHWEDEN

FERIEN AUF SALTKROKAN

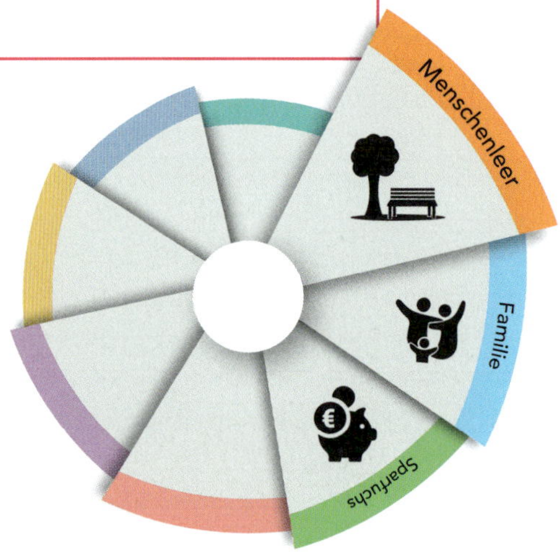

Sanft gluckst das Wasser an den Bootssteg, die Vögel schlafen. Die Konturen der Kiefern zerfließen im zarten Nebelschleier. Ein silbrig-blauer Glanz liegt über dem spiegelglatten Schärenmeer, im Norden schimmert der Himmel in Rosatönen: letzte Abenddämmerung oder schon erstes Morgenrot? Über 25 000 Schäreninselchen soll es geben: Die inneren Schären mit verschwiegenen Sandbuchten und türkisgrünem Wasser sind dicht bewaldet, weiter draußen sind die Inseln vom Wind zerzaust und felsig. Wer für ein paar Wochen die ideale „Sommarstuga" ergattern möchte, sollte so früh wie möglich buchen. Im Juni bekommt man auch kurzfristig noch ein Häuschen, ab Mittsommer geht das in der Regel nur wochenweise, wobei die Übergabe meist samstags erfolgt. Ideal, wenn man spät fallende Pfingstferien Anfang Juni nutzen kann, denn die gibt es in Schweden nicht.

INSELTRÄUMEREIEN

Ja, auch ganz in der Nähe der Inseln, die Astrid Lindgren zu ihrem imaginären Ferienidyll „Saltkrokan" inspirierten, gibt es Häuschen, zum Beispiel auf Norröra oder Söderöra. Nichts Luxuriöses, nein, nur verwöhnte Zivilisationsflüchtlinge mieten ihr Ferienhäuschen mit Sauna, heißem Wasser, Mikrowelle, Riesenkühlschrank und Fernseher. Viele Schweden bevorzugen nach wie vor die einfache Version mit Holzofen und Plumpsklo, dafür ohne Strom. Wozu denn auch, richtig dunkel wird es ohnehin nicht. Auch Astrid Lindgrens rotes Holzhaus auf Furusund macht da keine Ausnahme. Viel wichtiger sind ohnehin die Sommerwäldchen, in denen kleine und größere Mädchen Ronja Räubertochter spielen, die Blaubeeren- und Pfifferlingsstellen, die einsamen, nach Kiefern duftenden Pfade, von denen in Lindgrens „Ferien auf Saltkrokan" die Rede ist. Nächtliche Schwimmausflüge unter einem Himmel, der vor Sternen glüht, in einer kleinen Bodenkammer mit dem Wiegenlied der Dünung schlafen, wie es Lindgren wehmutsvoll schildert – was könnte es Schöneres geben?

Schären an der schwedischen Küste

UND ÜBRIGENS ...

Sparen kann man auf Portalen wie www.stugknuten.com, auf denen man ohne teure Vermittler direkt beim Vermieter bucht.

AUVERGNE

ALLEIN MIT FRANKREICHS VULKANEN

Puy de Dôme im Parc naturel régional des Volcans d'Auvergne

Selbst im Hochsommer ist Frankreichs Zentralmassiv nicht überlaufen, im Juni erlebt man hier sogar noch echte Einsamkeit in einer herrlich weiten, in allen Grün- und Blautönen leuchtenden Landschaft. Hier atmet man tief durch und trinkt aus Quellen, deren Mineralwasser in alle Welt verkauft werden. Die Gegend prägen unendlich blaue Seen und schäumende Flüsse, durch deren kristallklares Wasser sich die Kajakfahrer kämpfen, graue Dörfer und erlesen schöne romanische Kirchen, die sich an einer der vier Hauptrouten des französischen Pilgerwegs nach Santiago de Compostela so harmonisch in die Natur einfügen, als hätten sie schon immer hier gestanden. Über karge Hochebenen ziehen Schäfer mit ihren Herden. Paraglider starten gern vom 1465 Meter hohen Puy de Dôme westlich von Clermont-Ferrand. Von dessen Gipfel ist das Panorama des Regionalparks der Vulkane überwältigend. Über 80 grüne, vermutlich erloschene Lavakegel, die „Dômes", reihen sich wie Glieder einer Kette aneinander. Und über allem wölbt sich ein unendlich weiter, oft genug tiefblauer Himmel, über den der Wind die Wolken treibt.

KURISCHE NEHRUNG

ZWISCHEN LITAUEN UND RUSSLAND

„Die Kurische Nehrung ist so merkwürdig, dass man sie eigentlich ebenso gut als Spanien und Italien gesehen haben muss, wenn einem nicht ein wunderbares Bild in der Seele fehlen soll", schrieb Wilhelm von Humboldt im Jahre 1809. Doch lange war selbst den Litauern der Zugang zu dieser herben schönen Küstenlandschaft am Kurischen Haff aus militärischen Gründen weitgehend verwehrt. Heute kann man auf den Spuren von Thomas Mann und den Malern des Expressionismus den litauischen Teil (Kuršių Nerija) des Weltnaturerbes bis zur russischen Grenze erkunden. Im Juni ist man dabei an den leeren Stränden, den hohen Wanderdünen und in den stillen Wäldern noch immer fast allein. Nur mit einem schon in Deutschland beantragten Expressvisum ist der Grenzübertritt in den noch einsameren südlichen Teil der Kurischen Nehrung gestattet, die wilde Kurschskaja Kossa. Meist sind es nostalgische Ostpreußenfahrer, die der schon 1901 gegründeten Vogelwarte des russischen Rybatschi (Rossiten) einen Besuch abstatten – auf den Spuren des TV-Films „Eine Liebe in Königsberg" (2006) mit einem melancholischen Wolfgang Stumph und einer frechen Chulpan Khamatowa in den Hauptrollen.

Dünenlandschaft der Kurischen Nehrung

GREAT BARRIER REEF

AUSTRALIENS GRÖSSTES NATURWUNDER

Aus der Luft wirkt „Waga Gaboo“, wie die Aborigines das Weltnaturerbe Great Barrier Reef im Nordosten Australiens nennen, wie ein filigranes, millionenfach verästeltes Kunstwerk in der endlosen türkisfarbenen Wasserfläche – das einzige von Tieren geschaffene „Bauwerk“, das sogar vom Weltall aus mit bloßem Auge als „dünne weiße Linie im blauen Ozean“ zu erkennen ist, wie Astronauten berichteten. Es erstreckt sich von der Torres-Straße südlich von Papua-Neuguinea hinunter bis zur Koralleninsel Lady Elliot Island und setzt sich aus weit über 2000 Einzelriffen zusammen. Viele Inseln sind „ertrunkene“ ehemalige Küstengebirge, die oft eigene Korallenriffe gebildet haben. Im Juni herrscht hier Trockenzeit, und die gefürchteten Nesselquallen treten jetzt nicht mehr auf.

FASZINATION UNTER WASSER

Wunderschön sieht sie aus, diese Welt unter der glasklaren Wasseroberfläche. Aber da unten herrscht Krieg, ein lautloser Blumenkrieg um das wertvolle Licht, den die Kolonien des Riffs mit Giften und Nesselkapseln ausfechten. Die farbenfrohen Clown- und Wimpelfische, deren psychedelische Muster der Fantasie eines Victor Vasarely entsprungen zu sein scheinen, hüten sich, den hin- und herwogenden Tentakeln der Korallen zu nahe zu kommen. Jede Nische im Riff ist besetzt, und der Einfallsreichtum der Natur kennt keine Grenzen. Taucher schwärmen vom Wrack der „Yongala“, einem 1911 vor Townsville gesunkenen Luxusliner, der zur Heimat der angeblich weltweit größten Konzentration und Vielfalt von Meeresfauna und -flora geworden ist. Harte und weiche Korallen, Seeanemonen, Mollusken, Nacktschnecken und Krustentiere überziehen den Schiffsrumpf, manchmal kommt ein über zwei Meter großer Lippfisch vorbei und knackt sich ein Schalentier. Dichte Schwärme von Trevallies und Barrakudas ziehen ihre Bahnen durch die Schiffsmesse, Riff- und Zackenbarsche glotzen ohne Scheu die Taucher an, und durch die Bullaugen schwimmen die „Dinosaurier“ des Riffs – Adlerrochen und Meeresschildkröten, die bereits seit 150 Millionen Jahren existieren. Sogar Wale, Delfine und Seekühe schwimmen in den Gewässern des Großen Barriereriffs. Thunfische, Marlins und natürlich Haie, die hier für Menschen kaum eine Gefahr sind, finden reiche Beute.

Rechts: Great Barrier Reef aus der Vogelperspektive
Unten: Taucherin am Great Barrier Reef mit Gorgonien

TROPISCHE INSELPARADIESE

Vor der Nordküste Queenslands warten Trauminseln, wie es auf der Welt nicht viele gibt. Besonders leicht zu erreichen ist das nur fünf Kilometer vor der Küste gelegene Dunk Island. So muss eine tropische Insel aussehen: Türkisfarbenes Meer spült sanft an abgeschiedene weiße Sandstrände, über die sich dekorativ mächtige Palmen neigen. Durch den Regenwald flattern große bunte Schmetterlinge, darunter der berühmte blaue Odysseus-Falter. Vergleichbare Paradiese gibt es auch billiger, wenngleich nicht so komfortabel. Von Cardwell setzt man auf das große Hinchinbrook Island über, ein Nationalpark mit Granitbergen, tropischen Regenwäldern und Mangrovenküsten an der Westseite sowie unberührten sandigen Buchten und langen Stränden an der Ostseite. Hinchinbrook ist keine Insel für verwöhnte Robinsons, sondern für begeisterte Buschwanderer mit Rucksack. Für den nötigen Nervenkitzel sorgen Krokodile, die sich in den Flüssen tummeln, die der Trail durchquert. Zelten kann man zum Beispiel in der malerischen Zoe Bay, und wer es naturnah, aber doch mit Bett und Bad mag, kann in den Hütten und „Baumhäusern" der Hinchinbrook Island Wilderness Lodge absteigen – oder sich im Luxusresort auf Orpheus Island von den Strapazen erholen. Orpheus ist eine lange und schmale, dicht bewaldete Kontinentalinsel mit schönen Stränden und einem erstklassigen Saumriff, also ideal für Taucher und Schnorchler. Man erreicht die Insel mit dem Wassertaxi von Dungeness aus, und wenn das Urlaubsbudget zu schmal für das Resort ist, schlägt man einfach an der Yankee oder Pioneer Bay sein Zelt auf.

AITUTAKI

TRAUMLAGUNE AUF DEN COOK ISLANDS IM SÜDPAZIFIK

Jadegrün und türkis wie ein buntes Seidentuch liegt die Lagune von Aitutaki im endlosen indigoblauen Meer, und an die Korallenriffe brandet der Ozean. Junge Frauen legen den Ankömmlingen aus Rarotonga duftende Blumenketten aus weißen und rosa Frangipani- und Gardenienblüten um den Hals. Im Juni beginnt die Trockenzeit, und Australier und Neuseeländer haben noch keine Winterferien. Schon auf einer Fahrt mit einem Glasbodenboot durch die Lagune und zum Außenriff bekommt man jede Menge bunter Fische, Meeresschildkröten, Riesenmuscheln und Korallen zu Gesicht. Wer die paradiesischen Inselchen kennenlernen möchte, fährt mit den kleineren Booten von Kia Orana Cruise hinaus. Nur sie dürfen auf Honeymoon Island die Lunchpause einlegen, und das ist die schönste Insel. Maina ist das Schnorchelparadies schlechthin, und wer Glück hat, erspäht sogar einen Rotschwanz-Tropikvogel, dessen rote Schwanzfedern bei Zeremonien als Kopfschmuck verwendet werden.

Sandstrand auf Aitutaki

TRADITIONEN DER SÜDSEE

Vom 124 Meter hohen „Berg“ Maungapu genießt man einen Panoramablick über die gesamte Lagune. Wer an einem der üppigen Gärten der Einheimischen stehenbleibt, dem drückt manche Gartenbesitzerin eine saftige Papaya in die Hand. Aufregend wird es nur, wenn ein Frachtschiff aus Rarotonga eintrifft. Das muss außerhalb der Lagune ankern, und die ganze Lieferung wird auf kleine Boote umgeladen. Am Sonntag müsste es ja eigentlich noch beschaulicher zugehen, aber weit gefehlt! Denn um 10 Uhr morgens strömen die bunt gekleideten Einwohner – die Frauen mit großen weißen, kunstvoll geflochtenen Strohhüten – in die älteste Kirche der Cook Islands. Sie wurde schon 1828 gebaut und hat eine grandiose Akustik, ist also der ideale Ort, um die inbrünstigen mehrstimmigen Wechselgesänge der frommen Insulaner zu genießen.

Die suggestiven Trommeltänze der Cook Islands erlebt man heute auf den vielen „Island Nights“. Dabei vollführen die Frauen, die Bastkostüme, üppige Blütengirlanden und Kokosnussschalen als BH tragen, den „ura pa'u“, den heute eher unter dem Namen „tamure“ bekannten Trommeltanz, mit lang trainierten Hüftschwüngen. Die Männer – ausgestattet mit üppigem Kopfschmuck und buntem Bastrock – umtanzen sie mit akrobatischen Verrenkungen und klappen im Rhythmus der rasend pulsierenden Schlitztrommeln ihre Knie wie Scheren zusammen. Die männlichen Sprechgesänge erzählen von Schöpfungsmythen, von Stammeskämpfen, vom Fischen und Jagen, die Frauen singen von Liebe, Familie und der Schönheit der Inseln.

HUAHINE

POLYNESISCHE SÜDSEETRÄUME

Wasserbungalows in der Lagune von Huahine

Seit über 250 Jahren verkörpert Tahiti, die größte Insel Französisch-Polynesiens, den Südseetraum schlechthin. War es anfänglich die Schönheit der Tahitianerinnen, die es den Europäern angetan hatte, so begeistern Urlauber heute die korallengesäumten Lagunen und die bizarren Vulkankegel im Hinterland. Hier stehen luxuriöse strohgedeckte Hütten auf Stelzen über durchsichtigem Wasser, das tagsüber türkis bis azurblau schimmert und abends bei Sonnenuntergang ein unglaubliches Farbenspiel inszeniert: von Orange über Tiefrot bis Malvenfarben und Indigoblau.

UNVERFÄLSCHTES LEBEN

Moorea und Bora Bora heißen die berühmten Traumziele der polynesischen Inseln. Traditionelles Leben findet man aber eher auf Huahine, einer noch immer recht verschlafenen, eigentlich aus zwei Eilanden bestehenden Insel 175 Kilometer nordwestlich von Papeete. Auch hier haben sich bereits einige Luxushotels etabliert, doch ist die Insel wesentlich größer als Bora Bora, und die 5500 Einwohner sind fast ausschließlich Polynesier. Im Juni ist das Wetter schon perfekt, und die Urlauber aus dem fernen Frankreich sind noch nicht da. Auf Huahine findet man besonders viele Maraes, die traditionellen Kult- und Versammlungsstätten der Polynesier, und an der Lagune Fauna Nui sind immer noch jahrhundertealte Fischfallen in Gebrauch. Die Insel lockt mit preiswerten Pensionen, unberührten Stränden, azurblauen Lagunen und abgeschiedenen Buchten – eine Oase für Rucksacktouristen und Surfer. Nur im Hauptort Fare kann es mal hektisch werden, wenn in der Bucht ein Kreuzfahrtschiff vor Anker geht. Besonders idyllisch geht es auf dem kleineren südlichen Inselteil Huahine-iti zu.

BALI

INDONESIENS INSEL DER GÖTTER UND DÄMONEN

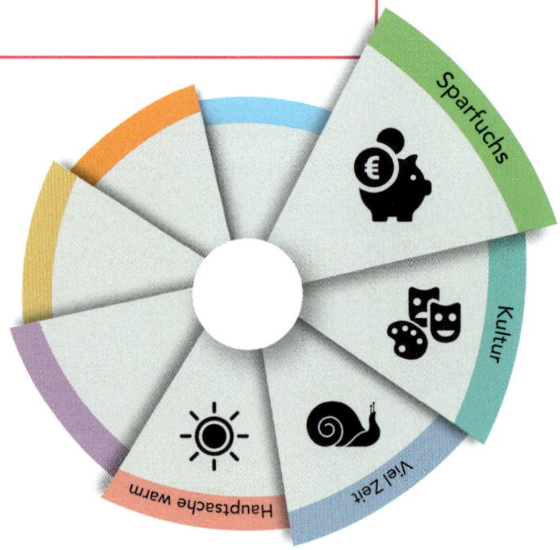

„Morgen der Welt“ lautet einer der zahlreichen Beinamen von Bali. Die wohl faszinierendste Insel Indonesiens ist immer noch ein preiswertes Reiseziel, vom langen Flug einmal abgesehen. Der trockene Juni gilt als perfekter Reisemonat, die meisten Australier kommen erst im Juli.

INSEL DER SCHÖNHEIT

Überall auf Bali manifestiert sich der Sinn für Ästhetik. Eine vom Hinduismus geprägte Kultur findet hier in Bildern von betörend-exotischer Schönheit ihren Ausdruck. Man findet sie in den Kaskaden der sattgrünen Reisfelder von Pupuan zwischen Lovina und Antosari, im magischen Klang allgegenwärtiger Gamelan-Orchester und im geheimnisvollen Schattenspiel des balinesischen Figurentheaters. Sie zeigt sich in den bis zum Lidschlag einstudierten graziösen Bewegungen der Legong-Tänzerinnen von Ubud und in den kunstvoll arrangierten Opfergaben in den Dorftempeln, in denen eine unüberschaubare Anzahl hinduistischer Götter verehrt wird, darunter Brahma, Vishnu und Shiva. Seinen ganzen Zauber entfaltet Bali in der Morgen- und Abenddämmerung. Der Sonnenuntergang bei Pura Tanah Lot, einem kleinen Meerestempel auf einem Felseninselchen vor der Südwestküste bei Tabanan, ist ebenso betörend wie der in Rosa, Violett und Orange erglühende Abendhimmel beim Meeresheiligtum Pura Ulu Watu, das als Bastion gegen die Dämonen des Meeres und der Finsternis erbaut wurde. Zen-Stimmung vermittelt auch die Morgenstille am heiligen Bratan-See auf 1200 Metern Höhe. Dunkel zeichnet sich die Silhouette der Tempelanlage Pura Ulan Danu im spiegelglatten indigoblauen Wasser des Kratersees ab, bis sie die aufgehende Sonne goldgelb färbt und der Himmel zartblau zu schimmern beginnt. Völlig sprachlos macht dann der Sonnenaufgang über dem Vulkan Gunung Batur und seinem Kratersee. Nebel füllt den riesigen Einbruchkessel, der sich mit den ersten Sonnenstrahlen allmählich in leuchtend scharlachrotes Magma zu verwandeln scheint.

LANDSCHAFTLICHE REIZE

Über viele Jahrhunderte haben die Balinesen an den Südhängen der Vulkane, wo sich der Monsun abregnet, eine Kulturlandschaft grüner Nassreisfelder geschaffen, die „sawahs“. Reis ist die Speise der Götter, und die „Treppen des Himmels“, die hinauf bis zu den Wolken reichen, bringen bis zu drei Ernten im Jahr hervor. Noch immer müssen die Jungpflanzen in Handarbeit in die gepflügten und gefluteten Terrassen gesetzt werden, und wie früher schneidet man den Reis auch heute noch Halm für Halm mit dem kleinen sichelförmigen Erntemesser, das in der Hand verschwindet. So sieht der Reis das Messer nicht und wird nicht erschreckt. Überall auf den Reisfeldern stehen kleine, mit Palmblattgirlanden dekorierte Opferschreine, und wer auf Bali eine Schale Reis isst, lässt immer ein paar Körner für Dewi Sri zurück, die Reisgöttin.
Aufgrund seiner immensen kulturellen und landschaftlichen Vielfalt ist Bali für einen reinen Strandurlaub viel zu schade. Wer allerdings rund um Kuta Ferien macht, will baden, surfen, faulenzen und nach Sonnenuntergang in einer der zahlreichen Freiluftdiscos die

UND ÜBRIGENS ...

Wer die „Insel der Götter" erreicht, landet in der Hauptstadt Denpasar. Wenig an dieser Stadt lässt auf die Schönheit der Insel schließen, Reisende tun also gut daran, ihr erstes Quartier an den Stränden von Kuta zu beziehen.

Oben: Wassertempel Pura Ulun Danu Bratan
Unten: Sonnenuntergang über Reisterrassen

Nacht durchfeiern. Kuta Beach, der sich in einer sanften Kurve vom Flughafen bis zum Meerestempel Tanah Lot zieht, ist nach wie vor der beste und schönste Strand der Insel. Die Luxusresorts von Nusa Dua auf der Halbinsel Bukit Badung warten mit feinster Küche, balinesischer Wellness und atemberaubenden Poollandschaften auf. Auch die von Sanur nach Osten führende Küstenstraße hat viele wunderschöne Strände erschlossen. Im Hafenstädtchen Padang Bai übernachten Traveller in meist anspruchslosen Pensionen, genießen für wenige indonesische Rupiah den leckeren Fisch der Garküchen und schnorcheln oder tauchen in den farbenfrohen Korallengärten. Wer mag, lässt sich von einheimischen Fischern in deren bunt bemalten Auslegerbooten die Küste entlang oder hinüber zu den Tauch- und Surferstränden der Insel Nusa Lembongan schippern. Wenige Kilometer östlich des modernen Terminals von Padang Bai, wo im Stundentakt die Fähren aus Lombok anlegen, findet man noch immer fast menschenleere Badebuchten am türkisblauen Meer – die letzten Refugien der Rucksackreisenden.

BULGARIEN

SONNIGE SCHWARZMEERKÜSTE

„Slantschew brjag“, also „Sonnenstrand“, heißt Bulgariens größtes Ferienresort – und das völlig zu Recht. Wer nicht nur preiswert, sondern auch (noch) ohne großen Partyrummel an einem acht Kilometer langen Strand Urlaub machen möchte, kommt im Juni, denn auch dann lacht die Sonne vom Himmel, und das Schwarze Meer erreicht bereits Badetemperaturen. Burgas ist mit sehr günstigen Charterflügen zu erreichen, und mit Deutsch kommt man fast überall durch. Nicht verwechseln sollte man den Sonnenstrand mit dem etwa 100 Kilometer nördlich gelegenen Goldstrand, Bulgariens eigentlichem „Ballermann“.

Die Hotels in der Bucht von Nessebar im nördlichen Golf von Burgas haben die niedrigen Standards der sozialistischen Zeit, als sich hier Bürger der BRD und der DDR trafen, längst abgeschüttelt. Viele wurden ganz neu gebaut. Junge bulgarische Animateure sorgen hingebungsvoll für die Unterhaltung der Urlauber, und auch die Speisekarten der Restaurants bieten internationales Niveau. Es locken Partymeilen und jede Menge Strandspaß mit Wasserski, Jetski, Segeln, Surfen und Parasailing. Am südlichen Strandabschnitt geht es generell etwas ruhiger zu, er wird daher von Familien bevorzugt. Auch die Beach-Clubs mit ihren Sunbeds und chilliger Musik sind hier stilvoller, aber trotzdem nicht teuer.

BUMMEL DURCH NESSEBAR

Sogar ein Weltkulturerbe gibt es hier. Das uralte Städtchen Nessebar wurde nämlich schon im 6. Jahrhundert v. Chr. von dorischen Griechen auf einer Halbinsel gegründet und präsentiert sich heute sehr attraktiv mit sehenswerten Kirchen aus byzantinischer Zeit wie der Pantokratorkirche. In vielen der traditionellen Schwarzmeerhäuser im „Wiedergeburtsstil“ mit holzverkleideten überhängenden Obergeschossen und reich geschmückten Fassaden sind inzwischen Privatpensionen, aber auch Restaurants, Tavernen, Bars und Cafés untergebracht, und in den verwinkelten, kopfsteingepflasterten Gassen bieten Frauen vor ihren Häusern sitzend Klöppelarbeiten feil. Erst im Juli erhöhen sie die Preise – und nicht nur sie.

Sosopol an der bulgarischen Schwarzmeerküste

HAINICH

DEUTSCHLANDS SCHÖNSTE BUCHENWÄLDER

„In allen Wipfeln spürest du kaum einen Hauch" dichtete Goethe über den Thüringer Wald. Doch damals konnte man dem Urwald im Nationalpark Hainich noch nicht „aufs Dach steigen". Er liegt im Westen Thüringens zwischen Mühlhausen, Bad Langensalza und Eisenach. Seit 2009 kann man hier die den Menschen ansonsten unzugängliche Welt der oberen Waldetagen erkunden. Preiswerte Pensionen verführen zu längeren Aufenthalten.

WELTNATURERBE WALD

Deutschlands größter zusammenhängender Laubwald und Teil des UNESCO Weltnaturerbes „Europäische Buchenwälder" vermittelt mit über 30 Laubbaumarten den ganzen Zauber des von der Rotbuche beherrschten Waldes, in dem man auch Bergahorn, Vogelkirsche und Elsbeere findet. Lag der Hainich noch vor zwei Jahrzehnten in unmittelbarer Nähe der deutsch-deutschen Grenze – heute das „grüne Band" der deutschen Geschichte –, ist er jetzt nahezu der geografische Mittelpunkt Deutschlands.

Wildkatzen sind die heimlichen Königinnen des Hainich. Man wird die scheuen Tiere nur selten in freier Wildbahn zu Gesicht bekommen, es gibt aber ein Schaugehege. Schon eher erspäht man auf dem Baumkronenpfad, der sich in zwei Schleifen durch die Wipfelregion schlängelt, Bechsteinfledermäuse und Mittelspechte. Aber auch das Totholz ist voller Leben. Über 2000 Käferarten hat man allein im Nationalpark Hainich nachgewiesen. Ein „Charakterkopf" erster Güte ist der Kopfhornschröter, eine zu den Hirschkäfern zählende Art. Vielleicht noch attraktiver sind die Schmetterlinge, von denen etwa 800 Arten im Hainich leben. Mit irisblauen Innenflügeln prunkt der große Schillerfalter. Farbenfroh sind auch die vielen Orchideen, die in jedem Lichtstrahl aufleuchten, der durch das dichte Blätterdach fällt. Wer unter der Woche kommt, hat den

Buchenwald im Nationalpark Hainich mit blühendem Bärlauch

Wald oft fast für sich allein und lauscht in der Stille des frühen Morgens gebannt dem Schlag der Nachtigallen (ja, es gibt sogar einen Nachtigallenweg!) und dem Plätschern glasklarer Quellen.

JÜTLAND

DÄNEMARK ZWISCHEN ZWEI MEEREN

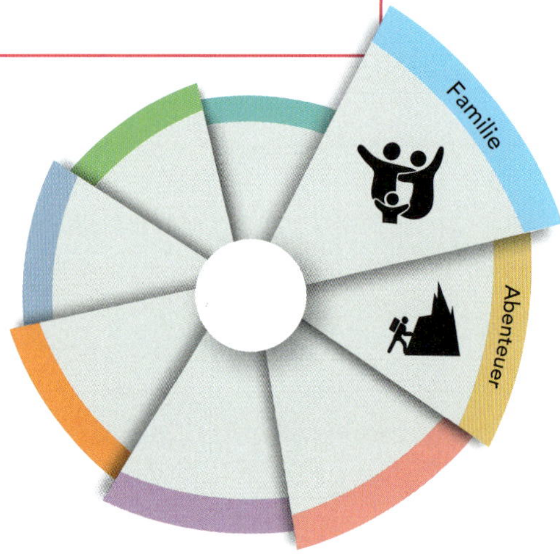

Endlose Strände und fast endlose Tage, so sieht ein Urlaub im Juni auf Jütland aus. Der neueste Trend heißt „Glamping", also Camping mit Glamour. Man schläft in großzügig ausgestatteten Safarizelten oder luxuriösen Wohnmobilen, zum Beispiel auf der Landenge Holmsland Klit in herrlicher Dünenlandschaft. Im angeschlossenen Badeland sorgen Whirlpool, Dampfbad, Sauna und Wasserrutsche dafür, dass schlechtes Wetter kein Thema ist. Oder wie wär's mit den futuristisch anmutenden und allen Komfort bietenden neun Hausbooten, die in Bork Havn am Ringkøbing Fjord vor Anker liegen – Wohnküche, Sauna, Whirlpool und Aussichtsterrasse inklusive.
An manchen Nordseestränden Dänemarks kann man mit dem Auto direkt bis zum Flutsaum fahren, zum Beispiel auf der Insel Rømø. Am dortigen Sønderstrand ist die Sandoberfläche besonders hart, und da Wind eigentlich fast immer bläst, sausen hier dreirädrige Blokarts mit handgelenktem Segel entlang. Die superleichten Strandsegler sind ein echter Hit für Kids und leicht zu handhaben.

UND ÜBRIGENS ...

An Dänemarks Stränden sind Strandkörbe unbekannt, auch Strandburgen zu bauen ist nicht üblich. An der Fahnenstange des Ferienhauses darf man nur eine Flagge hissen, den Dannebrog.

VOM AQUABAD BIS ZUR „SAFARITOUR"

Im Färup Sommerland bei Saltrum ganz im Nordwesten des Landes sorgt eines der schönsten Aquabäder Dänemarks mit riesigen Wasserrutschen für nassen Zeitvertreib. Beim Speedbootfahren, im 3D-Kino und in der Achterbahn des angeschlossenen Freizeitparks bleibt man trocken, außer beim Wildwasserrafting. Noch berühmter ist Legoland in Billund: Skandinaviens bester Freizeitpark präsentiert nicht nur berühmte Bauwerke aus aller Welt im Maßstab von 1:20, die Atlantis-Unterwasserwelt hat sogar echte Haie und Legotaucher zu bieten. In der Westernstadt wird Gold gewaschen, außerdem gibt es 50 Fahrgeschäfte. Im nur etwa 20 Autominuten vom Legoland entfernten Givskud Zoo kann man auf einer „Safaritour" über 90 verschiedene Tierarten bewundern, die auf großzügigen Freiflächen leben, darunter Wasserbüffel, Antilopen, Bisons, Zebras und Giraffen. In speziell abgezäunten Bereichen laufen schon mal Löwen ums Auto.

Dünenstrand an Jütlands Nordseeküste

IRLAND

GRÜNE INSEL OHNE AUTO

Landschaft im Wicklow Mountains National Park

Ferien in Irland, aber keine Lust auf kostspielige Anreise mit eigenem Pkw? Da gibt es zwei spannende Möglichkeiten. Man kann die Grüne Insel zum Beispiel mit dem Planwagen erkunden, genauso wie es das fahrende Volk der Roma in Irland früher tat. Immer mehr Touristen mieten sich einen traditionellen Barrel Top Caravan mit einem kleinen Zugpferd. Da man allerdings längst nicht mehr überall den Verkehr aufhalten sollte, arbeiten die Vermieter eine sinnvolle und natürlich pferdgerechte Tour von Rastplatz zu Rastplatz aus. „Glamping" ist damit auch im wunderschönen Wicklow Mountains National Park möglich, dem Schauplatz der rührenden Love-Story „P.S. Ich liebe Dich" (2007) mit Hilary Swank, die in den USA einen regelrechten Irlandboom auslöste. Mit der ganzen Familie die Langsamkeit entdecken kann man auch mit einem Hausboot auf dem Shannon River. Nach gründlicher Einweisung des Bootsvermieters schaffen das auch Laien problemlos. Ein Bootsführerschein ist überflüssig, nur die Öffnungszeiten der Schleusen sollte man nicht vergessen. Gefahren wird in Schrittgeschwindigkeit.

SCHWARZWALD

ABENTEUERFERIEN IN BADEN-WÜRTTEMBERG

Langeweile? Das gibt's in Deutschlands größtem zusammenhängenden Waldgebiet nicht. Abenteuerlustige schlafen im Camp des Naturschutzzentrums Ruhestein unter dem Sternenhimmel oder im Baumhaus, kochen am Lagerfeuer, sammeln essbare Wildpflanzen, baden im Wildbach, lauschen Waldkäuzen und streifen auf wilden Pfaden durch den Urwald. Das Abenteuerzentrum Kletterwald Feldberg bietet abwechslungsreiche Parcours für alle Altersklassen und in jedem Schwierigkeitsgrad. Die Älteren sausen auf rasanten Seilrutschen von Baum zu Baum. Ein Riesenspaß ist auch die Fahrt auf Deutschlands längster Rodelbahn mit schienengeführten Schlitten. Der Hasenhorn Coaster am Hasenhorn in Todtnau sorgt mit steilen Kurven, wilden Wellen und drei tollen Kreiseln für jede Menge Aufregung auf der 2,9 Kilometer langen Strecke hinab ins Tal. Zum Startpunkt geht's mit der modernen Doppelsesselbahn. Mit Palmen- und Wellnessoase lockt das Badeparadies Schwarzwald Titisee-Neustadt gestresste Eltern, während sich die Kids im Bereich „Galaxy Schwarzwald" über Hightech-Rutschen, darunter eine Monster-Halfpipe, ins kühle Nass stürzen oder sich im Wellenbad tummeln.

Kleiner Abenteurer im Schwarzwald

ROM

SEHNSUCHTSSTADT ITALIENS

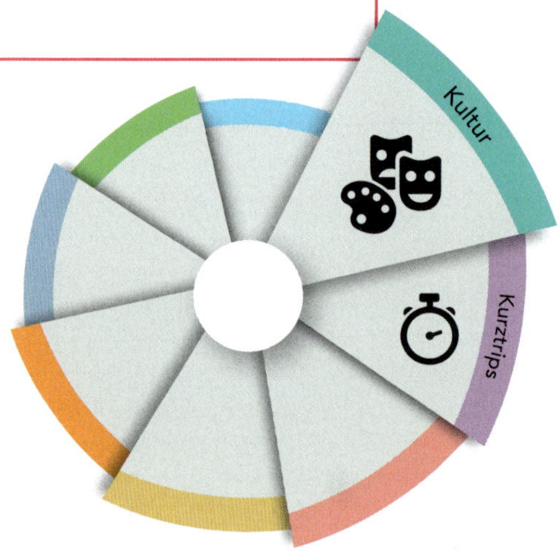

Wer hätte je die magische Anziehungskraft der italienischen Hauptstadt besser geschildert als der Dichterfürst Goethe? „Was aber die Nähe von Rom mich zieht, drück' ich nicht aus. Wenn ich meiner Ungeduld folgte, ich sähe nichts auf dem Wege und eilte nur gradaus. Noch vierzehn Tage, und eine Sehnsucht von 30 Jahren ist gestillt." Schon im Jubiläumsjahr 1300 sollen über eine Million Pilger die „ewige Stadt" besucht haben. Zwei Jahrhunderte später schrieb Martin Luther seine Pilgereindrücke aus Rom nieder.

„AUCH ICH IN ARKADIEN!"

Sie sind kaum zu zählen, die berühmten Maler, Bildhauer, Musiker und Dichter, die Rom zu ihrem zeitweiligen Domizil erkoren haben. Tischbein, Angelica Kauffmann und Raphael Mengs haben in der Ewigen Stadt gemalt, Thorwaldsen arbeitete hier als Bildhauer, Liszt und Wagner ließen sich zu neuen Kompositionen inspirieren. Und natürlich hat eine Legion von Schriftstellern ihre Liebe zu Rom bekannt. Goethe, der incognito als „Maler Philipp Möller" im Haus Via del Corso 18–20 abstieg, vergingen die zwei glücklichsten Jahre seines Lebens wie im Flug: „Ja, ich kann sagen, dass ich nur in Rom empfunden habe, was eigentlich ein Mensch sei. Zu dieser Höhe, zu diesem Glück der Empfindung bin ich später nie wieder gekommen, ich bin, mit meinem Zustand in Rom verglichen, eigentlich nachher nie wieder froh geworden."

Grillparzer bewunderte, romantisch verzückt, die Ruinen des Forum Romanum im Mondenschein, Winckelmann empfand die Stadt als „unerschöpflich". Die englischen Romantiker Keats und Shelley, die amerikanischen Autoren Henry James und Ezra Pound, russische Besucher wie Nikolai Wassiljewitsch Gogol – sie alle tranken ihren Kaffee im berühmten Caffè Greco an der Spanischen Treppe. Als Goethe hier verkehrte, war es noch keine 30 Jahre alt. Heute nehmen auf den samtbezogenen Stühlen die Nostalgiker Platz und lassen sich von befrackten Kellnern bedienen, während sie das mehrbändige Gästebuch bewundern, in dem sich die Crème der europäischen Geistesgeschichte verewigt hat.

LA DOLCE VITA

Manch illustren Stammgast des Caffè Greco kann man noch heute in Rom „besuchen": Auf dem Campo Santo Teutonico im Vatikan liegen die katholischen Deutschen begraben, darunter Carolyne zu Sayn-Wittgenstein, die Lebensgefährtin des Komponisten Franz Liszt. Auf dem idyllischen, von Pinien beschatteten Cimitero acattolico an der Porta Ostiense ruhen Keats und Shelley sowie viele weitere Nicht-Katholiken, denen das Glück widerfuhr, in Rom sterben zu dürfen. Für Goethes Sohn erfüllte sich, was sich der Vater in seiner siebten römischen Elegie ersehnt hatte: „Dulde mich, Jupiter, hier, und Hermes führe mich später, Cestius' Mal vorbei, leise zum Orkus hinab."

Doch in Rom lernten die Geistesgrößen Europas vor allen das Leben, und das gilt bis heute. Schon mancher ist wegen der Kunstschätze der Vatikanischen Museen nach Rom gekommen oder um die sieben Hauptkirchen der Stadt der Reihe nach zu besuchen, wie es alte Pilgerpflicht ist. Es kann allerdings sein, dass die Erinnerung an die byzantinischen Mosaiken, die Barockskulpturen

Oben: Blick auf das Forum Romanum
Links: Italienische Osteria im Trendviertel Trastevere

Berninis und die meist im Laufschritt absolvierten Michelangelo-Fresken der Sixtinischen Kapelle schneller verblasst ist als der Eindruck, den man vom Markttreiben auf dem Campo de' Fiori, vom turbulenten Nachtleben im Viertel Trastevere und von den unzähligen Liebespaaren auf dem Gianicolo-Hügel mit nach Hause genommen hat. Das römische „Dolce Vita" ist nicht nur ein Mythos, den Federico Fellini schuf, als er den blonden Vamp Anita Ekberg in die Fontana di Trevi steigen ließ. Ein todschickes Kleid aus der noblen Via Veneto, eine leckere Pasta bei Alfredo und ein „caffè speciale" im Sant'Eustacchio am Pantheon, der vielleicht besten Espresso-Bar Italiens: Rom ist immer eine Reise wert – ganz besonders im Juni, wenn die Nächte schon angenehm lau sind.

UND ÜBRIGENS ...

Wohl das beste Eis in Rom verkauft die traditionsreiche Gelateria Giolitti in der Via degli Uffici del Vicario 40 westlich des Corso. Granatapfel, Pistazie und Vacanze Roma schmecken besonders aromatisch.

DELPHI

GRIECHISCHE ORAKELSTÄTTE

Delphis zentrale Lage in Mittelgriechenland zwischen den „glänzenden" Phädriadenfelsen und den silbrigen Olivenhainen unten im Tal ist so berückend wie vor 2800 Jahren. In grauer Vorzeit hatte Zeus an den beiden Weltenden zwei Adler aufsteigen lassen: Die Stelle, wo sie sich trafen, bestimmte er zum „Nabel der Welt". Um das kostbare Orakel an der heiligen Kastalischen Quelle zu erben, hatte Apollon den Drachen Python getötet, Sohn von Gaia (der großen Mutter Erde) und Wächter über eine Felsschlucht, deren halluzinogener Nebel den Menschen prophetische Kräfte verlieh. Wie bedeutend Delphi war, davon zeugen die imposanten Ruinen des Apollon- und des Athene-Heiligtums. Zur Abhaltung der Pythischen Spiele, einem Wettstreit der Künstler und Athleten zu Ehren von Apollon, legte man hoch über der Terrasse des Apollon-Tempels das vorzüglich erhaltene Theater an einem Berghang an. Hier wetteiferten Dichter und Musiker um den Lorbeerkranz. Die Athletenwettkämpfe und Pferderennen fanden weiter außerhalb im Stadion statt.

SCHATZHÄUSER UND HEILIGTÜMER

Viele Städte der griechischen Welt erbauten in Delphi Schatzhäuser in Form von Tempeln, so etwa Athen oder Korinth. Manche der hier einst verwahrten prunkvollen Opfergaben sind heute im Archäologischen Museum vor Ort zu sehen. Weltberühmt sind die bronzene Statue des Wagenlenkers und die römische Marmorstatue des Antinoos. Das Heiligtum des Apollon dominierte der große dorische Tempel des Gottes der Künste, doch das faszinierendste Bauwerk von Delphi ist der Tholos im etwas abseits und unterhalb gelegenen heiligen Bezirk der Athena Pronaia: ein nach präzisen arithmetischen Regeln konzipierter Rundbau aus attischem Marmor. Drei Säulen und einen Teil des Architravs hat man wieder aufgerichtet. Das Wissen um die Funktion dieses Inbegriffs griechischer Eleganz hat die letzte Pythia von Delphi mit ins Grab genommen: „Das schön gefügte Haus ist gefallen, die Zuflucht Apollons dahin, der heilige Lorbeer verwelkt, die Quellen schweigen für immer, die Stimme verstummt."

Tholos im heiligen Bezirk der Athena Pronaia in Delphi

MARSEILLE

MULTIKULTURELLE METROPOLE IN FRANKREICH

Einfahrt zum Vieux Port von Marseille mit dem Fort Saint Jean

Keine andere europäische Hafenstadt kann auf eine längere Tradition als Begegnungsstätte der Zivilisationen zurückblicken. Griechen, ägyptische Juden, Roma, Korsen, Armenier, Italiener, Spanier, Algerier und Afrikaner: Sie alle haben Marseille ihren Stempel aufgedrückt. Über alle wacht Marseilles Schutzpatronin Notre-Dame-de-la-Garde auf der Spitze ihrer byzantinischen Wallfahrtskirche hoch über der Stadt.
Wer die monumentale Prunktreppe des Bahnhofs St-Charles hinunterschreitet, landet mitten im noch heute etwas anrüchigen Viertel Belsunce. In dessen Gassen sang man zum ersten Mal die Marseillaise, hier wird gehandelt und gefeilscht wie schon zur Zeit der Griechen. Zuckersüße Versuchungen stapeln sich im Schaufenster des marokkanischen Bäckers. In den vollgestopften Läden findet man seidene Kopftücher, marokkanisches Teegeschirr und CDs mit algerischer Rai-Musik.

AM ALTEN HAFEN

Die Prachtstraße Canebière führt von Belsunce zum rechteckigen Vieux Port hinunter. Ihre prunkvolle Architektur stammt aus dem Zweiten Kaiserreich, als der Kolonialhandel mit Algerien und Indochina Marseille märchenhaften Reichtum bescherte. Noch immer werden am Quai des Belges jeden Morgen Drachenkopf, Meerbarbe, Petersfisch, Seeaal, Knurrhahn und Meeräsche für die berühmte Fischsuppe Bouillabaisse versteigert. Am Vieux Port gründeten um 600 v. Chr. griechische Seefahrer aus der kleinasiatischen Kolonie Phokäa den Hafen Massalia, führten den Ölbaum ein und handelten mit Keramik, Wein und Getreide, mit Zinn aus der Bretagne und Kupfer aus Spanien. Über den freigelegten griechischen Anlagen präsentiert das Musée d'Histoire de Marseille 2600 Jahre Geschichte. Wenige Schritte entfernt illustriert das Musée des Docks romains den Handel Marseilles in der Antike. Die schönste Sammlung antiker Funde zeigt jedoch das Musée d'Archéologie de Marseille mitten im ältesten Viertel der Stadt. Vom Vieux Port führt die „Corniche", die Küstenstraße, an vornehmen Villen vorbei zum Strand Plage du Prado und weiter zu den unzähligen idyllischen fjordartigen Buchten und Felsklippen der Calanques, die sich rund 20 Kilometer bis nach Cassis erstreckt. Hier findet jeder ein ruhiges Plätzchen zum Baden, Angeln oder Nachdenken.

Strandidyll auf Sansibar (Foto), in Galicien oder in der Bretagne, Kultur pur in Krakau, Salzburg und Vilnius, Naturabenteuer auf der Vulkaninsel Réunion und auf den polynesischen Marquesas, altnordische Sagas über isländische Helden – der Juli hat Reisenden jede Menge zu bieten.

GALICIEN

SPANIENS WILDE SONNENSTRÄNDE

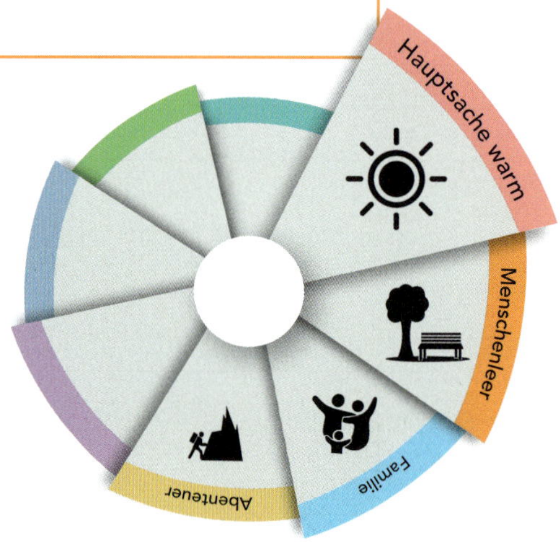

An den Stränden im äußersten Nordwesten Spaniens herrscht auch im Sommer nie Gedränge. Die Sonne scheint im Juli viel öfter als vermutet, und dann verwandeln sich die eigentlich so rauen Küsten Galiciens in wahre Traumlandschaften. Im Hochsommer herrschen durchaus Badetemperaturen. Sowohl in den wie Fjorde tief ins Land eingeschnittenen Rias als auch am offenen Meer fühlt man sich fast in die Südsee versetzt. Zahlreiche Leuchttürme sorgen für romantisches Flair, Bettenburgen sind hier dagegen kein Thema. Man schläft in kleinen netten Hotels oder in Privatpensionen und genießt eine Freiheit, die im Sommer am spanischen Mittelmeer kaum noch zu finden ist.

WEITE STRÄNDE, IDYLLISCHE BUCHTEN

Zwischen der Ria de Ferrol und der Ria de Cedeira wechseln sich kilometerlange feinsandige Strände mit charmanten kleinen Buchten ab. Weiter nördlich erinnert die schroffe zerklüftete Steilküste ein wenig an die Bretagne, und der Nordés-Wind, den die Surfer und Windsurfer so schätzen, sorgt für blauen Himmel. Der berühmteste Strand der Nordküste Galiciens ist die Praia de Augas Santas. Wegen ihrer bogenförmigen Felsformationen ist sie auch unter dem Namen „As Catedrais", also „Strand der Kathedralen", bekannt. Bei Ebbe kann man hier sehr stimmungsvolle Strandwanderungen unternehmen.

Spektakulär weit und einsam präsentiert sich südlich von El Ferrol unweit von Fisterra, Spaniens westlichem Ende, die Praia do Rostro. Wieder weiter südlich nimmt die Küstenlandschaft etwas sanftere Züge an. Am sieben Kilometer langen Strand von Carnota wurde der preisgekrönte Film „Das Meer in mir" von Alejandro Amenábar gedreht. Bei Ebbe ist der Strand bis zu einem Kilometer breit, und bei Sonnenschein müsste man für die Farbe des Meeres das Wort „Galicisch-Türkis" erfinden. Auf dem Weg nach Pontevedra wartet am Nordende der Ria de Arousa die beeindruckende Dünenlandschaft des Parque Natural de Corrubedo. Auch die am Südende der Ria gelegene, zwei Kilometer lange feinsandige Praia da Lanzada, ein am offenen Atlantik gelegenes Surf- und Windsurfparadies, verführt zu langen Spaziergängen. Das Wasser ist hier besonders sauber.

INSELN DER GÖTTER

Geht es noch schöner? Vor 2000 Jahren bezeichnete der griechische Geograf Ptolemäus die gebirgigen Illas Cíes als „Inseln der Götter". Tatsächlich waren sie bereits in der Steinzeit von Menschen bewohnt, und aus der Bronzezeit ist eine Befestigungsanlage am Hang des Monte Faro erhalten. Sogar Julius Caesar soll hier mal nach dem Rechten gesehen haben. Die Anlage wurde auch später noch gebraucht, denn sowohl maurische als auch englische Freibeuter überfielen die Inseln immer wieder. Besonders toll trieb es der berühmte Korsar Sir Francis Drake, der kurz nach dem Untergang der Spanischen Armada nach Galicien segelte, um die Vormacht Spaniens auf den Weltmeeren zu brechen, was allerdings in einem Fiasko endete.

Von Vigo, Cangas und Baiona setzen in der Hochsaison regelmäßig Katamarane zum der Ria de Vigo vorgelagerten Archipel über. Kein Auto stört das Idyll auf den drei zum Nationalpark erklärten unbewohnten

UND ÜBRIGENS …

An den Küsten Galiciens machen sich Ebbe und Flut viel dramatischer bemerkbar als am Mittelmeer. Die App von MeteoGalicia (www.meteogalicia.gal) liefert den aktuellen Gezeitenkalender für die Strände.

Oben: Römischer Herkulesturm in A Coruña
Unten: Sanddünen im Naturpark Complejo Dunar de Corrubedo

Eilanden des Archipels. 2012 zählte die Modezeitschrift „Vogue" die Inselstrände zu den schönsten Europas überhaupt. Karibisch anmutende türkisblaue Atlantikwellen benetzen den schneeweißen Sand der 1,3 Kilometer langen halbmondförmigen Playa de Rodas auf der Illa de Monteagudo. Zwischen Juni und September ist der idyllisch in einem Kiefernwäldchen direkt an der Playa de Rodas gelegene Zeltplatz geöffnet. Hier gibt es ein vorzügliches Fischrestaurant. An der verschwiegenen Bucht von Figueiras darf man sogar alle Hüllen fallen lassen. Vom 175 Meter hohen Monte Faro mit dem 1852 hier errichteten Leuchtturm bietet sich ein Traumausblick auf das gesamte Archipel. Über Nacht auf der Illa de Monteagudo zu bleiben lohnt sich: Die Sonnenuntergänge sind dramatische Inszenierungen in Orange und Rot, und am Morgen spielt Aurora am nach Osten blickenden Strand Fifty Shades of Rose.

LANGUEDOC

SÜDFRANZÖSISCHE KÜSTE MIT VIEL GESCHICHTE

An der über 200 Kilometer langen Küste von Languedoc-Roussillon zwischen Rhone und Pyrenäen, heute Teil der Großregion Okzitanien, gibt es 28 Seebäder. Südlich von Narbonne, an den von Nadelwäldern gesäumten Stränden des Parc naturel régional de la Narbonnaise en Méditerranée, macht man noch immer sehr naturverbunden Urlaub. Besonders breit ist der fast acht Kilometer lange Sandstrand von Coussoules bei La Franqui. Hier weht der Wind an 300 Tagen im Jahr und bläht die Segel der Blokarts und Kiteboards. Südlich von La Franqui geht die Küste in eine Landzunge zwischen der Lagune Étang de Leucate und dem offenen Meer über. Hier erstrecken sich die fabelhaften Strände von Leucate. Ganz im Norden liegt in der Nähe des Leuchtturms am Cap Leucate die kleine idyllische, von Felsen gesäumte Plagette Leucate. Man muss einen steilen Pfad hinunterkraxeln, um im türkisfarbenen Meer zu baden. Besonders beliebt ist die windgeschützte Plage Galion weiter südlich, wo es viele Unterkünfte und Restaurants gibt. Dagegen ist die sich südlich anschließende Plage du Mouret fast völlig unerschlossen. Abgesehen von ein paar Strohhütten, bei denen man essen und trinken oder Luftmatratzen und Seekajaks leihen kann, gibt es hier nur Natur – ideal für Ruhesuchende. Als nächstes folgt die abgeschiedene Plage Naturiste, an der alle Hüllen fallen. Hochburgen des Familientourismus sind dagegen die zwei Kilometer lange Plage du Port de Leucate und die Plage d'Aqualand.

Schloss am Strand von Collioure

AUSFLÜGE INS KATHARERLAND

Im Westen von Leucate erhebt sich das wild zerklüftete Bergland der Corbières. Im späten 12. Jahrhundert genoss die dualistische Sekte der Katharer in dieser Region hohes Ansehen, bis ein Kreuzzug der Nordfranzosen dem „ketzerischen Treiben" ein Ende machte. Erst 1255 wurde das Château de Quéribus erobert, die letzte der auf himmelsstürmenden Felsnadeln thronenden Katharerburgen. Nur wenige Kilometer nördlich erhebt sich das Château de Peyrepertuse, dessen Überreste mit dem Karstfelsen geradezu zu verschmelzen scheinen. Wer in den Privatunterkünften der Umgebung übernachtet, erlebt den Zauber dieser Burgruinen fast ungestört – nebel- und wolkenverhangen am Morgen, im letzten Tageslicht erglühend am Abend. Nicht minder atemberaubend ist der Anblick von Carcassonne, das eine gute Autostunde von Leucate entfernt liegt. Wie eine Illustration aus gotischen Stundenbüchern steigt die Silhouette von Europas größter mittelalterlicher Festung aus der Ebene empor. Am spektakulärsten ist der Anblick in der Nacht des 14. Juli, dem französischen Nationalfeiertag, wenn Scheinwerfer die gewaltigen Mauern, Türme und Zinnen der Cité in eine rote Höllenglut tauchen und am Himmel ein gigantisches Feuerwerk explodiert.

SANSIBAR

GEWÜRZINSEL VOR AFRIKAS OSTKÜSTE

Oben: Masai in traditioneller Kleidung am Strand von Sansibar
Unten: Straßenszene in Stone Town

Nur 20 Minuten dauert der Flug von Dar es Salaam auf die 40 Kilometer vor der Küste von Tansania gelegene ostafrikanische Gewürzinsel, knappe drei Stunden die Fährpassage. Wer heute durch das Gassenlabyrinth der von Arabern aus dem Oman im 17. Jahrhundert errichteten Stone Town bummelt, bewundert Paläste und Herrenhäuser mit kunstvoll verzierten Portalen und Balkonen aus Teakholz. Inzwischen wird das lange vernachlässigte Weltkulturerbe restauriert. Auf dem Food Market in den Forodhani Gardens servieren Dutzende von Garköchen im Schein flackernder Öllaternen fantastisches Seafood zu unschlagbar günstigen Preisen.

SANSIBARS STRÄNDE

Die von den Gezeiten nicht beeinflussten Strände an der Nordspitze der Insel sind geradezu surreal schön – besonders in der Trockenzeit zwischen Juni und September, wenn der schneeweiße Sand mit dem intensiv türkis leuchtenden Meer um die Wette strahlt. Anders als an der Ost- und Westküste muss man hier bei Ebbe zum Schwimmen nicht endlos weit hinauswaten. Am Ras Nungwi Beach sorgen Bars und Clubs für eine chillige Partyatmosphäre. Am benachbarten Kendwa Beach geht es etwas ruhiger zu. Man schläft in preiswerten Gästehäusern und in ebenfalls günstigen, komfortablen kleinen Hotels. Taucher schwärmen dagegen vom winzigen Chumbe Island vor der Westküste, Sansibars erstem marinen Schutzgebiet. Die Unterwasserwelt der völlig intakten Korallengärten strahlt in psychedelischen Farben. Die sieben mit Palmstroh gedeckten Ökobungalows sind auch bei umweltbewussten flitternden Pärchen sehr beliebt.

SALZBURG

MOZARTSTADT FÜR JEDERMANN

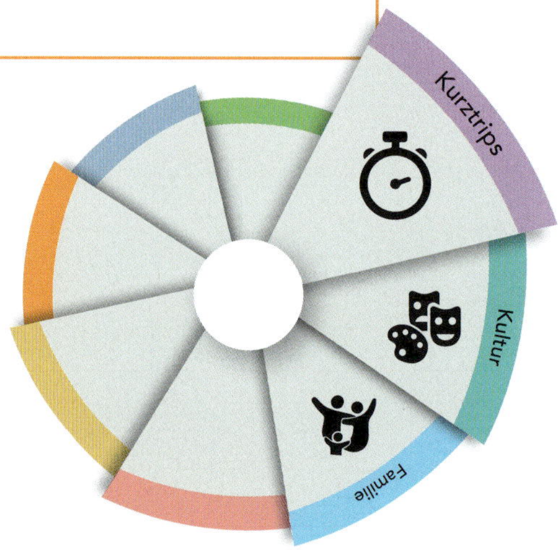

Getreidegasse in Salzburg

Nur 90 Minuten Auto- oder Zugfahrt von München entfernt thront eine mittelalterliche Burg vor imposanter Alpenkulisse über dem barocken Juwel der Altstadt von Salzburg. Ende Juli, wenn die Salzburger Festspiele eröffnet werden und die dreigeschossige Portalfront des Doms, des ersten barocken Kirchenbaus nördlich der Alpen, wieder als Kulisse für die Freilichtaufführung des „Jedermann" von Hugo von Hofmannsthal dient, gibt es einen Grund mehr, in die Stadt an der Salzach zu fahren – auch wenn man kein Glück bei der Kartenlotterie hatte. Mit „Festspielnächten für jedermann" lockt Siemens alle leer ausgegangenen Kulturfans auf den Kapitelplatz. Hier, unter freiem Himmel, kann man nämlich völlig kostenlos viele Übertragungen aus dem aktuellen Festspielprogramm – Opern, Konzerte und Schauspiel – mithilfe modernster Technik verfolgen. Sogar bei einigen Premieren ist man live dabei! Außerdem gibt es vor dieser einzigartigen Kulisse Festspiel-Highlights vergangener Jahre zu sehen.

AN SONNIGEN TAGEN

Ist das Wetter schön, flaniert man durch die Getreidegasse mit ihren Durchhäusern, alteingesessenen Geschäften, Arkaden- und Laubengängen, reich verzierten Zunftschildern und prunkvollen Portalen. Ein Touristenmagnet ist die einfache Wohnung im 3. Stock des gelben Haus mit der Nr. 9. Hier kam am 27. Januar 1756 Wolfgang Amadeus Mozart zur Welt. Heute ist das Haus ein viel besuchtes Museum, in dem man viel über das Leben des Wunderkinds, das hier bis 1773 lebte, und der Familie Mozart erfährt.

Der Marmorsaal von Schloss Mirabell aus dem 17. Jahrhundert ist heute festliche Kulisse von klassischen Konzerten und Trauungen. Im 1690 entworfenen barocken Mirabellgarten werden dann – mit ornamentalen Blumenrabatten, Terrassen und Marmorstatuen als Hintergrund – die Hochzeitsfotos geknipst. Mittelpunkt ist der Pegasusbrunnen mit den allegorischen Figuren für die vier Elemente Feuer, Luft, Erde und Wasser. In der südwestlichen Ecke des Mirabellgartens wurde bis 1717 ein Heckentheater nach französischem Vorbild angelegt. Auch die Gärten von Schloss Hellbrunn, einem der prachtvollsten Renaissancebauten nördlich der Alpen, sind im Juli eine beliebte Zuflucht. Barocke wasserbetriebene Figurenspiele, tückische Spritzbrunnen, steinerne Hocker mit Wasserdüsen in der Mitte des

Schloss Mirabell mit barockem Mirabellgarten

Sitzes, Fontänen, die unverhofft aus dem Boden schießen, und ein mechanisches „Wassertheater" amüsieren Groß und Klein.

UND ÜBRIGENS ...

Nur die Konditorei Fürst darf ihre nach wie vor handgefertigten, 1890 erfundenen Pralinen „Original Salzburger Mozartkugeln" nennen. Sie werden ins traditionelle Silberstanniol mit blauem Aufdruck gewickelt.

BEI SCHNÜRLREGEN

Sollte sich unverhofft der berüchtigte Salzburger Schnürlregen einstellen, kann man allein in der zwischen 1588 und 1602 entstandenen Neuen Residenz einen Tag verbringen. Hier präsentiert das Salzburg Museum Geschichte und Kultur der Stadt. Die Dauerausstellung „Mythos Salzburg" widmet sich der illustren Musikgeschichte der Mozartstadt, während im Panorama Museum am Residenzplatz das detailgetreue Salzburg-Panorama (1825–1829) von Johann Michael Sattler zu Vergleichen mit heute anregt. Das Glockenspiel an der Turmfassade lässt seit 1704 dreimal täglich Melodien von Mozart und Haydn erklingen. Die Prunkräume der Residenz sind Teil des Kulturprojekts Domquartier, das auch das Dommuseum, den gotischen Chor der Franziskanerkirche sowie die Gemäldesammlung des Stifts St. Peter umfasst.

Für einen Besuch des Museums der Moderne wäre allerdings sonnigeres Wetter angebracht. Es steht nämlich auf dem Gipfel des Mönchsbergs, den man vom Anton-Neumayr-Platz mit dem Mönchsberglift erreicht. Von hier aus eröffnen sich grandiose Ausblicke auf Salzburg. Das gilt natürlich auch für die Festung Hohensalzburg. Zu Salzburgs Wahrzeichen gelangt man vom Kapitelplatz aus zu Fuß in rund 20 Minuten oder bequemer mit der Standseilbahn. Besonders sehenswert sind der äußere Burghof mit einer eigenen Zisterne (1539) und der zierlichen Georgskirche (1502) sowie die prunkvoll ausgestatteten Fürstenzimmer.

BRÜGGE

GOTISCHES JUWEL IN FLANDERN

Jacques Brel sang depressiv von „schwarzen Glockentürmen gleich Kletterbäumen, von denen steinerne Teufel die Wolken abhängen". Doch in seinem Chanson ging es um den Winter in Brügge. Im Sommer wirkt Brügge so bunt wie auf den historischen Ansichten von Jan-Baptist Van Meuninghove (1638–1704).

KUNSTSCHÄTZE DER STADT

All die spätgotischen Perlen der Architektur von Brügge aufzuzählen wäre sinnlos – so viele sind es. „Brügge ist ein goldenes Geschmeide, darin die Liebfrauenkirche als kostbarster Edelstein strahlt", schrieb bereits der große Maler Hans Memling im 15. Jahrhundert, obwohl er allenfalls die spätgotischen Grabtumben für Maria von Burgund und ihren Vater Karl den Kühnen kennen konnte, nicht aber den größten Schatz der Kirche: die aus weißem Marmor gemeißelte „Madonna mit Kind" von Michelangelo Buonarroti (1503–1504).

Memlings Werken hat man im ehemaligen Sankt Janshospital, einem der ältesten erhaltenen Krankenhäuser Europas, einen würdigen musealen Rahmen gegeben, und vor seinen Altären und dem besonders kunstvollen Ursulaschrein wird man länger verweilen. Hieronymus Bosch, Jan van Eyck, Pieter Bruegel d. J. und Rogier van der Weyden sind dagegen im Groeninge-Museum prominent vertreten.

Im milden Licht des späten Nachmittags wirken die vielen romantischen Winkel von Brügge besonders zauberhaft. Vor allem am Rozenhoedkaai – Belgiens bekanntestem Postkartenmotiv – ist das Stadtbild sehr schön: Links ragt der 112 Meter hohe Turm der Liebfrauenkirche empor, rechts der 83 Meter hohe Belfried, der Glockenturm des Rathauses. Und das ist beileibe nicht die einzige reizvolle Ansicht in dieser Stadt der gotischen Stufengiebel, Türmchen und Winkelgässchen. Am besten, man schließt die erste Bekanntschaft auf einer Bootsfahrt entlang der malerischen Grachten – gerne auch nach Sonnenuntergang, wenn die Stadt festlich illuminiert wird. Höchst sehenswert ist natürlich auch der Brügger Beginenhof, der schon 1245 gegründet wurde und manche Geschichten von den ersten „emanzipierten" Frauen des Mittelalters erzählen könnte.

Mittelalterpanorama am Rozenhoedkaai in Brügge

LIECHTENSTEIN

KLEINER ALPENSTAAT GANZ GROSS

Verschwiegene Banken und Stiftungen für Steuervermeider? Diese Zeit ist längst vorbei. Auch dass sich Liechtenstein bis heute im Kriegszustand mit Preußen befindet, darf ins Reich der gern erzählten Anekdoten verwiesen werden – vor allem angesichts der Tatsache, dass der sechstkleinste Staat der Welt längst kein stehendes Heer mehr hat und Preußen nicht mehr existiert.

Burg von Vaduz in Liechtenstein

CHARMANTE ALPENDÖRFER

Wahr ist, dass die Einheimischen Besucher, die ihr Geld hier nicht anlegen, sondern ausgeben wollen, viel lieber sehen. Anfang Juli ist es in diesem kleinen, zwischen Österreich und der Schweiz eingebetteten Fürstentum besonders schön, denn dann präsentieren die Wildblumen auf den Almwiesen noch ihre ganze verschwenderische Farbenpracht. Mit 400 Kilometern kann Liechtenstein das dichteste Wanderwegenetz aller europäischen Länder vorweisen. Sehr lohnend und dabei gar nicht anstrengend ist die zweistündige Wanderung vom elf Kilometer südöstlich der Hauptstadt Vaduz gelegenen Malbun auf den Schönberg (2104 Meter). Das Dorf Triesenberg mit seinen alten, mit Geranien geschmückten Walserhäusern liegt auf etwa 900 Metern Höhe auf einer sonnigen Bergterrasse und bietet grandiose Ausblicke über das Rheintal auf die Gebirgsmassive Calanda in Graubünden, Pizol im Sarganser Land von St. Gallen und Säntis in Appenzell.

WEIN UND KUNST

Und die Hauptstadt Vaduz selbst? Philatelisten werden sich das wirklich bemerkenswerte Post- und Briefmarkenmuseum ansehen, die Aussicht vom Vorhof der Burg des Fürsten genießen, die auf das 12. Jahrhundert zurückgeht, und – wieder unten im Tal – den „Herawingert“ genannten Weinberg des Fürsten nebst Hofkellerei besuchen, deren Grand Crus aus der Pinot Noir Traube die Liechtensteiner am liebsten selbst trinken. Die größte Attraktion von Vaduz ist aber das moderne Kunstmuseum, das die kostbare Sammlung des Fürsten präsentiert, darunter Gemälde von Rubens, van Dyck und italienische Malerei des 14. bis 18. Jahrhunderts. Auch die Moderne ist bestens vertreten.

ISLAND

REYKJAVIK UND HALBINSEL SNÆFELLNESS

Reykjavik, die nördlichste Hauptstadt der Welt, hat sich mit ihren kühnen modernen Bauten zum neuen In-Reiseziel entwickelt. Ihr Nachtleben ist inzwischen fast genauso wild wie die Vulkanlandschaften Islands. An deren erkaltete Lavaströme erinnert die Form der himmelsstürmenden Kirche Hallgrímskirkja ganz oben auf dem Skólavörðuhólt, einer Anhöhe. Die Glasbausteine des harfenförmigen Konzerthauses, die für faszinierende Lichtbrechungseffekte sorgen, sind den in Islands Natur häufig zu findenden sechseckigen Basaltsäulen nachempfunden. Neuesten Ausstellungskonzepten folgend bietet das Nationalmuseum mit erlesenen Artefakten einen fantastischen Überblick über die Geschichte Islands von der Wikingerzeit bis heute. Glanzstück ist eine 1000 Jahre alte Bronzefigur des Donnergottes Thor.

HALBINSEL DER SAGAS

An klaren Tagen kann man die Schneesilhouette des 1446 Meter hohen Snæfellsjökull schon von Reykjavik aus sehen. In Jules Vernes „Reise zum Mittelpunkt der Erde" ist dieser Vulkan das Tor zum Zentrum der Erde. Auf der Fahrt zur Halbinsel Snæfellness, die mit ihrem Gletscher, den rauschenden Wasserfällen, Lavafeldern, Basaltsäulen, bunten Fischerhäfen und goldfarbenen Muschelsandstränden alle Facetten Islands auf engem Raum präsentiert, kommt man an vielen Orten vorbei,

UND ÜBRIGENS ...

Im Hafen von Reykjavik starten Whale-Watching-Touren in die Bucht Faxaflói. Man sieht Minkwale und Delfine, gelegentlich auch Buckelwale und Orcas – mit viel Glück sogar einen Blauwal.

Wasserfälle am Kirkjufell auf der Halbinsel Snæfellness

Hallgrímskirkja in Reykjavik

die in den altnordischen Sagas von Island eine große Rolle spielen. Bei Mosfellsbær soll Egil Skallagrímsson, der rebellische Held aus der Egils Saga, seinen Silberschatz vergraben haben. Am Borgarfjörður, einem Fjord weiter nördlich, wo sich schon Ende des 9. Jahrhunderts die ersten Wikingersiedler auf der Flucht vor dem norwegischen König Harald Schönhaar niederließen, spielen viele Episoden aus der Laxdæla Saga, einer über sieben Generationen hinweg episch ausgebreiteten Geschichte von zwei Familien aus dem Lachswassertal. Am Hvammsfjörður im Norden der Halbinsel besucht man das aus Treibholz, Reisig und Grassoden restaurierte Farmhaus Eirikssstadir von Erik dem Roten. Erik war der erste Wikinger, der sich für längere Zeit auf Grönland niederließ, und sein Sohn Leif Eriksson hat um 1000 n. Chr. vermutlich als erster Europäer seinen Fuß auf den amerikanischen Kontinent gesetzt.
Von hier aus kann man die wild zerklüftete Nordküste der Halbinsel Snaefellness an dem mit Schären übersäten Breidafjörður erkunden, verschwiegene Buchten und kleine Fischerorte entdecken, in Stykkishólmur das Grab von Gudrun Ósvifursdóttir besuchen, der viermal verheirateten leidenschaftlichen Frau aus der Laxdæla Saga, und nach dem Aufstieg auf den Helgafell das Traumpanorama auf den Breidafjörður genießen. Von Stykkishólmur starten Bootsausflüge zu den felsigen Inselchen des Breidafjörður, auf denen Papageitaucher, Eissturmvögel, Küstenseeschwalben und Basstölpel brüten. Besonders malerisch ist die sanfte grüne Insel Flatey mit ihren bunten Holzhäusern. Von hier aus hat man einen fantastischen Blick auf die ferne Nordflanke des Snæfellsjökull.

AM SCHNEEVULKAN

Um den Snæfellsjökull aus der Nähe zu bestaunen, fährt man von Stykkishólmur nach Ólavsvik und umrundet die Westspitze der Halbinsel Snæfellness. Von Hellisandur kann man an klaren Tagen den ganzen Gletscher sehen. Gletschertouren mit Pistenraupen und Motorschlitten werden vom besonders malerischen kleinen Fischerdorf Arnarstapi aus angeboten. Es liegt an der von bizarren Basaltformationen und tobender Brandung geprägten Südküste, deren Zauber eine zweistündige Wanderung nach Hellnar erschließt. Von hier, so berichten die Sagas, stammt die schöne Guðriður Thórbjarndóttir, die um 985 mit ihrer Familie nach Grönland zog, an einer der ersten Expeditionen nach Nordamerika teilnahm und dort das erste „weiße" Kind auf amerikanischem Boden zur Welt brachte. Ein besonders magisches Erlebnis sind Mitternachtstouren. Man muss kein Esoteriker sein, um die Kraft zu spüren, die dieser mystische Vulkan ausstrahlt, wenn im Juli die sommerliche Mitternachtsdämmerung den Gletscher in ein magisches Licht taucht.

RÉUNION

VULKANINSEL IM INDISCHEN OZEAN

Am liebsten würden die Franzosen ihre Vanilleinsel, einen tropischen Außenposten der EU, ganz für sich behalten. Aber es spricht sich herum, wie faszinierend und abwechslungsreich die wilden Berglandschaften von Réunion sind, die Aktivurlauber magisch anziehen.

SCHROFFE VULKANE UND TIEFE TÄLER

Innerhalb von 27 Kilometern Fahrt von Null auf 2200 Meter über dem Meeresspiegel – das gibt es im gesamten Indischen Ozean nur auf Réunion. Auf einer Serpentinenstraße geht es durch reizvolle Dörfer mit blumengeschmückten, farbenfrohen kreolischen Häusern und durch kühle Akazien- und Tamarindenwälder hinauf zu einem wirklich atemberaubenden Aussichtspunkt, dem Pic de Maïdo. Am Morgen bietet sich vom Kraterrand ein von Wolken noch ungetrübter Blick auf den mächtigen Piton des Neiges (3069 Meter): Dieser Schneegipfel mitten in den Tropen ist zugleich der höchste Berg im Indischen Ozean.

Nur eine kurze Autofahrt entfernt blickt man in tiefe, üppig grüne „Cirques". So heißen die drei tiefen Talkessel Cilaos, Salazie und Mafate, die sich wie ein Kleeblatt an den Piton des Neiges schmiegen. Salazie ist der größte und auch zugänglichste der drei. Da es hier viel regnet, rauschen besonders viele Wasserfälle die steilen Lavawände hinab. Die Straße nach Cilaos, übrigens das höchstgelegene Thermalbad des Indischen Ozeans, ist ein echtes Serpentinenwunder, und die Aussichten sind zum Niederknien. Von La Roche Merveilleuse eröffnet sich ein 360-Grad-Panorama. In diesen Cirques kann man wochenlang herrliche Wanderungen unternehmen. Auch Mountainbiker, Gleitschirmflieger, Windsurfer, Rafter, Abseiler und Extremsportler sind hier in ihrem Element. Die Franzosen sorgen dafür, dass alle Abenteuer professionell und sicher organisiert werden. Auch ins Schwitzen kommen Aktive hier nicht so schnell: Das Klima ist trotz der Äquatornähe in den Bergen angenehm mild, und der Wintermonat Juli ist als Reisezeit ideal. Strände gibt es auf Réunion natürlich auch, doch sind sie meist um einiges wilder als auf dem benachbarten Mauritius, besonders an der Ostküste.

AUF ZUM MOND!

Im Südosten der Insel erstreckt sich die bizarre Vulkanlandschaft des Piton de la Fournaise. Schon die Anfahrt auf der 35 Kilometer langen „Vulkanstraße" von La Plaine des Cafres ist ein fantastisches Erlebnis. Erst geht es durch eine üppige Tropenlandschaft, dann hinauf

Rechts: Vogelperspektive auf einen Vulkankrater auf Réunion
Unten: Sonnenuntergang über dem Piton des Neiges

zu grünen Bergwiesen. Vom Aussichtspunkt Nez de Bœuf bewundert man das Panorama der Rivière des Remparts, der – wie der Colorado River im Grand Canyon – eine tiefe Schlucht in die Berge geschnitten hat. Dann eröffnet sich bei La Plaines des Sables eine Mondlandschaft, und schließlich bestaunt man vom Pas de Bellecombe auf 2311 Metern Höhe am Kraterrand die innere Caldera des Piton de la Fournaise mit ihren bizarren erstarrten Lavaströmen. Der 2631 Meter hohe Berg ist der letzte noch rumorende Vulkan auf Réunion und einer der aktivsten der Welt überhaupt.

KENIA

SAFARI IN DER MASAI MARA

„Safari" ist ein Suaheli-Wort für „Reise", das wiederum aus dem Arabischen stammt. Großwildjagd ist inzwischen in Kenia verboten, und es wird längst ohnehin lieber mit Teleobjektiven geschossen, besonders gern auf die „Big Five": Elefant, Löwe, Leopard, Nashorn und Kaffernbüffel. Das Masai Mara National Reserve ist bei Safaritouristen besonders beliebt: Die Straßen sind in ordentlichem Zustand, die Lodges bieten guten Komfort, und die Landschaft ist besonders schön. Hier erstrecken sich riesige Savannen aus rotem Hafergras mit vereinzelten Akazien – gesäumt von Galeriewäldern mit Feigen- und Leberwurstbäumen, deren Blüten sich nachts öffnen und mit ihrem intensiven Duft Fledermäuse anziehen.

Löwe in der Masai Mara

Mit kleinen Bussen, deren Dach sich hochklappen lässt, geht es in der Morgendämmerung auf die erste Pirschfahrt, dann verbringt man die heiße Mittagszeit am Pool der Lodge, und am Nachmittag startet der zweite Game Drive. Nirgendwo sonst in Kenia sieht man so viele Löwen wie hier. Auf ewig in Erinnerung bleibt eine Ballonfahrt über die Masai Mara am frühen Morgen. Im Juli ist das ein besonders faszinierendes Erlebnis, denn dann ziehen Millionen Antilopen, Weißbartgnus und Zebras auf der Suche nach Wasser und Weideplätzen aus der tansanischen Serengeti in die Masai Mara: ein ewiger Kreislauf der Natur. Während der Überquerung des Mara-Flusses spielen sich dramatische Szenen ab, wenn die Gnus im Fluss noch den Krokodilen zu entkommen suchen und am Ufer schon die Löwen warten.

DALMATIEN

FIJAKA AUF KROATIENS INSELCHEN

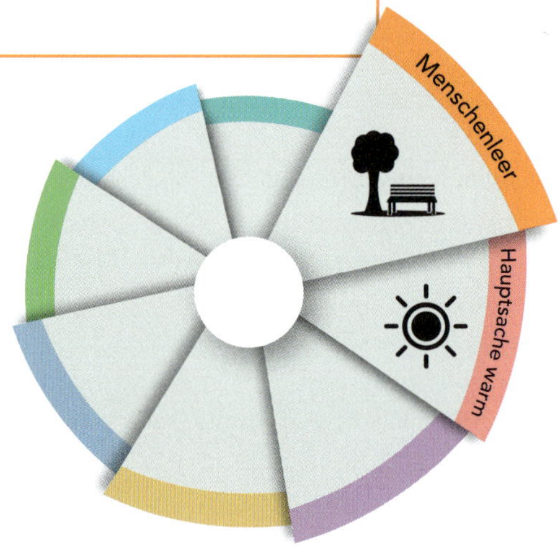

Was bedeutet „Fijaka"? In Dalmatien wird man das Wort öfter hören, doch so recht übersetzen kann es keiner. „Auf Fijaka" zu sein, das heißt, irgendwo die Zeit zu verbummeln, einen kontemplativen Zen-Zustand der vollkommenen Wunschlosigkeit erreicht zu haben oder ganz einfach die Entdeckung der Langsamkeit. Lernen kann man das nicht, aber erleben, zum Beispiel auf einer Segeltour durch das im September ruhig daliegende Archipel der Kornaten vor der Küste von Zadar in Mitteldalmatien. Bis auf zwei sind alle Felsinselchen unbewohnt und stehen unter Naturschutz. Man erreicht die unzähligen Inseln und Traumbuchten, in denen man Robinson spielen kann, wirklich nur mit dem Boot. Während der Nacht dominieren Landwinde, tagsüber Seewinde. Wer nicht selbst segelt, mietet sich eine Fischerhütte auf einer der Inseln im Nationalpark und lässt sich von der Insel Murter aus mit einem Boot auf „seine" Insel übersetzen. Die Verpflegung bringt man entweder mit, oder man angelt sich sein Essen im Meer und speist abends in Gesellschaft von Milliarden Sternen und null Nachbarn.

Einsamer geht's eigentlich nicht mehr, nur noch entlegener. Echte Robinsonfans zieht es auf die felsige Inselgruppe Palagruža, die weit vor der Küste Dalmatiens mitten in der Adria liegt. Man nennt sie auch die „Diomedischen Inseln", weil Diomedes, tapferer Freund und Weggefährte des Odysseus, mit dem zusammen er Troja plünderte, auf Vela Palagruža von Illyrern getötet wurde. Tatsächlich hat man Reste einer antiken Siedlung gefunden. Heute wohnt auf der Hauptinsel des Archipels nur noch ein Leuchtturmwärter, der 120 Kilometer von der kroatischen Festlandsküste entfernt zwei einfache Wohnungen im Naturreservat vermietet. Dann wandert man durch mediterranes Buschland hinauf zu 90 Meter hohen Klippen, um Ausschau nach einer idyllischen Strandbucht mit leuchtend gelbem Sand zu halten. Wahrscheinlich ist das Mittelmeer nirgendwo sauberer als hier. Fijaka eben.

Archipel der Kornaten in Dalmatien

UND ÜBRIGENS …

Die Hütte auf den Kornaten ist unter www.touristagency-lori.hr zu mieten, die Wohnungen auf Palagruža vermittelt die Agentur Atlas (www.atlas-croatia.com).

FINNLAND

BÄRENRUNDE IM NATIONALPARK OULANKA

Kaum irgendwo in Europa ist das Erlebnis Wildnis noch so intensiv zu erfahren wie in Finnland. Knapp südlich des Polarkreises und unmittelbar an der russischen Grenze liegt der Nationalpark Oulanka, eine urtümliche Naturlandschaft, die sich nur Wanderern erschließt. Durch dichte, abgelegene Urzonen, in denen noch Braunbären leben, verläuft der etwa 75 Kilometer lange Pfad der Bärenrunde. Eindrucksvoll ist das Flusstal des Oulanjoki, über das sich drei schwankende Hängebrücken spannen. Rote Markierungen kennzeichnen die Route, die in vier bis sechs Tagen zu bewältigen ist. Alle zehn Kilometer gibt es eine Schutzhütte. Eine Alternative ist die kleine Bärenrunde, eine Tageswanderung von neun Kilometern. Den Ausgangspunkt bildet das Informationszentrum Kiutaköngäs. Apropos Bären: In Finnland gibt es etwa 1000 von ihnen, die Anzahl der Begegnungen mit Menschen häuft sich inzwischen. Normalerweise flieht der Bär vor Menschen und deren Stimme. Bei einem Zusammentreffen ruhig rückwärtsgehen, dann geht meistens auch der Bär.

Nationalpark Oulanka im Nordosten Finnlands

CAIRNGORMS

SCHOTTISCHER VORPOSTEN DER ARKTIS

Wanderweg von Cairn Lick zum Loch Lee in den Cairngorms

Die Cairngorm Mountains, Großbritanniens größter Nationalpark, sind der mächtigste zusammenhängende Bergstock der Britischen Inseln: ein wildes Wanderparadies. Sturzbäche speisen die kristallklaren Lochs, und in den reißenden Flüssen tummeln sich zahlreiche Lachse. An den unteren Berghängen findet man die letzten Reste des ursprünglichen kaledonischen Nadelwalds. In den höher gelegenen Tundra-Regionen gedeihen arktisch-alpine Pflanzen. Die Wanderung auf den Braeriach (1296 Meter), von dem aus man weit entfernte Gipfel der Highlands sehen kann, begleitet auch im Hochsommer oft extrem unbeständiges Wetter. Notfalls kehrt man lieber rechtzeitig um, denn auf dem Hochplateau gibt es bei Nebel kaum Orientierungsmöglichkeiten. Vielleicht hilft aber dem verirrten Wanderer Prinz Charles persönlich aus der Patsche. Der britische Thronfolger ist hier nämlich besonders gern unterwegs, weil Balmoral Castle, die Sommerresidenz der Royals, ebenfalls im Nationalpark liegt.

MARQUESAS

POLYNESIEN ODER DAS ENDE DER WELT

5 000 Kilometer vom nächsten Festland entfernt ist der Archipel der Marquesas, der zu Französisch-Polynesien gehört, die abgelegenste bewohnte Inselgruppe der Welt. Es sind von dichtem Grün überwucherte vulkanische Eilande mit schwarzen Sandbuchten und üppiger Blütenpracht. Die meisten Besucher lernen die Marquesas an Bord des 2015 in Dienst gestellten Fracht- und Kreuzfahrtschiffs Aranui V kennen, und an jeder Anlegestelle warten freundliche Einheimische schon mit den traditionellen Blumenkränzen. Die günstigste Reisezeit liegt zwischen Mai und Oktober, dann ist es meist angenehm warm.

Insel Hiva Oa

UA POU – NATURKATHEDRALE DER SÜDSEE

Nach dem ersten Stopp auf dem wesentlich tropischer wirkenden Nuku Hiva, mit dessen Beschreibung Herman Melville in seinem Südseeroman „Taipi“ den Mythos der Marquesas als letztes Paradies auf Erden beförderte, sorgt der Anblick von Ua Pou fast für einen Schock. Atolle und Riffe gibt es hier nicht, so brandet der Pazifik ungehindert an die bizarren, bis zu 1200 Meter himmelwärts strebenden, oft wolkenumhüllten Vulkanfelsen der Insel. Als „turmbewehrte Naturkathedrale“ hat sie der belgische Chansonnier Jacques Brel in einer Liebeserklärung an die Marquesas besungen. Im Tal des charmanten Hauptorts Hakahau breitet sich ein üppiger Tropengarten mit Palmen, Brotfrucht- und Mangobäumen, Bougainvilleen und Hibiskushecken aus, und von einem Aussichtsberg blickt man auf den einsamen, weißsandigen Anahoa-Strand, den die aquamarinblaue See sanft umspült.

HIVA OA – DIE INSEL VON PAUL GAUGUIN

Der bretonische Maler suchte sich sein „Recht, alles zu wagen“ weiter südlich auf Hiva Oa. 1901 baute er sich in Atuona ein strohgedecktes „Haus der Freuden“ und malte Bilder eines Paradieses mit zivilisationsfernen Nymphen. Gauguin liegt auf dem Friedhof von Atuona

UND ÜBRIGENS ...

Die Aranui V (www.aranui.com), eine Kombination aus Fracht- und Passagierschiff, verbindet auf einer 16-tägigen Rundreise die sechs bewohnten Marquesas-Inseln mit Tahiti. Impfungen für die Einreise sind nicht zwingend vorgeschrieben, auch eine Malariaprophylaxe ist nicht erforderlich.

Bucht Baie de Vierges auf der Insel Fatu Hiva

bestattet – mit einer Traumaussicht auf die Bucht. Nur wenige Meter entfernt ruht Jacques Brel. Im November 1975 hatte der Sänger beschlossen, auf Hiva Oa noch einmal das Glück zu suchen. Mit einer zweimotorigen Beech Twin Bonanza, der „Jojo“, flog der leidenschaftliche Pilot kostenlos kranke Einheimische nach Papeete oder spielte den Arzneikurier. Die Einheimischen haben ihm diesen Großmut nie vergessen und die „Jojo“ liebevoll restauriert. Auf Hiva Oa sind auch mehrere alte Kultstätten mit „Tiki“ genannten steinernen Menschendarstellungen erhalten.

FATU HIVA – DAS REFUGIUM VON THOR HEYERDAHL

1935 zog der junge norwegische Forschungsreisende Thor Heyerdahl mit seiner Braut Liv auf die isolierteste bewohnte Insel Polynesiens, um sein Experiment „Zurück zur Natur“ unter Verzicht auf alle Zivilisationshilfen umzusetzen. Wer einmal von Omoa über 1000 Meter hohe Gebirgskämme durch eine wild zerklüftete Landschaft nach Hanavave gewandert oder in die dortige Baie de Vierges gesegelt ist, der glaubt sich tatsächlich ins Paradies versetzt – so bezaubernd ist die Dschungelkulisse aus bizarren Felsskulpturen, Flüssen und Wasserfällen, die Heyerdahl „in ehrfürchtigem Schweigen“ bewunderte. Im Licht der Abendsonne leuchten Palmen, Brotfrucht- und Flamboyant-Bäume, dazu ein winziges Dorf mit Kirchlein, am Strand spielen Kinder, vor der Haustür sitzen Frauen im Pareo und fertigen mit Sandelholzpulver bestäubte Bouquets aus Blumen und Kräutern, mit denen die Frauen früher die Männer betörten. Die Götterstatuen, die Heyerdahl auf Hiva Oa gesehen hatte, brachten ihn auf die fixe Idee, dass Polynesien von Südamerika aus besiedelt worden sei. 1947 fuhr er mit einem traditionellen Holzfloß der Inka, der „Kon-Tiki“, tatsächlich von Peru zu den Marquesas, bewies damit aber lediglich, dass die Überquerung des Pazifiks möglich war. Den Garten Eden hat auch Heyerdahl nicht gefunden, und Gauguins erfundenes Polynesien gibt es nicht, aber vielleicht ist die vergebliche Suche danach nirgendwo schöner als hier, auf den Inseln am Ende der Welt.

AUSTRALIEN

TRAUMZEIT IN ARNHEM LAND

Wer mehr als nur flüchtige touristische Einblicke in die einzigartige Kunst der „Tjukurrpa", der Traumzeit, mit nach Hause nehmen möchte, der braucht vor allem Zeit und viel Geduld. Wie kein anderer Ort in Australien bietet der riesige, fast 20 000 Quadratkilometer große Kakadu National Park am 600 Kilometer langen Steilabfall des urzeitlichen Arnhem Escarpment Besuchern die Möglichkeit, künstlerisch faszinierende und bis zu 20 000 Jahre alte Felsmalereien der Aborigines zu sehen.

Nourlangie Rock im Kakadu National Park

AM NOURLANGIE ROCK

Die Felskunststätte ist ein steil über den Flutebenen aufragendes Sandsteinmassiv. Die Malereien am Anbangbang Shelter bilden Personen im „Röntgenstil" ab – mit Knochenskelett und inneren Organen. Die dominierende Figur ist Namandjolk, der gefährliche Geist. Zu seiner Rechten erkennt man den „Blitzmann" Namarrkon. Die aus seinem Kopf wachsenden und an Knien und Ellbogen befestigten Steinäxte schleudert Namarrkon in der Regenzeit in die Wolken, um damit den Blitz auszulösen. Die weibliche Figur mit gespreizten Beinen ist Barginj, die Frau des Blitzmannes. Zur Linken des Hauptfrieses ist isoliert Nabulwinjbulwin abgebildet, ein weiterer gefährlicher Geist. Am Felsüberhang von Nangaluwurr an der Nordseite des Nourlangie Rock laufen einige der Figuren über die Wand, sie tragen Kopfputz, Bumerangs und Speere. Frappierend ist die Darstellung eines in weißem Ocker gemalten Schiffs, das mit geblähten Segeln die See kreuzt.

FELSGALERIEN VON UBIRR

Auch die Felsmalereien von Ubirr, einem etwas westlich des East Alligator River gelegenen Sandsteinfelsen, stammen aus der Steinzeit. Die Südseite eines abgesprengten Felsens ziert ein 240 Zentimeter langer gelber Bogen mit roten Umrissen: die Regenbogenschlange. Bei den Gunwinggu, den Ureinwohnern des westlichen Arnhem Land, wird sie als Fruchtbarkeitsmutter Ngalyod verehrt, die mit den Regenstürmen nach der langen Trockenzeit die Tiere und damit die Nahrung zurückbringt. Die Hauptgalerie befindet sich unter einem tiefen Überhang an der Südwestseite eines hohen isolierten Monolithen. Ein Fries mehrfarbiger Röntgenmalereien dekoriert die Wand mit Barramundi-Fischen, Schildkröten, Kängurus, Leguanen und menschlichen Figuren. Einige Darstellungen zeugen vom Kontakt der Aborigines mit indonesischen Trepang-Fischern aus Makassar und europäischen Eroberern. Am linken

Oben: Felsmalereien von Ubirr

Ende des Felsüberhangs oberhalb der Hauptgalerie ist die berühmte Darstellung eines Tasmanischen Tigers zu sehen: Der Beutelwolf ist im Norden Australiens schon seit mindestens 3000 Jahren ausgestorben. In scheinbar unerreichbarer Höhe erkennt man einige Mimi-Figuren. Diese Geistwesen biegen angeblich einfach den Felsen zu sich herunter, um sich darauf zu verewigen. Gegenüber der Hauptgalerie führt ein Weg zu den Malereien auf der Hügelspitze, von der aus sich ein großartiger Panoramablick auf die Flutebenen des Nationalparks eröffnet.

NEUFUNDLAND

EISBERGE UND WALE IM OSTEN KANADAS

Von April bis August treiben imposante Eisberge mit dem Labradorstrom die Küste Neufundlands entlang nach Süden, und Anfang Juli ist es hier auch angenehm warm. Den besten Ausblick genießt man bei St. Anthony sowie am Cape Spear südlich von St. John's und im malerischen Fischerdörfchen Twillingate. Vor der Küste Neufundlands gibt es aber nicht nur gefrorenes Wasser zu sehen. Hier nisten Hunderttausende von Seevögeln, und von Mitte Mai bis Mitte September sind hier regelmäßig Buckelwale zu beobachten, die in Sichtweite der Küste, wo der warme Golfstrom auf den kalten Labradorstrom trifft, entlangziehen. Von Bay Bulls Harbour fahren Boote in das Witless Bay Ecological Reserve, auf dessen oft in Nebel gehüllten Inseln die größte Brutkolonie von Papageitauchern in Nordamerika ansässig ist. Eine Viertelmillion Brutpaare dieser clownsgesichtigen Vögel soll sich dort im Juli aufhalten. Auch Wellenläufer, Dreizehenmöwen und Trottellummen kommen dort in großer Anzahl vor. Nur die Wale, die die Boote oft in wenigen Metern Abstand begleiten, stehlen ihnen die Show. Wer den Riesen der Ozeane mehr als ein paar Stunden ganz nahe sein möchte, mietet sich auf dem attraktiven Granitinselchen Battle Harbour vor der Nordküste Neufundlands in einem der sehr schön restaurierten historischen Cottages ein. Nachts hört man hier nur das Knacken der Eisberge und das Prusten der Wale: Zen-Momente auf Kanadisch.

Eisberg zwischen Neufundland und Labrador

VILNIUS

KULTURREISE IN DIE HAUPTSTADT LITAUENS

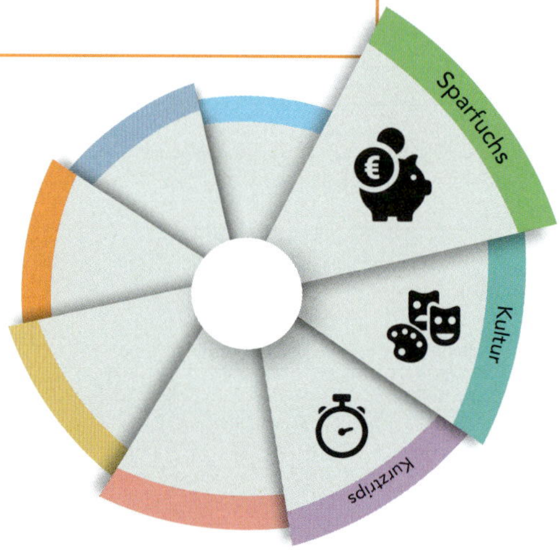

Synagoge in Vilnius

Vilnius zählt zu den preisgünstigsten Städten innerhalb Europas, und im sonnigen Juli wirkt es besonders heiter. Vom Gediminas-Berg schweift der Blick über die Spitzen, Türme und Dächer einer der größten europäischen Altstädte, die ein Weltkulturerbe mit über 40 barocken Kirchen ist. Spätgotisch ist dagegen das Backsteinensemble der filigranen Annakirche und der mächtigeren Bernhardinerkirche. Der in Vilnius besonders einflussreichen katholischen Kirche verdankt die gegenreformatorisch gesinnte Stadt eine der ältesten Universitäten Osteuropas, deren labyrinthischer Gebäudekomplex mit zwölf Höfen und einem hohen Glockenturm vom italienischen Renaissancestil geprägt ist.

METROPOLE DER JÜDISCHEN KULTUR

Napoleon nannte Vilnius das „Jerusalem des Nordens“. Tatsächlich war die Stadt schon zu seiner Zeit das kulturelle und geistige Zentrum der osteuropäischen jüdischen Kultur. Von ihr erzählt das jüdische Museum der Stadt. In Vilnius hatte der Talmudgelehrte Elijah ben Salomon Zalman (1720–1797) die jüdische Aufklärung begründet. Gegen Ende des 19. Jahrhunderts entwickelte sich das jiddische „Vilne“ zum Mittelpunkt des fortschrittlichen Judentums. Hier wirkten berühmte Schriftsteller wie Scholem Alejchem. In der Zwischenkriegszeit blühte im polnischen Wilna die jüdische Kultur, der Alfred Döblin in seiner „Reise nach Polen“ ein literarisches Denkmal setzte. Heute leben wieder 4000 Juden in Vilnius. Nur eine Synagoge ist ihnen geblieben, doch an vergangene Zeiten erinnert noch so manche einsame Gasse mit maroden Häusern und dunklen Hinterhöfen, deren magische Atmosphäre den russischen Dichter Joseph Brodsky zu seinem 1971 entstandenen „Litauischen Divertimento“ inspirierten. Inzwischen ist auch der progressive Geist des alten Vilnius zurückgekehrt: Ein Stadtteil hat sich sogar zur „Republik Uzupis“ ausgerufen, in deren Verfassung so sinnvolle Regelungen getroffen wurden wie diese: „Jeder hat das Recht, beim Fluss Vilnia zu leben, und der Fluss Vilnia hat das Recht, an jedem vorbeizufließen.“

BOLIVIEN

MAGIE DER SALZSEEN

Manche Landschaften in dem facettenreichen Andenland Bolivien wirken fast unglaublich – so wie der sich südwestlich der alten Zinnminenstadt Oruro erstreckende Salar de Uyuni, der mit rund 9000 Quadratkilometern der größte Salzsee der Welt ist. Die harte Salzkruste, die ihn überzieht, hält einen Toyota Landcruiser locker aus. Am endlos weiten Horizont schimmern schneebedeckte Berge wie eine Fata Morgana. Im Juni und Juli ist der Kontrast zwischen tiefblauem Himmel und blendend weißer Salzkruste besonders intensiv, wobei dann schon mal Schnee die jahrhundertealten Kakteen auf der Isla Incahuasi, einer Erhebung im Salzsee, überzuckert. Auf der Ruta Intersalar, die die bolivianischen Salzseen miteinander verbindet, kann man vom türkisfarbenen Salar de Coipasa nach Coquesa am Rand des Salar de Uyuni fahren. Von der Spitze des Cerro Tangani genießt man einen Panoramablick über die beiden Salzseen. Touren schließen meist einen Besuch der 4000 bis 6000 Meter hoch gelegenen Reserva Nacional de Fauna Andina Eduardo Avaroa ein, wo es eisige, leuchtend rot oder smaragdgrün gefärbte Salzseen, bizarre Felsformationen, schneeblitzende Vulkangipfel, Thermalquellen, endlose Puna-Steppe und viele Tiere, darunter James-Flamingos, Andenfüchse und Vicuña-Herden, zu entdecken gibt.

Kakteen auf der Insel Incahuasi im Salzsee Salar de Uyuni

NORDMAZEDONIEN

URLAUB AM OHRIDSEE

Zugleich Kultur- und Naturerbe der Menschheit zu sein, das schaffen nur wenige Reiseziele in Europa – schon gar nicht so günstige wie Nordmazedonien, das auch das Ziel von Budget-Airlines ist. Unvergesslich bleibt die Traumansicht der berühmten byzantinisch-armenischen Kirche des Heiligen Johannes von Kaneo, die seit dem 15. Jahrhundert auf einem Felsvorsprung hoch über dem tiefblauen Ohridsee thront. Sie ist nur eine von vielen erlesenen orthodoxen Gotteshäusern der Region. Den von Bergen gesäumten See, einen der tiefsten und ältesten in Europa, teilen sich Nordmazedonien und Albanien. Die Stadt Ohrid ist Nordmazedoniens Urlaubsmetropole mit vielen guten Hotels, Restaurants und Nachtclubs. Sogar ein antikes Amphitheater gibt es hier, und in den Ruinen der frühchristlichen Basilika von Plaošnik wurden erlesene Mosaiken freigelegt. Kajakfahren, Paragliding, Tauchen, Wandern, Klettern und Mountainbiking im gebirgigen Nationalpark Galičica sind Ferienaktivitäten, bei denen auch anspruchsvolle Aktivurlauber auf ihre Kosten kommen. Ein kulturelles Highlight ist die Bootsfahrt zur Kirche des im 9. Jahrhundert gegründeten Klosters Sveti Naum südlich von Ohrid, nur wenige Hundert Meter von der albanischen Grenze entfernt. Das Innere der Klosterkirche ist mit farbenfrohen Fresken ausgemalt.

Boote auf dem Ohridsee

BRETAGNE

IN DER HEIMAT VON ASTERIX UND OBELIX

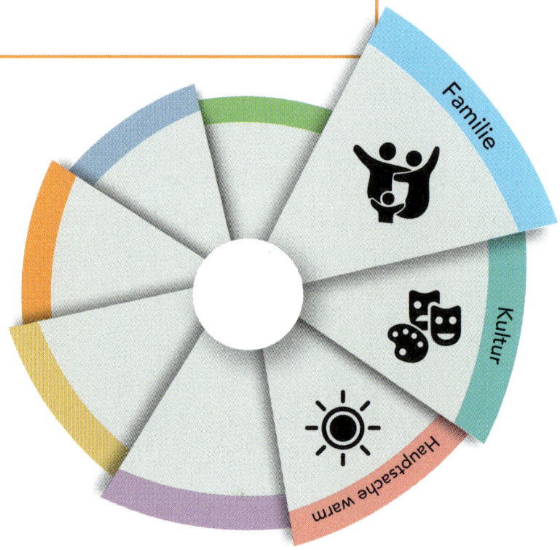

Mit der Verfilmung des Krimis „Bretonische Verhältnisse“ von Jean-Luc Bannalec entfachte die ARD Bretagne-Sehnsucht pur. Das Angebot an Ferienwohnungen für Familien ist enorm, man kann sogar in Leuchttürmen nächtigen, die zu komfortablen „Gîte de Charme“ ausgebaut wurden wie der Phare de Kerbel in Riantec (Morbihan). Trotzdem sind die Strände im äußersten Westen Frankreichs nie überfüllt. Die schönsten könnte niemand aufzählen, es gibt einfach zu viele! Im Juli leuchtet das Meer stellenweise azurblau bis smaragdgrün, manche Granitfelsen schimmern rosa, und der weiße Sand ist herrlich weich. Enorm viel Spaß macht eine Hausbootpartie auf dem Canal de Nantes à Brest mit seinen blumengeschmückten Schleusen oder auf den Flüssen Oust, Erdre und Vilaine durch das idyllische Binnenland der Bretagne. Einen Bootsführerschein braucht man dafür nicht.

AKTIVURLAUB AM STRAND

Wenn viel Wind, viel Platz und fester Sand zusammenkommen wie in der Bucht von Goulven nördlich von Brest, dann ist Strandsegeln (char à voile) angesagt. Auch Kinder können mit den superleichten dreirädrigen Karts, deren Segel ganz einfach zu handhaben sind, am Strand entlangflitzen. Auf der Belle Île geht es dagegen im Galopp über den Strand. Das Reitzentrum Domaine des chevaliers de Bangor ist mit seinen Shetland-Ponys gut auf die Bedürfnisse kleiner Pferdenarren (ab fünf Jahren) eingestellt. Kleine und große Surfer zieht es wiederum an die herrlichen Sandstrände von La Torche. Hier bringen die staatlich diplomierten Lehrer des Centre de Glisse de la Torche Twenty Nine auch Kindern bei, wie man die Wellen bezwingt. Im Angebot sind Kite- und Windsurfen sowie Stand-up-Paddeln. Die Bedingungen dafür sind ideal. Am Strand Grands Sables, einem der schönsten der Bretagne, werden immer wieder Granate angespült. Die roten Kristalle sind legales Sammlergut.

PROGRAMM FÜR TRÜBE TAGE

Wenn die Sonne doch mal nicht scheint, lockt Océanopolis in Brest, die wohl größte Familienattraktion der Bretagne, mit über 50 Aquarien und Europas größter Pinguinkolonie. Abwechslung vom Strand verspricht auch das Spaßbad Armoripark in Bégard: Hier gibt es Wasserrutschen, Whirlpools, aufblasbare Tretboote für lustige Karambolagen auf dem Wasser und eine Kartbahn auf dem Trockenen.

Bretonische Atlantikküste bei Ploumanac'h

KO SAMUI

THAILANDS URLAUBSINSEL IM GOLF

Ziplining auf Ko Samui

Während an der Andamanenküste Thailands im Juli der Monsun Regen und Sturm bringt, herrscht auf Ko Samui im Golf von Thailand bestes Sommerwetter. Da stören ein paar tropische Regengüsse nicht. Die Strände von Chaweng und Lamai sind ideal: Zum einen gibt es hier jede Menge speziell auf die Bedürfnisse von Familien eingestellte Resorts, zum anderen fällt der weiche Sandstrand sanft ab. Die Kleinen können also herrlich im warmen Wasser planschen. Außerdem liegen viele Hotels direkt am Strand. Eine zuverlässige einheimische Nanny, die zumindest Englisch spricht, organisiert fast jedes Resort im Handumdrehen, und oft gibt es besonders kinderfreundliche Poolbereiche oder gar ausgewiesene Kinderpools. Für Abwechslung sorgt der Pink Elephant Samui Water Park am Strand Hat Maenam mit tollen Wasserrutschen, einem Wellenpool und einer Lagune für die Kleinen. Oder mal Tarzan und Jane spielen? Mit Canopy Adventures können Kinder schon ab sieben Jahren an Ziplines zwischen Bäumen durch den Urwald sausen und danach in einem Wasserfall baden.

AMRUM

STRANDPARADIES IN DER NORDSEE

Amrums Kniepsand wird immer wieder zu einem der schönsten Strände Deutschlands gewählt. Mit bis zu anderthalb Kilometern Breite ist er wirklich unendlich weit. Hier können sich Stadtkinder in der gesunden jodhaltigen Luft mal so richtig austoben, ohne dass jemand meckert. Im Sommer werden hier aber nicht nur Sandburgen gebaut. Die von Künstlern aus Treibholz und anderen Strandfunden zusammengebastelten, teilweise urgemütlichen Hütten, die jedem Besucher offenstehen, gelten inzwischen als fester Bestandteil der Amrumer „Upcycling-Kultur". Mancherorts wurde auch eine Hängematte zwischen zwei angespülte und in den Sand gesteckte Schiffsmasten gespannt: Südseefeeling pur! Immer spannend sind Wattwanderungen, auf denen Kinder nach Herzenslust barfuß durch den Matsch stapfen können. Und wenn es mal regnet, verlegt man das Toben ins Abenteuerland in Norddorf, einen der größten und schönsten Indoor-Spielplätze in Nordfriesland. Hier gibt es tolle Spielgeräte, und die Erwachsenen dürfen mitmachen. Sind die Nordseewellen noch zu kühl? Im Amrum Badeland heizt man sie auf wohlige 30 Grad auf. Und wenn die Sonne wieder scheint, dann heißt es: Klar zum Entern! Eine „Piratenfahrt" an Bord der MS Eilun ist für alle Kinder ab sechs Jahren ein unvergessliches Ferienerlebnis.

Am Strand von Amrum

KRAKAU

JÜDISCHE KULTUR IN POLENS STUDENTENSTADT

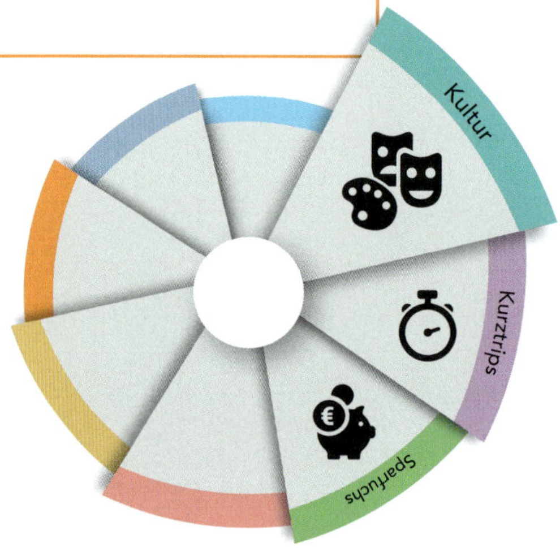

Polens schönste Stadt ist ein Juwel des Mittelalters und der Renaissance. Die Jagiellonen-Universität, an der schon Nikolaus Kopernikus gewirkt hat, wurde 1364 von König Kasimir dem Großen gegründet. Die Studenten feiern nicht nur in den Bars und Kneipen der Arkaden am wunderschönen Rynek Główny, dem riesigen, von mittelalterlichen Bürgerhäusern und Adelspalästen gesäumten Hauptmarkt, sondern auch in Krakaus Szeneviertel Kazimierz, in dem lange überwiegend Juden wohnten. Mehrere ehemalige Synagogen wurden renoviert. In Kazimierz spielt man nicht nur Elektro, sondern auch Jazz und jüdische Klezmer-Musik. In der Krakauer Isaak-Synagoge (Kupa 18) führen Absolventen der Krakauer Musikhochschule im Sommer täglich außer Freitag und Samstag Konzerte mit Klezmer-Musik auf. Ende Juni/Anfang Juli findet in Kazimierz das Jüdische Kulturfestival mit über 200 Veranstaltungen statt – die beste Zeit, um nach Krakau zu kommen und die einzigartige Stimmung zu erleben.

Königliche Burganlage auf dem Wawel in Krakau

KRAKAUS KULTURSCHÄTZE

Die beste Aussicht auf den Rynek Główny, Polens größte Freilichtbühne, bietet sich von den Arkaden und Attiken der Tuchhallen, einem gotischen Backsteinbau mit Prachtfassade im Stil der italienischen Renaissance. Noch immer spielt ein Trompeter jede Stunde auf dem höheren der beiden so ungleichen Türme der gotischen Marienkirche eine jäh abbrechende Melodie. Sie erinnert an den Wächter, der die Stadt 1241 vor einem Angriff der Mongolen warnte, bis ihn ein tödlicher Pfeil zum Schweigen brachte. Faszinierend ist der spätgotische Hochaltar, dessen Szenen aus dem Leben Mariens der berühmte deutsche Bildhauer Veit Stoss geschaffen hat. Sehr sehenswert ist auch die Franziskanerkirche mit herrlichem Jugendstildekor, das spätgotische Collegium Maius der Universität und das Nationalmuseum, das die berühmte „Dame mit dem Hermelin" (1489/90) von Leonardo da Vinci zeigt. Wertvolle Kunstsammlungen sind auch auf dem Wawel zu sehen. Zwischen dem 11. und 16. Jahrhundert bildete der Krakauer Schlossberg mit Kathedrale und Königsresidenz das Zentrum der weltlichen und geistlichen Macht Polens.

TALLINN

HANSESTADT IN ESTLAND

Anfang Juli ist die beste Zeit, um nach Tallinn zu fahren. Dann sind die Tage besonders lang und sonnig. Außerdem feiert man dann in der Altstadt ein großes Mittelalterfest mit historischen Kostümen und Inszenierungen alter Bräuche. Von der Hafenseite setzt sich das Stadtpanorama der alten baltischen Hansestadt mit ihren barocken Helmen, gotischen Spitzdächern, mittelalterlichen Giebeln und Zwiebeltürmchen besonders eindrucksvoll in Szene. Eine fast komplett erhaltene Stadtmauer mit imposanten Wach- und Kanonentürmen umringt das Ensemble der Altstadt, die zum Weltkulturerbe gehört. In der Oberstadt rund um die alte Domkirche und die mittelalterliche Ordensburg residierten seit 1230 Adel, Klerus und Deutscher Orden, während sich in der Unterstadt die Kaufleute aus Lübeck und Westfalen in prächtigen Gildehäusern niederließen. Zwei davon sind bis heute erhalten. Ein kostbarer spätmittelalterlicher Altar mit dem berühmten Revaler Totentanz (1493) des Lübecker Meisters Bernt Notke in der Kirche St. Nikolai führte den Tallinner Kaufleuten ständig die Vergänglichkeit allen Seins vor Augen. Heute herrscht auf den Terrassen der Restaurants und Cafés auf dem Rathausplatz wieder fröhliches Treiben.

Mittelalterfest in Tallinn

BELGRAD

SERBIENS DYNAMISCHE HAUPTSTADT

Kirche des Heiligen Sava in Belgrad

Anfang Juli findet auf der Petrovaradiner Festung in Novi Sad das viertägige Festival Exit statt, eine der bedeutendsten Musikveranstaltungen Südosteuropas mit einem Schwerpunkt auf Rock und elektronischer Musik. Ein Grund mehr, das nahe Belgrad zu besuchen. Schon das Nachtleben ist spektakulär, doch es gibt auch viel zu sehen, allen voran die Festung mit dem Kalemegdan-Park hoch über dem Zusammenfluss von Save und Donau. Vom Aussichtsplateau bietet sich ein herrlicher Blick auf die Flusslandschaft und die pannonische Tiefebene. Auch die auf dem Vracar-Hügel thronende Kirche des Heiligen Sava mit ihrer mächtigen Kuppel und ihren vier Glockentürmen ist schon von Weitem zu sehen. Das Nationalmuseum zeigt erlesene Buchmalereien, Fresken und Ikonen aus alten Klöstern, während sich das private Zepter-Museum der modernen Kunst widmet und das Nikola-Tesla-Museum die Erfindungen von Nikola Tesla (1856–1943) präsentiert. Dem Serben gelang in New York erstmals die Nutzbarmachung des Wechselstroms. Belgrads neues Wahrzeichen ist die 2012 für den Verkehr freigegebene Savebrücke über die Flussinsel Ada Ciganlija, eine Schrägseilbrücke mit einem 200 Meter hohen Pylon.

Im August ist es auf Gotland, an der französischen Atlantikküste und in Karelien angenehm warm. Edinburgh und Antwerpen bieten tolle Festivals, für grandiose Naturerlebnisse sorgen Montenegro und der Harz. Als Fernziele locken der Nordwesten Australiens (Foto) und der Amazonas.

GOTLAND

MEDITERRANES FLAIR MITTEN IN SCHWEDEN

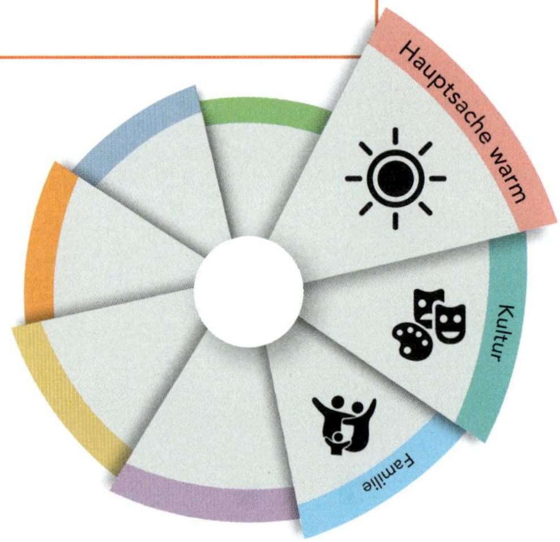

Wer das erste Mal im Hochsommer die 90 Kilometer vor der Festlandsküste gelegene größte schwedische Insel besucht, reibt sich verwundert die Augen: Wo ist nun die düstere Atmosphäre, wie man sie aus Håkan Nessers Kriminalromanen und der Kriminalfilmserie „Maria Wern, Kripo Gotland" kennt? Drei Fährstunden von Oskarshamm entfernt taucht strahlender Sonnenschein die Ostsee in Tiefblau und Türkis, die Klatschmohnfelder, in denen dekorative Windmühlen stehen, zeigen ihr schönstes Rot.

SÜDLÄNDISCHE LEBENSLUST

An den weißen, von Kiefernwäldchen gesäumten Stränden herrscht ausgelassenes Mittelmeerflair. Im mittelalterlichen, von einer Stadtmauer aus dem 13. Jahrhundert umgebenen Hansestädtchen und Weltkulturerbe Visby ranken sich Malven an alten Hausfassaden empor, und auf dem Kopfsteinpflaster der krummen Gassen ritt Pippi Langstrumpf mit ihrem Pferd „Kleiner Onkel" durch die „Brunnenpforte". Diese sieht heute noch genauso aus wie im Film von 1969. Die lauen Sommernächte genießen die Menschen im Freien auf den Terrassen zahlreicher kleiner Fischrestaurants am Marktplatz Stora Torget.

Strand auf der Insel Fårö nordöstlich von Gotland

Auf Gotland gedeihen Aprikosen, Feigen und Mandeln, ja sogar Safran, mit dem die leckeren Saffranspannkaka – luftige, mit Schlagsahne und Salmbeeren garnierte Kuchen aus Klebreis – und der hochprozentige Saffransbrännvin gewürzt werden. Die Wikinger, die auf russischen Flüssen ins Schwarze Meer segelten, haben das wertvollste Gewürz der Welt aus dem Orient nach Gotland gebracht, und die Zisterziensermönche verstanden sich auf den Anbau der Krokusart. Ihre mächtigen Klöster, die der Reformation zum Opfer fielen, sind auch als Ruinen noch sehenswert. In den Wäldern Gotlands wird nach Trüffeln gesucht, und die Tropfen, die das „Gute Vingården" in Hablingbo, Europas nördlichstes Weingut, in Flaschen abfüllt, schmecken wirklich vorzüglich.

SKANDINAVIENS GRÖSSTES MITTELALTERFESTIVAL

August ist der beste Monat, um nach Gotland zu reisen: Der Sommer hält hier länger durch als irgendwo sonst in Schweden, die Ostsee ist jetzt am wärmsten, und Anfang des Monats sorgt die Mittelalterwoche (Medeltidsveckan) mit Ritterturnieren, Märkten, Kirchenkonzerten, Straßentheatern, Märchenerzählern und Feuershows in der alten Hansestadt Visby für das kulturelle Highlight des Jahres.

LAMU UND MANDA

INSELTRÄUME IN KENIA

Gasse in Lamu Town

Der Lamu-Archipel ist eine Welt, die auch im trockenen August keine Kreuzfahrtschiffe stören. Nach der Landung auf der Insel Manda setzt man mit einer motorisierten Dhau in den Hafen von Lamu Town über und findet sich in die Zeit von Sindbad dem Seefahrer versetzt. Im milden Licht des Spätnachmittags leuchten die cremefarbenen Korallensteinhäuser der arabischen Altstadt – seit 2001 Weltkulturerbe –, die die alte Festung überragt. Schon nach wenigen Tagen lässt man sich vom trägen Rhythmus des Archipels einlullen, schaut den Eseln in den Gassen bei der Arbeit zu und träumt einer hölzernen Dhau hinterher, die vor der Küste mit geblähtem Dreieckssegel in den Sonnenuntergang fährt. Nur wenige Kilometer südlich, gleich jenseits der Ferienwohnungen von Shela, findet man auf Lamu herrliche und fast einsame Strände. Auf der Nachbarinsel Manda schläft man in einem komfortablen Palmhüttencamp und teilt sich die mit wunderschönen Muscheln übersäten Strände nur mit ein paar Aussteigern und den Fischern, die frisch gefangene Hummer oder Riesengarnelen an Ort und Stelle zubereiten. Natürlich kann man mit ihnen auf einer Dhau hinausfahren – zum Tauchen, Angeln oder einfach nur zum Faulenzen.

MENORCA

STILLE INSEL DER BALEAREN

Auf der zweitgrößten Baleareninsel geht es ruhig und beschaulich zu, ideal für einen Sommerurlaub ohne Rummel. Familien und Wassersportler zieht es an die attraktive Bucht Cala Santa Galdana, Liebhaber der Farbe Türkis an die Cala en Turqueta etwas weiter westlich. Und das sind nur zwei der vielen Badebuchten an der Südküste der Insel mit duftenden Pinienwäldern, weißen bis goldfarbenen Stränden und warmem klaren Wasser. Menorcas hügelige Landschaft mit ihren von Steinmauern umfriedeten Kornfeldern und Rinderweiden, ihren von heftigen Tramuntana-Winden zerzausten Kiefern- und Steineichenwäldern, ihren Olivenbäumen und Brombeerhecken, ihren karstigen grünen Schluchten und schroffen Steilküsten ist etwas für Wanderer, Radfahrer und Naturliebhaber. Fast die Hälfte der Insel steht inzwischen unter Naturschutz. Darüber hinaus hat Menorca auch mysteriöse Begräbnisstätten und Steindenkmäler aus prähistorischer Zeit, beschauliche Dörfer, traditionelle Bauernhäuser und alte Kirchen zu bieten. Das honigfarbene Ciutadella im Westen ist eine der schönsten Hafenstädte am Mittelmeer, und die britisch geprägte Hauptstadt Maó im Osten wartet mit einer hervorragenden Orgel auf. Statt Schlager oder Techno genießt man hier lieber die erstklassigen Orgelkonzerte in der Kirche Santa Maria.

Bucht Cala en Turqueta auf Menorca

ANTWERPEN

BELGIENS KREATIVES ZENTRUM

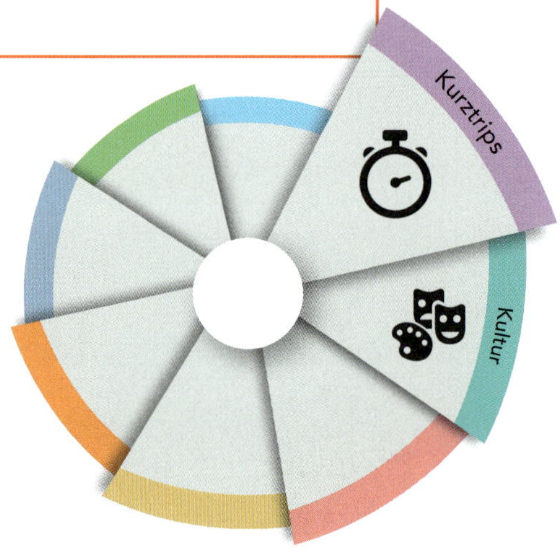

Museum aan de Stroom an der Schelde in Antwerpen

Wohl keine andere so „kleine" Großstadt verströmt mit lediglich einer halben Million Einwohnern mehr kosmopolitisches Flair und kreative Energie als Antwerpen. Kultur, Mode, Architektur und Design der Avantgarde: All das besitzt die Hafenstadt an der Schelde im Überfluss, und der elegante Stadtteil Zurenborg kann einige der schönsten Straßenzüge im Stil der Belle Époque und des Art nouveau vorweisen. An Mariä Himmelfahrt am 15. August erinnert der farbenfrohe Rubensmarkt mit über 200 Verkaufsständen, deren Händler im Stil des 16. und 17. Jahrhunderts gekleidet sind, an die Zeit, in der der flämische Maler Peter Paul Rubens (1577–1640) in Antwerpen lebte. Im Rubenshaus sind neben mit kostbaren Möbeln und Gobelins ausgestatteten Wohnräumen auch das Atelier und das Kunstkabinett des Malers sowie Bilder aus seiner bedeutenden Kunstsammlung zu besichtigen. In der spätgotischen Sint Jacobskerk hat Rubens seine letzte Ruhestätte gefunden.

GOLDENES ZEITALTER

Als Rubens um 1610 sein italienisch wirkendes Stadtpalais erwarb, erreichte das kulturelle Leben Antwerpens seinen Höhepunkt. Schon im Mittelalter hatte der Tuchhandel die Stadt reich gemacht. Der 123 Meter hohe schlanke Turm der gotischen Liebfrauenkathedrale zeugt von einer glanzvollen Epoche, in der Antwerpen nach Paris die größte Stadt nördlich der Alpen war. Da der siebenschiffige Innenraum von Belgiens größter Kirche heute weitgehend schmucklos ist, entfalten die beiden ab 1610 entstandenen Triptychen „Kreuzaufrichtung" und „Kreuzabnahme" von Rubens ihre Wirkung umso eindrucksvoller. Weitere Meisterwerke der flandrischen und niederländischen Malerei, darunter Bilder von Pieter Brueghel d. Ä., Dirk Bouts und Quentin Metsys, hängen im Museum Mayer van den Bergh. Die Stadt konnte sich diese erlesene Kunst leisten. 1531

Gildehäuser am Grote Markt

UND ÜBRIGENS ...

Die Formel für die Pommes von „Frites Atelier Amsterdam" in der Korte Gasthuisstraat 32 (www.fritesatelier.com) hat der Drei-Sterne-Koch Sergio Herman kreiert.

errichtete man in Antwerpen das erste feste Börsengebäude Europas, und in der gleichen Zeit entstanden die prunkvollen Gildehäuser, deren hohe Giebel den Grote Markt säumen. Die Westseite des Platzes beherrscht das zwischen 1561 und 1566 von Cornelis de Vriendt im prunkvollen flämischen Renaissancestil erbaute Rathaus. Den Mittelbau zieren Wappen und Figurennischen mit allegorischen Darstellungen der Gerechtigkeit und der Klugheit. Dass Bildung in Antwerpen in hohem Ansehen stand, dafür hat auch der Buchdrucker Christoph Plantin gesorgt. 1549 gründete er seine Druckerei, die unter seinem Schwiegersohn Jan Moretus und dessen Nachkommen bis weit ins 19. Jahrhundert hinein arbeitete. Anschließend wurde das Renaissancegebäude, die einzige erhaltene Buchdruckerei des 16./17. Jahrhunderts, mitsamt Druckwerkstatt, Setzerei und Kontor als Museum eingerichtet und ist heute Weltkulturerbe.

ANTWERPENER AVANTGARDE

Das 2011 eröffnete Museum aan de Stroom (MAS) fasziniert schon durch seine Architektur: Der Museumsturm aus rötlichem Sandstein und gewellten, rund um das Gebäude verlaufenden Glasflächen ragt 62 Meter in die Höhe. Die spiralförmig angeordneten Ausstellungsräume sind jeweils um 90 Grad gedreht und über zehn Etagen in „Containern" gestapelt. Im Museum sind unter anderem das Völkerkunde-, das Schifffahrts- und das Ethnographische Museum untergebracht. Außerdem setzt der Diamantpaviljoen die schönsten geschliffenen Kostbarkeiten der Diamantstadt Antwerpen effektvoll in Szene. Ebenfalls in der Gegenwart lebt das Modemuseum MoMu. Zwischen hippen Boutiquen und gestylten Garagenshops rund um die Nationalestraat präsentiert es die radikalen Modestatements der Postmoderne. Dries van Noten, Martin Margiela, Ann Demeulemeester, Dirk Bikkembergs und Walter van Beirendonck zeigen ihre schrillsten Entwürfe, Absolventen des Flanders Fashion Institute finden hier ein geeignetes Forum für ihre textilen Fantasien.

DELFT

DIE STADT VERMEERS UND DES DELFTER BLAU

Als „schönstes Bild der Welt" pries der französische Schriftsteller Marcel Proust die berühmte „Ansicht von Delft" (1661) des niederländischen Barockmalers Jan Vermeer (1632–1675). Heute begeben sich die zahlreichen Bewunderer dieses Malers in Delft auf Spurensuche nach der vielleicht berühmtesten Stadtsilhouette der Kunstgeschichte.

DELFTER STADTANSICHTEN

Auf dem von der Stadt ausgewiesenen „Vermeer-Rundgang" lernt man schöne Patrizier- und Kontorhäuser, verträumte, von Linden gesäumte Grachten, gewölbte Brücken und enge Gassen kennen. Mit etwas Fantasie vermag man dabei auch das Backsteinhaus mit Staffelgiebel aus Vermeers 1657/58 entstandener „Straße in Delft" wiederzuerkennen, das im Amsterdamer Rijksmuseum hängt. Das im historischen Gebäude der St. Lukasgilde eingerichtete Vermeer Centrum Delft bringt Besuchern auf vier Etagen die Lebenswelt und Arbeitsweise Vermeers näher. Das Original der „Ansicht von Delft" ist allerdings im „Mauritshuis" des zum Glück ganz nahen Den Haag zu finden, wie auch das ebenfalls in Delft gemalte „Mädchen mit dem Perlenohrring". In Vermeers Stadtansicht leuchtet der Turm der spätgotischen Nieuwe Kerk im Sonnenlicht – ein Tribut an die Grabkirche des Hauses von Oranien-Nassau. Hier ruht auch Wilhelm von Oranien, der Befreier der Niederlande, in einem von Hendrik de Keyser in schwarzem und weißem Marmor gestalteten Prunkgrab. Keyser schuf auch das eindrucksvolle Stadhuis (Rathaus) am anderen Ende des langen Markts. In einem Frauenkloster aus dem 15. Jahrhundert zeigt das Stedelijk Museum het Prinsenhof Werke Delfter Maler, darunter sehr patriotische Schilderungen des niederländischen Befreiungskriegs. Die schönste Sammlung von Fayencen im berühmten „Delfter Blau" sind nur einige Meter entfernt im Museum Lambert van Meerten ausgestellt, wobei die Darstellung der Schlacht von La Hogue, in der eine englisch-holländische Flotte 1692 die Franzosen besiegte, besonders hervorsticht. Ein spektakuläres Feuerwerkfestival findet im August im nahen Scheveningen statt – ein Grund mehr, Delft in diesem Monat zu besuchen.

Blick auf Delft mit dem Alten Rathaus am Markt

HAMBURG

HAFENRUNDFAHRT IN DER HANSESTADT

Hamburger Speicherstadt, ein Weltkulturerbe

Im August – so behaupten die Hamburger – ist die Chance, einen Tag ohne „Schietwetter" zu erleben, recht groß. Dann ist die vornehme Binnenalsteransicht von der Lombardsbrücke natürlich ein besonderer Genuss: links der Ballindamm mit Hapag-Lloyd-Gebäude, geradeaus der Jungfernstieg, eine der beliebtesten Promenaden der Hansestadt, und rechts der Neue Jungfernstieg mit dem Luxushotel Vier Jahreszeiten. Auch Hafenrundfahrten sind an einem sonnigen Abend am schönsten. Dann leuchtet der dunkelrote Backstein der Speicherstadt mit ihren neugotisch anmutenden hohen Lagerhäusern, ihren zierlichen Giebeln, ihren Türmchen, Brücken und Kais geradezu magisch. Nachts erstrahlt die Wunderwelt der Speicherstadt im Licht Hunderter Scheinwerfer und blauer Neonröhren – und das bei jedem Wetter. Auch die 2017 eröffnete Elbphilharmonie, die futuristische HafenCity und der blau, gelb und rot funkelnde topmoderne Containerterminal Altenwerder wirken abends und nachts bei Flutlicht besonders fotogen.

HAMBURG MIT DEM HVV

Wer auf die fantasievollen „Döntjes" (Anekdoten) der Guides verzichten kann, kommt auch auf den regulären Hafenfähren des Hamburger Verkehrsverbunds HVV auf seine Kosten. Einfach mit der U-Bahn in die Speicherstadt (U3 Baumwall) fahren, dann am Sandtorhöft, der westlichen Spitze der Speicherstadt, auf die Fährlinie 62 umsteigen. Nun geht's am Elbufer entlang zu den Landungsbrücken. Dort legt man einen Stopp an der Bude „Brücke 10" ein, um die vielleicht besten Fisch- und Krabbenbrötchen Hamburgs zu genießen. Anschließend fährt man weiter zur Werft Blohm & Voss vorbei am Fischmarkt, am Museumshafen Övelgönne und am Containerterminal bis nach Finkenwerder. Jetzt umsteigen in die Linie 64 zum Fähranleger Teufelsbrück. Dort setzt man sich ins Café Engel und sieht zu, wie sich die Riesenfrachter zum Greifen nah in den Hafen schieben. Vielleicht kommt sogar der Luxusliner Queen Mary 2 vorbei.

GROSSGLOCKNER

DAS DACH ÖSTERREICHS

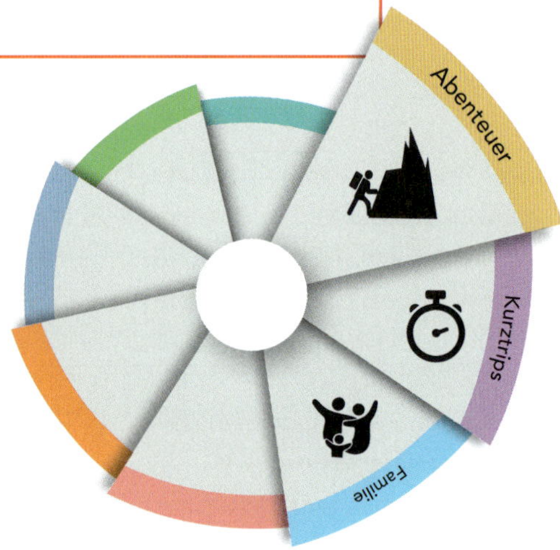

Bergpanorama an der Großglockner Hochalpenstraße

Auf dem acht Kilometer langen Abschnitt zwischen dem Museum „Haus Alpine Naturschau“ und dem Hochtor (2369 Meter) bietet die insgesamt 48 Kilometer lange Großglockner Hochalpenstraße eine beispiellose Panoramafahrt. Von der Aussichtsplattform der Edelweißspitze – mit 2571 Metern der höchste Punkt der Großglocknerstraße – eröffnet sich ein Traumblick auf sage und schreibe 37 Dreitausender!

HOCHALPEN FÜR UMWELTBEWUSSTE

Aber warum nicht mal das Auto stehenlassen? Zwischen Zell am See und Heiligenblut verkehrt in beide Richtungen ein Postbus, der sogar den Abstecher zur Kaiser-Franz-Josefs-Hütte (2451 Meter) macht. Von der gläsernen Wilhelm-Swarovski-Beobachtungswarte bietet sich der beste Blick auf die Pasterze am Fuß des Großglockners: Sie ist mit etwa sieben Kilometern Länge der größte Gletscher der Ostalpen. Allerdings schmilzt der mächtige Eismantel immer weiter ab. Heiligenblut in Kärnten ist das perfekte Standquartier für die Erkundung der hochalpinen Bergregion – ein malerischer Ort, dessen gotische Wallfahrtskirche St. Vinzenz mit der 3798 Meter in den Himmel ragenden Spitze des Großglockners im Hintergrund zu den beliebtesten Fotomotiven Österreichs zählt. Von hier fährt man in einer Gondel der Bergbahn Heiligenblut Schareck auf den Schareck – einen grandiosen Aussichtspunkt auf 2604 Metern Höhe. Dann geht es in den Achterkabinen der neuen Grossglockner-Panoramabahn zur Hochalpenstraße hinunter. Die Pasterze lässt sich mit der Standseilbahn Grossglockner Gletscherbahn bequem erleben.

WANDERN IN GRANDIOSER NATUR

Nur zu Fuß lernt man die Steinwüsten, Karseen, Firnfelder, Eisbrüche, wild schäumenden Gletscherabflüsse und Wasserfälle des Nationalparks Hohe Tauern wirklich kennen. Schon zur Kaiser-Franz-Josephs-Hütte führt von Heiligenblut durch das obere Mölltal ein sehr schöner Wander- und Gletscherweg. Hoch in den Lüften kreisen Bartgeier und Steinadler, Gämsen und Steinböcke springen behände über schroffe Felsen, Murmeltiere pfeifen, und die kristallklare Luft duftet betörend nach Latschenkiefern. Und östlich von Heiligenblut lockt im Rauriser Tal ein 800 Jahre alter Sturzwald mit Moortümpeln und Teichen – eine der faszinierendsten Urlandschaften Mitteleuropas.

MONTENEGRO

WILDER BALKAN

Ein tiefblauer, fast skandinavisch wirkender Fjord, der sich 30 Kilometer tief in die dalmatinische Küste einschneidet – so präsentiert sich die Bucht von Kotor, eine knappe Autostunde südlich des kroatischen Dubrovnik gelegen. Von der Küste führen atemberaubende Serpentinenstraßen in die schroffe unberührte Naturlandschaft im Landesinneren von Montenegro. Hier warten über 20 Zweitausender, auf deren Gipfeln bis in den Sommer hinein Schnee liegt, verwunschene Gletscherseen, einer der letzten Urwälder Europas, freskengeschmückte mittelalterliche Klöster und Moscheen. Ein weiteres Highlight ist die mit 1,3 Kilometern Tiefe und 78 Kilometern Länge nach dem Grand Canyon tiefste Schlucht der Welt, ein Weltnaturerbe, auf deren reißendem Fluss Tara sich die Rafter tummeln. Im August ist die Tara nicht mehr ganz so wild, dafür wird es bis zu 30 Grad warm. Umso erfrischender ist jetzt eine Wildwassertour im zwölf Grad „warmen" Wasser – vorbei an Fels- und Kiesterrassen, Sandstränden, hohen Klippen und über 80 großen Höhlen. Der untere Teil des Flusses – Ausgangspunkt ist Brštanovica in der Nähe des Dorfs Šćepan Polje an der Grenze zu Bosnien – verspricht mit den meisten Stromschnellen und dem schönsten Wasserfall die heftigsten Adrenalinkicks.

Rafting auf der Tara

CHEMIN AU FIL DU DOUBS

DAS SCHÖNSTE GEHEIMNIS DER SCHWEIZ

Wasserfall Saut du Doubs bei Les Brenets

Stille Fjordlandschaften, tosende Wasserfälle und kulinarische Spezialitäten des Jura: Eine Wanderung durch das unverbaute, in weiten Teilen noch unberührte smaragdgrüne Flusstal des Doubs, der sich nicht so ganz zwischen der Schweiz und Frankreich entscheiden mag, garantiert Entschleunigung vom Feinsten. In vier Etappen – insgesamt sind es 68 Kilometer – geht es vom neuenburgischen Les Brenets in der Nähe von La Chaux-de-Fonds bis zum mittelalterlichen Städtchen St. Ursanne im Jura auf Waldwegen praktisch immer am Doubs entlang. Dabei durchquert man den gleichnamigen regionalen Naturpark von Westen nach Osten. Gelegentlich glaubt man sich in einen kühlen Urwald versetzt: Eisvögel sitzen auf bemoosten Baumstämmen, die dekorativ über dem kristallklaren Wasser hängen. Hier tummeln sich viele Forellen, die in den Restaurants der Dörfer raffiniert zubereitet auf den Tisch kommen. Dazu wird feiner lokaler Weißwein serviert. Übernachten kann man in kleinen, liebevoll eingerichteten Pensionen. Und wer einzelne Etappen überspringen möchte, nimmt einfach das Postauto. Zwischen Soubey und St. Ursanne kann man auch mit dem Kajak fahren.

KARELIEN

FINNISCHER HÜTTENZAUBER AM SEE

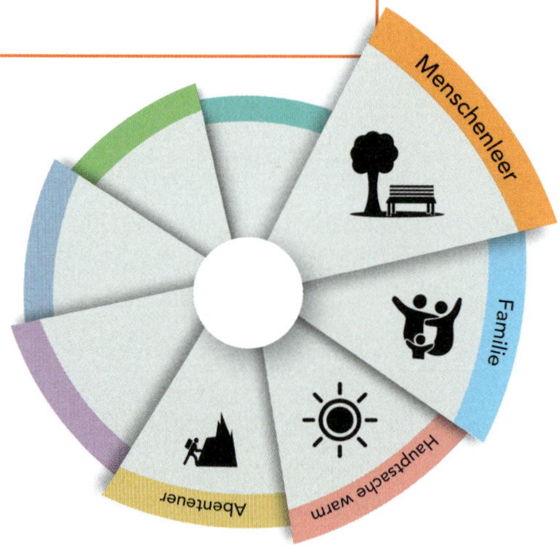

Im Vergleich zu Lappland hält sich die Mückenplage im Süden Finnlands einigermaßen in Grenzen. Mitte August ist es immer noch angenehm warm, und die Plagegeister sind fast verschwunden. Finnland gilt als „Land der 1000 Seen". Und das zu Recht. Allein die Saimaa-Region ist ein amphibisches Labyrinth von 1000 Inseln, Nebenarmen, Buchten und Kanälen. Wo hört da ein See auf und fängt der nächste an? Weiter nördlich bietet die stolze, 347 Meter hohe kahle Hügelkuppe des Ukko-Koli den vielleicht schönsten Ausblick auf den Fleckenteppich der finnischen Seenplatte in Saphirblau und Smaragdgrün. Wenn hier die Sonne auf- oder untergeht, wird man ganz still.

URLAUB IM MÖKKI

Das Schöne an den unzähligen finnischen Seen ist, dass hier jeder seine eigene einsame Hütte, sein „Mökki", mit Bootsanleger und Sauna findet, von der aus man direkt in den kalten See springen kann. Obwohl: 18 bis 20 Grad Wassertemperatur sind durchaus möglich, denn Karelien wird im Sommer von Sonne verwöhnt. Wer keine Lust hat, mit dem Boot den weiten Weg zum nächsten Lebensmittelladen anzutreten, angelt sich lizenzfrei einen Fisch aus dem See und sammelt in den Wäldern wilde Blau- und Erdbeeren. Sollte einem der Sinn nach Gesellschaft stehen, macht man einen Ausflug in das quirlige Savonlinna, in dem der Finne – wie es in der Landessprache so schön heißt – im Sommer „die Mücken tanzen" lässt. Hauptattraktion der Stadt ist die mächtige, über 500 Jahre alte Inselburg Olavinlinna. Im großen Auditorium der Burg finden bis Anfang August die Opernfestspiele statt, dann folgt ein Filmfestival und Ende des Monats verabschiedet man die sonnige Zeit auf dem Herbstfestival mit Klassik, Jazz und Feuerwerk. Naturfreunde schippern mit der M/S PUIJO auf alten malerischen Kanalbetten über den schönsten Binnenwasserweg Finnlands. Wer es lieber einsam mag, der mietet sich ein Kajak und paddelt tief hinein in den Nationalpark Linnansaari nördlich von Savonlinna. Vielleicht lässt sich auf dem Haukivesi-See sogar eine der scheuen Saimaa-Ringelrobben blicken.

Rotes Mökki in Karelien

SARDINIEN

EINSAMKEIT AN DER COSTA VERDE

Strand Spiaggia di Scivu an der Costa Verde

Menschenleere italienische Mittelmeerstrände im Hochsommer? Das scheint fast unmöglich – außer auf Sardinien. Während sich Promis und Millionäre auf ihren Jachten an der Costa Smeralda im Nordosten der großen Insel tummeln, sind viele Strände an der Westküste noch immer kaum erschlossen. Besonders einsam geht es im Südwesten an der Costa Verde zu. Hier liegt die sardische „Mini-Sahara" von Piscinas d'Ingurtosu. Die mächtigen, bis zu 60 Meter hohen, goldgelb leuchtenden Wanderdünen, an denen nur einige Wacholder- und Ginsterbüsche gedeihen, geben einen faszinierenden Kontrast zum smaragdgrün bis tiefblau leuchtenden Meer ab. Etwa sieben Kilometer lang ist der Sandstrand von Piscinas: Da findet selbst rund um Ferragosto (15. August), wenn sich wirklich ganz Italien am Strand tummelt, jeder ein Plätzchen ganz für sich allein. Nur zu kräftig sollte der feuchte Mistral nicht wehen. Dann ist das Baden nämlich aus Sicherheitsgründen verboten. Aber man kann sich ja in die Strandbars flüchten oder in den Agroturismo-Unterkünften unverfälschte sardische Küche genießen.

FÄRÖER-INSELN

NORDATLANTIK FÜR OUTDOOR-FANS

Etwa 300 Kilometer nördlich von Schottland liegen mitten im Golfstrom die 18 windgepeitschten Färöer-Inseln, eine autonome Provinz Dänemarks. Wasserfälle stürzen von den grün überzogenen Klippen ins Meer, an denen Eissturmvögel und Papageitaucher nisten. Im August, dem „wärmsten" Monat auf den Färöern, sind die Jungen flügge und ziehen aufs Meer hinaus. Besucher landen – meist aus Kopenhagen kommend – auf der Insel Vágar mit den malerischen Dörfern Gasadalur und Sørvágur. Die Lichtstimmungen am Sørvágsvatn, dem größten Binnensee der Färöer im Süden von Vágar, sind besonders zauberhaft. Von Vágar fährt man durch einen Tunnel auf die von fjordartigen Buchten geprägte Hauptinsel Streymoy, in deren Süden die Hauptstadt Torshavn liegt. In Regenpausen schlendert man hier durch das mittelalterliche Hafenviertel. Von Streymoy geht es über eine Brücke nach Eysturoy. Die zweitgrößte Insel der Färöer besitzt nicht weniger als 66 Gipfel. Der Slaettaratindur ist mit 882 Metern die höchste Erhebung des Archipels. Die Fahrt über eine steile Passstraße nach Gjógv und von dort über das besonders malerische Eiði nach Oyrarbakki eröffnet das schönste Panorama der Inseln: Von hier schweift der Blick hinüber nach Streymoy zum höchsten Wasserfall der Färöer.

Papageitaucher auf den Färöer-Inseln

AMAZONAS

UNTERWEGS AN DER LEBENSADER BRASILIENS

Das riesige Amazonasgebiet ist gar nicht so schwer zu bereisen. Mit Inlandsflügen und Bootsfahrten lernt man die schönsten Fluss- und Regenwaldgebiete ohne übertriebenen Aufwand kennen. Standquartiere sind Manaus mit seinen vielen Urwaldlodges, Alter do Chão bei Santarém und Belém. Die Distanzen zwischen den Städten kann man mühelos mit Linienbooten von Macamazon überbrücken. Im August herrscht Trockenzeit zwischen Manaus und Belém, also Niedrigwasser.

AUSFLÜGE AB MANAUS

Die 1669 gegründete Hauptstadt des Bundesstaats Amazonas liegt 1600 Kilometer westlich von Belém. Zwischen 1870 und 1910 lieferte sie 90 Prozent des weltweiten Bedarfs an Kautschuk. Im Museu do Seringal Vila Paraiso, das 25 Minuten Bootsfahrt flussaufwärts am Ufer des Rio Negro in einem Herrenhaus untergebracht wurde, wird diese Zeit wieder lebendig. Auch im historischen Zentrum von Manaus lässt sich der Reichtum der Gummibarone an der Architektur ablesen. Besonders spektakulär sind der für einen deutschen Kautschukfürsten errichtete Palácio Rio Negro – heute ein Tempel der Kunst – und das grandiose Teatro Amazonas. Wirklich alles – von den Bauziegeln bis zu den Kristalllüstern und Spiegeln – wurde aus Europa importiert, und auch die herrlichen Deckenmalereien stammen von europäischen Künstlern. Dann zerschlugen die Briten das Kautschukmonopol. Von den Menschen, die hier lange vor Ankunft der ersten europäischen Abenteurer lebten, erzählen die Museen Usina Chaminé und Museu do Índio. Die perfekte Einführung in die Natur der Amazonasregion bietet das Wissenschaftsmuseum INPA – Bosque da Ciência.
Im Osten vor der Stadt trifft der dunkle, kühlere und schnell fließende Rio Negro auf den bräunlich-schlammigen, warmen und gemächlichen Rio Solimões, wie der Amazonas bis hierher genannt wird. Etwa sechs Kilometer lang fließt das Wasser der beiden Flüsse nebeneinander her, ohne sich zu vermischen. An der Wasserscheide Encontro das Aguas, dem „Treffpunkt der Wasser“, bietet sich deshalb ein eindrucksvolles Farbspektakel. In Manaus werden Flusskreuzfahrten und Übernachtungen in teils sehr komfortablen Urwaldlodges am Rio Negro angeboten – nächtliche Tierbeobachtungen und das traumhafte Erlebnis eines Sonnenaufgangs über dem Fluss inklusive. Wer vom Tourismus kaum berührtes Leben am Fluss kennenlernen möchte, fährt mit einem Regionalboot in etwa 14 Stunden nach Anamá am Rio Solimões. Die am Wochenende sehr beliebten Flussstrände Praia da Lua, Praia da Ponta Negra und Praia do Tupé am Rio Negro sind ebenfalls mit Booten zugänglich.

ZWISCHEN SANTARÉM UND BELÉM

Das etwa auf halbem Weg zwischen Manaus und Belém gelegene Santarém erlebt gerade als Umschlagplatz für Sojabohnen aus dem Mato Grosso einen neuen Boom. Amazonasreisende steuern aber vor allem das 30 Kilometer weiter westlich gelegene Alter do Chão am aquamarinfarbenen kristallklaren Rio Tapajós an,

um zwischen August und Februar an den schneeweißen Sandstränden der „Karibik des Amazonas“ die relaxte Atmosphäre zu genießen. Die Sandbank Ilha do Amor trennt den smaragdgrün leuchtenden See Lago Verde vom Fluss. Der schönste Ort für den Sonnenuntergang ist der in den Fluss hineinragende Strand Ponto do Cururú. Hier tummeln sich viele rosa Flussdelfine. Belém, die Hauptstadt des Bundesstaats Pará, liegt am Südufer des Rio Guamá mit offenem Zugang zum Ozean. Schon 1616 errichteten die Portugiesen hier das mächtige Forte do Presépio. In der Cidade Velha (Altstadt) und im benachbarten Viertel Nazaré sind noch einige Barockkirchen wie die besonders schöne achteckige Capela de São João Batista (1777) sowie Prachtbauten aus der Zeit des Zucker- und Kautschukbooms zu sehen. Die größte Attraktion ist der ungemein farbenfrohe Markt Ver-o-Peso („Schau das Gewicht an“). Hier lernt man nicht nur all die exotischen Fische und Früchte der Amazonasregion kennen, sondern auch die „Mandingueiras“: Frauen, die alle nur erdenklichen Zaubermittel verkaufen. Natur- und Strandfreunde kommen in der näheren Umgebung auf der Ilha Mosqueiro, in Salinópolis an der Atlantikküste und an der herrlichen Praia do Pesqueiro auf der riesigen, von Wasserbüffelherden bevölkerten Ilha do Marajó auf ihre Kosten.

Oben: Amazonasbecken mit Regenwald
Links: Haus auf Stelzen am Amazonas

UND ÜBRIGENS ...

Unbedingt probieren sollte man Açaí. Die schwarzblaue Palmfrucht wächst in den Regenwäldern Nordbrasiliens. Sie schmeckt köstlich als Saft oder Eis. Açaí-Smoothies der Marke Ivaí Açaí gibt’s auch im Supermarkt.

WESTAUSTRALIEN: KIMBERLEY

DIE BERGE DER WANDJINAS

„Frontier Country" – das ist die wilde tropische Region Kimberley noch heute. Auf Expeditionen mit Geländewagen, Kleinflugzeug und Hubschrauber lässt sich diese unwegsame Welt aus dramatischen Schluchten, spektakulären Wasserfällen, archaischen Bergketten und faszinierenden Felsmalereien der Aborigines erschließen.

VERSCHLAFENES BROOME

Broome, das südliche Tor zu Kimberley, strahlt noch immer tropische Nonchalance aus. Einst tauchten hier asiatische Perlenfischer bis zu 27 Meter tief in die Küstengewässer hinab. Im August wird das Shinju Matsuri, das Perlenfestival, gefeiert. Jetzt in der Trockenzeit ist auch das Wetter am angenehmsten. Tagsüber aalen sich die Touristen am großartigen Cable Beach und schaukeln am Abend auf dem Rücken afghanischer Dromedare in den herrlichen Sonnenuntergang hinein.

SCHLUCHTEN DER KIMBERLEY

Zahlreiche Veranstalter bieten Ausflüge in die berühmten Nationalparks der Region an. Geikie Gorge National Park ist die am leichtesten zugängliche Schlucht der Kimberley. Hier durchbricht der Fitzroy River auf acht Kilometern Länge die fossile Napier Range. Nur ein schmaler Streifen am Westufer des Flusses ist erreichbar, daher unternimmt man am besten eine der angebotenen Bootsfahrten. Noch großartiger ist der Windjana Gorge National Park. Hier hat der Lennard River eine spektakuläre Schlucht in die Napier Range gegraben. Bis zu 90 Meter ragen die steilen, zerklüfteten und mehrfarbigen Kalksteinwände empor. Kreischende Corella-Papageien bevölkern die Flusseukalypten und Feigenbäume, und im Fluss tummeln sich harmlose Johnston-Süßwasserkrokodile.

Die magische Welt des Bungle Bungle (Purnulu) National Park lässt sich mit Rundflügen und Safaris erkunden. Vom Flughafen Kununurra starten Cessna-Flüge über den Lake Argyle zu den unzähligen Felskuppeln aus brüchigem Sandstein. Mit ihren Querstreifen aus schwarzen Flechten und orangefarbenen Silikaten erinnern die abgerundeten Formationen an Bienenkörbe. Frühmorgens und spätnachmittags im Schein der ersten oder letzten Sonnenstrahlen ist dieses Naturschauspiel besonders faszinierend.

IM REICH DER WOLKENGEISTER

An vielen Felsüberhängen der Kimberley haben die Aborigines einige der großartigsten Malereien Austra-

Rechts: Gibb River Road in Westaustralien
Unten: Schlucht des Ord River in den Kimberley Mountains

liens hinterlassen. Besonders häufig abgebildet sind die Wandjinas: Wolkengeister, denen die Schöpfung von Land, Wasser und Menschen zugeschrieben wird. Die Abbildungen sind in leuchtenden roten, gelben und schwarzen Pigmentfarben gehalten und oft auf weißem Hintergrund aufgetragen. Die extrem stilisierten, fötusartigen Figuren zeigen Augen mit Strahlenkranz und Nase, jedoch keinen Mund. Der heiligenscheinartige Strahlenkranz der Wandjinas verkörpert die von ihnen kontrollierten Wolken und Blitze. Man kann die Malereien mit besonders dazu autorisierten Aborigines aufsuchen.

BORNEO

BOOTSFAHRT ZU DEN ORANG-UTANS

Einmal Borneos Primaten aus der Nähe sehen! Am leichtesten gelingt dies im Tanjung Puting National Park, einem 1600 Quadratkilometer großen sumpfigen Wald an der Südküste von Kalimantan, in dem an die 6000 Orang-Utans leben. Der August liegt mitten in der Trockenzeit, in der die Orang-Utans am häufigsten die Futterstationen des Wildparks aufsuchen. Besucher fliegen von Jakarta oder Surabaya nach Pangkalan Bun. Vom etwa 20 Kilometer südöstlich gelegenen Fischerdorf Kumai geht es mit dem Klotok, einem langsam dahintuckernden zweistöckigen Hausboot, den Sekonyer River flussaufwärts in den Nationalpark. Man verbringt in der Regel drei Tage auf dem Schiff und wird auch gut verpflegt. Die Seitenflüsse des Sekonyer River sind kristallklar, die tanninreichen Blätter der Urwaldbäume färben das Wasser fast schwarz, Wipfel spiegeln sich darin, und nachts, wenn die Schiffsmotoren ruhen, hört man nur noch die aufregenden Geräusche des Urwalds. Rund um Camp Leakey, einem Forschungs- und Rehabilitationszentrum für Orang-Utans, turnen die rotbraunen Menschenaffen durch die Baumkronen. Manchmal sieht man sie vom Boot aus, auf jeden Fall aber auf Wanderungen mit geschulten Guides durch den Dschungel auf freier Wildbahn. Ob sich auch der besonders imposante „Big Tom" blicken lässt? Die vom Aussterben bedrohten lustigen Nasenaffen bekommt man vor allem spätnachmittags und abends zu Gesicht.

Orang-Utans auf Borneo

HARZ

SEHNSUCHTSORT IM HERZEN DEUTSCHLANDS

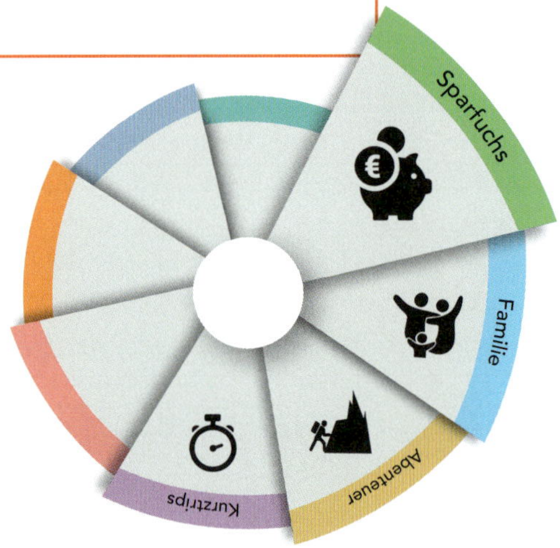

Wie schön es im Harz ist, davon haben schon Johann Wolfgang von Goethe, Heinrich Heine und Joseph von Eichendorff geschwärmt. Außerdem ist ein Urlaub in der wildromantischen Region mit ihren herrlichen Wäldern und hübschen Fachwerkstädten wie Quedlinburg und Goslar angenehm preisgünstig. Selbst im Hochsommer bleiben die vielen Pensionen sehr erschwinglich, und wer so richtig sparen möchte, besorgt sich die HarzCard: Sie gewährt freien Eintritt in über 120 Einrichtungen der Region, egal ob man nun die Goslarer Kaiserpfalz oder das Weltkulturerbe Rammelsberg besuchen, mit der Schmalspurbahn auf den Brocken, mit der Kabinenbahn zum Hexentanzplatz oder mit dem Sessellift zur Rosstrappe fahren will. Die HarzCard gibt es in zwei Versionen: für 48 Stunden und für vier Tage (www.harzcard.info).

ROMANTIK UND ABENTEUER PUR

Langweilig wird es im Harz nie, höchstens gefährlich romantisch. Denn auf dem „Liebesbankweg" in Hahnenklee hat sich schon manches Paar auf einer der 25 in liebevoller Handarbeit gefertigten Liebesbänke gefunden, die so vielsagende Namen wie „Rendezvous", „Hasch mich" oder „Quell der Liebe" tragen. Geknutscht wird mit grandiosen Ausblicken auf malerische Stauteiche und blühende, duftende Bergwiesen, geheiratet dann womöglich zwischen Stalagmiten, nämlich im Goethesaal der Baumannshöhle 68 Meter unter der Erde. Hunderte von Kerzen sorgen für romantische Lichtspiegelungen im kristallklaren Wolfgangsee, während die fabelhafte Akustik Mendelssohn-Bartholdys Hochzeitsmarsch so richtig zur Geltung bringt.
Wer lieber „Einzelkämpfer" bleiben möchte: Mehrere Anbieter organisieren Survivaltouren im Wald. Nein, Regenwürmer oder Käfer muss dabei keiner essen. Aber lernen kann man bei diesen Outdoor-Seminaren viel, zum Beispiel wie man sich im Gelände orientiert, ohne Streichhölzer in einer Höhle Feuer entfacht, Trinkwasser filtert, in der kristallklaren Bode an wildromantischen Geheimplätzen einen Fisch fängt und zubereitet, über eine Schlucht klettert, einen Steilhang erklimmt und dabei in der freien Natur zu sich selbst findet.
Apropos finden: Maronen, Pfifferlinge und Steinpilze schießen im Harz schon nach einem warmen Augustregen aus dem Boden. Das erzählen die Einheimischen den Sommertouristen aber lieber nicht.

Wanderer im Harz

KANTABRIEN

SPANIENS UNBEKANNTER NORDEN

Luftansicht von Santander

Kantabriens über 60 Strände an der 200 Kilometer langen Biskayaküste sind – von den internationalen Sprachstudenten in Santander einmal abgesehen – bei Ausländern noch immer fast Geheimtipps. Dabei haben sich in der Region schon vor 15 000 Jahren die Schöpfer der berühmten Höhlenmalereien von Altamira wohlgefühlt. Die beiden eleganten, zwei Kilometer langen Playas del Sardinero blicken auf eine über hundertjährige Urlaubstradition zurück. Die herrlichen weißen Sandstrände, an denen die für exzellente Wasserqualität bürgende Blaue Flagge weht, sind nach wie vor fest in einheimischer Hand, was sich auch bei den günstigen Preisen der Traditionshotels bemerkbar macht. Auch Wanderungen durch den Parque Nacional Picos de Europa, den schroffe Berggipfel, Sommerweiden voller Wildblumen, tiefe Schluchten, stille Buchenwälder und archaische Dörfchen kennzeichnen, strapazieren das Budget kaum. In den kleinen Posadas schläft man preiswert und isst oft besser als in Sternerestaurants. Unbedingt probieren sollte man den Blauschimmelkäse von Valdeon, dessen Produktionsmethode sich in Hunderten von Jahren nicht geändert hat.

SOPOĆANI

ORTHODOXE AVANTGARDE IN SERBIEN

Das preisgünstige Reiseland Serbien besitzt Kunstschätze, die bis heute nur wenige Touristen besuchen. In der idyllischen bergigen Waldlandschaft des Stari Ras bei Novi Pazar steht nahe der Raska-Quelle das Kloster Sopoćani, eines der berühmtesten in Altserbien. Seine Fresken machen es zu einem Glanzpunkt mittelalterlicher Kunst in Europa. Die Darstellung des Apostel Philippus oder Johannes wurde gar zur „Mona Lisa Serbiens" verklärt. Die Malschule von Sopoćani demonstriert, wie fruchtbar die Begegnung zwischen Ost und West zu dieser Zeit war. So muss man den Schöpfer der „Entschlafung Mariä" zu den großen europäischen Meistern des 13. Jahrhunderts zählen. Die Jungfrau liegt mit verinnerlichten Gesichtszügen auf dem Totenbett. Um sie herum stehen die Apostel, wie in der Legenda Aurea, einem mittelalterlichen religiösen Volksbuch, beschrieben. Christus empfängt die Seele seiner Mutter in Form eines Kindes und reicht sie den Engeln, die sie in den Himmel emportragen. Voller Anmut und Grazie, voller gelassener Harmonie erscheinen die Figuren, und sie haben eine Ausstrahlung, die erst die Meister der italienischen Renaissance übertreffen sollten.

Serbisches Kloster Sopoćani

FRANZÖSISCHE ATLANTIKKÜSTE

STRANDPARADIES MIT FRISCHER BRISE

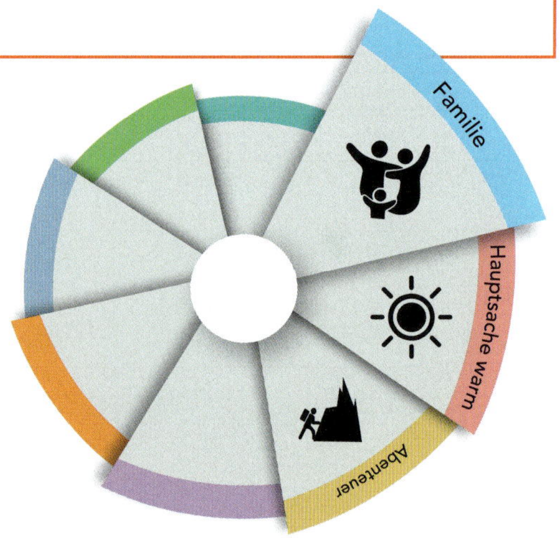

Die Küsten und Inseln der Départements Vendée im Norden und Charente-Maritime im Süden sind wahre Urlaubermagneten. Natürlich ist hier im Ferienmonat August besonders viel los, doch überfüllte Strände wie am Mittelmeer kennt man hier kaum, dafür ist einfach zu viel Platz. Schon Ende August wird es hier wesentlich ruhiger. Das Wetter bleibt aber noch länger sonnig und warm.

FERIENINSELN UND TRAUMKÜSTEN

Endlos scheinen manche Dünenstrände auf Noirmoutier in der Vendée, Frankreichs größter Ferieninsel. Etwa sieben Kilometer lang sind die von Wäldchen aus Strandkiefern gesäumten Strände von Barbâtre, es gibt aber auch geschützte kleine Buchten. Besonders familienfreundlich ist die Plage du Mardi-Gras, an der Szenen für den Film „César und Rosalie“ mit Romy Schneider und Yves Montand in den Hauptrollen gedreht wurden. Auch an der Festlandsküste von Les Sables d'Olonne findet jeder sein traumhaftes Plätzchen. Die Plage des Granges im Norden ist eine Hochburg für Surfer. Ganz im Trend liegt Waveski-Surfing, eine Kombination aus Kajakfahren und Surfen. Mit dem Paddel kommt man vom Strand zu den Wellen, anschließend dient es als Drehpunkt bei Wellenreitmanövern.
Sommerurlauber lieben auch die Charente-Maritime. Besonders schöne Strände findet man an der 100 Kilometer langen Küste der Île de Ré, die der attraktiven Hafenstadt La Rochelle vorgelagert ist. Ideal zum Baden geeignet sind die langen feinsandigen, von Dünen oder Wald begrenzten windgeschützten Strände an der Süd- und Westküste der Insel, darunter Le Bois-Plage und La Couarde. Im Norden dominieren eher kleine Felsenbuchten und Jachthäfen, doch am nördlichen Ende der Insel erstreckt sich vom Leuchtturm Phare des Baleines bis zum Dorf Portes-en-Ré der traumhafte Strand La Conche des Baleines. Auch die Strände von Oléron, Frankreichs zweitgrößter Ferieninsel, sind ein Traum. Mit ihren Dünen, weiten Sandflächen und hohen Wellen sind die Abschnitte zwischen Saint-Trojan und Vert-Bois für Wassersportler und Surfer ideal. An der Plage de la Perroche tummeln sich Segler, Strandsegler und Windsurfer, weiter nördlich wieder die Surfer. Die Ostküste ist ruhiger. Besonders familienfreundlich ist die windstille Plage de Gatseau im Süden mit ihren Strandwäldchen und mit fast wellenlosem Meer.

JEDE MENGE ABENTEUER

Auch für Abwechslung ist gesorgt. Mit seinen über 60 Aktivitäten gilt der südlich von La Roche-sur-Yon in der Vendée gelegene „Indian Forest“ als größter Abenteuerpark Frankreichs. So kann man mit einer „Maxi-Tyrolienne“ von Baum zu Baum sausen, den freien Fall aus 18 Metern Höhe auf aufblasbare Matten wagen, das Abenteuerprogramm von Fort Débrouillard bestehen, und auch Wasserspaß ist im Angebot. Auf die Bäume der Vendée geht es auch im wirklich schön gestalteten Freizeitkomplex „Explora Park“, der an der Küste im Dünenwald bei Saint-Jean-de-Monts liegt. Hier kann man mit Seilen auf Bäume klettern, ein Baumhaus bauen, auf Schatzsuche gehen, Wanderungen mit Geocaching unternehmen, mit Bogen schießen, Tennis spielen und viele weitere Sportarten treiben.

Im Poney Club Yonnais bei La Roche-sur-Yon dürfen schon Kleinkinder spielerisch die Welt auf dem Rücken sanfter süßer Shetland- und Connemara-Ponys entdecken. „Bébé Cavalier“ heißt das Programm für Kinder zwischen 18 Monaten und fünf Jahren. Kleine Rennfahrer zieht Karting Philippe Alliot in Belleville-sur-Vie magisch an, während sich Star-Wars-Fans im Laser Game Noirmoutier in einem fluoreszierend beleuchteten Labyrinth mit Laserpistolen Gefechte liefern. Zarter besaitete Familien spielen lieber Crazy Golf.
In der Charente Maritime besucht man Sibirische Tiger, Rhinozerosse, Giraffen, Gorillas und Kap-Pinguine im privaten Zoo de la Palmyre, einem der schönsten und bestgeführten Tierparks Europas, oder taucht im Château d’Usson bei Pons auf einem Abenteuerparcours in die Welt der drei Musketiere ein.

Oben: Kitesurfer an der Plage Nord auf der Île de Ré
Unten: Kleines Mädchen im Poney Club Yonnais

DEUTSCHE MÄRCHENSTRASSE

AUF DEN SPUREN DER GEBRÜDER GRIMM

Aschenputtelspiele vor der Burgruine von Polle

Wer seinen Kindern zeigen möchte, wo Dornröschen 100 Jahre verschlief, die böse Zauberin Rapunzel gefangen hielt und Frau Holle es schneien ließ, folgt der Deutschen Märchenstraße durch die verträumten Wald- und Flusslandschaften an Fulda, Werra und Weser in Nordhessen und Niedersachsen mit ihren vielen Fachwerkstädtchen, Schlössern und Burgen.

ZU BESUCH BEI RAPUNZEL, ROSENROT & CO.

Von Kassel, das im Palais Bellevue ein Brüder-Grimm-Museum eingerichtet hat, führt die Dornröschen-Tour zur Sababurg in den geheimnisvollen Reinhardswald. Hier steht auch die Trendelburg, von deren Burgfried die schöne Rapunzel ihr Haar herunterließ. Im idyllischen Hannoversch Münden wird eine Sprechstunde beim „Doktor Eisenbart" eingelegt, und einige Kilometer weiter westlich führt der Turmwächter von Immenhausen durch die Stadt von „Hans im Glück".
Das Fachwerkstädtchen Polle gilt mit der Burgruine als die Heimat von Aschenputtel. Gelogen, dass sich die Balken biegen, wird in Bodenwerder, der Stadt des „Lügenbarons" von Münchhausen. Etwas weiter weserabwärts in Hameln hat sich eine ganze Stadt der Rattenfängersage verschrieben. Weseraufwärts in Gieselwerder sollen Schneewittchen und die sieben Zwerge wohnen. Über Bovenden, von dessen Burgruine Plessenberg sich ein tolles Panorama bietet, erreicht man Ebergötzen. Hier schrotete die Wilhelm-Busch-Mühle die bösen Buben der Bilderbuchgeschichte „Max und Moritz". In der Region rund um das Heilbad Heiligenstadt spielen die Märchen „Schneeweißchen und Rosenrot", „Tischlein deck dich" und „Rumpelstilzchen".
Landschaftlich besonders schön ist die Fahrt durch das Werratal vom nahen Witzenhausen nach Bad Sooden-Allendorf. Am alten Zimmersbrunnen vor den Toren der Allendorfer Altstadt steht genau jener Lindenbaum, der im Volkslied „Am Brunnen vor dem Tore" besungen wird. Die Märchenstraße führt natürlich über den Hohen Meißner, denn von diesem Berg aus schüttelte Frau Holle die Betten auf, damit es auf der Erde schneie. Und das sind noch längst nicht alle Märchenorte.

SÜDENGLAND

ZWISCHEN SURREY UND DEVON

Die Eltern möchten Stonehenge sehen, Schlösser und Parks des National Trust, Street Art von Banky in Bristol und die Kreideklippen von Beachy Head. Aber in Südengland wird es Kindern garantiert nicht langweilig. Hochseiltouren, Treejumping und Seilrutschen sind die Attraktionen des Tamar Trails Centre in Devon. Im Safaripark des elisabethanischen Landschlosses Longleaf in Wiltshire fährt man mit dem Auto durch das Löwengehege und bewundert Elefanten, Giraffen und Gnus, während freche Affen auf der Kühlerhaube herumtoben. In der Chessington World of Adventure in Surrey, südwestlich von London, gibt es Tieflandgorillas, Sumatra-Tiger, Pinguine und Seelöwen zu bestaunen und jede Menge rasante Fahrgeschäfte auszuprobieren.

Big Ben im Legoland Windsor

ADRENALINKICKS AUF BRITISCH

Besonders aufregend gestaltet sich ein Besuch im Thorpe Park von Chertsey, 30 Autominuten westlich von Chessington. Die Weltrekord-Achterbahn Looping Coaster Colossus bringt es auf sage und schreibe zehn Überschläge! Mit dem Inverted Coaster Nemesis fährt man gar durch einen „Vulkan", und der Launched Coaster Stealth sorgt für einen wahren Geschwindigkeitsrausch. Oder wie wär's mit der riesigen Wasserbahn Tidal Wave? Für nasse Wow-Effekte sorgt auch der Splashdown Waterpark in Dorset mit Wasserrutschen wie dem Screamer, bei dem es fast senkrecht ins Wasser geht. Auch die finstere Black Thunder und die rasante Spacebowl halten Wasserratten auf Trab. Auf kleine Seeräuber wartet die Little Buccaneers SplashZone. Wenn die Kinder die Besichtigung von Schloss Windsor tapfer durchgehalten haben, spendieren ihnen dankbare Eltern vielleicht Tickets für den Vergnügungspark Legoland Windsor. Hier gibt's berühmte Bauwerke aus aller Welt im Maßstab von 1:20 zu sehen. Die Lego City bietet abenteuerliche Piraten-Stunts, durch das Kingdom of the Pharaohs kämpft man sich mit Laserpistolen, und durch Knights' Kingdom fährt die Achterbahn Dragon Roller Coaster. Da werden selbst die Kinder von William und Kate neidisch!

EDINBURGH

SCHOTTISCHES FESTIVALFIEBER

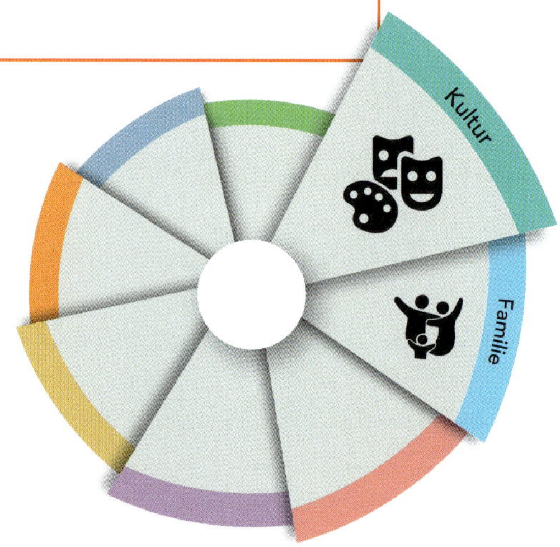

Wann eigentlich wird hier nicht irgendetwas gefeiert, fragt sich mancher Besucher, wenn wieder einmal ein grandioses Feuerwerk die mächtige Burg erhellt und gestandene Männer im Schottenrock Dudelsack blasen. Alles Klischee? Nicht im Sommer, wenn auf der Esplanade des Edinburgh Castle das „Military Tattoo" stattfindet: ein farbenfroher „großer Zapfenstreich". Dabei kann man gleichzeitig ungestört intensive „Tartanologie" betreiben. Über 1800 Karomuster soll es geben, von denen jedes einem bestimmten Clan zugeordnet ist. Erspäht man auf dem Military Tattoo das grautonige Balmoral-Muster, dann könnte Prinz Charles höchstpersönlich anwesend sein, denn nur Mitglieder der königlichen Familie dürfen es tragen.

FRINGE IST KULT

Das Military Tattoo vor dem Hintergrund der illuminierten, jahrhundertelang hart umkämpften Burg ist der populärste Bestandteil des Edinburgh International Festival of Music and Drama, zu dem zwischen Mitte August und Anfang September alles kommt, was auf den Bühnen dieser Welt Rang und Namen hat. Mit klassischen Opern-, Theater-, Ballett- und Konzertaufführungen ist dieses Festival eine eher formelle Veranstaltung. Ganz anders dagegen das Edinburgh Festival Fringe, das im August mit über 15 000 Veranstaltungen Edinburgh ins kulturelle Rampenlicht Europas rückt. Hier dominieren Dynamik, Kreativität und Überschwang die Szene, denn niemand schreibt den Künstlern des Fringe vor, was sie tun können oder lassen müssen. Allerdings ist die Konkurrenz so hart, dass eine einzige schlechte Rezension im Scotsman oder Herald schon das Aus bedeuten kann. Jedenfalls kann man damit rechnen, auf Schritt und Tritt mit bunten Flyern überhäuft zu werden. Besonders beliebt ist Stand-up-Comedy. Schon Monty Python's Flying Circus hat auf dem Fringe-Festival seine ersten Erfolge gefeiert.

Bücherratten pilgern zum Edinburgh International Book Festival, das in den letzten zwei Augustwochen stattfindet. Und wer schon früher da ist, stürzt sich in das Edinburgh International Jazz and Blues Festival, das Anfang August die Vorhut zum Fringe bildet. So kann man durchaus an einem Abend über Doris Lessing oder mit Salman Rushdie diskutieren und anschließend zur Jam Session der legendären Big Chris Barber Band gehen.

AUF DER ROYAL MILE

And Now For Something Completely Different! Obwohl nicht wirklich, denn es bleibt kulturell. Es war ja noch gar nicht die Rede von Edinburgh selbst, seiner mittelalterlichen Altstadt und seiner prachtvollen, aus vier Straßen bestehenden Royal Mile, die Daniel Defoe 1724 als „größte, längste und vornehmste Straße Britanniens, ja der Welt" rühmte. Im Sommer verwandelt sie sich in eine einzige große Festivalbühne. Sie verbindet die Burg im Westen mit Holyrood Palace im Osten, wo sich die offizielle Residenz der britischen Königin in Schottland und das neue Scottish Parliament befinden. Von hier kann man durch den Holyrood Park wandern, eine Wildnis mitten in der Stadt, deren Felszacken, Moore, Glens und Lochs geradezu einen Mikrokosmos schottischer Naturlandschaften bilden.

Oben: Blick auf Edinburgh vom Calton Hill
Links: Edinburgh Military Tattoo

UND ÜBRIGENS ...

Unter tickets.edfringe.com kann man alle Tickets für Veranstaltungen des Edinburgh Festival Fringe online bestellen.

Wildnis hier, Zivilisation dort: Noch vor 250 Jahren erstreckte sich nördlich der Royal Mile der übel riechende sumpfige Graben Nor' Loch unterhalb der Burg, bis der erst 22-jährige Architekt James Craig hier mit Zirkel und Lineal eine höchst sehenswerte neoklassizistische New Town konzipierte, die mit ihren Säulen und Tempelgiebeln, ihren vornehmen Parks und dem herrlichen Royal Botanic Garden Edinburgh zu einem „Athen des Nordens" machte. Die National Gallery of Scotland und zahlreiche Galerien für zeitgenössische Kunst sorgen dafür, dass Edinburgh nicht nur zu Festivalzeiten den Besuch lohnt.

RIGA

JUGENDSTIL IN LETTLAND

Mitte August feiert Riga sein rauschendes Stadtfest, die beste Zeit für einen Besuch der stolzen Hauptstadt Lettlands, die an der Mündung der Düna in die Ostsee liegt. Vier ihrer Kirchen stammen noch aus dem 13. Jahrhundert. Nach grauen sowjetischen Zeiten erstrahlen die Bauten aus den Hansetagen wieder in frisch restauriertem Glanz. Neu erstanden auf dem im Zweiten Weltkrieg fast völlig zerstörten Marktplatz ist auch das berühmte Schwarzhäupterhaus. Im 14. Jahrhundert war es in schönster baltischer Backsteingotik für ledige ausländische Kaufleute errichtet worden. Im 17. Jahrhundert gestaltete man das Haus im manieristischen Stil holländisch-flämischer Zunfthäuser um.

ART NOUVEAU IN DER VORSTADT

In der ehemaligen „Petersburger Vorstadt" trifft man auf komplette Straßenzüge im Stil des Art Nouveau. Die Straße Alberta iela wurde 1903 bis 1906 fast komplett von dem bedeutenden Architekten Michail Eisenstein (1867–1921) entworfen. Der Vater des Filmregisseurs Sergej Eisenstein verzierte seine Bauten mit Girlandenmustern, Pflanzenornamenten und Medusenhäuptern. Aber erst bei Konstantin Pēkšēns (1859–1928) gehen Ornament und Funktion eine Symbiose ein. Über 250 Häuser hat er in Riga gebaut. In seinem eigenen Wohnhaus an der Alberta iela 12 befindet sich das meistfotografierte Treppenhaus des Baltikums. Auch in der Elizabetes iela stehen mehrere Beispiele des dekorativen Jugendstils.

Bald entwickelte die Rigaer Schule des Jugendstils eine eigenständige nationalromantische Formensprache. Aus der Taufe gehoben hatte den lettischen Nationalstolz der Aufklärer Johann Gottfried Herder. Er wirkte ab 1764 als Prediger und Lehrer an der Domschule und veröffentlichte eine Sammlung lettischer Gedichte und Gesänge. Hier habe er sich so frei gefühlt wie sonst nirgends, sagte Herder über seine Zeit in Riga. Nicht einmal Stalin tastete das 1935 eingeweihte Freiheitsdenkmal an, um das sich dann 1990 die lettische Freiheitsbewegung scharte. Man kann es heute noch bewundern.

Schwarzhäupterhaus auf dem Marktplatz von Riga

TELČ

MÄHRISCHE RENAISSANCE

Die südmährische Kleinstadt im Dreiländereck Böhmen, Mähren und Niederösterreich besitzt mit dem Námesti Zachariáše z Hradec einen der zauberhaftesten Marktplätze Europas. Vom 60 Meter hohen Turm der spätgotischen Jakobskirche bietet sich ein besonders schöner Blick auf das von Laubengängen der Renaissance gesäumte Ensemble. Mitte August wird das Weltkulturerbe zur Bühne für das historische Festspiel des Zacharias von Neuhaus und der Katharina von Waldstein, ein zweitägiges Mittelalterfest mit Umzug, Handwerkermärkten, Straßentheater, Gauklern, Tanz und Musik.

Marktplatz Zachariáše z Hradec im tschechischen Telč

ITALIENISCHER ZAUBER

Verantwortlich für die architektonische Pracht war der katholische Adelsherr Zacharias von Neuhaus (1527–1589), der an einer „Grand Tour" des böhmischen Adels nach Norditalien teilgenommen und beschlossen hatte, den neuen Kunststil in seinem Heimatstädtchen einzuführen. Er konnte es sich leisten, weil er Katharina von Waldstein geheiratet hatte, die reiche Silberminen mit in die Ehe brachte. Damit ließ sich ab 1554 der kostspielige Renaissanceumbau der ehemals gotischen Burg am schmalen Ende des Stadtplatzes finanzieren. Aus Italien mitgebrachte Künstler verzierten die Wände der Säle mit kunstvollen Sgraffiti, und auf der herrlichen Kassettendecke im Goldenen Saal tummeln sich frivole Allegorien. Die Bäcker und Bierbrauer, die Salzhändler, Tuchmacher und Schreiner, die am opulenten Treiben ihres Herrn alle gut mitverdienten, engagierten dessen italienische Handwerker. Nach dem großen Stadtbrand von 1530 standen ohnehin große Renovierungen an. Jetzt verband man die gotischen Häuser mit Arkaden und verkleidete die schmalen Gebäude mit zinnengeschmückten Attiken, kreisförmigen Dachaufsätzen oder mit Fresken bemalten Blendfassaden. In der Barockzeit wurden die Fassaden mit neckischen Putten, Kugeln, Zapfen und Vasen aus Stuck dekoriert. Und alle Häuser sehen aus, als seien sie geradewegs in einen Topf mit Pastellfarben geplatscht.

September

Eine Kanutour durch die Dordogne, Gold schürfen am Yukon oder eine Fahrt auf dem legendären Highway Number One? Eine Reise zu den Iguazú-Wasserfällen (Foto), Shopping in New York oder Familienurlaub auf Rügen und auf Teneriffa? Der September ist perfekt dafür.

COSTA DE LA LUZ

SPANIENS ATLANTIKKÜSTE

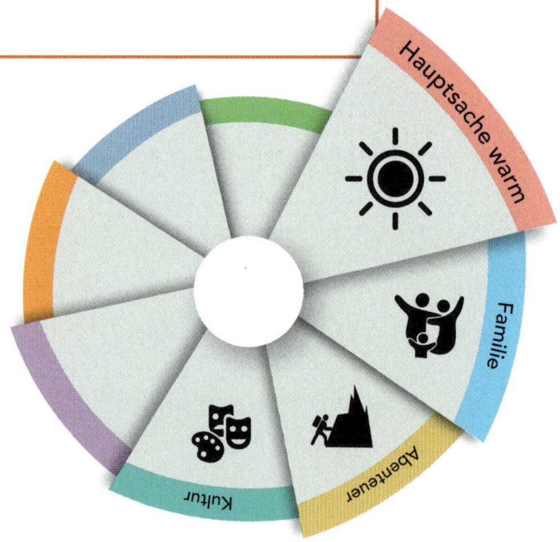

Die Provinz Cádiz wird wegen ihres hedonistischen Lebensgefühls oft scherzhaft „Cádizfornia" genannt. Im Sommer ist das Klima hier am silbrig glänzenden Atlantik angenehmer als an der Mittelmeerküste Andalusiens, und im September fallen auch die Preise. Massentourismus wie an den Mittelmeerstränden ist besonders in der warmen, aber nicht zu heißen Nachsaison kein Thema, auch das Wasser ist sehr sauber.
Direkt am Meer kann man zum Beispiel in Conil de la Frontera sehr schön Urlaub machen, einem gewachsenen Städtchen mit blendend weiß gestrichenen Häusern. Hier findet man jede Menge andalusisches Flair. In der attraktiven kleinen Altstadt kann man entspannt bummeln, die zahlreichen Restaurants und Tapas-Bars an der Calle Cádiz testen und natürlich auch hübsche Souvenirs einkaufen, darunter farbenfrohe andalusische Keramik. Bettenburgen gibt es in Conil keine. Vor den Hotels erstreckt sich ein kilometerlanger, von Pinienwäldern und bunten Wandelröschen gesäumter Dünenstrand. Er ist ideal für ausgedehnte Wanderungen, und angesichts der frischen, aber doch milden Atlantikbrise kommt man nicht so leicht ins Schwitzen.

PERFEKTE WELLEN UND EINSAME BUCHTEN

Kilometerweit kann man hier bis nach El Palmar im Südosten laufen, dem Traum aller Bodyboarder, Kitesurfer und Surfer sowie aller, die einfach nur entspannt zuschauen wollen. Hier gibt es exzellente Strandrestaurants, in denen fangfrischer Thunfisch und Meeresfrüchte besonders gut munden. Dazu kommt ein oft theatralischer Sonnenuntergang in Gold, Orange und Rot. Spätestens jetzt wird klar, warum das die „Küste des Lichts" ist. In der Strandbar El Dorado in El Palmar, einem beliebten Surfertreff, gibt es sogar Applaus, wenn die Sonne am Horizont versunken ist. Verschwiegen gibt sich die Küste dagegen nordwestlich von Conil de la Frontera. Hier schützen die steilen Felswände vor dem heftig blasenden Levante. Besonders malerisch unter den kuscheligen Buchten ist die Cala del Tío Juan Medina.

CÁDIZ, DIE UNBEKANNTE SCHÖNE AM ATLANTIK

Noch immer erstaunt es, wie wenig Europas wohl älteste Stadt besucht wird. Schon den Phöniziern gefiel es hier ausnehmend gut. Die Altstadt von Cádiz liegt spektakulär – rundum von Wasser umgeben – direkt am Meer und ist nur über eine schmale Landzunge mit dem Festland verbunden. Das mittelalterliche Viertel Barrio del Pópulo besitzt noch heute seine drei Tore aus dem 13. Jahrhundert. Auch die barock-klassizistische Kathedrale und das 1749 erbaute elegante Hospital de Mujeres (Frauenkrankenhaus) mit der berühmten „Ekstase des Hl. Franziskus" von El Greco lohnen den Besuch. Vom 46 Meter hohen Wachturm Torre Tavira mit Camara Obscura bietet sich ein fantastischer Blick auf die Stadt. An den Ständen im wunderschönen Mercado Central probiert man sich durch die kulinarischen Angebote der Stadt. Die Spezialität von Cádiz ist „Pescaito frito", eine mit einer Panade aus Kichererbsenmehl zubereitete Delikatesse aus gebeiztem Dornhai, Sardellen, frittierten Tintenfischen und Babykalmaren.

UND ÜBRIGENS …

Am Stadtstrand La Caleta in Cádiz – nicht etwa in Havanna – stieg Halle Berry als Geheimagentin Jinx im James-Bond-Film „Stirb an einem anderen Tag" aus dem Meer vor „Kuba".

Oben: Playa de los Alemanes in Zahara de los Atunes
Unten: Blick auf Cádiz vom Glockenturm der Kathedrale

IM REICH DES SHERRYS

Noch immer kontrollieren die Nachfahren einer Gruppe englischer Kaufleute, die Jerez de la Frontera zur Welthauptstadt des Sherrys machten, den Handel mit diesem verstärkten Weißwein. Sandeman, Harveys, Williams & Humbert, Gonzalez-Byass und Pedro Domecq: Jeder Sherry-Liebhaber kennt die Namen dieser berühmten Bodegas von Jerez. Bei der Verkostung lernt man die wichtigsten Varianten kennen: den strohgelben trockenen „Fino", den von salzhaltigen Atlantikwinden geprägten zartbitteren „Manzanilla" aus dem Hafenort Sanlúcar de Barrameda, den körperreichen, aber trockenen „Amontillado" sowie den besonders kräftigen und komplexen „Oloroso" mit Nussaroma. Jerez bietet aber auch Reize, die nichts mit Alkohol zu tun haben, darunter den Alcázar aus maurischer Zeit, die Spanische Reitschule der Familie Domecq und das Centro Andaluz de Flamenco im Palacio Pemartín.

ISTRIEN & KVARNER BUCHT

KROATIENS NÖRDLICHE ADRIAKÜSTE

Schon im September wird es auf Istrien und den Inseln der Kvarner Bucht erstaunlich ruhig. Die Bora, der eiskalte Fallwind dieses Küstenstrichs, nimmt erst im Oktober Fahrt auf. Noch ist das Meer angenehm warm, die Preise sinken nach der Hauptsaison rapide.

GENUSS AUF DEM LAND

„Agroturizam“ heißt das Zauberwort, das die Tür zum entschleunigten Genussreisen durch Istriens reizvolles Hinterland mit malerischen Bergdörfern wie Grožnjan und Motovun öffnet. Man übernachtet – von rustikal bis nobel mit eigenem Pool – auf Bauernhöfen, die istrische Delikatessen servieren: Schinken aus eigener Trocknung im kalten Luftzug der Bora, Honig, Marmelade und Obstsäfte aus eigener Produktion, garantiert biologisches Gemüse aus dem Hausgarten und Wein aus eigenem Anbau. Rund um Buzet erstreckt sich das istrische Trüffelparadies.

KULTUR AUS ZWEI JAHRTAUSENDEN

Venezianisch gibt sich die malerische Altstadt von Poreč. Rovinj, die schönste Küstenstadt Istriens, wartet mit malerischen Barock- und Renaissancepalästen auf, und in Pula an der Südspitze der Halbinsel blieb sogar ein riesiges römisches Amphitheater erhalten. Auch auf den Inseln des vorgelagerten Brijuni-Archipels, das bis 1980 nur Staatsgäste und die Nomenklatura Titos betreten durften, gibt es römische Ruinen: Harmonisch fügen sie sich in ein subtropisches Naturparadies ein, das 1983 zum Nationalpark erklärt wurde. Palmen und Lorbeerbäume säumen die Ostküste Istriens an der Kvarner Bucht. In Opatija, einst das „österreichische Nizza“ genannt, ist noch etwas von der noblen Atmosphäre der Habsburger Zeit zu spüren. Ab 1873 fuhr die Eisenbahn von Wien bis nach Rijeka, dem italienischen Fiume, und bald errichteten die feinen Leute hier prächtige Villen mit verschwenderischen Gärten und Parkanlagen.

Altstadt von Rovinj, Istrien

INSELN DER KVARNER BUCHT

Das mildeste Klima genießt das heitere Lošinj, ein grünes Juwel mit dichten Kiefernwäldern und schönen Buchten, an denen sich manch wohlhabender Kapitän im letzten Jahrhundert eine Villa baute. Segler wissen das große Hafenbecken von Mali Lošinj zu schätzen. Romantiker werden sich wiederum in den Sonnenuntergang am engen Hafen von Veli Lošinj verlieben. Das wesentlich größere Cres ist karger: Im Norden bestimmen Laubwälder, im Süden mediterrane Olivenbäume, Steineichen und Pinien das Bild. Man schlendert durch malerische alte Orte wie Lubenice und Osor, die schöns-

Oben: Statue in der Bucht von Opatija

ten Strände bietet Valun. Auf Cres kann man noch Einsamkeit genießen, das benachbarte Krk ist dagegen populärer. Weiße feine Kieselstrände findet man auch hier, den schönsten besitzt Baška. In der schon von den Römern gegründeten Inselhauptstadt Krk lohnt sich ein Bummel durch die schmalen Gassen der idyllischen Altstadt. Noch pittoresker ist die von vier romanischen Kirchtürmen geprägte Altstadt von Rab auf der gleichnamigen Insel. 1936 ließen der ehemalige britische König Edward VIII. und seine amerikanische Ehefrau Wallis Simpson auf Rab beim Baden alle Hüllen fallen – eine FKK-Tradition, die hier sehr gepflegt wird.

ÎLES D'HYÈRES

AN DER FRANZÖSISCHEN GOLDKÜSTE

Das attraktive Hyères, oft die „Stadt der Palmen" genannt, ist ein traditionsreicher Badeort östlich von Toulon mit vielen schönen alten Häusern und freundlichen Cafés. Schon Katharina de Medici hat hier im 16. Jahrhundert „Urlaub" gemacht. An der Halbinsel Presqu'île de Giens kann man baden und schnorcheln, und wer etwas läuft, findet hier einsame Buchten – besonders im noch angenehm warmen September, wenn für die Franzosen bereits „La Rentrée" begonnen hat, die kollektive Rückkehr zur Arbeit in den Städten. Noch schöner sind die Strände auf den vorgelagerten Îles d'Hyères. Hier fühlt man sich an sonnigen Tagen fast in die Südsee versetzt. Porquerolles, die größte der drei Inseln, steht komplett unter Naturschutz. Die steile, felsige Südküste eröffnet großartige Ausblicke, die weißen Sandstrände im Norden bieten herrliche Bademöglichkeiten im kristallklaren blauen Wasser. Wanderer und Schnorchler zieht es eher auf das kaum besiedelte Inselchen Port-Cros. An der Plage de la Palud kann man auf einem Unterwasserlehrpfad über eine von mehr als 70 Fischarten bevölkerte Seegraswiese schnorcheln. Die benachbarte Île du Levant ist wiederum fest in der Hand der Nudisten und des französischen Militärs, wobei sich beide geflissentlich aus dem Weg gehen.

Insel Porquerolles

WARSCHAU

METROPOLE AN DER WEICHSEL

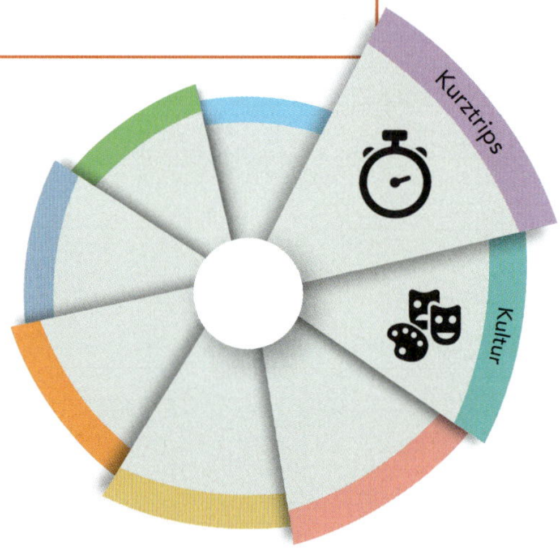

Altstädter Marktplatz in Warschau

Noch immer wird die Hauptstadt Polens als Reiseziel unterschätzt – vielleicht auch deshalb, weil der Kulturpalast, der 237 Meter hohe stalinistische Koloss, noch immer das bekannteste Motiv der Stadt ist. Seine Aussichtsterrasse im 30. Stock rühmen Spötter aber in den höchsten Tönen. Denn nur von hier könne man dieses Denkmal des Sozialistischen Realismus nicht sehen. Egal, im September ist es in Warschau schön sonnig und meist trocken. Der Eurocity benötigt von Berlin knapp sechs Stunden: Frühaufsteher können also schon mittags auf einer Caféterrasse sitzen und die Kulisse des Altstädter Marktplatzes (Rynek Starego Miasta) mit seinen wie Phönix aus der Asche wieder auferstandenen, in Orange- und Ockertönen strahlenden Bürgerhäusern aus dem 17. und 18. Jahrhundert bewundern. Auf dem Platz dient die Statue einer Sirene mit Schild und Schwert als Symbol für das unbeugsame Warschau.

KÖNIGLICHES WARSCHAU

Einen Katzensprung vom Altstädter Marktplatz entfernt steht das palastartige Schloss (Zamek Królewski), in das 1596 König Zygmunt III. einzog, der bis dahin von Krakau aus geherrscht hatte. Lange war es die Residenz der polnischen Könige, später tagte hier das polnische Parlament, der Sejm. Warschaus ganzer Stolz wurde zwischen 1971 und 1984 glanzvoll im Stil der Renaissance und des Frühbarocks rekonstruiert – einschließlich Uhrturm und Ehrenhof. Im Canalettosaal hängen die 23 Veduten, die der venezianische Hofmaler Canaletto (1722–1780) von Warschau angefertigt hat.
Vom Königsschloss führt der zehn Kilometer lange, von vornehmen klassizistischen Residenzen, Stadtpalästen, Kirchen, Denkmälern und Gärten gesäumte Königsweg (Trakt Królewski) zur Sommerresidenz in Wilanów. Das Ende des 17. Jahrhunderts von Jan III. Sobieski errichtete Barockschloss gilt geradezu als polnisches Versailles. Besonders sehenswert sind die prunkvollen königlichen Gemächer und der Etruskersaal mit erlesenen Antiken. Der über mehrere Terrassen angelegte, originalgetreu wiederhergestellte Schlosspark besitzt einen herrlichen italienischen Barockgarten, einen Rosengarten und einen englischen Landschaftsgarten. Im einstigen Reitstall ist das Plakatmuseum untergebracht, das über 55 000 Poster aus aller Welt im Wechsel zeigt.

Łazienki-Park mit Palast

UND ÜBRIGENS ...

Eine Sightseeingtour durch Warschau muss nicht mehr als umgerechnet einen Euro kosten – vorausgesetzt, man steigt in den Bus 180, der vom historischen Friedhof Powązki nach Wilanów mit der königlichen Sommerresidenz fährt und dabei die Altstadt und den Königsweg bedient.

GÄRTEN UND MUSEEN

Am Königsweg liegt der wunderschöne Łazienki-Park, der französische Gartenkunst und englischen Landschaftsgarten vereint. Sein klassizistischer „Inselpalast" (1785) mit königlicher Kunstsammlung ist aus einem barocken Badehaus hervorgegangen, das Polens letzter König Stanisław August Poniatowski (1732–1798) mitten im Wasser ausbauen ließ. Im Rosengarten des Parks steht das im Jugendstil errichtete und 1958 rekonstruierte Chopin-Denkmal. Hier finden am Sonntag kostenlose Klavierkonzerte statt. An Polens berühmtesten Komponisten erinnert auch das Chopin-Museum (Muzeum Fryderyka Chopina) im barocken Ostrogski-Palast. Jeden Donnerstag musizieren hier Studenten der Fryderyk-Chopin-Musikuniversität.

Nur einen kurzen Spaziergang weiter südlich zeigt das Nationalmuseum (Muzeum Narodowe w Warszawie) frühchristliche nubische Fresken sowie niederländische und flämische Kunst des Spätmittelalters, Meisterwerke von Botticelli, Tiepolo, Cranach und Watteau, aber auch das berühmte polnische Historiengemälde „Schlacht bei Grunewald" (1878) von Jan Matejko und Bilder der polnischen Impressionistin Olga Boznanska.

Im Park mit dem Denkmal der Helden des Ghettos (Pomnik Bohaterów Getta), an dem Willy Brandt 1970 auf die Knie fiel, steht das 2014 eröffnete POLIN (Muzeum Historii Żydów Polskich). Der moderne Kubus, dessen gläserne Außenwände eine unregelmäßig geformte Spalte zerreißt, präsentiert in vorbildlicher Weise die tausendjährige Geschichte der polnischen Juden. Besonders fesselnd ist die Rekonstruktion der bunt bemalten Holzsynagoge von Gwoździec aus dem 17. Jahrhundert. Wenngleich die Shoa sehr realistisch geschildert wird, geht es hier nicht um die Betrauerung, sondern um die Feier der jüdischen Kultur.

WEIMAR

DICHTERSTADT THÜRINGENS

Bis Anfang September feiert die Stadt Goethes und Schillers mit dem „Kunstfest" Thüringens größtes und ein deutschlandweit renommiertes Festival für zeitgenössische Künste. Ein guter Grund, diese Zeit für einen Ausflug in die deutsche Klassik zu wählen.

AUF DEN SPUREN VON GOETHE UND SCHILLER

Natürlich geht es erst einmal in Goethes Wohnhaus am Frauenplan, das 50 Jahre lang ein geistiger Mittelpunkt Deutschlands war. Über die großartige Treppe betritt man die häusliche Welt des Dichterfürsten – ausgebreitet in den 20 Räumen des ersten Stockwerks, die mit vielen Gemälden und Skulpturen geschmückt sind. Ein Spaziergang durch die Zimmer bedeutet eine Stunde Unterricht in Goethes Farbenlehre. So betritt der Gast zunächst den Gelben Saal – die Farbe Gelb steht für Freundlichkeit, Heiterkeit und Wärme – und wird auf der Türschwelle durch das einladende Wort „Salve" („Sei gegrüßt!") willkommen geheißen. Das besonders authentisch erhaltene Arbeitszimmer ist dagegen in einem Türkisgrün gestrichen, der Farbe für die Natur, die dafür sorgte, dass der Dichter bei der Arbeit nicht abgelenkt wurde. Kühl wirkt das Blau des mit Friesen und einem Gipsabguss der Juno Ludovisi dekorierten Junozimmers, in dem musiziert wurde.

Goethe-Schiller-Denkmal vor dem Deutschen Nationaltheater

Nur wenige Meter entfernt steht das original erhaltene Schillerhaus. Zum ungestörten Schreiben zog sich der Nachtmensch Schiller in die schlichte Mansarde zurück. In seinem Arbeitszimmer ist ein Bett aufgestellt, um bei Bedarf die kranken Glieder ruhen zu lassen. Und trotz aller Leibesqual entstanden hier „Die Braut von Messina" und „Wilhelm Tell". Vor dem Nationaltheater, in dem Goethe die meisten Dramen Schillers aufführen ließ, präsentiert Rietschels Denkmal Schiller und Goethe in vertrauter Pose: Ihre Zusammenarbeit in den Jahren 1796 bis 1804 war Weimars „Goldene Epoche".

IN GUTER GESELLSCHAFT

Als Begründerin des Weimarer Musenhofs gilt die Fürstin Anna Amalia (1739–1807). An ihrer Tafel im Wittumspalais hat jeder Dichter, Künstler und Gelehrte des klassischen Weimar gesessen. Nahezu authentisch erhalten blieb der „Grüne Salon" mit seinen Italiendarstellungen. Nach einem Brand neu instand gesetzt ist der Rokokosaal mit Anna Amalias kostbarer Bibliothek. Im Park an der Ilm, einem herrlichen Erholungsort mit klassizistischen Lustbauten, Blutbuchen, Eichen und Eiben, fügt sich Goethes frühklassisches Gartenhaus harmonisch in die Landschaft ein. Hier arbeitete er an „Iphigenie", „Egmont" und „Torquato Tasso", und die rauschende Ilm flüsterte ihm Melodien zu, wie es im hier ersonnenen Gedicht „An den Mond" heißt.

MAASTRICHT

EUROPASTADT DER NIEDERLANDE

Links: Stadtplatz Vrijthof im historischen Zentrum von Maastricht
Unten: Buchhandlung in der ehemaligen Dominikanerkirche

In der kleinen, aber verblüffend kosmopolitischen Hauptstadt der Provinz Limburg ist manches anders: keine Tulpenfelder, keine Windmühlen, keine Käselaibe. Statt calvinistischer Strenge dominiert barocke Lebenslust, die eher an das nahe Belgien erinnert. Die weltoffene Universitätsstadt an der Maas lockt mit originellen Boutiquen, bunten Märkten, zahlreichen Terrassencafés und ausgezeichneten Restaurants, die besonders während der im September beginnenden „Saison Culinaire de l'Euregio" zeigen, was sie können.
Wahrzeichen der Stadt ist die Sint Servaasbasiliek. Der romanische Dom mit erlesenem frühgotischen Portal war im Mittelalter Sitz der kaiserlichen Kanzel. Auch der auffällige, 68 Meter hohe rote Turm der gotischen St. Janskerk schräg gegenüber prägt den beeindruckenden Hauptplatz. Die Onze-Lieve-Vrouwe-Basiliek gilt als die schönste romanische Kreuzbasilika des Landes. Im Schatten der Kirchen sind viele Bürgerhäuser im Stil der Gotik und der maasländischen Renaissance erhalten.

MITTELALTER UND MODERNE

Einige Gotteshäuser der Stadt dienen heute profaneren Zwecken. So wurde das Kruisheren Hotel in einem gotischen Kreuzgang aus dem 15. Jahrhundert untergebracht, und in einer dominikanischen Kirche aus dem 13. Jahrhundert lädt heute eine Buchhandlung mit dreigeschossigen begehbaren schwarzen Stahlregalen zum Stöbern ein. Kompromisslos futuristisch gestaltet hat der Mailänder Stararchitekt Aldo Rossi das Bonnefanten-Museum im Süden der Stadt. Der avantgardistische Klinkerbau mit eigenwilligem zinkgrünen Turm versammelt alte Meister und zeitgenössische Kunst. Vom Museumscafé Ipanema schweift der Blick über die Maas hinüber zur modernistischen Wohnanlage Stoa.

DORDOGNE

PER KANU DURCH FRANKREICHS SÜDWESTEN

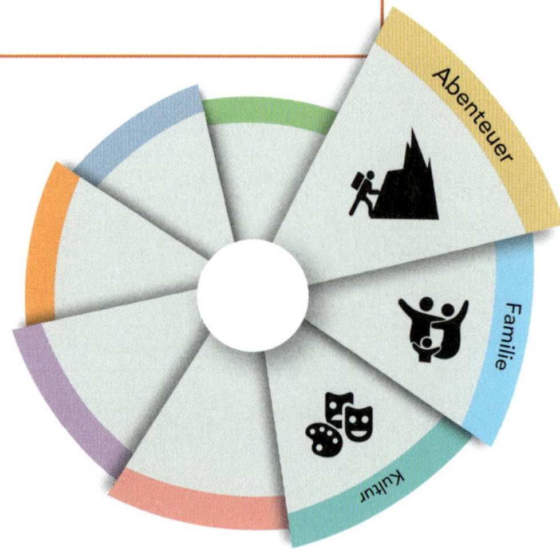

„La Douce France“, also „das süße Frankreich“, nennen die Nachfahren der Gallier gern ihr ländliches Zentrum. Die Dordogne ist eine besonders idyllische Landschaft mit alten Schlössern und honigfarbenen Dörfern, durch die noch Enten- und Gänsefamilien watscheln. Den Fluss, nach dem die gesamte Region benannt ist, säumen steile Kalksteinfelsen und gelbe Sandstrände. Gemächlich erkundet man die im September noch sonnenverwöhnte Gegend mit dem Kanu auf stillen Flussabschnitten zwischen Argentat und Mauzac. Die Landschaft ist wunderschön und abwechslungsreich, am Weg liegen viele Sehenswürdigkeiten, die zu einem Zwischenstopp einladen, und man übernachtet auf gemütlichen Campingplätzen, in rustikalen Dorfgasthöfen oder in luxuriösen Schlosshotels. Zehn Tage dauert die 170 Kilometer lange Tour. Wer nur einen Tag Zeit hat, paddelt von Souillac oder Domme nach Beynac. Hier schlängelt sich der Fluss an Felsen vorbei, auf denen so manche mittelalterliche Festung thront. Ab Beynac wird es ruhiger. Jetzt genießt man einfach nur noch die langsam vorbeiziehenden Wiesen, Wälder und Weinberge. In mehreren Orten entlang der Dordogne findet man Kanuverleiher (www.canoe-kayak-dordogne.com und www.canoe-france.com).

FÜR GOURMETS

Sarlat – den vollen Namen Sarlat-la-Canéda hört man fast nie – ist ein ideales Standquartier. Die ungemein reizvolle mittelalterliche Stadt liegt zwölf Kilometer nördlich von Domme inmitten einer Hügellandschaft und lockt am Samstagvormittag mit einem der besten Märkte Südwestfrankreichs. Die Qualität der Lebensmittel, die fast ausschließlich von kleinen lokalen Erzeugern stammen, ist nicht zu überbieten. Es gibt mit Armagnac verfeinerte Apfeltartes, Foie gras (Leberpastete) von Gänsen und Enten sowie Charcuterie mit fein gewürzten Würsten und vor Ort gereiften Schinken. Probieren sollte man auch den Cabécou, einen regionalen Ziegenkäse. Die letzten Erdbeeren des Sommers verströmen ein nicht von der EU genormtes Aroma, die Tomaten haben nie ein Treibhaus von innen gesehen, und wer in eine Birne beißt, dem läuft der Saft über das Kinn. Auch die feinen Chasselas-Trauben müssen in den Korb. Jetzt noch ein Baguette und eine Flasche Bergerac: Mehr braucht es nicht für das Leben wie Gott in Frankreich.

Dordogne bei Beynac-et-Cazenac

YUKON

GOLDSCHÜRFEN IN KANADA

Amateur-Goldschürfer am Bonanza im Yukon Territory

Knapp bei Urlaubskasse? Am Yukon im äußersten Nordwesten Kanadas ist immer noch jede Menge Gold zu finden. Aber bevor man nun gleich einen eigenen Claim absteckt, um das Reisebudget aufzustocken, bucht man in Dawson City, dessen Goldrausch durch den Schriftsteller Jack London zu Weltruhm kam, lieber erst mal den gut dreistündigen Schürfausflug mit Goldbottom Mine Tours (www.goldbottom.com) durch die Mine der legendären Millar Family. Was man unterwegs findet, darf man behalten. Der nächste Schritt wäre dann ganztägiges Goldwaschen unter Anleitung mit einer bewährten Klondike Gold Pan. Ein paar Goldkrümelchen findet jeder, aber es können auch größere Nuggets in der Pfanne landen. Wer Dawson City auf besonders abenteuerliche Weise erreichen möchte, fliegt nach Whitehorse, mietet dort ein Kanu oder Kajak (www.upnorthadventures.com) und fährt damit auf dem Yukon durch eine traumhaft stille Flusslandschaft in etwa 14 Tagen zu der Goldgräberstadt. Im September ist es zwar schon etwas kühl, dafür zeigt sich die Landschaft in den schönsten Herbstfarben, die Mücken sind verschwunden, und der Fluss strömt jetzt besonders ruhig dahin.

IGUAZÚ

WASSERFÄLLE IM DREILÄNDERECK

Im Dreiländereck von Argentinien, Brasilien und Paraguay liegt mitten im Urwald eines der größten Naturspektakel der Erde: die Wasserfälle von Iguazú. Auf einer Breite von fast drei Kilometern rauschen, tosen und donnern gewaltige Wassermassen, wie man sie sonst nirgendwo sehen kann. Insgesamt sind es 275 Wasserfälle, die Hauptattraktion ist dabei die Garganta del Diablo (Teufelskehle) auf der argentinischen Seite. Hier führen Wanderwege direkt über die Wasserfälle, und man kann hautnah erleben, wie sich das Wasser eines gerade noch ruhig dahinfließenden Stromes von einer hufeisenförmigen Abbruchkante 74 Meter in die Tiefe stürzt. Gischt und Nebelwolken sorgen dafür, dass man auf einer Bootsfahrt garantiert nass wird. Aber dafür kommt man auch den Regenbögen fast zum Greifen nahe. Dschungelwanderer werden am Wegesrand Begonien, Orchideen, Farne und Palmen entdecken. Oft erspäht man Tukane, Papageienschwärme, neugierige Kapuzineraffen, freundliche Nasenbären mit gestreiften Schwänzen und unzählige Schmetterlinge. Pumas und Tapire scheuen dagegen Menschen. Da die meisten Wasserfälle auf der argentinischen Seite liegen, ist die brasilianische Seite vor allem für ihren Panoramablick bekannt. Hier kommt man den Fällen selbst allerdings nicht so nahe.

Brasilianische Seite der Iguazú-Wasserfälle

KUNGSLEDEN

ZU FUSS DURCH SCHWEDENS NORDEN

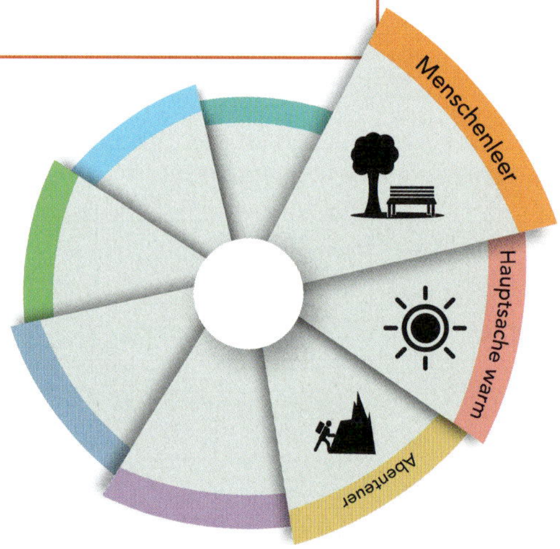

Lappland im September? Gut, die Mitternachtssonne ist verschwunden, aber die Mücken sind auch fort. Dafür sorgen gelbe Birken und rote Zwergsträucher für das flammende Farbspiel der herbstlichen Ruskazeit, die Berge blitzen im frischen Schneeweiß, und der süßen Verführung der am Wegesrand gepflückten arktischen Moltebeeren (Hjortron) erliegt jeder Wanderer.

ANREISE MIT DER NARVIKBAHN

Hinter der modernen Erzstadt Kiruna beginnt der Zauber. Mit der Narvikbahn fährt man entlang des silbrig glänzenden, lang gezogenen Sees Torneträsk durch die einsame, faszinierende Landschaft nördlich des Polarkreises. Fast jeder Zugpassagier, der an der Abisko Turiststation aussteigt, schleppt einen schweren Rucksack mit: Willkommen in der Wildnis! Gleich hinter dem Bahnhof beginnt der Königsweg oder Kungsleden, der sich durch halb Schweden zieht. Seinen nördlichsten und auch beliebtesten Abschnitt zwischen Abisko und Vakkotavare kann man in sieben Tagen bewältigen. Er führt am tiefen Canyon des reißenden, von Gletschern gespeisten Flusses Abiskojakka entlang nach Süden. Der Wanderweg ist bestens erschlossen, über sumpfiges Terrain führen sogar schmale Holzbohlen. Während das „blaue Loch" Abisko mit seinem Mikroklima der trockenste Ort Schwedens ist, ist an den Berghängen mit Regen zu rechnen. Für die kalten Güsse entschädigt ein magisches Spiel von Licht und Wolken. Sonnenflecken huschen über Fjällbirkenwälder, endlose Moore, dunkle Seen und runde uralte Bergkuppen, und mit etwas Glück flackert in Septembernächten bereits das Nordlicht über den Horizont.

Blick vom Kungsleden auf das Akka-Bergmassiv

AUF SCHWEDENS HÖCHSTEN BERG

Zwischen den Übernachtungshütten Sälkastugorna und Singistugorna zweigt ein Pfad ab zur Fjällstation Kebnekaise. Von dort geht es durch felsiges Gelände, auf dem sich bald nur noch Zwergsträucher und Flechten halten, hinauf zur Hütte Toppstugan und an einem Grat entlang zum vergletscherten Südgipfel (Sydtoppen) des Kebnekaise. Bedingt durch die Klimaerwärmung war er 2018 aufgrund von Abschmelzungen erstmals 50 Zentimeter niedriger als der 2097 Meter hohe felsige Nordgipfel von Schwedens höchstem Berg. Vegetation und Klima entsprechen einem alpinen Viertausender, und vom Gipfel schweift der Blick sogar über einen waschechten Gletscher, den Björlingsglaciar.

UND ÜBRIGENS ...

Die meisten Hütten am Kungsleden schließen Mitte September, Zelten am Weg bleibt jedoch erlaubt.

MÁNI

EINSAMER PELOPONNES

Wehrtürme von Vathia nahe der Südspitze der Halbinsel Máni

Nur von Kalamáta und Gíthion aus ist die Máni zugänglich, der mittlere der drei großen Finger des Peloponnes. Steilküsten fast ohne Strände und Häfen, viele meist verlassene Wehrdörfer wie Mína, Kíta und Alika, die manche Blutfehde erlebt haben, byzantinische Kirchen aus dem 12. bis 14. Jahrhundert und das bis zu 2400 Meter hohe Taigetos-Gebirge prägen die Landschaft. Ein guter Ausgangspunkt für Wanderungen durch die besonders wilde Innere Maní ist das kleine Areópolis. Elf Kilometer außerhalb liegt die Tropfsteinhöhle von Pírgos Dirú, deren unterirdischer Fluss sich auf einer Bootsfahrt durch das Felslabyrinth entdecken lässt. Übernachten kann man auch in den Wohntürmen der Weiler Váthia und Stavri. Die schönste Bademöglichkeit auf der Maní ist der feinsandige Strand von Kalógria. In Porto Kagio machen im Sommer recht viele Griechen Urlaub, im September kehrt hier aber wieder Ruhe ein. Etwas weiter südlich führt eine Wanderung durch Macchia zum Leuchtturm am windgepeitschten Kap Tenaro. In einer Höhle ganz in der Nähe vermuteten die Griechen eines der Tore zum Hades. Aber bisher sind noch alle Ausflügler heil zurückgekehrt.

BIAŁOWIEŻA

WILDER OSTEN IN POLEN UND BELARUS

So wie im berühmten Nationalpark von Białowieża, den sich Polen und Weißrussland (Belarus) teilen, sah einst halb Mitteleuropa aus. 15 verschiedene Waldtypen hat man in der Puszcza Białowieska (in Weißrussland: Belaweschskaja Puschtscha) gezählt, darunter Eichen-Hainbuchen-Linden-Wald, Erlenbruch, Eschen-Auwald, Mischwälder aus Kiefer, Eiche und Fichte und besonders streng geschützten Tiefland-Urwald. Jahrhundertealte Ahornriesen, Weißbuchen, Linden, Ulmen und Schwarzerlen gibt es hier, auch die mit vermutlich 400 Jahren älteste Esche Europas. In den Feuchtgebieten blühen Orchideen, Wasserschwertlilien und Sumpfporst. Über 80 Moose und 250 Flechtenarten sind klassifiziert, dazu kommen 1500 Pilzarten, die keiner sammelt. Heute streifen wieder angesiedelte Wisente, urzeitliche gehörnte zottelige Riesenbüffel, auf der Suche nach den besten saftigsten Gräsern durch den Nationalpark. Auch Elche und Tarpane (rückgezüchtete kleine graue Wildpferde), Bären, Wölfe, Luchse und Hermeline sind hier heimisch, ebenso Schrei- und Schlangenadler, Kraniche, Uhus, Sperlingskäuze und Tannenhäher. Menschen sind dagegen eine rare Spezies: Ohne autorisierten Führer kommt man in den Kernbereich des Nationalparks nicht einmal hinein, der 1979 zum Weltnaturerbe erklärt wurde.

Wisente im Nationalpark Białowieża

HIGHWAY NUMBER ONE

DER MYTHOS KALIFORNIENS

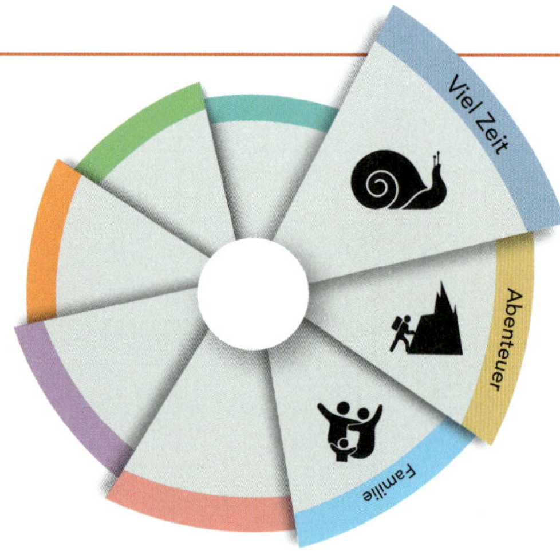

Man kann die vielleicht berühmteste Straße der Welt natürlich in einer banalen Mietlimousine „erfahren". Stilvoller ist das Erlebnis aber auf dem Bock einer Harley Davidson oder in einem klassischen Cabrio, am besten einer Corvette – auch sie eine amerikanische Legende. Die California State Route (CA-1) beginnt eigentlich schon im kleinen nordkalifornischen Leggett, doch starten die meisten Fahrer erst in San Francisco. Dann verpasst man allerdings das Redwood-Gebiet mit den Mammutbäumen, die zerklüftete Küste von Sonoma County mit der aus dem Hitchcock-Film „Die Vögel" (1963) berühmten Bodega Bay sowie die malerische Point Reyes National Seashore. Die Straßennamen verwirren gelegentlich, da „Number One" mancherorts der Pacific Coast Highway, der Cabrillo Highway oder – zwischen Carmel und San Simeon – auch der National Scenic Byway genannt wird.

HIGHLIGHTS DES HIGHWAY

Von San Francisco sind es 740 Kilometer nach Los Angeles. Zwei Übernachtungen sollten das Mindeste sein, doch wer Zeit hat, kann – und sollte – die Stopps in die Länge ziehen, in Mountain Lodges übernachten, im Point Sur State Historic Park und im Limekiln State Park im Schatten mächtiger Küstenmammutbäume wandern und zelten oder Grauwale beobachten, die an der Küste entlangziehen. Es ist übrigens sinnvoll, die Strecke in Nord-Süd-Richtung zu absolvieren. Dann ist man auf der Ozeanseite unterwegs und kann leicht mal zum Fotografieren rechts ranfahren. Und Motive gibt es nun wirklich reichlich. Ein echtes Highlight gleich am Anfang ist natürlich die Golden Gate Bridge. Weiter südlich gelangt man in das oft neblige Monterey. Ein besonders dramatischer Abschnitt ist der 100 Kilometer lange Küstenstreifen Big Sur. Ausgerechnet dieser war wegen eines Erdrutsches 2017 ein ganzes Jahr lang gesperrt, ist inzwischen aber wieder offen. Dann geht's durch San Luis Obispo, das schicke Santa Barbara und schließlich durch die noblen Strandvororte von Los Angeles: Malibu, Santa Monica, Venice und Long Beach. Der Highway endet offiziell in San Juan Capistrano, die Fahrt aber in der Regel in irgendeiner gesichtslosen Mietwagenzentrale mitten im infernalischen Verkehr von L.A. Flüge und Unterkünfte bucht man in Kalifornien übrigens am besten genau 7, 14 oder 21 Tage vor dem geplanten Termin. Dann annullieren viele Leute ihre oft ins Blaue getätigten Reservierungen, um Stornierungsgebühren zu vermeiden, und die Preise gehen kurzfristig in den Keller.

Bixby Bridge am Highway Number One

WESTAUSTRALIEN

IM FARBRAUSCH DER WILDBLUMENBLÜTE

Nature's Window im Kalbarri National Park

Im Frühjahr, also im August und September, erlebt das ausgedörrte Land Westaustraliens eine Metamorphose: Dann überziehen farbenfrohe Wildblumenteppiche den „Wildflower State". Die Eisenbahngesellschaft und zahlreiche Busunternehmen bieten spezielle „Wildflower Tours" an. Besonders beliebt ist der etwa 200 Kilometer nördlich von Perth gelegene Nambung National Park, den alle nur als „The Pinnacles" kennen. Manche der goldfarbenen, bizarren Kalksteinpfeiler der Pinnacles Desert sind nur wenige Zentimeter, andere bis zu vier Meter hoch. Fotografen und Individualisten kommen am besten am frühen Morgen und Abend. Ein magisches Erlebnis bieten die Pinnacles im Vollmondlicht. Nicht minder berühmt ist die Wildblumenblüte im von spektakulären Schluchten geprägten Kalbarri National Park. Beliebtes Fotomotiv ist Nature's Window, ein von Wind und Sand ausgehöhltes „Fenster" in einem Bergkamm, das eine malerische Schleife des Murchison River einrahmt. Südlich von Perth entfaltet sich bei Albany, das man nach einer eindrucksvollen Küstenfahrt erreicht, im zerklüfteten und dicht bewaldeten Stirling Range National Park eine ebenfalls grandiose Wildblumenblüte mit über 1000 Pflanzenarten.

FERNANDO DE NORONHA

BRASILIANISCHES INSELPARADIES

350 Kilometer vor der Küste von Pernambuco liegt auf der Hauptinsel des atemberaubenden Archipels von Fernando de Noronha, einem Weltnaturerbe, eine gewisse Baía do Sancho. Sie wird jedes Jahr von Internetforen und Reisezeitschriften in die Top Ten der schönsten Strände der Welt gewählt. Dabei ist dieser von mächtigen Felsen gesäumte Halbmond mit samtweichem Sand und dunklen Lavafelsen nur eine Traumbucht von vielen auf der Ilha de Fernando de Noronha, der als einzige bewohnten Insel des Archipels. Im Nationalpark Parque Nacional Marinho liegen nämlich auch die Baía dos Porcos und die Praia do Leão, allesamt unberührte tropische Paradiese mit aquamarin- und türkisfarbenem Wasser. Ins Schwärmen kommen hier auch Schnorchler und Taucher – kein Wunder bei bis zu 40 Meter tiefem, kristallklarem Wasser, weißem Sandboden, unzähligen Korallen, Krustentieren, Schildkröten, Delfinen und farbenfrohen Tropenfischen. An andere Strände brandet dagegen der Ozean mit voller Wucht. So finden am Strand von Cacimba do Padre Surfmeisterschaften statt. Nur maximal 500 aus Recife und Natal einfliegende Touristen lässt das Inselparadies täglich herein, und die müssen sich im Nationalpark vielen Beschränkungen unterwerfen. Doch die Umsicht lohnt sich: Aufgrund der Isolation vom Rest Brasiliens ist hier eine einzigartige Natur erhalten geblieben, und in den Buchten tummeln sich ganz ohne Scheu viele Delfine.

Fernando de Noronha

GARGANO

RUND UM ITALIENS STIEFELSPORN

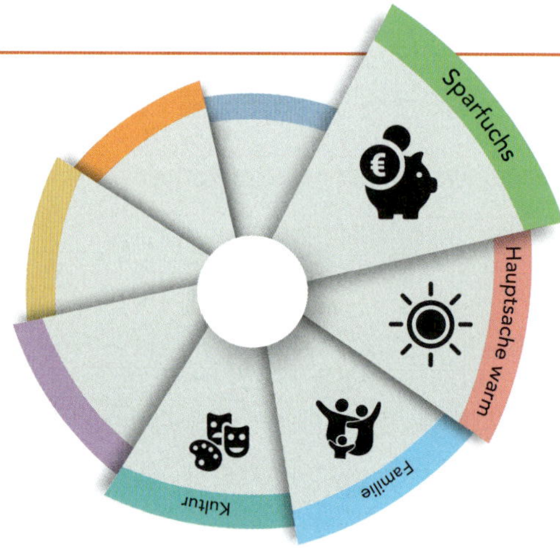

Im süditalienischen Apulien sind selbst im Hochsommer die Preise recht günstig. Im September, wenn die Italiener wieder an ihre Arbeitsplätze in Rom und Mailand zurückgekehrt sind, macht man hier besonders preiswert Urlaub, und das bei schönstem sonnigen Wetter. Der jäh in die Adria hineinragende weiße Kalkklotz des Promonorio del Gargano gehört tektonisch gesehen eigentlich schon zum gegenüberliegenden Dalmatien. Ein Tipp für Wanderer ist das Landesinnere des Gargano, besonders die uralte Foresta Umbria, ein kühler, unter dem Naturschutz des Parco Nazionale del Gargano stehender Pinienwald. Von Manfredonia im Süden führt eine großartige Serpentinenstraße hinauf nach Monte San Angelo, ein Grottenheiligtum des Erzengels Michael, der hier im Jahr 492 Hirten erschienen sein soll. Die Kirche besitzt eine wunderschöne Bronzetür von 1076. Zum zweiten großen Heiligtum San Giovanni Rotondo pilgern jedes Jahr Millionen von Gläubigen, um den 2002 heiliggesprochenen Padre Pio (1887–1968) zu verehren. Landeinwärts liegt die sanfte Hügellandschaft des Tavoliere mit dunklen Olivenhainen, goldgelben Hartweizenfeldern, hellgrünen Weinbergen und schneeweißen Städtchen.

Felsentor San Felice an der Küste des Gargano

ITALIENISCHE SÜDSEE

Zerklüftete Sandbuchten prägen die Küstenlandschaft des Gargano. Nur im Hochsommer sind die Hotels des Hauptorts Vieste, der eine weitgehend intakte mittelalterliche Altstadt besitzt, voll belegt. Die Sandstrände im Norden mit den zwei Lagunenseen Lesina und Varano sind sehr gut erschlossen. Die Baia delle Zagare im Süden bei Mattinata kann es mit ihren markanten, spektakulär aus dem Meer ragenden Felsformationen jederzeit mit den berühmten Faraglioni von Capri aufnehmen. Von Rodi Garganico kann man zu den Tremiti-Inseln übersetzen, die Kenner als schönste „Tropenparadiese“ der Adria verehren. Tatsächlich spült hier kristallklares Wasser in fast unwirklichen türkis- und azurblauen Tönen an honigfarbene Sandstrände und mürbe Felsen mit smaragdgrünen Pinienwäldern. Zwei der Inseln, die Isola S. Domino und die Isola S. Nicola, sind bewohnt und ein beliebtes Ziel für Schnorchler und Taucher. Tauchausflüge rund um die Tremiti-Inseln organisiert das Tremiti Diving Center in Villaggio San Domino (www.tremitidivingcenter.com).

TRANSSIB

RUSSLANDS LEBENSADER

Eine Woche lang durch die endlosen Wälder der sibirischen Taiga zu fahren, um schließlich am Pazifik auszusteigen – ein Traum nicht nur für eingefleischte Bahnfans. 9289 Kilometer sind es von Moskau nach Wladiwostok, und etwa sechs Tage dauert die Fahrt. September zählt zu den besten Reisezeiten: In Sibirien ist es noch vergleichsweise warm, aber nicht mehr so drückend und mückenreich wie im Hochsommer, außerdem fallen die Preise für die Bahntickets. Die variieren allerdings überhaupt extrem. Am teuersten bucht man im heimischen Reisebüro. In Russland selbst ist es wesentlich günstiger, wenn man die Fahrkarte – am besten mit tatkräftiger Unterstützung eines Einheimischen – direkt an einem Schalter der Russischen Staatsbahn kauft. Die Kategorie „Platskart", ein offenes Abteil mit Stockbetten, ist schon für umgerechnet 250 Euro zu haben – für die komplette Strecke wohlgemerkt! Der intensive wodkaselige Kontakt mit russischen Mitreisenden wiegt den Mangel an Komfort auf. Bequemer reist man aber in der Kategorie „Firmeny", und die Kategorie „Lyuks", ein Zweibett-Schlafwagen, erklärt sich von selbst. Wer nur die schönste Landschaft sehen will, fliegt nach Irkutsk und fährt lediglich den Abschnitt am Ufer des Baikalsees entlang mit dem Zug. Auch für die transmongolische Streckenvariante nach Peking ist der September ideal.

Transsibirische Eisenbahn

SIGHIŞOARA

RUMÄNISCHES TRANSSILVANIEN

Farbenfrohe Altstadtgasse in Sighişoara

Eines vorweg: Dracula hat es nie gegeben, jedenfalls keinen blutsaugenden. Und das lässt sich auch über die Preise in Rumänien sagen: Neben Bulgarien zählt Rumänien zu den günstigsten Reisezielen in der EU. Im September ist es in Siebenbürgen besonders schön. Die Landschaft leuchtet jetzt im klaren Licht des sonnigen Herbstes. Sighişoara ist die attraktivste Stadt im Herzen Transsilvaniens: ein verträumtes architektonisches Gesamtkunstwerk mit Burganlage, Wehrtürmen und windschiefen kunterbunten Wohnhäusern, das mit Müh und Not dem Plattenbauwahn Ceauşescus entgangen ist. Im 12. Jahrhundert hatten die Ungarn Siedler aus Süddeutschland nach Siebenbürgen geholt, die man höchst unzutreffend „Sachsen" nannte. Diese gründeten viele Wehrstädte, darunter auch Schässburg, und viele Jahrhunderte lang war das ein sehr deutscher Ort, in dem Handwerkszünfte den Ton angaben und auch immer wieder zähen Widerstand gegen türkische Eindringlinge leisteten. Auf dem Burgberg erhebt sich der Stundturm, das Wahrzeichen der Stadt, dessen Geschichtsmuseum ohne Dracula, aber nicht ohne Folterkammer auskommt. Etwas Gruseln muss halt sein.

RÜGEN

FRÜHHERBST AUF DER OSTSEEINSEL

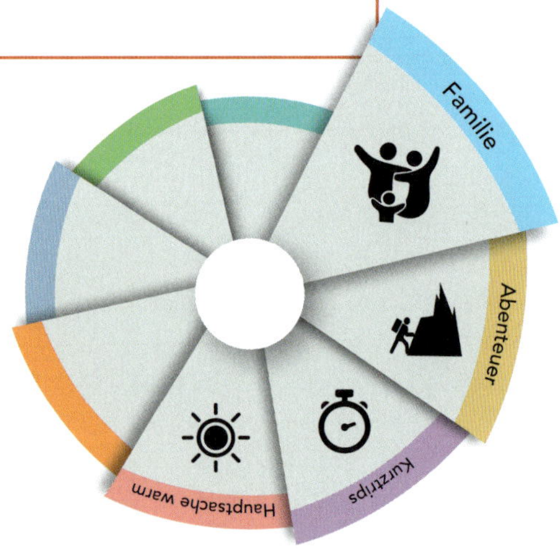

Im September zeigt sich Rügen von seiner schönsten Seite. An vielen Tagen ist es noch fast sommerlich warm, aber das Licht ist milder, fast golden. Zumindest Anfang des Monats ist das Wasser von Ostsee und Bodden auch noch warm genug für ein Bad. Vielleicht fällt es ja etwas kürzer aus. Jetzt ist auch viel mehr Platz auf den Aussichtsplattformen, von denen man das fantastische Panorama der Kreidefelsen genießen kann. Kleine und große Piraten sollten den Urlaub in die erste Septemberwoche legen, denn bis dahin werden noch die Störtebeker Festspiele auf der Naturbühne am Großen Jasmunder Bodden inszeniert. Da kämpft der legendäre Seeräuber Klaus Störtebeker gegen habgierige Kaufleute und verschlagene Adlige des Mittelalters. Zu bestaunen gibt es hitzige Reit- und Kampfszenen, aber auch richtige Seeschlachten mit Koggen, und am Ende erleuchtet ein grandioses Feuerwerk den Himmel.

RÜGEN FÜR AKTIVE

September ist auch eine ideale Zeit, um Rügen mal aus einer anderen Perspektive kennenzulernen, nämlich vom Meer aus mit dem Seekajak. Gemütliche Tagesausflüge führen rund um das einzigartige Naturparadies der kleinen vorgelagerten Insel Vilm, über der noch Seeadler kreisen. Hoch hinaus geht es auf den sechs Parcours von Rügens Waldseilpark bei Altefähr. Für die Kleinsten ist der gelbe Bambini-Parcours gedacht, an die Erfahrensten richten sich blauer und schwarzer Parcours mit Seilrutsche und Hängeleiter. Ein riesiger Spaß für die ganze Familie ist auch die Inselrodelbahn Bergen. Die rasanten Abfahrten führen durch sieben Steilkurven und über mehrere Jumps, sind aber ganz ungefährlich. Einen Führerschein braucht man auch auf der Gokart- und Quad-Bahn Bergen nicht. Hier dürfen schon die Kleinsten (ab drei Jahren) mit völlig sicheren E-Mobilen losbrettern. Auf ältere Jugendliche warten recht anspruchsvolle Rennstrecken, besonders auf der Sandbahn muss man fahrerisches Können beweisen, natürlich nur mit (geliehenem) Helm. Jede Menge Fun- und Fahrattraktionen bietet außerdem der Rügenpark in Gingst. 1:25 lautet die Zauberformel, die hier die größten Sehenswürdigkeiten der Welt auf Mini-Format schrumpfen lässt – vom Kurhaus Binz über Schloss Neuschwanstein bis zur Chinesischen Mauer und der Moskauer Basiliuskathedrale.

UND WENN ES REGNET?

Das macht gar nichts! Der Binzer Kid's Club wartet an sieben Tagen in der Woche mit einem umfangreichen Kinderprogramm auf. Hier werden die Kids in drei voneinander getrennten altersgerechten Bereichen professionell betreut. Vom Bällchenbad für die Kleinsten bis zum Theaterspielen und Surfen im kindersicheren Internet wird hier allerhand geboten. Oder ab ins Experimenta-Museum von Prora! Hier kommen kleine Wissenschaftler ab fünf Jahren wirklich auf ihre Kosten. Wie funktioniert ein Rohrtelefon, wie fühlt sich ein Erdbeben an, wie bringt man Magnete zum Schweben und wie wäscht man Gold?

Langweilig wird es Kindern auf Rügen garantiert nie – und wenn doch, fährt man einfach über die Strelabrücke nach Stralsund. Hier bietet das moderne Ozeaneum auf der Hafeninsel seinen jüngsten Besuchern eine

faszinierende eigene Ausstellung: „Meer für Kinder“. Am meisten fesseln Neugierige die Wale, Riesenkalmare und der Felsen mit den Humboldt-Pinguinen. Auch der Stralsunder Freizeit- und Wasserpark HanseDom rettet bei schlechtem Wetter garantiert den Tag, denn quengelnde Wasserratten der gesamten Region sind begeistert angesichts des riesigen Angebots – vom Babybecken über Whirlpools bis zu Turbo-, Riesenwasser- und Black-Hole-Erlebnisrutschen. Wenn die Sonne wieder zum Vorschein kommt, warten im Seesternpark unter freiem Himmel unter anderem eine Mini-Quad-Bahn und ein großer Abenteuerspielplatz.

Oben: Buchenwald an der Kreideküste im Nationalpark Jasmund
Unten: Störtebeker Festspiele auf der Naturbühne Ralswiek

TENERIFFA

KANAREN GANZ KINDERFREUNDLICH

Im September ist es auf der „Insel des ewigen Frühlings" eigentlich genauso warm und trocken wie im Hochsommer, wobei im Süden der Insel stets höhere Temperaturen herrschen als im Norden. Fast endlos scheint das Angebot für Kinder. Der an einen Thaipalast erinnernde Siam Park an der Costa de Adeje gilt als Europas spektakulärster Wasserthemenpark. Den ultimativen Adrenalin-Kick liefert die Kamikaze-Wasserrutsche „Tower of Power". Auf bis zu drei Meter hohen Wellen kann man im Wellenbad „Wave Palace" surfen. Gestresste Eltern legen in der Zwischenzeit einen Verwöhntag im Thai Zen SPAce des Luxushotels Iberostar Grand Salomé ein.

ABENTEUER FÜR DIE GANZE FAMILIE

Canyoning auf Teneriffa ist ein heißer Tipp für sportliche Abenteuerurlauber, denn an „Barrancos" genannten wilden Schluchten fehlt es hier nun wahrlich nicht. Für Anfänger ideal ist eine Tour mit Abseilen über kleine Höhen, Wasserrutschen und Wassersprüngen im wunderschönen, von den Felsstürzen Los Gigantes gesäumten „nassen" Barranco de Los Carrizales im Teno-Massiv. Oder lieber hoch hinauf? Beständig wehende Passatwinde und das Teide-Massiv, das oft für die ideale Thermik sorgt, machen Teneriffa zu einem Mekka der Drachenflieger. Als Startplatz sehr beliebt ist Taucho bei Adeje. Von hier geht es in einer knappen Stunde hinunter an die Küste. Auf einem Tandemflug (Biplaza) mit erfahrenen Piloten können sich schon Kinder ab fünf Jahren mal wie ein Adler fühlen.

Ganz tief hinab geht es auf einer Fahrt mit dem quietschgelben topmodernen Unterseeboot Sub Fun 5 von Submarine Safaris, das in der Marina von San Miguel de Abona ablegt. Durch große Fenster betrachtet man fasziniert die Unterwasserwelt von Teneriffa in bis zu 30 Metern Tiefe. Kinder dürfen schon ab zwei Jahren mit an Bord. Virtuell, aber nicht weniger spannend ist die Reise durch das Sonnensystem, die das Museu de la Ciencia y del Cosmos in La Laguna wissbegierigen Kindern ab acht Jahren bietet. Für die Kids werden spezielle „Astronomische Nächte" organisiert.

Wanderer in den Bergen von Teneriffa

KORFU

GRIECHENLAND AM IONISCHEN MEER

Wasserpark Aqualand in Agios Ioannis

Im September ist das Wetter auf Korfu sonnig und trocken, und im Gegensatz zu den Inseln der Ägäis bleibt es hier grün. Auch die Wassertemperaturen des Ionischen Meeres sind zum Baden noch perfekt – beste Bedingungen für einen Familienurlaub. Naturnahe Ferien sind zum Beispiel bei Kostas Sinadinos garantiert, einem Koch und Imker im „Honigtal" an der hufeisenförmigen Traumbucht Agios Georgios Pagi mit langem Sandstrand im Nordwesten der Insel. Geboten wird ein naturpädagogisches Kinder- und Jugendprogramm (ab vier Jahren), es gibt jede Menge Tiere zum Anfassen, man kann an einem Oliven-Workshop teilnehmen, Bootstouren unternehmen, durch die Olivenwälder und entlang der Küste wandern und Rad fahren.

WASSERSPASS UND ADENALINKICKS

Mit rasanten Riesenrutschen und -röhren, Wellenbecken, Süßwasserpools, Bootsfahrten und Elektroautos für Kids zieht das Aqualand in Agios Ioannis an der Straße von Korfu-Stadt nach Paleokastritsa auf 75 000 Quadratmetern alle Register bei der Unterhaltung großer und kleiner Wasserratten. Nicht minder groß ist das Badevergnügen im Hydropolis, Korfus zweitem und etwas neuerem Spaßbad an der Nordküste der Insel im Gelina Village & Resort am östlichen Ortsrand von Acharávi. Hier gibt es nicht nur acht große Wasserrutschen – darunter die einzige Space Bowl in Griechenland mit neun Metern Durchmesser –, sondern auch ein Sportcenter mit einem großen „trockenen" Freizeitangebot. Bei Agios Spyridonas lockt der neben dem Mareblue Beach Hotel gelegene Pyramid Adventure Park. Hier können sich die Kleineren auf Schaukeln und Rutschen austoben, Gokart fahren und vieles mehr. Crazy Golf spielen dann alle mit viel Vergnügen gemeinsam.

ZU LANDE UND ZU WASSER

Täglich fährt das 18 Meter lange Glasbodenboot Kalypso Star vom Alten Hafen in Korfu-Stadt aufs Meer hinaus und bietet bis zu 50 Passagieren durch einen Glasboden aus hochfestem Sicherheitsglas spannende Einblicke in die Unterwasserwelt rund um die vorgelagerte Insel Vidos. Ausritte in der besonders schönen Landschaft zwischen den beiden kleinen Fischerdörfern Kassiopi und Agios Stefanos veranstaltet die Reitschule Dimitri's Horse Riding. Auch Anfänger und Kinder können den Ritt auf den sanftmütigen Pferden und Ponys getrost wagen. Erfahrenere Reiter dürfen sogar am Strand entlanggaloppieren.

NEW YORK CITY

WELTMETROPOLE AM HUDSON RIVER

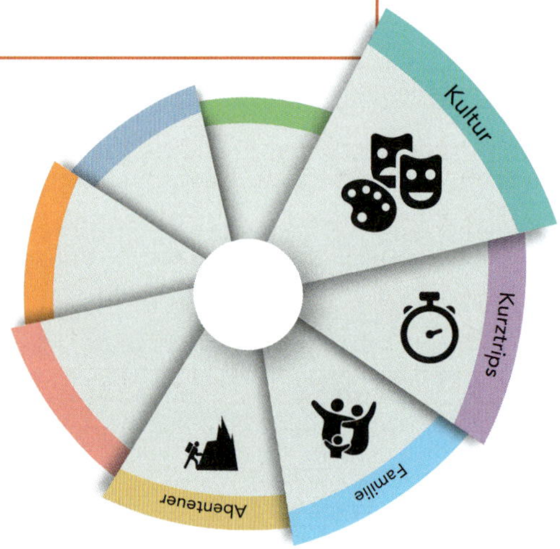

Im September verzieht sich die oft drückende Schwüle, die Luft ist samtweich und klar wie selten sonst. Jetzt ist der Blick von der Spitze des Empire State Building wirklich nicht mehr zu toppen. Wenn nur die Schlangen nicht wären, die manchmal rund um den Block reichen! Wer das Ticket online kauft, erspart sich das endlose Anstehen vor den Kassen. Am besten investiert man gleich in den Express Pass, dann ist die Aussichtsplattform im 86. Stock garantiert innerhalb von 20 Minuten erobert. Die Zeit um Sonnenuntergang, wenn die „City Lights" langsam zu funkeln beginnen, ist Magie pur. Wer keine Aufpreise zahlen will, kommt am Dienstag oder Mittwoch um 8 Uhr morgens, da geht es am schnellsten. Achtung Fotografen: Auf der Website des Empire State Building (www.esbnyc.com) steht, zu welchen Anlässen und Terminen der Wolkenkratzer in bestimmten Farbkombinationen angestrahlt wird.

KULTUR MIT BESONDEREM FLAIR

Noch ein Top-Sonnenuntergang gefällig? Am Freitag und Samstag hat das Metropolitan Museum of Art (Met) bis 21 Uhr geöffnet. Das nutzen hauptsächlich Einheimische, die nach einem flüchtigen Blick auf Vermeer und Monet die jedes Jahr von einem anderen Künstler dekorierte Dachterrasse ansteuern, um den „Met Sunset" über dem Central Park bei einem Glas Wein oder einem Cocktail zu genießen. Kunstliebhaber besuchen jetzt die angenehm leeren Museumsräume. Mit dem neun Tage gültigen Citypass kosten American Museum of Natural History (mit Space Show), Guggenheim Museum, Museum of Modern Art, Freiheitsstatue und Ellis Island sowie Met und Empire State Building nur die Hälfte, und mehr Programm schafft man auf einem Kurzbesuch ohnehin nicht. Schließlich sollte man – am besten wieder bei Sonnenuntergang – wenigstens einmal über die Brooklyn Bridge spazieren, um die Skyline Manhattans zu bestaunen. Eine ganz andere Perspektive auf die Hochhaussilhouette bietet sich vom High Line Park, einer ehemaligen, gut zwei Kilometer langen Güterzugtrasse im Westen von Manhattan, die zu einer Parkanlage umgebaut wurde. Das letzte Teilstück „The Spur" wurde im Juni 2019 eröffnet.

STADTTOUREN FÜR INSIDER

Statt völlig überteuertem Hop-on-Hop-off im Touristen-Doppeldecker wählt man lieber den regulären M5 Bus, der zwischen Washington Heights und Staten Island Ferry Terminal pendelt. Wer von Uptown (etwa 125th Street und Riverside Drive) nach Downtown fährt, passiert gemächlich viele der größten Sehens-

würdigkeiten von New York wie Grant's Tomb, Riverside Church, Lincoln Center, Columbus Circle, St. Patrick's Cathedral, Rockefeller Center, New York Public Library, Empire State Building, Flatiron Building und Washington Square. Man braucht nur die MetroCard oder eine Handvoll Quarters, also 25-Cent-Münzen. Line 7 ist der Zug, der „Foodies" vom Times Square in Manhattan in das hippe, multikulturell geprägte Queens bringt. Erst hält die Hochbahn in den irischen Hochburgen Woodside und Sunnyside (Stop 61st Street) mit tollen Pubs, dann folgen in Jackson Heights (Stop 74th Street oder 82nd Street) erstklassige indische, südostasiatische und lateinamerikanische Restaurants. Der „International Express" endet in Flushing, einem Stadtteil von Queens. Das ist New Yorks untouristisches Chinatown mit ausgezeichneten chinesischen Lokalen. Fast alles ist so billig, dass man nur mit Cash bezahlen kann.

Der New Yorker Jazzexperte Gordon Polatnick bietet vierstündige musikalische Touren durch die Stadt an. Dabei landet man öfter in winzigen „Hole-in-the-Wall"-Clubs, von denen man im Leben nie erfahren hätte (www.bigapplejazz.com).

TIPPS FÜR SHOPAHOLICS

Bevor man loszieht, um die Kreditkarte zum Glühen zu bringen, sollte man unbedingt die spezialisierten Newsletter des New York Mag (www.nymag.com) abonnieren, um rechtzeitig über sogenannte „Sample Sales" informiert zu werden. Der Verkauf von extrem ermäßigten Designerstücken kann überall stattfinden: in einem Hotel, einem Loft, einem Warehouse oder gar in einem Büro. Vielleicht lernt man auf der Jagd nach Schnäppchen ein Stück New York kennen, das in keinem Reiseführer steht.

UND ÜBRIGENS …

Zwischen 15.30 und 17 Uhr fahren viele Taxis leer zum Change-Over (Schichtwechsel) ins Depot. Wer um diese Zeit dringend wohin muss, bucht besser eine Privatlimousine. Besonders günstig ist New Golden Horse (www.car8888.com).

Oben: New York Central Park
Links: Europäische Meister im Metropolitan Museum

SCHLÖSSER DER LOIRE

DAS FRANKREICH DER ROYALS

Im September mit einem traditionellen Flachkahn ein paar Stunden auf der Loire zu verbringen macht Lust auf mehr. Radfahrer und Wanderer finden hier immer noch elegische Landschaften, stille Auenwälder, ein mit Ginster und Graukresse gesprenkeltes Ufer und Wolken, die sich im trägen Fluss spiegeln. Nie ist der nächste Landgasthof weit, der eine deftige Schweinsterrine serviert und dazu einen köstlichen Sancerre. Im Park der „Mini-Châteaux" bei Amboise sind die Schlösser der Loire in Miniaturen vereint, und um sie alle zu besuchen, muss man nur anderthalb Kilometer laufen. Allerdings sind hier nur gut 40 der bekanntesten Schlösser zu sehen, tatsächlich verstecken sich am „Fluss der Könige" insgesamt über 300 royale Bauwerke zwischen Pappeln und Trauerweiden. Die ältesten sind schon in den spätmittelalterlichen Stundenbüchern des Herzogs von Berry abgebildet. Jedes Schloss hat seine eigene Geschichte zu erzählen – von Machthunger und Liebesleidenschaft, von rauschenden Festen mit Wasserschlachten, Feuerwerken und erotischen Pikanterien.

DIE SCHÖNSTEN CHÂTEAUX

Glaubt man der Schriftstellerin Marguerite Yourcenar, dann ist Chenonceau das schönste der Loire-Schlösser. Das erste eigentliche Renaissanceschloss ist es auf jeden Fall. 1546 schenkte Heinrich II. es seiner schönen Geliebten Diane de Poitiers – sehr zum Verdruss seiner Gemahlin Katharina von Medici.
Vielleicht gebührt die Krone aber auch Chambord. Sogar Kirchenschätze ließ der verschwenderische Franz I. plündern, um diese „Folie" oder „Torheit" mit fast 300 Kaminen und über 80 Treppenhäusern zu finanzieren. Das Meisterwerk ist die doppelte Haupttreppe mit ihren zwei verschlungenen Spiralen, die zu neckischen Versteckspielchen verführte – wie 1659 Mademoiselle de Montpensier berichtete.

Dann ist da noch Blois, „dieses Stück überirdische Architektur", wie es der Romancier Henry James sah und wo sich der Schriftsteller Gustave Flaubert beinahe in das Bett von Diane de Poitiers gelegt hätte. In Ussé ließ Märchendichter Charles Perrault „die Schöne im schlafenden Wald" 100 Jahre ruhen. Und wer könnte Azay-le-Rideau ignorieren: keine Machtdemonstration, sondern ein „geschliffener Diamant mit vielen Facetten", wie Honoré de Balzac schwärmte.

Rechts: Schlafzimmer der fünf Königinnen im Schloss Chenonceau
Unten: Château de Chenonceau im Abendlicht

Als Abbild des irdischen Paradieses galten den Zeitgenossen die geometrischen Renaissancegärten der Loire-Schlösser. Nur in Villandry ist noch einer zu sehen, wenngleich nachgeschaffen. Nirgendwo findet man Gemüse reizvoller dargeboten als hier. „Glücklich wie Odysseus" war im 16. Jahrhundert der Renaissancepoet Du Bellay ins „süße Anjou" zurückgekehrt. Wenn Gott in Frankreich lebt, dann hier.

PEKING

KAISERLICHES CHINA

Verbotene Stadt

September ist der schönste Monat in Peking. Die Chinesen schwärmen vom „tiāngāo qìshuǎng", dem belebenden Herbstklima, das die oft drückende Schwüle des Hochsommers ablöst. Auch der berüchtigte Smog nimmt eine Auszeit, und unter einem tatsächlich blauen Himmel leuchten die roten Dächer und goldenen Löwen der Verbotenen Stadt, anstatt im braungelben Dunst der 22-Millionen-Stadt zu verblassen. Allein im Kaiserpalast könnte man den halben Tag verbringen und anschließend die „Hutongs" erkunden, wie man die traditionellen engen Gassen Pekings nennt. Auch die blau glasierten Ziegel des Himmelstempels wirken nun viel intensiver. Im Beihai-Park am Nordsee hält Ende des Monats die strahlende Herbstfärbung Einzug und setzt die Pavillons und Pagoden der Jadeinsel effektvoll in Szene. Auch die 20 Kilometer außerhalb der Innenstadt gelegene Gartenanlage mit dem Sommerpalast lässt erst im September erahnen, wie idyllisch die Sommerfrische der Kaiser einst gewesen sein muss. Selbst die Dimensionen der Chinesischen Mauer lassen sich im klaren Licht des Herbstes viel besser einschätzen. In anderen Monaten sieht man oft nur wenige Meter weit, jetzt wirkt der Blick auf das über grüne Hügelkuppen laufende endlose Mauerband besonders erhebend. Inspirierender als am restaurierten Mauersektor bei Badaling (90 Kilometer nördlich von Peking) ist eine Wanderung entlang der Abschnitte bei Simatai und Jinshanling (120 Kilometer nordöstlich von Peking) aus der Ming-Dynastie. Letzterer, der „Goldene Berggrat", ist zum Teil noch ziemlich originalgetreu erhalten und besitzt allein sage und schreibe 67 Wachtürme auf gut zehn Kilometern Länge.

Oktober

Ob Indian Summer in Vermont (Foto) oder goldener Oktober an den Plitvicer Seen, tropische Traumstrände auf Mayotte und den Fidschi-Inseln, eine Kajaktour in der Provence, andalusische Kultur in Sevilla oder rätselhafte Steinzeitbauten auf Malta der Oktober ist ein idealer Reisemonat.

MAYOTTE

EUROPAS AUSSENPOSTEN VOR MADAGASKAR

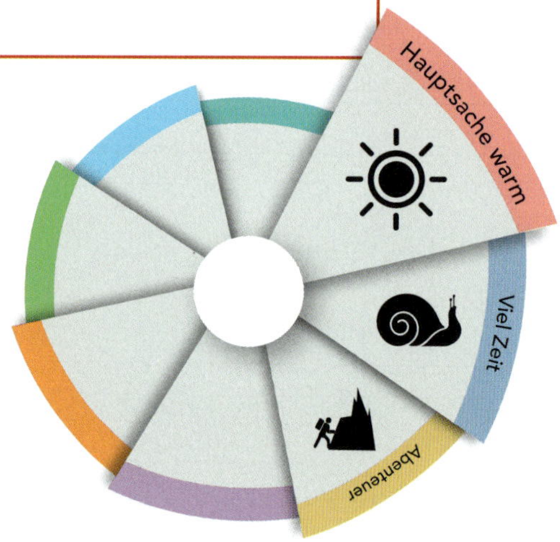

Mitten im Indischen Ozean, am nördlichen Ausgang der Meeresstraße zwischen Madagaskar und Mosambik, liegt die lediglich 376 Quadratkilometer große Insel Mayotte. Hier begegnen sich afrikanische, madegassische und französische Traditionen. 1975 verabschiedeten sich die übrigen Komoreninseln – bis dahin französische Überseegebiete – in eine politisch sehr unruhige Unabhängigkeit. Seit 2001 bilden sie mit den Hauptinseln Grande Comore (Njazidja), Anjouan (Nzwani) und Mohéli (Mwali) den föderalen Inselstaat „Union des Comores". Mayotte (Maoré), die vierte Hauptinsel des Archipels, entschied sich hingegen für Frankreich. Seit 2014 ist sie das 101. Département der Grande Nation und gehört damit zur EU. Maßgeblichen Anteil an Mayottes Eigenwilligkeit haben die selbstbewussten Frauen der matriarchalisch geprägten Insel. Nach wie vor tragen sie farbenfrohe Wickelröcke und schmücken ihre Gesichter mit komplizierten Mustern aus ockerfarbener Sandelholzpaste. Die Männer, die traditionell einen weiten Kapuzenmantel und die bestickte Kopfbedeckung der afrikanischen Muslime tragen, haben hier nicht das Sagen. Die meisten Häuser gehören nämlich den Frauen, und wenn man sich scheiden lässt, dann zieht der Mann aus. Außerdem pflegt man hier eine besonders tolerante Variante des sunnitischen Islam.

INSELN DES MONDES

Der Name „Komoren" leitet sich von „al-Qamar" ab, dem arabischen Wort für „Mond", und tatsächlich wirkt der Vollmond hier größer und heller – vielleicht deshalb, weil es nachts keine künstliche Beleuchtung gibt. So ist auch der Sternenhimmel mit dem Kreuz des Südens ein Erlebnis für sich. Trotz EU-Fördergeldern steckt auf Mayotte der Tourismus noch in den Kinderschuhen. Das liegt auch daran, dass man für die Anreise einen recht teuren Flug vom 8000 Kilometer entfernten Paris in Kauf nehmen muss. Die wenigen komfortablen Unterkünfte wie das Strandhotel Jardin Maoré an der Plage de N'Gouja verlangen europäische Preise, und fast alles wird aus Frankreich importiert. Nur etwa 55 000 Touristen begrüßt Mayotte jährlich: Fast alle sind Festlandfranzosen, viele mit familiären Bindungen. Französische Beamte, die bereit sind, hier fern der Heimat zu arbeiten, erhalten einen Gehaltszuschlag von 60 Prozent.

FASZINIERENDE FLORA UND FAUNA

Im Vergleich zu den Seychellen oder Mauritius ist Mayotte so etwas wie ein tropischer Rohdiamant. Unvergesslich bleibt der Duft von Vanille, Jasmin und Ylang Ylang auf Frankreichs Parfüminsel. Indischer Lorbeer, wilde Orchideen, Tulpenbäume und Baobabs, an denen Seychellen-Flughunde hängen, prägen die Insellandschaft, und immer wieder blickt man in die großen Glubschaugen eines Maki. Die Kokospalmenstrände, deren Sand Farbspiele zwischen Lavaschwarz, Ockergelb und Orange veranstaltet, sind nicht minder schön und weitgehend naturbelassen. Bis Ende Oktober kommen Meeresschildkröten zur Pointe de Saziley am nur einen Bootsausflug vom Hauptort Mamoudzou entfernten Südostzipfel der Insel, um unter den riesigen Affenbrotbäumen nachts ihre tennisballgroßen Eier im Sand zu verbuddeln. Dass jetzt noch die etwas kühlere Trocken-

UND ÜBRIGENS …

Auf Mayotte wird mit Euro bezahlt, und für die Einreise genügt der Personalausweis.

An der Pointe de Saziley legen Meeresschildkröten ihre Eier ab

zeit und damit „Hochsaison“ auf Mayotte herrscht, stört sie nicht. Nur selten verfolgen Touristenaugen das Schauspiel, und „sanfter Tourismus“ wird auf Mayotte großgeschrieben.

Das respektieren auch die Taucher, die meist schon die ganze Welt gesehen haben und vom 250 Kilometer langen Korallenriff mit intakter farbenprächtiger Unterwasserwelt schwärmen. Besucher umgibt hier eine der weltweit größten geschlossenen Lagunen der Welt, deren tiefblau bis türkis schimmerndes Wasser so klar ist, dass die Sicht 30 Meter weit bis zum Grund reicht und Boote auf dem stets herrlich warmen Wasser zu schweben scheinen. Ende Oktober kommen auch schon die ersten Buckelwale, die auf dem Meer Pirouetten drehenden Delfine fühlen sich hier das ganze Jahr wohl. Et Caribou Maoré! Bienvenue à Mayotte!

RHODOS

SONNENINSEL IN DER GRIECHISCHEN ÄGÄIS

„Rhodos im Regen" heißt ein alter Schlager von Udo Jürgens. Im Oktober ist damit kaum zu rechnen. Noch ist es sonnig und angenehm warm. Der Meltemi, der Wind- und Kitesurfer in Prasonisi an der Südspitze der Insel glücklich macht, flaut erst im November allmählich ab. Wenn es der „Götterwind" aber mal allzu gut meint, verlängert er sogar den Urlaubsaufenthalt, denn selbst große Fährschiffe müssen dann im Hafen von Rhodos-Stadt bleiben. Wer auf den kleinen Nachbarinseln Symi und Chalki Urlaub macht, sollte daher besonders vorausschauend planen.

TRAUMSTRÄNDE FÜR JEDEN GESCHMACK

Der auf einer Halbinsel gelegene, besonders sanft abfallende Prasonisi Beach ist nur einer von vielen tollen Stränden auf Rhodos. Als „Klassiker" gilt der bestens erschlossene feinsandige Lardos Beach an der südlichen Ostküste. Ruhiger geht es am Glystra Beach zu, dessen kristallklares Wasser an eine wunderschöne Dünenlandschaft spült. Am vier Kilometer langen „Partystrand" Faliraki Beach wird bis Ende Oktober jede Menge Wassersport und Nightlife geboten, auch das riesige Spaßbad Faliráki Water Park schließt erst im November. Besonders familienfreundlich ist der Tassos Beach, Romantiker spricht wiederum der an einer Steilküste befindliche Fourni Beach besonders an. Fast Südseecharakter, nur ohne Palmen, hat der Mojito Beach mit azurblauem Wasser, gemütlichen Hängematten und kunterbunten Strandbars mit chilliger Musik.

BUMMEL DURCH RHODOS-STADT

Sogar Rhodos-Stadt verfügt über einen eignen Strand mit großem Wassersportangebot – ideal für alle, die ausgedehnte Streifzüge durch die Altstadt planen, deren Gassengewirr abends noch immer eine aus der Zeit gefallene Aura umhüllt. Wer sich in einer der schönen Stadtvillen oder einem der individuellen Boutique-

Rechts: Blick auf Líndos und die Akropolis
Unten: Windmühlen im Hafen von Rhodos-Stadt

hotels einmietet, kann den Großmeisterpalast des Ritterordens der Johanniter schon am frühen Morgen besichtigen – noch bevor die Ausflügler von den Kreuzfahrtschiffen und aus den anderen Urlaubsorten eintreffen. Von dort bietet sich ein Spaziergang entlang der Odón Ippotón zum Archäologischen Museum an, um anschließend das Synagogenmuseum Kal Kadosh Shalom zu besuchen. Den Nachmittag verbringt man am Strand und bei Drachenfischen und Schildkröten im Aquarium der Hydrobiologischen Station an der Nordspitze der Insel. Dann noch etwas Shopping, zum Beispiel würzigen Thymianhonig, kalt gepresstes Olivenöl oder den Tresterbrand Souma. Oder wie wär's mit einer von Vassilios Sirimis (Kistiniou 42) gemalten Ikone? Köstlich schmecken jetzt frisch gegrillter Fisch und dazu ein Glas roter Chevalier de Rhodes oder weißer Ilios de Rhodes. Und auch das Nachtleben von Rhodos-Stadt rund um die Platia Arionos hat einiges zu bieten. Authentische Rembetiko-Musik gibt's im etwas schummrigen Café Chantant (Odós Aristotélous 22) zu hören, allerdings erst gegen Mitternacht und am besten in einheimischer Begleitung. Darauf ein Glas des vorzüglichen Schaumweins CAIR brut. Opa!

LA PALMA

WANDERINSEL DER KANAREN

„Inseln des ewigen Frühlings" nannten schon die alten Griechen die Kanaren, und der Oktober auf La Palma macht da keine Ausnahme. Der Nordostpassat sorgt in diesem Monat dafür, dass es den Deutschen noch warm, den Festlandspaniern kühl genug ist. Das ist wichtig, denn La Palma ist eigentlich keine Badeinsel, sondern ein gebirgiges Naturparadies mit Vulkanen und Felsküsten, Gipfeln und Schluchten, in dem sich Wanderer und Aktivsportler besonders wohlfühlen. Tatsächlich bräuchte man Monate, um alle Wanderwege der nur 700 Quadratkilometer großen Insel zu erforschen. Wer Regen gar nicht schätzt, kommt Anfang des Monats und bevorzugt die tiefer gelegenen Regionen. Die Gebirgsketten sind Klimascheiden. Im Westen und Süden ist es also trockener und sonniger als im Osten und Norden. Besonders frisch fegt der Wind natürlich um den höchsten Gipfel der Insel, den Roque de los Muchachos (2426 Meter). Aufgrund der unterschiedlichen Klima- und Vegetationszonen gedeihen auf La Palma über 700 verschiedene Pflanzenarten, darunter die geradezu mythischen Drachenbäume. Im Norden sorgen Lorbeer- und Kiefernwälder für eine ungemein würzige Luft, im Süden subtropische Gewächse für eine Explosion der Farben. Und dazu kommen meist tiefblauer Himmel und grandiose Aussichten auf den endlosen Atlantik. Bunt ist aber auch Santa Cruz, der Hauptort der Insel, der mit prächtigen Palästen, Kirchen und Bürgerhäusern aus dem 16. Jahrhundert zu Spaziergängen einlädt.

Gebirgszug Cumbre Nueva

WACHAU

GENUSSTOUR ENTLANG DER DONAU ÖSTERREICHS

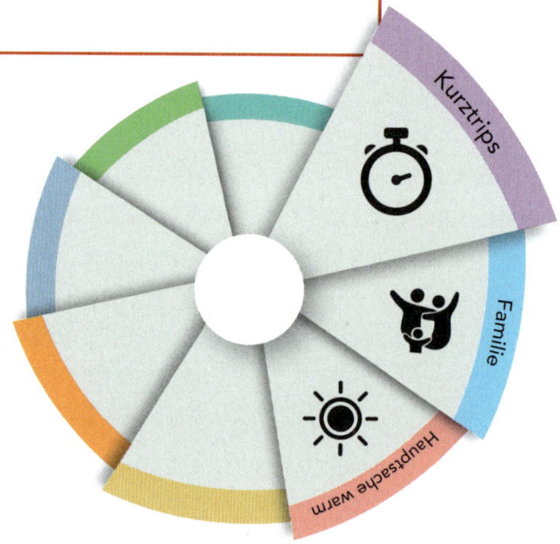

Weißenkirchen in der Wachau

Das von der Sonne verwöhnte Nordufer der Wachau, ein 30 Kilometer langer Donaudurchbruch in Niederösterreich, ist im Oktober, wenn die Rebstöcke golden in der Sonne leuchten, das Sehnsuchtsziel von Weinkennern, die in malerischen Blumengärten den Heurigen verkosten. Autofahrer sollten sich rechtzeitig entscheiden, denn zwischen dem prachtvollen barocken Benediktinerkloster Melk im Westen und dem tausendjährigen Doppelort Krems und Stein im Osten führt keine einzige Brücke über die Donau. Wanderer und Radfahrer können immerhin mit Rollfähren über den Fluss setzen.

FARBENFROHER SCHMÄH

Nur Richard Löwenherz, der 1192 bis 1193 auf der Burg Dürnstein eingekerkert war – heute eine höchst dekorative Ruine –, dürfte die österreichische Gastfreundschaft nicht genossen haben. Dagegen wurde schon der Hochzeitszug Kriemhilds an den Hof von König Etzel vor Melk freundlich begrüßt. Wenn in Spitz am Tausendeimerberg oder in Weißenkirchen, wo sie den Riesling erfunden haben, die Mäderl an hohen Festtagen ihr Wachauer Dirndl anziehen und die aus Brokatstoff gefertigte Goldhaube aufsetzen, dann ist Mariandl-Schmäh angesagt. Die erste Version dieses Heimatfilms wurde schon gedreht, als die Sowjets die Wachau noch besetzt hielten und Bundeskanzler Leopold Figl im Keller der Freien Wachauer Weingärtner russische Abgesandte unter den Tisch trinken musste, auf dass Österreich frei werde.

IN VINO VERITAS

Über 200 Winzer haben sich zur Vinea Wachau Nobilis Districtus zusammengeschlossen. Die Regeln des „Zölibats für den Wachauer Weinbau“ sind streng: nur lokale Anbaugebiete und Trauben – überwiegend Grüner Veltliner, Riesling oder Neuburger –, keine Aufzuckerung, keine Mostkonzentration. Nur dann darf man seine Weine als „Steinfeder“, „Federspiel“ oder „Smaragd“ verkaufen. „Steinfeder“ ist ein leichtes Gras, das in den steilen Weinbergen wächst, und ebenso duftig-leicht ist der Wein. „Federspiel“ ist schon rassiger und kräftiger, und der edle „Smaragd“ – benannt nach der gleichnamigen grün-schillernden Eidechse, die sich im Sommer auf den Steinen der Terrassen sonnt – ist die feine trockene Spätlese der Wachau.

RAMSAU & KÖNIGSSEE

IM BERCHTESGADENER LAND

Im Oktober ist das Licht im Berchtesgadener Land besonders klar, der Föhn fegt die Wolken vom Alpenhimmel, und die Laubbäume schwelgen im Farbenrausch. Fast schon kitschig wirkt die bekannte Ansicht auf die Ramsauer Pfarrkirche mit dem Bergmassiv der Reiteralpe im Hintergrund. Von gelebten Traditionen erzählt St. Mariä Himmelfahrt, die Wallfahrtskirche der Sennerinnen am Kunterweg. Zu Erntedank Anfang Oktober zieren die kunstvollen „Fuikln", der Kopfschmuck des Viehs beim Almabtrieb, die schöne Rokokokirche. Die Wallfahrtskirche Maria Gern bei Berchtesgaden ist ein weiteres Juwel des Bauernbarocks vor imposanter Bergkulisse. In Berchtesgaden zeigen viele Häuser noch die typische alpenländische Lüftlmalerei. Noch ein Postkartenidyll ist der tiefgrüne, glasklare Königssee, der sich wie ein Fjord zwischen die steilen Felswände von Watzmann, Steinernem Meer und Hagengebirge zwängt. Mit einem geräuschlosen Elektroboot geht es hinüber zur kleeblattförmigen Wallfahrtskirche St. Bartholomä und weiter nach Salet. Von dort kann man zum stillen Obersee hinüberwandern und entdeckt im Nationalpark Berchtesgaden Alpenveilchen und Schneerosen. Vielleicht lugt ein Murmeltier hinter einem Fels hervor, in den Lüften kreisen Steinadler und selten auch Bartgeier.

Pfarrkirche St. Sebastian in Ramsau mit der Reiteralpe

BARCELONA

KATALONIENS HAUPTSTADT FÜR FLANEURE

„Ramblejant" nennen die Barcelonins den Bummel auf Spaniens prächtigstem Boulevard zwischen Plaça de Catalunya und Kolumbusdenkmal: Zwei schmale Fahrspuren flankieren eine majestätisch breite, von mächtigen Bäumen beschattete Fußgängerzone. Im Oktober ist das Wetter warm und sonnig. Der oberste Abschnitt, die Canaletes, gehört den älteren Herren, die über Gott und die Welt diskutieren. Auf der Rambla dels Estudis zwitschert, gackert und kreischt es aus unzähligen Vogelkäfigen. Besonders lieben die Einheimischen den mittleren Abschnitt, die Rambla de Sant Josep – wegen ihrer vielen Blumenkioske auch „Rambla de les Flors" genannt. Ein Besuch der riesigen Markthalle der Boqueria lohnt sich allein schon der schlagfertigen Fischhändlerinnen wegen. Mittelpunkt der Rambles ist der Pla de l'Os mit seinem farbenfrohen Miró-Mosaik. Von hier zweigt der Carrer de la Boqueria ins Altstadtviertel Barri Gòtic ab, schräg gegenüber liegt das berühmte Liceu: Barcelonas heiß geliebte Oper. Die Rambla dels Caputxins säumen teure Cafés, doch die Häuser südlich des Carrer Nou de la Rambla waren lange fest in der Hand des Milieus. Ausgerechnet hier errichtete Antoni Gaudí 1888 den extravaganten Palau Güell mit parabelförmigen Arkaden und kunstvoller schmiedeeiserner Ornamentik – nur einer von vielen modernistischen Spleens des Baumeisters der berühmten Kirche Sagrada Familia.

Park Güell in Barcelona

PROVENCE

SÜDFRANKREICH FÜR AKTIVURLAUBER

Anfang Oktober ist das Wetter in der Provence geradezu perfekt: Die glühende Sommerhitze ist passé, die Luft ist klar, und in der Camargue haben die letzten Mücken kapituliert. Jetzt ist die beste Zeit, diese amphibische Landschaft zu erkunden. Mit den berühmten – natürlich gezähmten – kleinen weißen Wildpferden der Auberge de la Fadaise kann man zu den schwarzen Stieren und rosa Flamingos reiten oder an endlos langen, einsamen Stränden entlanggaloppieren. Ausflüge mit einem traditionellen Pferdegespann bietet Gilbert Arnaud, ein echter Viehzüchter oder „manadier" der Camargue, auf seiner Manade Arnaud an. Man lernt viel über die Arbeit der Gardians mit den wilden Stieren, und bei einer „Course Camarguaise" darf man den Stieren sogar selbst die Kokarde entreißen.

GENUSSWANDERN MIT ALLEN SINNEN

Auch in der Berglandschaft Luberon ist es jetzt besonders schön. In Sichtweite der berühmten Hügel, die schon der Schriftsteller Marcel Pagnol in seinem Doppelroman „Die Wasser der Hügel" beschrieb, führt Paula Marty auf ihrer Ferme de Gerbaud in Lourmarin Besucher in die Geheimnisse all der duftenden Kräuter ein, die an den trockenen sonnigen Berghöhen der Provence gedeihen: Thymian, Fenchel, Rosmarin, Basilikum, Estragon, Kerbel, Lorbeer, Salbei und natürlich Lavandin, der Echte Lavendel.

Römischer Aquädukt Pont du Gard

Sehr erfrischend ist eine herbstliche Gourmetwanderung durch das Département Drôme, das für seine kulinarischen Hochgenüsse bekannt ist. Alle Gastronomen, die mit örtlichen Erzeugern zusammenarbeiten, bieten ein Menü „Promenade Gourmande" mit feinen Forellengerichten, Wachtel-Suprêmes oder grauen Escargots aus dem Valentinois an. Liebhaber der regionalen Küche testen die sogenannten „Tables paysannes" auf den Gästebauernhöfen. Hier kann man auch gleich übernachten. Ende Oktober treffen sich auf vielen Märkten provenzalischer Dörfer auch die Trüffelhändler. Allerdings lassen sie sich beim Feilschen um oft hohe Summen ungern in die Karten schauen.

PER KAJAK ZU DEN RÖMERN

Wildwasserfans schätzen den ruhigen Oktober ebenfalls. Sehr idyllisch sind die von Kayak Vert organisierten Kajakfahrten auf dem Gardon zum Pont du Gard. Eine schönere Begegnung mit dem berühmten römischen Aquädukt, das jetzt im milden Herbstlicht leuchtet, kann man sich gar nicht denken. Lediglich das plätschernde Wasser und das Konzert der Zikaden begleiten die zweistündige Flusspartie ab Collias.

YELLOWSTONE NATIONAL PARK

HERBST IN WYOMING

Thermalquelle Grand Prismatic Spring

Im Oktober zeigt sich Yellowstone von seiner besten Seite. Die Herbstfärbung – besonders die der schlanken Espen – ist wirklich spektakulär, die brünftigen Elche röhren am Madison River um die Wette, und im Hayden Valley grasen Bisons. Überhaupt sieht man jetzt auf Wanderungen viel mehr Tiere, die im Sommer oft von den Touristen vergrämt werden – auch Bären. Also das Abwehrspray nicht vergessen! Auf den Straßen sind ebenfalls fast nur noch Einheimische unterwegs. Das wissen auch die Radler und Mountainbiker zu schätzen, die sich im Oktober zur 60 Meilen langen Annual Old Faithful Cycle Tour treffen – vorbei an Geysiren, heißen Quellen und Schlammtöpfen. Der berühmteste Geysir – nahe dem westlichen Parkzugang gelegen, der bis Anfang November geöffnet hat – ist Old Faithful, der zuverlässig etwa alle 90 Minuten ausbricht. Im klaren Herbstlicht leuchten die Kalksteinterrassen der Mammoth Hot Springs unweit vom ganzjährig geöffneten Nordeingang, die Bakterien und Algen im Thermalwasser orange, rosa, gelb, grün und braun färben, besonders giftig. Noch ein Highlight: ein Bad im warmen Boiling River bei herbstlichen Temperaturen.

SÄCHSISCHE SCHWEIZ

ABENTEUER ZWISCHEN FELSRIFFEN

Oft hängen im Oktober über der Elbe noch Nebelschwaden, während die Sonne die Felsen des Elbsandsteingebirges bereits erleuchtet. An klaren Tagen tuckert man mit historischen Schaufelraddampfern durch das Elbtal stromaufwärts bis nach Rathen, dem Tor zur Sächsischen Schweiz. Hier beginnt eine in Millionen von Jahren geformte Landschaft mit Tafelbergen, bizarren Felstürmen, Felsnadeln, Schluchten und Wäldern, in deren „Kellerklima" seltene Eiszeitblumen wie Gelbes Veilchen oder Sumpfporst gedeihen. Uhus, Wanderfalken, Schwarzstörche und Kolkraben nisten hier, und von Böhmen wandern sogar immer wieder Luchse ein. Ab Rathen heißt es wandern, wenigstens bis zur 200 Meter über der Elbe aufragenden Bastei: links am Horizont die böhmischen Berge, rechts das Erzgebirge, vorn der Königstein mit der Festung und der Lilienstein. Letzterer bietet wiederum den schönsten Blick auf die Bastei. Wer mehr Zeit hat, absolviert den 112 Kilometer langen Malerweg und lernt dabei alle Highlights der Natur kennen. „Boofen", das Übernachten in freier Natur unter Felsvorsprüngen oder in einer der zahlreichen Höhlen, hat hier eine lange Tradition. Die besten Boofplätze werden per Mundpropaganda weitergegeben.

Felsformation der Bastei mit Basteibrücke

PLITVICER SEEN

KROATIENS SCHÖNSTER NATIONALPARK

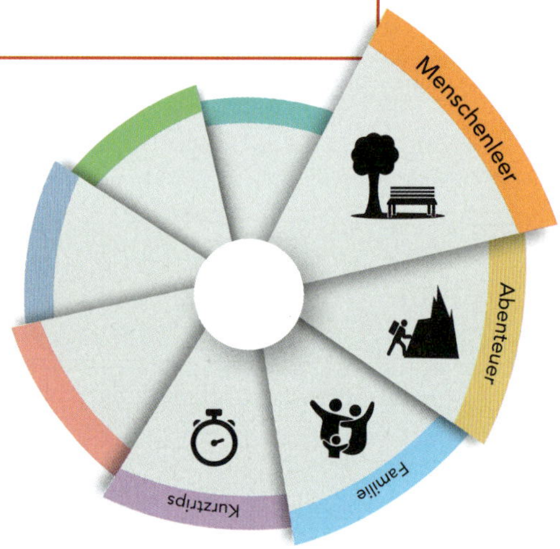

Kaum zu glauben, dass die im Sommer so beliebte einzigartige Kalklandschaft, ein „Naturerbe der Menschheit“ mit 16 blaugrünen Seen, tiefen Canyons, gischtsprühenden Wasserfällen, bemoosten Karsthängen und saftig grünen Urwäldern aus Buchen, Rot- und Weißtannen, im Oktober geradezu verlassen wirkt. Dabei ist sie in der Herbstfärbung eigentlich am schönsten. Über 900 Meter Höhenunterschied prägen das Plitvicer Seenland: An den oberen Seen herrscht gemäßigtes Gebirgsklima, an den unteren Seen sind Flora und Fauna beinahe mediterran und warten mit einer für Europa nahezu unvergleichlichen Artenvielfalt auf so engem Raum auf. Menschenscheue Braunbären, Wölfe, Luchse und Wildkatzen leben hier – und das zumindest nachts völlig ungestört, denn dann sind die Tore geschlossen.

ZU FUSS DURCH DAS SEENLAND

Mit Argusaugen wacht die Nationalparkverwaltung darüber, dass die spiegelglatten Seen, die sprudelnden Sturzbäche und die plätschernden Wasserläufe so kristallklar bleiben wie bisher. Wassersport ist tabu, ja, nicht einmal die Füße ins Wasser zu tauchen ist erlaubt – so verlockend das während einer Wanderung auf den endlos langen Treppen und Plankenwegen auch sein mag. Dafür wird man von dankbaren Forellenschwärmen und Fischottern begleitet. Vom Eingang 1 fährt ein Shuttle-Bus auf einem streng vorgeschriebenen Weg zu den Seen. Autos sind ganz verbannt, aber am größten See, dem zwei Kilometer langen Kozjak Jezero am Eingang 2, gibt es diverse Unterkünfte und Restaurants, und ein Elektroboot verkürzt die Wanderstrecke entlang der Seen. Das war in den 1960er-Jahren noch anders, als hier die Kamerateams anrückten, um mit zahlreichen örtlichen „Indianern“ aus der Ortschaft Plitviča Karl-May-Filme zu drehen, darunter „Der Schatz im Silbersee“ sowie Szenen zum zweiten und dritten Teil von „Winnetou“. Dabei sind alle sehr nass geworden. Geschossen wird hier aber längst nicht mehr mit Silberbüchse und Zaubergewehr, sondern nur noch mit Digitalkameras.

UND ÜBRIGENS …

Der Nationalpark ist täglich von 7 bis 20 Uhr geöffnet, Camping ist nur auf dem offiziellen Campingplatz „Korana“ erlaubt.

Wasserfälle an den Plitvicer Seen

MASUREN

DAS STILLE POLEN

Idyll am See Selmęt Wielki

Noch immer wirkt das waldreiche „Land der 3000 Seen" im Nordosten Polens zwischen der Weichsel und Litauen, dessen Grenzen heute keiner so genau zu definieren weiß, wie aus der Zeit gefallen. Der Oktober ist hier besonders reizvoll und still. Die Stechmücken, im Sommer wahre Plagegeister, sind verschwunden, und die Herbstfärbung ist einfach traumhaft. Oft ohne einer Menschenseele zu begegnen, kann man hier wandern, reiten, radeln oder mit dem Kanu einen See nach dem anderen erkunden – jedenfalls bis zur russischen Grenze. Die Dörfer wirken wie einem alten Kinderbuch entsprungen: rote Ziegeldächer, Backsteinmauern, Scheunen und Ställe, schnatternde Gänse, Bäuerinnen mit Kopftuch und barfuß spielende Kinder. Durch den Borkener Wald (Puszcza Borecka) streifen Elche und Wisente, über den Seen kreisen Schwarzstörche und Seeadler. Urbanes Tor zur stillen Welt Masurens ist das alte Danzig, Schauplatz der „Blechtrommel" von Günter Grass, dessen prunkvolle Patrizierhäuser heute ebenso in altem Glanz erstrahlen wie die mittelalterliche Marienburg in Malbork, deren gewaltige Ziegelmauern sich zinnoberrot im dunklen Nogat-Fluss spiegeln.

KAIETEUR NATIONAL PARK

GUYANAS MÄCHTIGER WASSERFALL

Das beliebteste Tagesausflugsziel von Guyanas Hauptstadt Georgetown aus wird mit Kleinflugzeugen angesteuert. Man teilt das aufregende Naturerlebnis meist nur mit wenigen Personen. Die faszinierenden, fast 100 Meter breiten Wasserfälle des Potaro, eines Nebenflusses des Essequibo, stürzen sich im Direktfall 226 Meter tief in eine Regenwaldschlucht des Nationalparks. Zwar führen sie während der Regenzeit im Januar sowie Juni und Juli die größten Wassermengen, doch sowohl der Flug als auch die Wanderungen sind in der Trockenzeit, in die der Oktober fällt, um einiges angenehmer. Nach einem Überflug wandert man zu drei Aussichtspunkten und bewundert die auf dem Wasserstrahl tanzenden Regenbögen. Im Angebot sind auch mehrtägige Expeditionen mit Allradfahrzeugen, Bootsfahrten, Wanderungen und Übernachtungen in rustikalen Lodges. Für die Mühen entschädigt der Traumanblick der Wasserfälle in der Abend- und Morgendämmerung. Direkt an den Kaskaden kann man leuchtend-orangefarbene Tiefland-Felsenhähne und „Makonaima" genannte Weißhalssegler sehen, die abends in die Schlucht hinabstoßen. Der endemische goldene Pfeilgiftfrosch lebt auf riesigen Panzerbromelien. Westlich der Wasserfälle erstrecken sich die Pakaraima Mountains bis zum Tafelberg Roraima (2810 Meter) im Dreiländereck zwischen Guyana, Brasilien und Venezuela.

Kaieteur-Wasserfälle im Bergland von Guyana

YASAWAS & MAMANUCAS

HOLLYWOOD-TRÄUME AUF DEN FIDSCHI-INSELN

„Beautiful, so beautiful“, stammelte Jodie Foster, als sie auf ihrer mystischen Reise im Science-Fiction-Film „Contact“ auf dem wahrlich überirdischen Lagunenstrand des Planeten Wega landet: „Sie hätten einen Dichter schicken sollen.“ Mit seinem perlmutt-schimmernden Sand, seinen gläsern wirkenden, sanften coelinblauen Wellen und seinen in der milden Brise flüsternden Palmen wirkte der elysische Strand im Film wirklich nicht wie von dieser Welt. Dabei gibt es ihn tatsächlich: nicht Lichtjahre entfernt auf der Wega, sondern auf der Insel Nacula im Archipel der Yasawas. Im Oktober herrscht noch Trockenzeit, auch die Surfbedingungen sind jetzt ideal. Und weder Australier noch Amerikaner können Ferienzeiten nutzen.

FILMREIFE YASAWAS

Schon lange ist Hollywood geradezu besessen von den Fidschis. 1948 wurde das Original von „Blue Lagoon“ mit Jean Simmons und Lloyd Bridges in der Inselgruppe der Yasawas gedreht, größtenteils rund um die Lagune der Insel Sawa-i-Lau. Das brachte den Neuseeländer Trevor Withers, der mit zum Drehteam gehört hatte, auf die Idee, hier Touren zu arrangieren. So schipperten seine inzwischen auf eine luxuriöse Kreuzfahrtflotte angewachsenen Blue Lagoon Cruises 1979 für das Remake des Films mit Brooke Shields und Chris Atkins zu den schönsten der etwa 20 Yasawa-Inseln. Das Yasawa Island Resort auf der nördlichsten Insel der Yasawa-Gruppe kürte die amerikanische Reisezeitschrift Condé Nast Traveler gar zum „Most excellent Romantic Hideaway“.

Das klingt astronomisch teuer. Umso schöner, dass die Yasawas auch ein beliebtes Ziel für Rucksacktouristen sind. Denn mit dem Katamaran Yasawa Flyer flitzt man in wenigen Stunden von der Hafenstadt Nadi, die an der Westküste der Fidschi-Hauptinsel Viti Levu liegt, über die Meerenge Bligh Water hinüber zu den Yasawas, deren Inseln sich mit einer Reihe von Backpacker-Resorts auch auf eine weniger zahlungskräftige Klientel eingestellt haben. Sie bieten Unterkünfte an echten Traumstränden in „Bures“ an: So nennt man die Bungalows, die den traditionellen palmstrohgedeckten Hütten der Fidschi-Inseln nachempfunden sind.

Moment mal, Bligh Water? Ja, durch diese Meeresstraße zwischen der Hauptinsel Viti Levu und den Yasawas ruderten 1789 die von den Meuterern ausgesetzten Offiziere der Bounty, und Captain Bligh benötigte keine Peitsche, um sie zu Höchstleistungen anzuspornen. Denn sie wurden von den Kanus der Einheimischen verfolgt, die – so lautet noch heute ein Running Gag auf den Fid-

schis – zu jedermann sehr gastfreundlich waren, den sie nicht essen wollten. Schiffbrüchige galten als verflucht und von den Göttern verlassen. Wer mit „Salzwasser in den Augen" an der Küste der Fidschis strandete, hatte kaum eine Chance, lebend davonzukommen.

DREHORTE AUF DEN MAMANUCAS

Als Tom Hanks 1999 im Kassenschlager „Castaway" sehr glaubhaft einen Menschen spielte, der sich als einziger Überlebender eines Flugzeugabsturzes auf einer einsamen unbewohnten Insel wiederfindet, musste er derlei Ungemach nicht mehr fürchten. Gedreht wurde auf dem kleinen Monoriki Island. Es gehört zur Mamanuca-Gruppe, deren traumhaft schöne Inseln Hollywood besonders gerne nutzt. Mit einem Katamaran von South Sea Cruises kann man Monoriki Island auf einem Tagesausflug besuchen und dabei auch die Schauplätze einiger amerikanischer Reality-Shows abklappern. „Survivor Fiji" wurde auf Bounty Island gedreht, „The Resort" am Walu Beach auf Malolo. Viele Touristen bleiben aber gern länger, denn inzwischen gibt es auf vielen Inseln der Mamanucas schöne Resorts, die Tauchgründe am Malolo Barrier Reef sind fantastisch, und vor Tokoriki findet man die einzigen blauen Korallen der Fidschis. Geradezu endlos sind die Schnorchelmöglichkeiten im azurblauen glasklaren Wasser der großen Lagune zwischen dem Riff und Viti Levu. Außerdem gibt es in den südlichen Mamanucas einige der besten Surfplätze der Fidschis: Die mächtigen Cloudbreak Lefts vor Tavarua Island sind atemberaubend und tauchen immer wieder in Surfdokumentationen internationaler TV-Sender auf.

Oben: Traumstrand à la Hollywood auf der Yasawa-Insel Nacula
Links: Kajaktour rund um die Mamanucas

UND ÜBRIGENS ...

Ein einmaliges Erlebnis ist eine kleiner Törn mit einem Segelschiff. Wie weiland Thomas Cook von Insel zu Insel segeln – ein Traum, realisierbar zum Beispiel bei Captain Cook Cruises.

NEUES UND ALTES CHINA

ZWISCHEN SHANGHAI UND HANGZHOU

Mit seinen 24 Millionen Einwohnern ist Shanghai der wirtschaftliche Motor Chinas. Das war schon so, als die europäischen Kolonialmächte Anfang des 20. Jahrhunderts am „The Bund" ihre Prachtbauten errichteten. Das moderne China zog mit der Hochhausfront im neuen Geschäftsbezirk Pudong am Ostufer des Huangpu nach, die abends in allen Regenbogenfarben funkelt. Unverwechselbar macht sie der markante Fernsehturm. Von den Aussichtsplattformen des Jinmao Observatory und des auch als „Flaschenöffner" bezeichneten Shanghai World Financial Center bietet sich ein der Eintrittspreise wegen teurer, aber eigentlich doch unbezahlbarer Blick in Chinas Zukunft.

Hochhausviertel Pudong in Shanghai

CHARME DER WASSERSTÄDTE

Das alte China suchen die Millionen Shanghaier in den sogenannten „Wasserstädten" wie Zhujiajiao und Zhouzhuang am Rand der Metropole. Diese kleinen Handelsstädtchen an Flüssen und Kanälen mit ihren engen Gassen und schmalen, hoch gebogenen Brücken versetzen Touristen in längst vergangene Zeiten, als man hier mit Stoff- und Reishandel reich wurde. In der Altstadt der Zehn-Millionen-Metropole Suzhou, die wegen ihrer unzähligen Kanäle mit Venedig verglichen wird, sind einige der zauberhaftesten Gärten im Reich der Mitte zu bewundern. Hangzhou bezeichnete Marco Polo als „schönste Stadt der Welt". Das gilt heute natürlich nur noch für das kleine romantische Zentrum der Neun-Millionen-Stadt am legendenumwobenen, von Tempeln und Gärten gesäumten Westsee (Xihu), auf dessen „Insel im Kleinen Ozean" zauberhafte Pagoden und Pavillons stehen – eine der am häufigsten gemalten und bedichteten Landschaften Chinas.

IM „GELBEN GEBIRGE"

Das China der Tuschezeichnungen findet man auch auf einer Bootsfahrt durch die drei Schluchten des Yangzi, ganz besonders aber im Huangshan („Gelbes Gebirge"), einer von zahllosen Dichtern und Malern verewigten Berglandschaft mit zerklüfteten, oft in dichten Nebel gehüllten Felsen. Wer den höchsten Gipfel – eigentlich ein bis zu 1874 Meter hohes Plateau – besteigen will, muss früh aufstehen und hat entweder eine strapaziöse, mindestens siebenstündige Tour über unzählige angelegte Steinstufen entlang senkrecht aufragender Felswände

Oben: Kanal in der „Wasserstadt" Zhouzhuang

und durch bizarre Haine mit Krüppelkiefern und Bambus vor sich – wie so vieles in China eine kollektive Erfahrung – oder nimmt einfach die Seilbahn hinauf zum Lotosblütengipfel. Es ist genau diese Landschaft, die chinesische Gartenarchitekten seit vielen Jahrhunderten inspiriert und selbst die gesprächigsten Reisegruppen zum Verstummen bringt, jedenfalls für eine Weile des Staunens.

VERMONT

INDIAN SUMMER IN DEN USA

Eine Fahrt auf der 200 Meilen langen und kurvenreichen Route 100 (VT-100) durch den Bundesstaat Vermont ist das ganze Jahr über ein Vergnügen, aber Ende September bis Anfang Oktober, wenn der Indian Summer mit seinen fast unwirklichen Farben Einzug in die Landschaft Neuenglands hält, nimmt man besser den Fuß vom Gas – schon deshalb, weil es der Fahrer vor einem ganz bestimmt tut. Die schmucken Dörfer mit ihren weiß getünchten Kirchen, Schindeldächern und kleinen Tante-Emma-Läden an der Ostflanke der Green Mountains, die jetzt natürlich alles andere als grün sind und ein wahres Feuerwerk veranstalten, wirken wie Filmkulissen, sind aber echt.

Indian Summer

Zinnoberrot leuchtet der Zuckerahorn, scharlachrot der Sauerbaum, buttergelb die Espe und strahlend orange die Esche. Kein Werbeplakat und kein Einkaufszentrum darf das Idyll stören. Wer die Pracht nicht nur aus dem Autofenster bewundern möchte, fährt in den Green Mountain National Forest hinein und geht auf dem 265 Meilen langen Long Trail wandern. Bäche und Teiche, in denen sich die flammenden Bäume spiegeln, lösen kameratechnisches Dauerfeuer aus. Auf der Webseite www.foliage-vermont.com steht alles, was man wissen muss, auch warum der Indian Summer gerade in Vermont so schön ist. Grund dafür ist ein ausgedehntes Hochdruckgebiet entlang der amerikanischen Ostküste nach vorangegangenen ersten Nachtfrösten, das oft wochenlang für wärmere Temperaturen und stabile Wetterlage sorgt. Wen die Sucht gepackt hat, fährt einfach mit dem Indian Summer immer weiter nach Süden, wenn nötig bis in den Norden Floridas. Erst da ist Schluss.

TIFLIS

GEORGIENS HAUPTSTADT MIT REICHER GESCHICHTE

Tiflis gilt derzeit als eine der preiswertesten europäischen Hauptstädte. Die sowjetische Tristesse ist hier längst passé – jedenfalls in der Innenstadt, die mit dem Geld vieler im Ausland lebenden oder in die Heimat zurückgekehrten Georgier renoviert wurde. Sie liegt am Fuß des Sololaki-Gebirgskamms, auf dem die eindrucksvolle, schon im 4. Jahrhundert gegründete Narikala-Festung mit der romanischen Kirche St. Nikolos thront. Der Ausblick von hier oben ist fabelhaft, besonders auf das funkelnde Lichtermeer der Stadt am Abend.

BUMMEL DURCH TIFLIS

Highlights sind der schöne Botanische Garten, das monumentale Denkmal der Kartlis Deda, die die Stadt Tiflis symbolisiert und im Volksmund „Mutter Georgiens“ genannt wird, und das Gassengewirr der Altstadt selbst. Stilprägend geben sich die großen, sehr romantisch wirkenden Holzbalkone, die fast über den Gassen hängen. Portale führen zu versteckten Innenhöfen mit alten Weinstöcken. Manche der renovierten Häuser wirken geradezu quietschbunt, andere haben seit Jahrzehnten keine Farbe mehr gesehen. Unbedingt besuchen sollte man die heißen Schwefelbäder (Abanotubani), von denen die ältesten aus dem 13. Jahrhundert stammen und die wie arabische Hamams genutzt werden. Sehr sehenswert sind Georgiens viele Tausend Jahre alte Gold- und Silberschätze im Nationalmuseum sowie kostbare mittelalterliche Ikonen und mit Juwelen besetzte Kreuze im Museum der Schönen Künste. Großzügige, von Herrenhäusern gesäumte Boulevards, die vorzügliche georgische Küche, der nicht minder gute Wein des Landes und jede Menge schicker Nachtclubs im kleinen Stadtviertel Chardeni sorgen dafür, dass Tiflis heute eine höchst erschwingliche Genussmetropole ist – und das im Oktober noch dazu bei schönstem warmen und sonnigen Wetter.

Altstadt von Tiflis mit Narikala-Festung

GEORGIENS ALTE HAUPTSTADT

Eine halbe Autostunde nördlich von Tiflis liegt Mzcheta, die alte, schon vor über 3000 Jahren gegründete Hauptstadt Georgiens. Die Swetizchoweli-Kathedrale und das Frauenkloster Samtawro, dessen im 11. Jahrhundert erbaute Kirche erlesenen plastischen Fassadenschmuck zeigt, gehören ebenso zum Weltkulturerbe wie die Festung Armasziche aus dem 3. Jahrhundert v. Chr., die 200 Jahre jüngere Armasziche-Akropolis und Georgiens älteste Kreuzkuppelkirche im Dschwari-Kloster. Letztere wurde von 586 bis 604 mit vollendeten Proportionen errichtet.

TUNIS

TUNESIENS HAUPTSTADT

Der Maler Paul Klee sprach von der „Leibhaftigkeit des Märchens“, die ihn auf seiner Tunisreise erfasst hatte. Noch heute kann man im berühmten Café des Nattes in Sidi Bou Said Platz nehmen, das Paul Klee und August Macke 1914 immer wieder gemalt haben. Der herrliche Blick von der Terrasse auf die schneeweißen Kuppeln und das türkisblaue Meer des Golfs von Tunis ist noch immer der gleiche, und im Oktober ist es hier angenehm mild. Nicht auf Leinwand bannen konnten die Künstler die Düfte und Geräusche, die in den Souks der Altstadt von Tunis auf den Besucher einstürmen. Im Stadtteil Bardo präsentiert das gleichnamige Museum in den Haremsräumen des ehemaligen Palasts von Bey Mohammed II. eine der weltweit besten archäologischen Sammlungen. Von besonderer Faszination sind die Mosaiken aus punischer, römischer, frühchristlicher und islamischer Zeit. Eines der Mosaike zeigt – flankiert von den Musen Clio und Melpomene – den römischen Dichter Vergil, der in seinem bekannten Epos Äneis die unglückliche Liebe zwischen Äneas, dem trojanischen Helden, und Königin Dido von Karthago besang. Im Villenvorort Carthage wurde das antike Karthago restauriert. Heute zählt es zum Kulturerbe der Menschheit.

Café des Nattes in Sidi Bou Said

HOHE TATRA

ZWISCHEN POLEN UND DER SLOWAKEI

Morgenstimmung in der Hohen Tatra

Das kleinste Hochgebirge der Welt braucht den Vergleich mit den Alpen nicht zu scheuen. Nur die letzten Gletscher und ewigen Schneefelder sind bereits vor 8000 Jahren abgeschmolzen. Die höchste Erhebung ist mit 2655 Metern die slowakische Gerlachspitze (Gerlachovský štít), auf polnischer Seite ist die Meeraugspitze (Rysy) mit 2499 Metern der höchste Gipfel. Auch in der Tatra ist der farbenfrohe Frühherbst im Oktober die schönste Jahreszeit.
Im Osten prägen spitze Gebirgskämme und hoch aufragende Gipfel aus Granit die Landschaft, während das westliche Tatra-Gebirge teilweise aus niedrigeren Kalk- und Dolomitfelsen mit tiefen Schluchten und vielen Höhlen besteht. Die größtenteils durch den grenzüberschreitenden Nationalpark Hohe Tatra geschützte Bergwelt, durch die noch Luchse, Wölfe und Braunbären streifen, ist durch zahlreiche Sessellifte und Gondeln erschlossen. Auf Wanderungen geht es durch eindrucksvolle Gletscherkessel und Talmulden vorbei an kristallklaren Wildbächen, Wasserfällen und Karstseen, die man hier poetisch „Meeraugen“ nennt. Traumhaft ist die Rundsicht von der 2632 Meter hohen Lomnitzspitze, auf deren Gipfelplateau man bequem mit einer Kabinenseilbahn gelangt.

MALTA

INSELSTAAT IM MITTELMEER

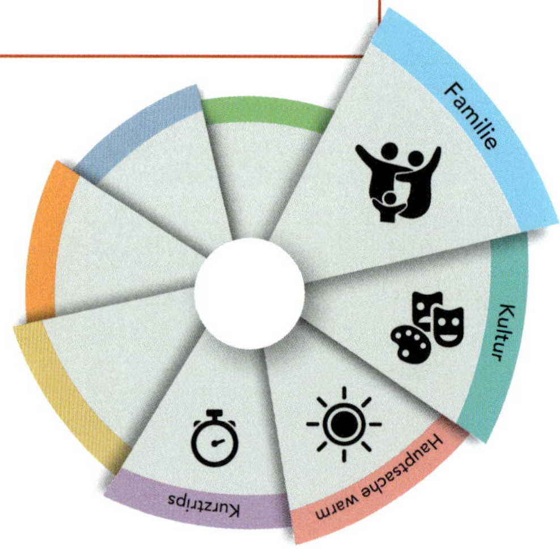

Im Oktober genießt man auf Malta noch bestes Sommerwetter, und das Meer hat noch Badetemperatur. Wohl nirgendwo sonst strahlt das Mittelmeer in so intensiven Azurtönen wie rund um Malta. Den Kontrast setzen die Creme- und Ockertöne der Felsenküste und der Barockbauten, die besonders morgens und abends im Licht der Sonne leuchten.

DIE HAUPTSTADT LA VALLETTA

Wie ein riesiges Schlachtschiff thront Maltas Hauptstadt auf der Sciberras-Halbinsel zwischen zwei Naturhäfen. Der Großmeisterpalast aus der zweiten Hälfte des 16. Jahrhunderts wird auch kunsthistorisch eher desinteressierten Sprösslingen gefallen, schon deshalb, weil die Fresken in den prunkvollen ehemaligen Staatsgemächern auch Kaperfahrten gegen türkische Schiffe zeigen. The Malta Experience, eine unterhaltsame audiovisuelle Präsentation der reichen Geschichte und der wichtigsten Attraktionen der Insel, versteht es, in 45 Minuten auch Kindern viel über Malta beizubringen, ohne sie zu langweilen. Die Aufführung (mit Kopfhörer auch in deutscher Sprache) findet in unmittelbarer Nähe des Fort St. Elmo in Valletta statt. Auch die Guardia Parades sind sehr unterhaltsam: An zwei Sonntagen im Monat spielen im Fort St. Elmo 50 Männer in farbenfrohen historischen Kostümen und Rüstungen die regelmäßige Inspektion des Forts und seiner Garnison durch den „Bailiff", einen hohen Offizier des Malteserordens, nach. An jedem dritten Sonntag des Monats findet die historische Nachstellung einer Schlacht zwischen Maltesern und napoleonischen Besatzern aus dem Jahr 1798 statt. Von den 1775 angelegten Upper Barracca Gardens auf der St.-Peter-und-Paul-Bastion genießt man die Aussicht auf den Grand Harbour und die „Drei Städte" Birgu (Vittoriosa), Isla (Senglea) und Bormla (Cospicua) mit ihrer fotogenen barocken Hafenfront. Sie liegen nur einen Katzensprung mit dem traditionellen Hafentaxi entfernt. Sehr romantisch ist auch das alte Mdina in der Inselmitte, das noch immer von mittelalterlichen Mauern umgeben ist. In den Mdina Dungeons organisiert man makabre Schauertouren, die Kinder genauso lieben wie ihre Eltern.

FUN FÜR KIDS

Nach so viel Kunst und Geschichte ist Wasserspaß angesagt. Noch bis Mitte Oktober geöffnet ist der direkt an der Küste gelegene Splash and Fun Water Park in Bahar ic-Caghaq mit Looping-Riesenrutschen, einem Schwimmbecken mit künstlichen Wellen und einem Lazy River, auf dem man sich gemächlich im dicken Schwimmreifen treiben lässt. Den ganzen Oktober geöffnet hat der Popeye Village Fun Park, der auf dem Filmset des 1980 mit Robin Williams gedrehten Streifens an der Anchor Bay eingerichtet wurde. Animationsshows, Wasserpark, Badestrand und Bootsfahrten unterhalten die jugendlichen Gäste. Übrigens werden auf Malta über 50 Millionen Playmobil-Figuren hergestellt, und zwar im Industriegebiet Hal Far südlich des Flughafens. Hier gibt es auch einen kleinen Freizeitpark für Kinder mit Playmobil-Spielzeug zum Ausprobieren. Weitere Highlights sind die große Falkenshow im Malta Falconry Centre bei Siggiewi und das an einer der schönsten Promenaden Maltas gelegene Malta National

Aquarium in San Pawl il-Bahar. Über 100 verschiedene Fischarten sind hier zu sehen, darunter Haie, Rochen, Oktopusse, Meeresschildkröten, bunte Clownfische, tödliche Quallen und süße Seepferdchen.

REISE IN DIE STEINZEIT

In Vallettas National Museum of Archaeology sind herausragende Werke der Steinzeitkulturen versammelt, darunter die fesselnden Tierreliefs aus Tarxien, die Statuette der Liegenden Priesterin und die großen Statuen der Fruchtbarkeitsgöttin. Spätestens beim Besuch des Hypogäums, einem jungsteinzeitlichen dreistöckigen Höhlenlabyrinth, in dem man ab 3600 v. Chr. zahllose Priesterinnen bestattete, werden auch gelangweilte Kids munter. Östlich des Hypogäums sind im Städtchen Tarxien imposante Überreste einer neolithischen Tempelanlage zu besichtigen, und in eindrucksvoller Lage an der steilen, Freunden der Fernsehserie „Games of Thrones" wohlbekannten Südküste Maltas befinden sich weitere Ausgrabungsstätten. Aber wie hat man nur den 20 Tonnen schweren Monolithen zum Tempel von Hagar Qim geschafft? Obelix war es jedenfalls nicht.

Oben: Hafen von La Valletta
Unten: Straßenshow im Popeye Village von Mellieha

GRAN CANARIA

KANAREN FÜR DIE GANZE FAMILIE

Herbstferien auf Gran Canaria? Auch in einer Woche kann man hier viel erleben. Das Wetter ist angenehm, und auch Baden ist noch problemlos möglich. Wenn es doch mal regnet, gönnen sich gestresste Eltern einen Verwöhntag im Gran Spa Corallium des Hotel Lopesan Costa Meloneras. Geboten wird ein holistisches Thalasso-Verwöhnprogramm mit römischer Therme, türkischem Dampfbad, Eisgrotte und Beauty Center. Als Ausgleich bekommen die Kids dann einen Tag im aufregenden Museo Elder de la Ciencia y la Tecnología in Las Palmas spendiert. Schließlich gibt's im heimischen Physiksaal weder Flugsimulator, TV-Studio noch IMAX-Kino. Nonstop-Fun garantiert Holiday World: Zu den Attraktionen des größten Vergnügungsparks der Kanaren zählen ein 27 Meter hohes Riesenrad, mehrere Karussells, ein Piratenschiff, Autoscooter, eine Achterbahn, eine Freefall-Anlage, die größte Disco der Insel, Bowling, ein Formel-1-Simulator und jede Menge Shows. Wasserratten werden das Aqualand Maspalomas unweit der Playa del Inglés lieben, den größten Wasserpark der Insel. Hier sorgen über 30 abenteuerliche Wasserrutschen für jede Menge Adrenalinschübe. Für kleine Kinder gibt es spezielle Rutschen und Becken.

AUF BIKES, KARTS UND WÜSTENSCHIFFEN

Wer die traumhaften Insellandschaften mit ihren vielen Schluchten und Steigungen ohne schweißtreibendes Pedaltreten genießen möchte, kann bei Free Motion im Hotel Sandy Beach an der Playa Inglés auch topmoderne E-Bikes mieten. Im Gran Karting Club von Tarajalillo geben junge Renntalente schon ab fünf Jahren auf dem Kinder-Track Gummi. Gemächlicher geht es bei den geduldigen Dromedaren des Camel Safari Park in La Baranda unterhalb von Fataga (zwölf Kilometer nördlich der Playa del Inglés) zu, mit denen man zu einem Ritt durch das Wüstenmeer der weiten Dünenlandschaft von Maspalomas und den Palmenhain südlich von Fataga aufbricht. Die Landschaft erinnert tatsächlich frappierend an die Sahara. Da passen lange Karawanen mit Dromedaren perfekt ins Bild.

Trek mit Dromedaren durch die Schlucht von Fataga auf Gran Canaria

TÜRKISCHE SÜDKÜSTE

URLAUBSSPASS IM HERBST

An der südlichen Mittelmeerküste der Türkei ist es im Oktober noch sommerlich warm, auch das Mittelmeer ist hier zum Baden noch bestens geeignet. Das Ali Bey Resort in Side hält kleine Urlauber verschiedener Altersgruppen mit einem umfangreichen und kompetenten Betreuungsprogramm bei Laune. So können auch die Eltern mal richtig entspannen. Im Spieleland warten Spielautomaten, Billard und Video Games. Angeschlossen ist ein großer Aquapark. Bei Alanya bietet der Aquapark Water Planet jede Menge Abwechslung für kleine und große Wasserratten, darunter sage und schreibe 24 Rutschen, und auf den künstlichen Wellen einer 300 Meter langen Bahn kann man sogar Raftingversuche starten.

KINDERFREUNDLICHES FETHIYE

In einer eigenen Bucht zieht der Kinderclub Lykia Liberty World lustlose Sprösslinge mit einem abwechslungsreichen Animationsprogramm in seinen Bann. Gefrühstückt wird noch mit den Eltern, dann fahren die Kids mit einer Mini-Bahn in ihr Ferienparadies mit sieben Kinderpools, 18 Rutschen, Schatzinseln, Minidisco und vielen sportlichen Aktivitäten. Im gleichen Ort bietet die Schule des Fethiye Surf Centre am Calis-Strand Kurse für Windsurfing und Kitesurfing an, die auch für jüngere Kinder geeignet sind.

UNTERHALTUNG IN ANTALYA

Am schönsten ist Antalyas Vergnügungspark Aktur Park am frühen Abend, wenn all die bunten Lichter angehen. Achterbahnen, Karusselle, ein Riesenrad und Autoscooter sind die klassischen Attraktionen, und Freundschaften mit türkischen Kindern werden hier besonders schnell geschlossen. Das brandneue Ozeaneum von Antalya rühmt sich, den längsten Aquariumtunnel der Welt zu haben. Im Gebäude der Snow World kann man sogar Schneeballschlachten bei minus fünf Grad veranstalten. Besonders an heißen Tagen lädt der nördlich von Antalya gelegene Köprülü Kanyon Milli Parkı zu Raftingtouren ein. Da die Stromschnellen im Oktober nicht allzu rasant sind, können auch ältere Kinder mit auf die feuchtfröhliche Schlauchboot- oder Kajakfahrt gehen.

Wildwasserfahrt im Köprülü Kanyon Milli Parkı

SEVILLA

ANDALUSIENS KULTURHAUPTSTADT

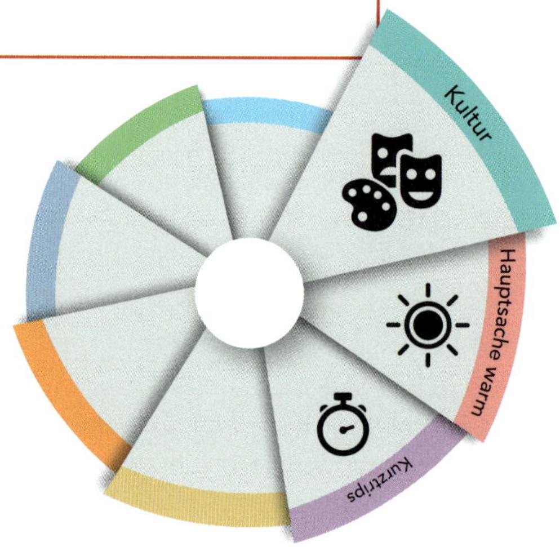

Die spanischste aller spanischen Städte: wunderschön, sinnlich und romantisch! Unter muslimischer Herrschaft galt Sevilla als Metropole der Musik, und als die Stadt im „Goldenen Zeitalter“ das Handelsmonopol mit der Neuen Welt besaß, verkündeten die Sevillaner stolz: „Madrid ist die Hauptstadt Spaniens, aber Sevilla ist die Hauptstadt der Welt.“ Im Oktober sind die Tage warm und die Nächte mild: Zeit, die andalusische Tapas-Kultur zu entdecken! Dazu passt natürlich andalusischer Wein oder Sherry stets vorzüglich.

ARCHITEKTONISCHE HIGHLIGHTS

Die beiden größten Sehenswürdigkeiten der Stadt stehen an der Plaza del Triunfo. „Lasst uns eine Kathedrale errichten, so groß, dass die Welt uns für verrückt erklären wird“, tönte das Domkapitel 1402, und tatsächlich dauerte es „nur“ 100 Jahre, bis die größte gotische Kathedrale der Welt vollendet wurde – gerade noch rechtzeitig, bevor der Stil aus der Mode kam. Nach der Peterskirche in Rom und St. Paul’s Cathedral in London ist Sevillas Catedral de Santa María de la Sede sogar die drittgrößte Kirche Europas! Ihr Wahrzeichen, der „Giraldilla“ genannte Glockenturm, ist aber eigentlich das Minarett der zerstörten Moschee, dem man erst 1558 eine Wetterfahne aufsetzte. Vom Mirador, dem Ausguck, genießt man einen tollen Ausblick auf die Altstadt.
Gleich nebenan steht der Real Alcázar, ein absolutes Meisterwerk der Mudéjar-Architektur aus der Mitte des 14. Jahrhunderts. Maurische Architekten haben das prunkvolle Liebesnest für den christlichen König Peter den Grausamen errichtet, damit der dort ungestört mit seiner Geliebten Maria de Padilla kuscheln konnte. Der Palast präsentiert eine fröhliche Stilmischung aus maurischen, gotischen und Renaissance-Elementen. Besonders schön mit eleganten Zierfliesen, geschnitztem Stuck und Kassettendecken dekoriert sind der Patio de las Doncellas (Innenhof der Jungfrauen) und der erlesene Salón de Embajadores (Saal der Botschafter), der es locker mit der Alhambra aufnehmen kann. Die Fans von „Game of Thrones“ werden in den herrlichen Grünanlagen sofort die malerischen Wassergärten der Halbinsel Dorne aus Staffel 5 wiedererkennen, in denen sich der Alcázar in die Privatresidenz der Martells in der Hauptstadt Sonnspeer verwandelt.

STREIFZÜGE DURCH DIE STADT

Sehr malerisch ist das alte Judenviertel Barrio Santa Cruz mit seinen labyrinthischen Gassen. Die Häuserfassaden mit ihren schmiedeeisernen, verschwenderisch mit Blumentöpfen geschmückten Balkonen bieten unzählige Fotomotive. Man darf auch in ruhige Höfe hineinschauen, um die sich oft spannende alte Legenden ranken. Ein architektonisches Juwel des 15. Jahrhunderts ist die Casa de Pilatos, eine besonders noble Stadtvilla. Auf einem Bummel durch den idyllischen Parque Maria Luisa bewundert man die Fassade der riesigen ehemaligen Tabakfabrik, die Schauplatz der Oper „Carmen“ von Georges Bizet war. Die Plaza de España werden Liebhaber von Star Wars gleich als Palast des Königreichs Naboo identifizieren. Sehr reizvoll ist auch ein Spaziergang entlang der Flusspromenade Paseo de Colón mit dem imposanten maurischen Wachturm Torre del Oro und der riesigen Stierkampfarena.

UND ÜBRIGENS …

Topadressen für Flamenco-Aficionados sind die Casa de la Guitarra im jüdischen Viertel Barrio Santa Cruz (Calle Mesón del Moro 12), der Tablao Flamenco Los Gallos in der Nähe des Alcázar (Plaza de Santa Cruz 11) und der Tablao Flamenco El Arenal neben der Stierkampfarena von Sevilla (Calle Rodo 7).

Oben: Plaza de España in Sevilla
Unten: Flamencoshow in der Casa de la Guitarra

Moderne Kunst zeigt heute das ehemalige Kloster Monasterio de la Cartuja de Santa María de las Cuevas aus dem 15. Jahrhundert, in das sich Kolumbus öfter zurückzog. Erlesene römische Skulpturen und den faszinierenden Schatzfund von El Carambolo aus der Bronzezeit gibt's im Archäologischen Museum zu sehen. Wer sich für spanische Kunst interessiert, kommt wiederum im Museo de Bellas Artes auf seine Kosten, das die Meisterwerke der sevillanischen Schule versammelt, darunter Murillos berührende „Virgen de la Servilleta" und El Grecos eindringliches Porträt seines Sohnes.

KÖNIGSSTADT FÈS

ZEITREISE INS MITTELALTER MAROKKOS

Auf einer Rundfahrt um die 16 Kilometer langen Stadtmauern bietet sich Marokkos 789 gegründete und damit älteste Königsstadt in all ihrer Pracht dar. Gleich neben der Festung Bordj Nord breiten die Gerber von Fès jeden Morgen ihre bunten Lederhäute zwischen den Gräbern der letzten Merinidensultane zum Trocknen aus. Auch vom gegenüberliegenden Bordj Sud ist das Panorama hinreißend. Gebildete Araber aus Kairouan (Tunesien), Kunsthandwerker aus dem Kalifat Córdoba und jüdische Kaufleute sorgten für die Blüte der Stadt unter den Almohaden und Meriniden. Die zweitälteste Universität der Welt, die in der 859 gegründeten Kairaouyine-Moschee untergebracht ist, besitzt noch immer große Autorität in der islamischen Welt. Mit der benachbarten Zaouia de Moulay Idriss II, dem Mausoleum des Stadtgründers, bildet sie das Zentrum der Medina. Durch die tagsüber geöffneten Türen kann man einen diskreten Blick auf diese beiden Meisterwerke maurischer Kunst werfen.

Mittelalterliches Gerberviertel im marokkanischen Fès

GEHEIMNISSE DER MEDINA

Hinter vergoldeten Bronzeportalen entzieht sich der Palais Royal in der „jüngeren" Altstadt Fès el-Djedid den Augen neugieriger Besucher, denn hier residiert auch heute noch der König auf Stadtbesuchen. In der Nachbarschaft liegt die pittoreske Mellah, das mittelalterliche Judenviertel. Man betritt die alte Medina Fès el-Bali durch das erst 1913 im Merinidenstil errichtete und mit grünen und blauen Fayencen verzierte Doppeltor Bâb Boujeloud. Nur wenige Schritte weiter liegt die um 1350 entstandene Koranschule Médersa Bou Inania, deren Innenhof die Pracht merinidischen Kunsthandwerks entfaltet: Türflügel mit ziselierten Bronzeplatten, polychromes Fliesendekor, in Stuck geschnittene Inschriften, florale Ornamente, Reliefschnitzereien und eine kunstvolle Pyramidenkuppel.

Ein weiteres Kleinod ist die etwas ältere Koranschule Médersa Attarine, die durch die besondere Harmonie ihrer Proportionen und ihre filigrane Ausschmückung fasziniert. Von der nicht immer zugänglichen Dachterrasse bieten sich eine herrliche Aussicht über die Medina und ein Einblick in den Hof der Nichtmoslems verschlossenen Moschee Kairaouyine. Die Koranschule liegt in der von Gerüchen und Düften erfüllten, quirligen Straße der Gewürzhändler. Auf einem Spaziergang taucht man ein in das Reich der Tischler, Brokatweber, Kupfer- und Messingschmiede, Hennaverkäufer und Wollfärber – sowie in das malerische, aber noch immer bestialisch stinkende Gerberviertel: lebendiges Mittelalter in jeder Hinsicht!

PORTO

STADTJUWEL IN PORTUGALS NORDEN

Azulejo-Schmuck im Kreuzgang der Kathedrale von Porto

Noch immer gilt die Hafenstadt nahezu als Geheimtipp. Prunkvolle Bauten, Kirchen mit erlesen geschnitzten und mit Gold überzogenen Barockaltären und eine malerische Altstadt machen ihren Charme aus. Schon wegen der Weinlese im Douro-Tal ist der Herbst die beste Reisezeit. Die berühmten Portwein-Kellereien in Vila Nova de Gaia am anderen Douro-Ufer laden zu Führungen und Proben ein. Am Kai liegen die typischen Boote (Barcos rabelos), die den Wein einst aus dem Anbaugebiet hierher transportierten. In Porto unbedingt einkehren muss man im Majestic Café (Rua de Santa Catarina 112): Das Kaffeehaus verströmt noch immer die Eleganz des Art Nouveau. Riesige Spiegel mit Holzrahmen, schwebende Putten, Stuckdecken und Kronleuchter im Jugendstil inspirierten die zu dieser Zeit noch völlig unbekannte Schriftstellerin J. K. Rowling zu den ersten Kapiteln von Harry Potter.

DIE SCHÖNSTEN AZULEJOS

Zahlreiche Bauwerke Portos sind mit kostbarem blauweißen Fliesenschmuck verziert. Die Kacheln im Kreuzgang der schon 900 Jahre alten Kathedrale schildern Liebesszenen aus dem Hohelied Salomos und den Metamorphosen von Ovid. Auch die Azulejos des Künstlers Jorge Colaço in der 1905 vollendeten Halle des Bahnhofs São Bento könnte man stundenlang studieren. Sie erzählen von der Geschichte des Reisens, schildern aber auch ländliche Szenen, Jahrmärkte, Feste, Prozessionen, Wallfahrten und die Verladung von Portwein auf Schiffe. Eine königliche Hochzeit von 1387 mit dem ursprünglichen Erscheinungsbild der Kathedrale und die Eroberung von Ceuta sind ebenfalls abgebildet. Die Häuser von Portos schönster Straße, der Rua das Flores, die vom Bahnhof zum Largo de São Domingos führt, zeigen Blumenbemalungen diverser Künstler.

November

Grauer November? Tiefblau sind Himmel und Meer von Fuerteventura und Kapstadt, geheimnisvoll die Herbststimmungen von Neuschwanstein und Connemara. Im klaren Licht schimmern die Mogulpaläste von Rajastan und die Pharaonenstätten am Nil. In Nepal (Foto) wartet ein Trekking-Abenteuer.

FUERTEVENTURA

WINDSBRAUT DER KANAREN

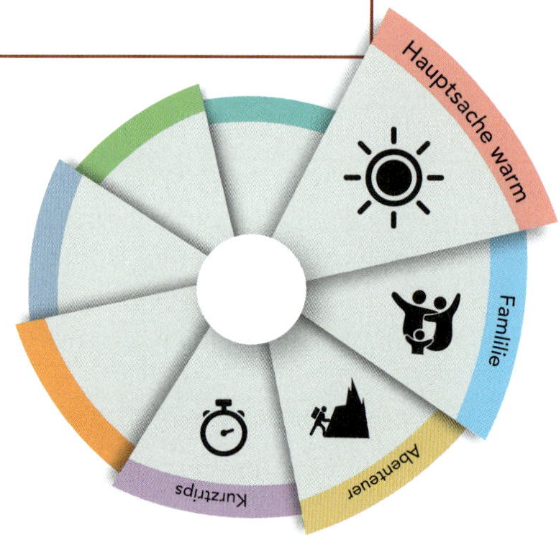

Windmühle bei El Cotillo auf Fuerteventura

Im November herrscht noch immer bestes Badewetter auf „Fuerte", denn die Insel liegt der afrikanischen Festlandsküste von allen Kanaren am nächsten. Also Sonne satt und noch sehr angenehme Wassertemperaturen! Eine tolle Zeit, um in Corralejo die fotogenen Meer- und Wüstenlandschaften zu genießen, die 2013 in Ridley Scotts monumentalem Hollywoodstreifen „Exodus" eine faszinierende Bibelkulisse abgaben. Gedreht hat Scott auch an der neun Kilometer langen Playa de Sotavento, einem Traumrevier für Windsurfer und Kiteboarder. An ihrer türkis schimmernden, gezeitenabhängigen Lagune liegen schöne Hotels, und der Strand ist nur wenige Gehminuten entfernt. Besonders bei Sonnenauf- und Sonnenuntergang ist ein Galopp auf dem Rücken andalusischer Pferde durch die schäumende Gischt entlang der wilden Westküste ein traumhaftes Erlebnis.

ZWISCHEN VULKANEN UND STRAND

Oder man setzt sich ans Steuer eines Mietwagens. Zwischen Betancuria und Pájara führt die FV-30 in engen Serpentinen durch eine atemberaubende Landschaft mit Vulkangipfeln und Lavafeldern. Ocker- und Rottöne dominieren, in der Distanz blitzt das blaue Meer auf. Die Vulkanlandschaften der Halbinsel Jandia ganz im Süden sind ein Paradies für Wanderer und Biker. Hier befindet sich auch der mit 807 Metern höchste Berg der Insel, der Pico de la Zarza. Strandwanderer lieben den „Mal Nombre" genannten Abschnitt zwischen Jandia und Costa Calma. Frühere Urlauber haben hier kleine Umfriedungen aus schwarzen Lavasteinen aufgeschichtet, die hervorragend vor Wind und fliegendem Sand schützen. Bei hüllenlosen Sonnenanbetern sind sie besonders begehrt.

Die Ziegen von Fuerteventura liefern die Milch für den berühmten Majorero-Käse – auch über die Inselgrenzen hinaus eine beliebte Delikatesse –, den man in der Hofkäserei der Finca de Pepe nahe Betancuria verkosten kann. Schöne Mitbringsel sind Silberschmuck mit Motiven der Ureinwohner (Guanchen), einheimische Brettspiele, Keramik, Stickereien und Korbwaren sowie fast 100 Prozent reine Gels und Extrakte aus frisch geernteten Blättern der Aloe Vera: wahre Wundermittel für die sonnenverwöhnte Haut.

URUGUAY

TRAUMSTRÄNDE AM SÜDATLANTIK

Im November ist Uruguays herrliche Küste, eine von Hügeln und Wäldern gesäumte Abfolge kleiner Buchten, Flamingo-Lagunen, Kaps und Strände, bereits aus ihrem Winterschlaf erwacht, doch die Party-Metropole Punta del Este muss man noch nicht mit den Reichen und Schönen des Subkontinents teilen. Dementsprechend hoch ist die Chance, mit einem extravaganten Strandoutfit für den ersten Promi der Saison gehalten zu werden und prompt in den Hochglanzgazetten Südamerikas zu landen. Ansonsten hat an der noch weitgehend unberührten Küste vor allem die Natur das Sagen. Jeder Küstenort bietet ein ganz eigenes Flair. Im Sommer gelangt man mit Bussen bequem vom Hedonismus in Punta del Este nach Barra de Valiza, dessen von mächtigen Sanddünen geprägte Strände vor allem in der Hand von Hippies und Alternativen sind. Im Sommer reiht sich hier eine Strandparty klampfender Dreadlocks an die nächste. Marihuana ist in Uruguay übrigens legal. Ambitionierte Surfer lieben besonders Punta del Diablo, Seelöwen tummeln sich vor der wilden und isolierten Felsenküste des Cabo Polonio. Je näher man Brasilien kommt, desto einsamer werden die Strände.

Surfer an der Playa del Rivero in Uruguay

COSTA VERDE

BRASILIENS SMARAGDGRÜNE KÜSTE

Praia do Sono bei Paraty an Brasiliens Costa Verde

Südlich von Rio de Janeiro beginnt der zweifellos schönste Küstenabschnitt Südbrasiliens. Viele Stars und Reiche des Landes besitzen hier Privatinseln. Und selbstverständlich gibt es auch etliche Luxusresorts, meist – neugierigen Blicken entzogen – diskret in der Natur. Doch die meisten von atlantischen Regenwäldern gesäumten schneeweißen Strände mit kristallklarem, türkisfarben bis smaragdgrün leuchtendem Wasser sind für alle da. Auch die Städtchen Angra dos Reis und Paraty mit ihrer attraktiven portugiesischen Kolonialarchitektur sind einen Besuch wert. Und die südlich von Angra dos Reis gelegene Ilha Grande hat gleich 86 Strände zu bieten: genügend versteckte Buchten, um seine Hängematte aufzuhängen und ein paar Stunden Robinson zu spielen. Die Praia Lopes Mendes zum Beispiel wird immer wieder in die Top Ten der weltweit schönsten Strände gewählt. Selbst dieser Strand der Superlative ist groß genug, dass all die Bikinimodels nebst Fotografen beim Baden nicht stören. Oder ist die Praia do Sono bei Paraty doch noch schöner? Ach, es gibt einfach zu viele!

HELGOLAND

KINDERSTUBE DER ROBBENBABYS

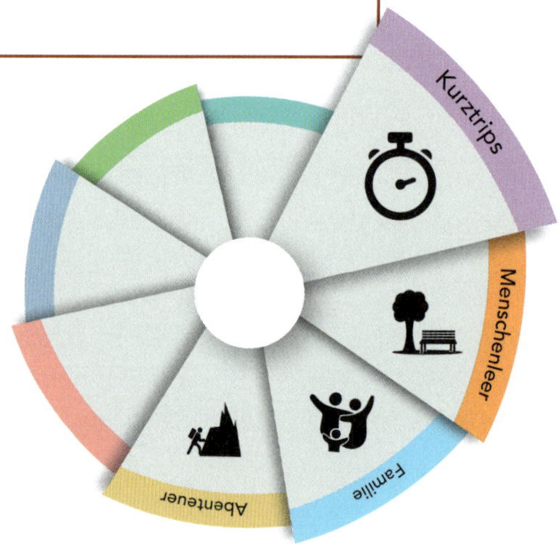

November mitten in der Nordsee, auf Deutschlands einziger Hochseeinsel? Das klingt nach Sturm, Regenschauer und viel Grau. Und doch ist es hier oft trockener und auf jeden Fall milder als an der Festlandsküste selbst. Die Wolken ziehen schnell, und wenn am Nachmittag die tiefstehende Sonne durchbricht, taucht sie das Wahrzeichen der rostroten Steilküste des Oberlands, die einsame Felsnadel „Lange Anna", in flammendes Rot. Sie hat 1947 sogar der britischen Inselsprengung getrotzt.

ENTSCHLEUNIGUNG PUR

Etwas seefest sollte man schon sein. Der zwischen Cuxhaven und Helgoland verkehrende pfeilschnelle Katamaran stellt um den 10. November seine Dienste ein, man muss im Winter also rauf auf stolze Bäderschiffe. Die haben aber zu viel Tiefgang für Helgolands Hafen, daher ist das Abenteuer „Ausbooten" angesagt, wobei die Passagiere in schaukelnde Börteboote aus massivem Eichenholz umsteigen. Auf einem Spaziergang in der herrlich steifen Brise beruhigt sich der flaue Magen schnell wieder.

November auf Helgoland – das ist Entschleunigung pur. Kein Auto stört, ja nicht einmal Fahrräder, denn Helgoland ist wirklich der einzige Ort in Deutschland, in dem Drahtesel tabu sind. Aber so groß ist die Insel ja gar nicht. Sie lässt sich hervorragend zu Fuß erkunden. Kaum zu glauben, dass Helgoland über 350 000 Besucher pro Jahr zählt. Ein Grund dafür sind unter anderem auch die zollfreien Läden am Lung Wai, der Haupteinkaufsstraße der Insel. Im November aber, wenn oft dichter Nebel das Oberland einhüllt und nur noch das Klagen der Möwen die Stille durchdringt, fühlt man sich hier fast wie der letzte Mensch auf Erden.

Hochbetrieb herrscht dagegen auf der vorgelagerten Strandinsel „Düne", denn jetzt bringen dort die Kegelrobben ihren Nachwuchs zur Welt. Über 400 Robbenbabys waren es 2018. Inzwischen hat man einen Bohlenweg angelegt, von dem aus man die Aufzucht der wolligen „Heuler" aus sicherer Entfernung erleben und fotografieren kann: Teleobjektiv nicht vergessen!

UND ÜBRIGENS …

Helgoland ist eines der beliebtesten Seeheilbäder in Europa. Die Luft ist hier so sauber wie sonst nirgendwo in Deutschland. Das Kurmittelhaus bietet ganzjährig medizinische Bäder, Meerwasser-Inhalationen und Massagetherapien.

Seehund vor Helgoland

WISMAR

GEISTERFLAIR IN MECKLENBURG

Morgennebel vor der Altstadtkulisse von Wismar

Im November herrscht in der alten Hansestadt an der Ostsee noch die Stimmung, wie Cineasten sie aus Friedrich Wilhelm Murnaus Stummfilmklassiker „Nosferatu – eine Symphonie des Grauens" kennen. Bei Nebel wirkt die Altstadt mit ihren Giebelfassaden, dem spätgotischen Wassertor, durch das Nosferatu mit dem Sarg die Stadt betrat, dem Brunnenpavillon auf dem Markt und dem Turm von Sankt Marien noch immer so gespenstisch wie im Film, aber es legt natürlich kein führerloses Totenschiff an, von dem Ratten in die Stadt huschen, um die Pest zu verbreiten. Auf Hafenrundfahrten rückt immer wieder die mächtige spätgotische Backsteinbasilika Sankt Nikolai ins Bild. Die Kirche der Seefahrer und Fischer zählt zu den größten Gotteshäusern Mitteleuropas, ein Juwel norddeutscher Backsteingotik. Ihr mit 42 Heiligenfiguren reich geschnitzter Krämeraltar von 1430 stammt allerdings aus der noch größeren Georgenkirche. Diese wurde bis 2010 in wesentlichen Teilen wieder aufgebaut. 2014 hat ihr Turm eine Aussichtsplattform mit fantastischem Ausblick auf die Nikolaikirche bekommen.

BADEN-BADEN

GLANZVOLLE KURSTADT AM OBERRHEIN

Anfang November ist eine herrliche Zeit, um ein paar entspannte Tage in Deutschlands berühmtester Bäderstadt zu verbringen. Am Oberrhein ist der Herbst besonders mild und sonnig, die exotischen Bäume der Lichtentaler Allee leuchten noch in herrlichen Farben, und der nahe Schwarzwald lockt mit idyllischen Wanderungen. Nach dem Sommertrubel ist wohltuende Ruhe eingekehrt. Im besonders noblen, mit Fantasielandschaften ausgemalten Florentiner Saal der Spielbank stören keine kurzbehosten Zaungäste mehr das einzigartige Flair der Belle Époque, als hier Kaiser und Könige, Europas schönste Kurtisanen und Russlands beste Schriftsteller abstiegen. Aber auch graues Wetter ist im Friedrichsbad, einem der prächtigsten Badetempel Europas, locker zu verschmerzen, im prunkvollen Wandelgang der Trinkhalle kurt es sich auch bei Regen sehr entspannt, und die Meisterwerke der klassischen Moderne und der zeitgenössischen Kunst im lichten Museum Frieder Burda kann man jetzt ohne Besucheransturm mit Muße studieren. Faites vos jeux!

Herbstliche Lichtentaler Allee

CONNEMARA

IRLANDS WILDER WESTEN

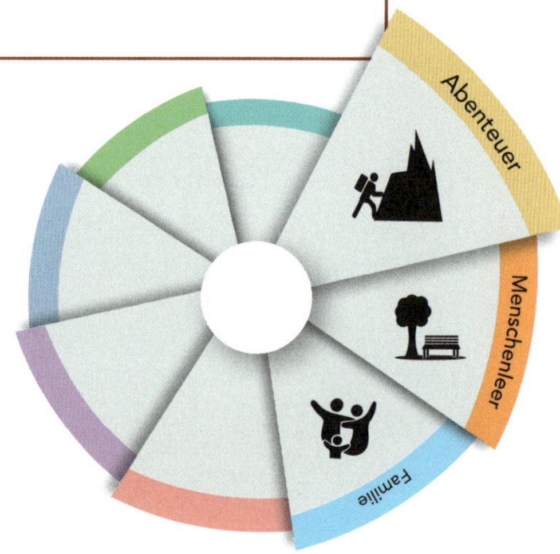

Windzerzauste Landschaft in der irischen Region Connemara

Irland im November, das klingt eher ungemütlich. Bis nach Neufundland nichts als Atlantik: Da fegen die Herbststürme – Tausende von Kilometern lang ungebremst – über die Klippen von Europas Außenposten. Doch Kenner schwören, dass es im „Land of savage beauty“, wie es Oscar Wilde formulierte, nie schöner (und wilder) ist als im November. „Get lost!“ ist in diesem einsamen Landstrich nordwestlich von Galway City wörtlich zu nehmen: In diesem Labyrinth aus Halbinseln, schmalen Fjorden, Seen und mit Granitblöcken gesprenkelten Heide- und Moorlandschaften, die im Herbst – kaum bricht die Sonne durch – rostrot und pflaumenfarben leuchten, kann man sich tatsächlich leicht verlaufen. Land und Wasser wechseln sich hier ebenso häufig ab wie Regen und Sonnenschein, und das ist im Juli auch nicht anders. Für Orientierung sorgen die Bergzüge Maum Turks und The Twelve Bens, wenn sie nicht gerade im überraschend einfallenden Nebel verschwinden.

Man kann diese unberührte Wildnis zu Fuß oder mit dem Rad auf stillen Landsträßchen erkunden. Doch die beste Wahl ist ein sanftes und zugleich ausdauerndes Connemara-Pony, das seine baumlose Heimat besser kennt als jeder Mensch. Zielsicher umgeht es jedes Sumpfloch, hat aber keine Scheu, sich bei der Überquerung kalter Bächlein nasse Hufe zu holen. Die Reitveranstalter in Clifton, Ballyconneely und Cleggan tun alles, um diese Touren so angenehm wie möglich zu gestalten. Das Gepäck wird von Hotel zu Hotel transportiert, in denen stets schon ein herzhaftes Irish Stew auf müde Ponytrekker wartet. Diese können somit ganz unbeschwert auf dem Pferderücken in sechs Tagen Connemara Trail und Coast Trail erkunden oder an endlosen weißen Stränden entlang hart an der wilden Brandung des Atlantiks galoppieren. Bei Ebbe kann man sogar über einen breiten Sandstrand zur einsamen Omey Island hinüberreiten, auf der das Statistische Amt Irlands genau einen Einwohner gezählt hat. Schafe wurden natürlich nicht mitgerechnet.

AIGÜES TORTES

SPANISCHE PYRENÄEN

Eine Luft wie Champagner, tosende Wasserfälle, eiskalte Bächlein, 200 glasklare, von Gletschern geformte Seen und dazu die großartige Kulisse der zerklüfteten Gipfel der katalanischen Pyrenäen, einige fast 3000 Meter hoch: Kataloniens einziger Nationalpark ist im Sommer natürlich das Ziel zahlreicher Wanderer, im Winter zieht es viele Skilangläufer aus Barcelona hierher. Im November ist es aber meist herrlich ruhig, obwohl die herbstliche Farbenpracht in den sonnigen Pyrenäen länger durchhält als in den Alpen. Am See Sant Maurici bietet sich das schönste Panorama der über 2700 Meter hohen Zwillingsberge Els Encantats. Von hier führen Wanderwege entlang der Seenkette in nördlicher Richtung zu den steilen Gipfeln der Agulles d'Amitges. In südlicher Richtung liegt der atemberaubend schöne Estany Negre, der höchstgelegene und tiefste Gebirgssee des Parks. Mit viel Glück erspäht man sogar einen der geheimnisvollen Bartgeier. Auch Wölfe und Bären gibt es hier noch immer. Aber die halten sich von Abenteurern fern.

Der See Sant Maurici im Nationalpark Aigües Tortes

NEPAL

IM SCHATTEN DES MOUNT EVEREST

Der Gokyo-See im nepalesischen Himalaya

Im klaren Licht des Novembers wirken die Achttausender des Himalaja besonders mächtig und zum Greifen nah. Zeit für den Everest Trail! Schon die Landung mit einer durchgeschüttelten Twin Otter auf dem Flughafen von Lukla ist ein Abenteuer. Der Trek auf den Spuren der ersten Everest-Bezwinger, Edmund Hillary und Tenzing Norgay, von Lukla durch das Khumbu-Gebiet zum Base Camp des Mount Everest auf 5364 Metern Höhe bietet einmalige Bergpanoramen. Vier der sechs höchsten Berge der Welt sind hier zu sehen: Everest (8848 Meter), Lhotse (8516 Meter), Makalu (8485 Meter) und Cho Oyu (8201 Meter). Willkommene Rast bieten buddhistische Klöster und die Teahouses einiger der höchstgelegenen Dörfer der Welt, in denen man die Kultur der einheimischen Sherpas kennenlernt und mit kräftigen Knoblauchsuppen die Höhenkrankheit bekämpft. Besteigen muss man „Chomolungma", die „Muttergottheit der Welt", wirklich nicht. Sie respektvoll von Aussichtspunkten wie Gorak Shep (5140 Meter) und Kala Patthar (5500 Meter) aus zu bewundern ist viel schöner.

NEUSCHWANSTEIN

HERBSTTRÄUME IM ALLGÄU

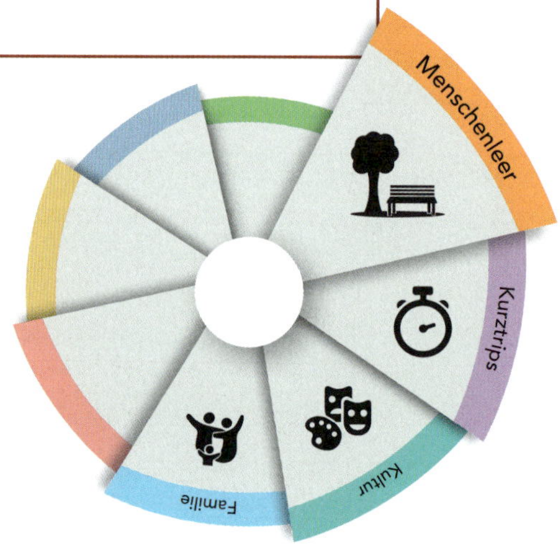

Ursprünglich war das Märchenschloss überhaupt nicht für Menschenmassen gedacht, die schon 1886 nach Neuschwanstein strömten. Da war der „Kini“ gerade erst im Starnberger See ertrunken, und die bayerische Regierung wollte Kasse machen. Dabei hatte König Ludwig II. sein Schloss nun wirklich nicht zur Belustigung des Volks gebaut. Hier wollte er einsam seinen Sehnsüchten und Erlösungsträumen nachhängen, von denen die Motive aus dem „Parzival“ im Sängersaal erzählen. Heute gehört Neuschwanstein zu den meistbesuchten Schlössern und Burgen in Europa.

AUF DEN SPUREN DES „KINI“

Im November geht es hier ruhiger zu. Menschenleer ist das Schloss natürlich auch dann nicht, doch der Besucherstrom ist deutlich abgeebbt. Ganz langsam sollte man sich jetzt der „Gralsburg“ nähern und dabei das Schauspiel genießen, wie die morgendlichen Nebelschleier langsam das „gotische“ Bühnenbild freigeben. Man muss noch nicht mal hineingehen. Die wahre Faszination von Schloss Neuschwanstein besteht darin, es aus ungewöhnlichen Perspektiven von außen zu betrachten – nicht nur von der Marienbrücke über die Pöllatschlucht, auf der Ludwig nächtens gestanden haben soll, um sein von Fackeln und Kerzen hell erleuchtetes Schloss zu bewundern. Auch von dem per Seilbahn erreichbaren Tegelberg (1707 Meter), einem beliebten Startplatz für Gleitschirm- und Drachenflieger, hat man eine großartige Aussicht auf das prunkvolle Bauwerk. Beim Abstieg über den Westgrat teilt man den Schlossblick nur mit wenigen eingeweihten Wanderern. Wer es wirklich ganz einsam mag, der steigt auf den 15 Kilometer weiter westlich aufragenden Falkenstein oberhalb von Pfronten. Auf 1268 Metern Höhe wollte Ludwig seine Vision von einer vieltürmigen Gralsburg vollenden. Mit Blick auf das weiß in der Ferne schimmernde Neuschwanstein kann man hier noch von Gralsrittern, Tannhäuser und Lohengrin träumen.

Herbstliches Neuschwanstein

PRAG

„GOLDENE STADT" IM NEBEL

Sonnenaufgang an der Prager Karlsbrücke

Im Frühling und Sommer wird Tschechiens Hauptstadt von Touristen regelrecht überrannt, doch im November gibt es seinen mittelalterlichen Zauber wieder preis. Im Nebel wirkt die Karlsbrücke mit dem dahinter aufsteigenden Burgviertel Hradschin wie eine gotische Fata Morgana. Von der Aussichtsterrasse des Luxusrestaurants Zlatá Praha im Hotel InterContinental spielen die 100 Türme der Altstadt alle Schattierungen von Grau durch, bis einige Sonnenstrahlen magische Goldreflexe dazwischen mischen. Durch die Josefstadt mit ihren altehrwürdigen Synagogen scheint wieder der entfesselte Golem von Rabbi Löw zu geistern. Einsam und geheimnisvoll wie seit vielen Hundert Jahren liegt jetzt der Alte Jüdische Friedhof da, dessen Bäume „ihre entlaubten Äste wie in verstörter Klage" zu den Wolken des Himmels emporstrecken, wie es Leo Perutz in seinem Roman „Nachts unter der steinernen Brücke" beschreibt. Auch die Tankovna, die Prager Bierlokale, die frisches Pilsner direkt aus großen Tanks zapfen, teilt man nun wieder fast nur noch mit gastfreundlichen Einheimischen.

HIDDENSEE

MECKLENBURGS ZAUBERINSEL

Steif bläst der Wind um den Leuchtturm auf dem 72 Meter hohen Bakenberg, vor dem die tapferen Meteorologen des Hiddenseer Wetterstudios mit wuscheligem Mikrofon stehen. An klaren Tagen schweift der Blick bis zu den Kreideklippen der dänischen Insel Møn. „Nur stille, stille, dass es nicht etwa ein Weltbad werde", flehte der Dichter Gerhart Hauptmann. Im November jedenfalls gibt es an der Ostsee wohl keinen ruhigeren Ort. Während die große Nachbarinsel Rügen auch jetzt noch viele Gäste anzieht, verirren sich nur wenig Wetterfeste auf die Fähre nach Vitte. Nein, das ständige Rauschen hier ist nicht der Autoverkehr, denn der ist von der Insel verbannt, sondern die Ostsee – oft das einzige Geräusch, von klagenden Möwen und brausendem Wind einmal abgesehen, das man zwischen Herbst- und Weihnachtsferien auf einer Wanderung durch den Dornbusch hört, jener herben, schönen Landschaft im Norden der Insel. Danach wärmen ein oder zwei Gläschen Hiddenseer Sanddornlikör ganz vortrefflich.

Leuchtturm Dornbusch auf Hiddensee

KAPSTADT

SÜDAFRIKAS METROPOLE AM „ENDE DER WELT"

Traumhaft gelegen, kosmopolitisch und regenbogenfarben, so lässt sich Kapstadt in wenigen Worten beschreiben. Holländer, Briten, Farbige aller Schattierungen, südostasiatische Muslime, hugenottische Franzosen, Deutsche und Osteuropäer haben für ein Bevölkerungsgemisch gesorgt, das sich stolz „Rainbow People" nennt. Bunt wie die Fahne des Landes sind die Häuschen im muslimischen Bezirk Bo-Kaap, die auf dem Greenmarket Square verkauften afrikanischen Masken, die Street Art in den Stadtteilen Woodstock und Khayelitsha, die Wildblumen auf dem Tafelberg, die Umkleidebuden am Strand von Muizenberg und die Bikinis der Badenixen an der schicken Camps Bay. Am Abend bietet die Stadt – vom Signal Hill und Lion's Head aus gesehen – ein verschwenderisch funkelndes Spektakel. Warm und trocken ist es jetzt im November, die steifen Winde des „Kapdoktors" fegen den Smog aufs Meer hinaus, in den berühmten Kirstenbosch Botanical Gardens blüht alles üppig, aber der große Ansturm der Touristen kommt erst im Dezember.

DURCH DIE CITY BOWL

In Kapstadts Downtown schmuggeln sich immer wieder ältere Gebäude im kapholländischen, viktorianischen, edwardischen und Art-déco-Stil zwischen die Hochhäuser aus Glas und Stahlbeton. Das 1679 errichtete Castle of Good Hope schützte die Handelswege der niederländischen Ostindien-Kompanie. Im Governor's House illustrieren die Gemälde der William Fehr Collection of Africana das damalige Alltagsleben am Kap. In den schönen Company's Gardens pflanzte man ab 1652 Obst und Gemüse für die skorbutgeplagten Mannschaften der Handelsschiffe an. An der Ostseite des Parks versammelt die South African National Art Gallery die Crème südafrikanischer Malerei – von traditioneller Stammeskunst bis hin zu ultramoderner Avantgarde. Nur einen Katzensprung ist es von hier zum Greenmarket Square mit seinem bunten Markttreiben. Elegantes, stuckverziertes Kapbarock zeigt hier das Old Town House von 1751, in dem die erlesene Michaelis Collection holländischer und flämischer Meister zu bewundern ist.

Nur einige Taximinuten entfernt hat sich das alte schummrige Hafenviertel Kapstadts in die moderne, saubere und sichere Glitzerwelt der Victoria and Albert Waterfront verwandelt. In restaurierten Lagerhäusern und Dockanlagen wurden schicke Läden, Kinos, Restaurants und Bars untergebracht. Hier startet auch die Überfahrt zur berüchtigten Gefängnisinsel Robben Island, deren berühmtester Häftling Nelson Mandela war. Wie viel sich seither geändert hat, demonstriert an der Waterfront das spektakuläre, 2017 eröffnete Zeitz MOCAA, das weltweit größte Museum afrikanischer Gegenwartskunst. Doch man sollte sich auch in die Townships trauen, mit dem richtigen Führer, versteht sich. Mit Coffeebeans Routes lernt man Köche, Craftbierbrauer, Künstler, Musiker und junge Unternehmer kennen.

VOM BERG ZUM KAP

Anfang November ist die spektakuläre Wildblumenblüte der ungemein artenreichen kapländischen Fynbos-Flora noch in vollem Gang. Faule nehmen die Table Mountain Aerial Cableway zum 1088 Meter hohen

UND ÜBRIGENS ...

Vorsicht vor den Bärenpavianen von Cape Point, die unachtsamen Besuchern nicht nur die Brotzeit, sondern auch Brillen und Kameras klauen.

Westgipfel des Tafelbergs, doch viel lohnender ist der vierstündige Aufstieg über den Contour Path. Für Aktivsportler geht es dann per Abseiling wieder hinunter. Die Fahrt um die Kaphalbinsel bietet Highlights vom Feinsten: elegante Weingüter, einen malerischen Botanischen Garten, die wilde Atlantikküste mit ihren mondanen Stränden, Baden am Boulders Beach in Gesellschaft possierlicher Kap-Pinguine und die in den Berg geschlagene Serpentinenstraße Chapman's Peak Drive, Südafrikas aufregendste Zehn Kilometer Fahrt mit 114 Kurven. Schließlich Cape Point selbst, das Kap der Guten Hoffnung, ein steil in den Atlantik abfallender Felsen mit Leuchtturm und Blick auf das 160 Kilometer südöstlich gelegene Cape Agulhas, die eigentliche Südspitze Afrikas. Wann kommt eigentlich der „Fliegende Holländer“ wieder vorbei?

Oben: Farbenfrohe Häuser im Bezirk Bo-Kaap in Kapstadt
Unten: Pinguine im Boulders Beach Nature Reserve

TITICACA-SEE

IM HOCHLAND VON PERU UND BOLIVIEN

Peru und Bolivien teilen sich den „See des grauen Pumas“, der den Zivilisationen des Altiplano als heiliges Zentrum des Universums gilt. Auf einer Höhe von 3812 Metern wölbt sich im November über dem saphirblauen Wasser ein azurfarbener Himmel. Die gastfreundlichen Dörfer der Ketschua und Aymara haben auf den Inseln Taquile und Amantani ihre Bräuche über Jahrhunderte hinweg bewahrt. Auf den „schwimmenden Inseln“ der indigenen Uru werden aus dem Totora-Schilf nicht nur die Hütten und die Boote für den Fischfang geflochten, man nutzt das jodhaltige Rohr auch zu medizinischen Zwecken.

AUF DEN SPUREN ALTER KULTUREN

Den kulturellen Reichtum der Region präsentiert das Museo Carlos Dreyer in Puno mit Kunstschätzen vieler alter Kulturen. Einmalig sind der Steinmonolith der Pukara mit kosmologischen Gravuren sowie die 500 Goldmünzen des Sillustani-Schatzes. Letztere stammen aus der Totenstadt Sillustani, die auf einer Halbinsel des nahen Umayo-Sees liegt und wegen ihrer 1000 Jahre alten steinernen Grabtürme viel besucht wird. Das Leben feierte dagegen der Templo de Inca Uyu in Chucuito mit phallischen Steinskulpturen.

Nicht minder faszinierend ist der kulturelle Synkretismus am Titicaca-See. So mischt zum Beispiel die Barockfassade der Kathedrale von Puna mit Blumen, Früchten und Andengitarre spielenden Meerjungfrauen fröhlich indigene Vorstellungen mit kolonialem Kunstverständnis. Erlesene barocke Schnitzkunst und Gemälde der Cuzco-Schule zeigen die Kolonialkirchen von Juli und Pomata. Mit Tragflügelbooten flitzt man von La Paz hinüber zur bolivianischen Pilgerstadt Copacabana mit der schönsten Kathedrale am gesamten See. Von hier setzt man über zu den heiligen Inseln Isla del Sol (Sonneninsel) und Isla de la Luna (Mondinsel). Der Legende nach erschien auf der Isla del Sol der weiße bärtige Gott Viracocha und erschuf die ersten Inkas, Manco Cápac und seine Schwesterfrau Mama Oclla. Von der mit herrlichen weißen Sandstränden gesegneten Isla del Sol bietet sich besonders in der Morgen- und Abenddämmerung ein traumhafter Blick auf die Schneeberge der Cordillera Real.

„Schwimmende Inseln“ der Uru

NEUSEELANDS NORDINSEL

ABENTEUER IM SÜDPAZIFIK

In Auckland gelten Angestellte schon als Workaholics, wenn sie nach 15 Uhr noch im Büro hocken. Die sportbegeisterten Kiwis wissen ihre Zeit besser zu nutzen. So kommt mancher schon mit dem Surfbrett zur Arbeit, um keine Zeit zu verschwenden, denn die Surfspots an der Westküste liegen nur eine gute halbe Stunde Autofahrt entfernt. Auch die feinen Strände der „Künstlerinsel" Waiheke Island sind in 35 Minuten mit der Fähre zu erreichen.

VON BAUMRIESEN, GEYSIREN UND BUCKELWALEN

Der warme Spätfrühling im November lädt zu einer Erkundung von Neuseelands Nordinsel ein, bevor sich das ganze Land im Dezember in die Sommerferien verabschiedet. Die perfekte Zeit, um in der Bay of Islands zu segeln, im Waipoua Kauri Forest unter 50 Meter hohen Baumriesen zu wandern, auf der von atemberaubenden Küstenlandschaften und Regenwäldern geprägten Coromandel Peninsula am Hot Water Beach die direkt unter dem Strand blubbernden Thermalquellen anzugraben, auf den Wellen von Neuseelands Surfermekka Raglan den „Endless Summer" des Kultmovies von 1963 nachzuspielen oder in Northland mit dem Geländewagen den 99-Mile-Beach bis zum Cape Reinga entlangzubrettern.

Taucher erforschen die regenbogenfarbene Unterwasserwelt des von Jacques-Yves Cousteau zu einem der zehn besten Tauchreviere der Welt erklärten Poor Knights Islands Marine Reserve vor der Ostküste von Northland, ein Labyrinth aus Höhlen, Spalten, Felsbögen und versenkten Marineschiffen. Delfine, Buckel- und Blauwale lassen sich hier öfters blicken. In Waitangi, wo 1840 der gleichnamige Vertrag zwischen dem Britischen Empire und den Maori unterzeichnet wurde, erfährt man viel über die faszinierende Kultur dieses aus Polynesien in das „Land der großen weißen Wolke" eingewanderten Volkes und genießt das traditionell „Hangi" genannte Festmahl der Maori.

Küste in der Region Waikato auf der Coromandel-Halbinsel

Mit Schwefelgeruch kündigt sich dagegen das gut 200 Kilometer südöstlich von Auckland gelegene Rotorua an: ein kleiner Preis, den man für den Anblick mächtiger Geysire und kochender, orange und giftgrün schillernder Seen bezahlt.

NILKREUZFAHRT

UNTERWEGS AUF ÄGYPTENS LEBENSADER

Im klaren Licht des milden Novembers zeigt sich der Nil in Oberägypten von seiner schönsten Seite, verzaubert von zartgelben bis flammend orangefarbenen Morgen- und Abendstimmungen. Assuan ist der südliche Startpunkt der meisten Nilkreuzfahrten. Noch etwas weiter flussaufwärts liegt der berühmte Tempel von Abu Simbel, König Ramses' II. monumentales Tor nach Ägypten. Um ein Haar nur ist er den Fluten des Nasser-Sees entgangen: Block um Block hat man ihn, ebenso wie das kleinere Heiligtum seiner Lieblingsfrau Nefertari, an einen höher gelegenen Standort verbracht. Vier Kolossalfiguren des großen Pharaos verkündeten den immer wieder aus dem Süden einfallenden Nubiern: Seid gewarnt, hier beginnt Ägypten, das Reich von Ramses.
Schon seit der Antike treiben die archaischen Feluken mit geblähtem weißen Segel und tänzelnder Eleganz auf dem Nil. Felder und Palmenhaine ziehen vorüber, Kinder winken vom Ufer aus, und wahrscheinlich kommt immer wieder ein Händlerboot längsseits. Wenigstens für ein paar Stunden sollte man in Assuan vor der eigentlichen Kreuzfahrt in einer Feluke Platz nehmen – zum Beispiel, um zur Insel Elephantine zu schippern, deren nubische Dörfer und Tempel schon das Innere Afrikas ankündigen.

ZWISCHEN ASSUAN UND LUXOR

Eine Teestunde auf der spektakulären Terrasse des legendären Old Cataract Hotel in Assuan gehört zum Pflichtprogramm. Aber auch eine Übernachtung mit fantastischer Aussicht auf den glitzernden Nil, die Hotelgärten und die goldgelb unter tiefblauem Himmel schimmernde Wüste im ohnehin so preiswerten Ägypten ist erschwinglich. Dann legen sie ab, die Kreuzfahrtschiffe, die man – wie das Hotel – schon aus der Agatha-Christie-Verfilmung „Tod auf dem Nil" kennt. In Edfu, auf halbem Weg zwischen Assuan und Luxor, ist der dem Lokalgott Horus geweihte Tempel zu sehen. Er ist der besterhaltene Tempel des ganzen Landes, weil er viele Jahrhunderte lang unter Sand begraben lag. Monumentaler aber ist Luxor. Zwei Jahrtausende hat man an den kolossalen Tempelanlagen gebaut, doch kein Pharao trieb die Gigantomanie weiter als Ramses II. Am Eingang des Tempels von Luxor demonstriert der Gottkönig seine grenzenlose Macht mit Mammutstatuen seiner selbst, Obelisken und zwei riesigen Pylonen. Die darin eingemeißelten Reliefs feiern das Schlachtenglück des Pharaos, der dabei ein wenig Geschichtsklitterung betrieb. Noch gigantischer ist die Halle des Amun-Re-Tempels von Karnak, in die ein von widderköpfigen Sphingen gesäumter Prozessionsweg führt. Die Halle ist ein Wald aus 134 hieroglyphen-geschmückten Säulen in Gestalt von Papyruspflanzen, den Ramses II. und Seti I., sein Vater, geschaffen haben.

Rechts: Auf einer Nilkreuzfahrt zwischen Assuan und Luxor
Unten: Feluke auf dem Nil bei Assuan

IM REICH DER TOTEN

Das Ostufer des Nils gehörte den lebenden Pharaonen, das Westufer den toten. Über drei Terrassen steigt der vor einer dramatischen Felskulisse am Nilufer angelegte Totentempel von Hatschepsut an. Sie war, abgesehen von Kleopatra, der einzige weibliche Pharao Ägyptens. Hervorragend erhaltene Götterreliefs zieren das 100 Meter lange Grab von Seti I. im Tal der Könige. Die ebenfalls mit leuchtenden Reliefs ausgeschmückte letzte Ruhestätte für Ramses VI. überwölbt ein herrlicher Tag- und Nachthimmel, als Göttinnen dargestellt. In all diesen Gräbern tritt der tote Pharao – eins geworden mit dem Sonnengott – seine nächtliche Fahrt auf der Mondbarke durch die Unterwelt an, begleitet von Feinden und Gefahren, die ihm auf dieser Reise drohen. Inschriften aus dem Totenbuch liefern Anleitungen dafür, wie der rechte Kurs zu steuern ist. Nach dieser nächtlichen Reise sorgt der nackte Körper der Himmelsgöttin Nut jeden Morgen für die Wiedergeburt der Sonne.

Das schönste aller Gräber liegt indes im Tal der Königinnen. Wer das Glück hat, in das Grab Nefertaris eingelassen zu werden, der „Vollkommenen Gefährtin“ von Ramses II., darf Malereien bewundern, die so frisch leuchten, als hätte man sie erst gestern angefertigt. Das Alltagsleben im Ägypten der Pharaonen führen jedoch vor allem die ausgemalten Gräber der Würdenträger plastisch vor Augen.

UND ÜBRIGENS …

Die Schätze aus dem Grab von Tutanchamun, der nur von 1332–1323 v. Chr. regierte, darunter seine goldene Totenmaske, sind nicht vor Ort, sondern im Ägyptischen Nationalmuseum in Kairo zu bewundern.

LONDON

KULTUR-METROPOLE DES VEREINIGTEN KÖNIGREICHS

Mit oder ohne Brexit – das Londoner Wetter bleibt, wie es ist, nämlich unbeständig. Und da es im Sommer genauso viel auf Parlament, Westminster Abbey, St. Paul's Cathedral, Buckingham Palace und die Tower Bridge regnen kann wie im November, warum nicht gleich im günstigsten Monat fahren, wenn die Fluggesellschaften Tickets zum Preis einer Fahrkarte für den Nahverkehr anbieten und die Hotels ausnahmsweise mal um Gäste buhlen? Londons Kulturkalender ist im November jedenfalls voller als im Juli. Und vielleicht hat schon wieder ein neues spektakuläres Hochhaus die City verändert.

HIGHLIGHTS FÜR JEDES WETTER

Außerdem ist es ja völlig egal, ob es regnet, wenn man im British Museum die Kunstschätze sonnigerer Gefilde wie Ägypten, Assyrien oder Griechenland bewundert und all das, was Captain Cook aus der Südsee mitbrachte. Auch Botticelli und Rembrandt in der National Gallery, Turners Sonnenuntergänge in der Tate Gallery of British Art und Monets Wasserlilien in der Tate Modern sind wetterfeste Attraktionen an der Themse. Blinzelt die Sonne dann doch mal zwischen zwei Atlantiktiefs hindurch, dann nichts wie raus nach Shoreditch. Das Tor zum Londoner East End ist heute angesagtes Viertel mit Street Art vom Feinsten. Wer schießt das erste Foto eines neuen Banksy?

Wahrscheinlich speziell für Regentage erfunden wurde die britische Tradition, in nobler Umgebung mit köstlichen Sandwiches, Scones, Gebäck und Cakes den Afternoon Tea zu nehmen. Kolonial-pompös wird das Ritual im Palm Court im Hotel The Ritz zelebriert, der Schauspieler Noël Coward nahm seinen High Tee im Thames Foyer des glamourösen Savoy Hotel, die Fashionistas treffen sich am offenen Kamin im Connaught, Filmstars und Models im Claridge's. Unaufgeregt britisch bei vernünftigen Preisen geht es im Speisesaal des Wolseley Hotel zu, der sich seit den 1920er-Jahren kaum verändert hat. Völlig kostenlos ist der Besuch des Reading Room der British Library. Bis man alle 25 Millionen Bücher ausgelesen hat, liegt England wieder in den Tropen.

National Portrait Gallery in London

BUENOS AIRES

TANGOFEELING IN ARGENTINIEN

„Argentinier sind Italiener, die Spanisch sprechen und gerne Engländer wären", spottete der berühmte Schriftsteller Jorge Luis Borges. Wie recht er hatte! Italienischer Lebenslust und Stilsicherheit begegnet man hier überall. Very British gibt man sich im Polo-Club, in den Kaffeehäusern glaubt man sich dagegen eher nach Wien oder Prag versetzt, und die Melancholie in den Vorstädten trägt osteuropäische Züge. Auch Frankreich ist nicht zu vergessen: Die Eleganz der Viertel Retiro und Recoleta zeugt von der Bewunderung für das Fin de Siècle. Eigentlich ist Buenos Aires ein europäisches Gesamtkunstwerk, das es in der Alten Welt so nie wirklich gegeben hat.

TANGOSTUNDEN UND POLOTURNIERE

Im November blühen die Jacaranda-Bäume in betörendem Lila, der Südwinter ist längst einem warmen sonnigen Frühling gewichen, und in den Parks wird wieder in geselliger Runde Mate-Tee getrunken. Dank des derzeit wieder mal enorm schwächelnden Peso ist Buenos Aires auch ein verblüffend günstiges Reiseziel, den langen Flug mit eingerechnet. Und das gilt nicht nur für die saftigen Steaks, bei denen alles unter 500 Gramm als Kinderportion gilt. Auch die Unterrichtsstunden bei Dana Frigoli, einer der besten Tangotänzerinnen des Landes, können sich Normalsterbliche hier durchaus leisten, bevor sie in den exquisiten Jugendstilsalons bei einer Milonga wie „Parakultural" ihre neu erworbenen Tanzkünste testen können – oder erst mal einfach nur zuschauen.

Shopping in Buenos Aires ist das reinste Vergnügen: Schicke Mode lokaler Designer und feinste Lederwaren gibt es selbst in den Nobelboutiquen von Palermo zu Schnäppchenpreisen. Ja, sogar der Aristokratensport Polo ist in Buenos Aires ein Zeitvertreib für das ganz normale Volk, zumindest was das Zuschauen betrifft. Mitte November starten die Argentine Open. Die besten Polospieler der Welt treten auf dem Campo Argentino de Polo in Palermo gegeneinander an, die Eintrittspreise sind geradezu lächerlich niedrig. Selbst mitzuspielen, das wäre dann allerdings auch in Argentinien kein billiges Vergnügen.

Tangotänzer im Hafenviertel La Boca in Buenos Aires

FLORIDA

AN DEN SONNENKÜSTEN DER USA

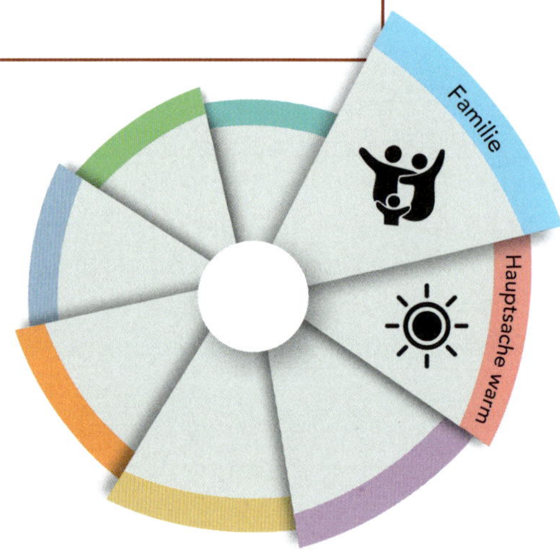

Im November ist die Wirbelsturmzeit vorbei, das Wetter ist herrlich sonnig und trocken, und die US-Ferienzeiten haben noch nicht begonnen. Als ideale Unterkünfte für Familien bieten sich – statt eines klassischen Hotels – Zigtausende Condos, Cottages, Strandhäuser und Villen in allen Preisklassen an. Sehr originell sind auch Hausbootferien auf den Florida Keys, für die man kein Kapitänspatent braucht, denn die komfortablen Unterkünfte mit allem Drum und Dran, die für bis zu zehn Personen ausgelegt sind, sind fest vertäut. Einen Lebensmittelladen gibt es meist gleich um die Ecke. Und Kajaks und Kanus stehen für alle bereit, die den sicheren Hafen verlassen möchten, um die Keys zu erkunden.

FERIENSPASS FÜR DIE GANZE FAMILIE

Für Kinder besonders geeignete Strände gibt es in Florida, nun ja, wie Sand am Meer, aber besonders toll ist Clearwater Beach bei Tampa an der Westküste. An der Ostküste ist der Dr. Von D. Mizell-Eula Johnson State Park bei Hollywood kaum zu schlagen, in dessen Nähe Fort Lauderdales Museum of Discovery & Science wissbegierige Sprösslinge mit einer Abenteuerreise durch die Everglades, einem lebenden Korallenriff sowie Mars- und Mondreisen per Cockpit-Simulator lockt. Jupiter Beach im Palm Beach County liegt nur eine kurze Autofahrt vom Florida Oceanographic Coastal Center entfernt, das besonders viel tut, um Kinder auf interaktive Weise den Schutz der Küstenökosysteme nahezubringen. Die Kids können Stachelrochen streicheln, fasziniert der Haifischfütterung zusehen, auf nächtlichen „Turtle Walks" Seeschildkröten kennenlernen und auf Ausflügen in die Mangrovensümpfe die „Manatis" genannten Seekühe beobachten. Der Strand von Naples wartet mit dem fantastischen Wasserpark Sun-N-Fun Lagoon auf, und Cocoa Beach bei Orlando liegt besonders günstig in der Nähe von Kennedy Space Center, Sea World und natürlich Floridas berühmten Themenparks.

BEI MINNIE MOUSE & CO.

Die geschickte Wahl der Besuchstage verhindert überflüssiges Schlangestehen. Amerikanische Touristen buchen meist eine Woche Orlando und besuchen dann am Wochenanfang Magic Kingdom und Animal Kingdom, Disney's Hollywood und Epcot dagegen eher Ende der Woche. Machen Sie es genau umgekehrt! Die Universal Studios sind praktischerweise in der Wochenmitte am ruhigsten. Schneller in die Disney World kommt, wer Tickets schon zu Hause bucht. Der Besuch der Topattraktionen empfiehlt sich in der Zeit vor 10 Uhr oder kurz vor Schließung. Nur Hotelgäste der Maus kommen übrigens in den Genuss der Extra Magic Hours: Das bedeutet Früh- und Späteinlass an bestimmten Tagen, Vorzugsreservierung in den oft wochenlang ausgebuchten Disney-Restaurants und garantierten Parkeintritt. „Universal Express Unlimited" heißt die Zauberformel der Universal Studios, mit der man die ungeduldige Familie an den Schlangen vorbeischleust – im Gegensatz zu den Disney-Themenparks ohne Zeitfenster. Universal-Hotelgäste bekommen den Pass sogar umsonst und dazu Zutritt zur Zauberwelt von Harry Potter mit ihrem heiß begehrten Simulationsflug eine Stunde vor der regulären Öffnung. Nach der glitzernden Fantasiewelt der Themenparks ist der Besuch des Orlando Science Center eine geradezu „ernste" Angelegenheit. Auf spielerische

UND ÜBRIGENS ...

Die besten Panoramaaussichten in Palm Beach bieten die Restaurants Deco Blue im Marriott South Beach, Cantina Beach im Ritz Carlton Key Biscayne und Alba im Solé on the Ocean.

Weise lernen junge Forscher hier alle Bereiche der Naturwissenschaften kennen und können im Observatorium sogar Ausschau nach Sonnenflecken halten.
Für Familien mit tierbegeisterten Kids ist Florida das Paradies schlechthin. Im Gumbo Limbo Nature Center von Boca Raton gibt es Leder- und Karettschildkröten zu sehen. In Key West organisiert Dancing Dolphin Spirit Charters unter der Leitung der Meeresforscherin Victoria Impallomeni speziell auf die Bedürfnisse von Kindern abgestimmte Bootsausflüge zu wilden Delfinen, die oft dem Boot folgen und fröhlich mit den jungen Schnorchlern um die Wette schwimmen.

Oben: Walt Disney World in Orlando
Unten: Pier am Strand von Naples

MAURITIUS

TRAUMINSEL IM INDISCHEN OZEAN

November auf Mauritius – das heißt tiefster „Winter". Also traumhaft warme, sonnige Tage mit einer sanften Meeresbrise, erfrischend kühle Nächte, die eine Klimaanlage überflüssig machen, und dazu angenehme Wassertemperaturen um die 25 Grad zum Baden, Schnorcheln und Tauchen. Außerdem knallrote Flamboyants, lila Jacarandas und rosa Bougainvilleen statt tristem Spätherbstgrau zu Hause, schneeweiß gepuderte Strände mit Lagunen, deren kristallklares Wasser azurblau schimmert, fantasievolle Poollandschaften für unbeschwertes Entspannen sowie Delfine, Wale und archaische Riesenschildkröten aus nächster Nähe!

AKTIVITÄTEN FÜR GROSS UND KLEIN

Fast jedes größere Hotel bietet täglich ein abwechslungsreiches Programm in kostenlosen Mini- oder Teensclubs. Das kinderliebe Personal kümmert sich mit einem stets strahlenden Lächeln um die kleinen Urlaubsgäste. An allen Hotelstränden oder im Swimmingpool können Kinder gefahrlos spielen und baden. Windsurfen, Kitesurfen und Wellenreiten im Schatten des Morne Brabant und an der Ostküste bei Belle Mare und Pointe d'Esny lassen jeden Tag wie im Flug vergehen. Speziell für Kinder zwischen acht und zwölf Jahren ist der Tauchkurs PADI Bubblemaker konzipiert. Aber selbst kleine Nichtschwimmer können bei einem Unterwasserspaziergang mit Taucherhelm aus nächster Nähe leuchtend bunte Fische und andere Meeresbewohner beobachten. Im Unterwasser-Panoramaboot „Le Nessee" bestaunt man die Meereswelt auf bequemen Sitzen. Pferdeliebhaber können an vielen Stränden und im Hinterland reiten. In der La Vanille Reserve des Mascareignes bei St. Aubin sind Hunderte Reptilien, Affen und viele andere Kreaturen der Tropen zu bestaunen. Im Park Casela World of Adventures bei Flic en Flac leben über 1500 Vogelarten sowie Wildkatzen, Zebras und Schildkröten. Hier kann man noch eine Vielzahl an Aktivitäten wie Angeln, Segway- oder Quad-Touren mit Kindern dazubuchen. Auf der Domaine Les Pailles kann man reiten und Kutsche fahren. Sogar einkleiden kann man die ganze Familie neu, denn da auf Mauritius hochwertige Mode für führende Designerlabels aus aller Welt produziert wird, macht man hier tolle Schnäppchen von bester Qualität.

Infinity Pool in einem Luxushotel auf Mauritius

LA GOMERA

KANAREN FÜR INDIVIDUALISTEN

Oben: Die Ortschaft Agulo im Norden von La Gomera
Rechts: Tropisches Flair im Bergdorf Taguluche an der Westküste

Die „Aussteigerinsel" der Kanaren ist besonders familienfreundlich, und die milden Wintermonate sind für Urlaub ideal. Viele Deutsche überwintern sogar in der Elternzeit mit Kind in sehr bezahlbaren Ferienwohnungen. Hektik kennt man hier nicht, ebenso wenig seelenlose Bettenburgen, und es gibt auch keine Sprachprobleme. Das sonnig-warme Valle Gran Rey ist eine Hochburg für urlaubende alleinerziehende Mütter, deren Sprösslinge im deutschsprachigen Kangorooh-Kindertreff der Erzieherin Claudia Huckenbeck bestens betreut werden, während sich Mama mal so richtig entspannt. Ein echtes Paradies für Kinder und Eltern ist die ökologisch ausgerichtete Finca El Cabrito im sonnenverwöhnten Südosten der Insel. Hier gibt es Stein- und Baumhöhlen, Spielplätze, ein Kinderhaus und ein Kinderplanschbecken, Hunde und Katzen, Ziegen und einen Esel. Die Kinder können auf der ganzen Finca herumtoben, vormittags wird eine Betreuung organisiert.

Eine echte Stranddestination ist La Gomera eigentlich nicht, doch baden kleine Kinder gefahrlos am „Baby Beach" der seichten Lagune Charco del Conde in La Puntilla. Hier schützt eine natürliche Felsenbarriere die Bucht vor den mitunter gefährlichen Brandungswellen des Atlantiks. Bei Ebbe heizt sich das Wasser auf den schwarzen Lavafelsplatten auf, und das Becken verwandelt sich in ein Aquarium mit Fischen, Krebsen und Seesternen. Auch die geschützte Hafenbucht von Vueltas ist mit ihrem flachen Sand- und Kiesstrand ideal für kleine Kinder. Ab San Sebastián, Playa de Santiago und Vueltas starten Boote zur Wal- und Delfinbeobachtung. Nein, langweilig wird es auf der kleinen toleranten Insel nie.

RAJASTHAN

KULTURREISE DURCH INDIENS NORDWESTEN

„Allah ist das Licht des Himmels und der Erde“, heißt es in der 24. Koransure. Mit kostbarstem weißen Marmor und darin eingesetzten Halbedelsteinen sorgten die Baumeister des Taj Mahal für ständig changierende Lichtspiele: am frühen Morgen zartrosa, tagsüber milchig weiß oder elfenbeinfarben und abends flammend orange. In den Nächten rund um den Vollmond bezaubert das weltweit berühmte Grabmal mit magischen Indigotönen. Wohl tausend Mal hat man das Denkmal einer unsterblichen Liebe schon auf Bildern gesehen, doch der Anblick vom „Mondlichtgarten“ Mehtab Bagh aus nimmt jeden Besucher gefangen, sogar dann, wenn Agras Smog das Taj Mahal nahezu einhüllt. Sein Erbauer Schah Jahan konnte das melancholisch über dem Flussufer aufsteigende Grabmal für seine geliebte Ehefrau Mumtaz Mahal, die 1629 bei der Geburt ihres 14. Kindes gestorben war, als Gefangener im Roten Fort von Agra nur aus der Ferne bewundern. Eine „Träne auf der Wange der Ewigkeit“ nannte der bengalische Dichter Rabindranath Tagore das vielleicht schönste Bauwerk der Welt. Wer sich selbst einmal für eine Stunde als Maharadscha fühlen möchte, nimmt den High Tea in einem der Palasthotels.

Welch ein Auftakt für eine Reise durch Rajasthan im angenehm milden November! Anfang des Monats erhellen unzählige Feuerwerke anlässlich des Lichterfests Divali den Abendhimmel. Zur gleichen Zeit findet der berühmte jährliche Kamelmarkt in Pushkar statt. Er ist auch Anlass einer großen Wallfahrt, bei der Hunderte von Hindu-Pilgern in den heiligen See waten.

Morgenstimmung am Taj Mahal

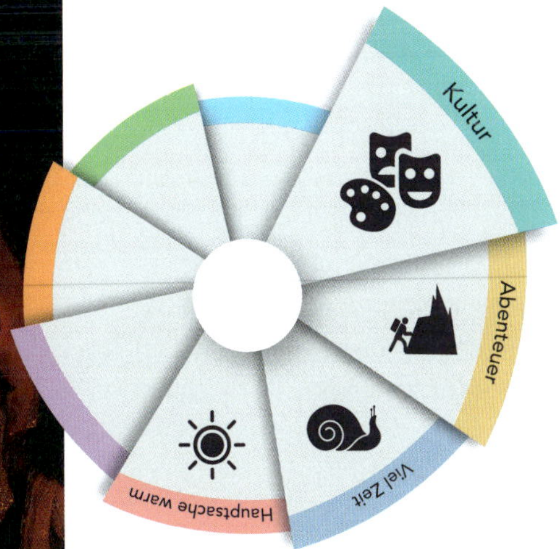

Lichterfest Divali in Jodhpur

UND ÜBRIGENS ...

Mit dem täglich um 6 Uhr früh abfahrenden Bhopal Habibganj Shatabdi Express flitzt man in nur zwei Stunden per Zug von Delhi nach Agra.

STÄDTE DER MAHARADSCHAS

Für jede Stadt scheinen sich die Mogulherrscher eine eigene Farbe ausgedacht zu haben. Ziegelrosa leuchten die „Haveli" genannten, erlesen verzierten Adelsresidenzen von Jaipur, auch der berühmte „Palast der Winde", das Wahrzeichen der Stadt. Hinter den luftigen Erkern und Gitterfenstern verborgen konnten die zahlreichen Hofdamen, die nicht gesehen werden durften, an Feiertagen die Prozessionen auf der Hauptstraße beobachten.
In blendendem Weiß leuchten dagegen die Prachtbauten der Maharadschas von Udaipur, dessen Seenlandschaft vor der Kulisse des bizarren Aravalli-Gebirges der Stadt das Prädikat „Venedig des Ostens" eingetragen hat. In dem James-Bond-Film „Octopussy" diente die Stadt als Filmkulisse. Wie ein orientalischer Hochzeitskuchen aus Granit und Marmor spiegelt sich die Silhouette des größten Palastbaus von Rajasthan im Pichola-See. Beim Bummel durch die Altstadt fallen die sogenannten Hochzeitsmalereien ins Auge, Glück bringende Motive wie Swastika-Zeichen, Elefanten und Pferde, die die Familie und frisch getraute Paare vor Unheil schützen sollen.
In Jodhpurs vom gewaltigen Mehrangarh Fort überragten Altstadt dominieren dagegen Blau und Violett, ein reizvoller Kontrast zu den leuchtend roten Saris der Frauen. Goldgelb zeichnet sich am Morgen wiederum die markante Festung von Jaisalmer, der entlegensten Stadt in Rajasthan, unter einem tiefblauen Wüstenhimmel ab. Die Havelis von Jaisalmer sind besonders reich verziert, im Jain-Tempel Parshvanatha aus dem 14. Jahrhundert überwältigen die über 6000 Skulpturen von Göttern und Tänzerinnen den Besucher.

ZAUBER DER WÜSTE

Jaisalmer ist Ausgangspunkt für eine Kamelsafari mit den „Raika" genannten Führern. Sie sind die besten Begleiter auf der Reise durch die Sandwüste Thar. Das „Land des Todes" ist aber keineswegs menschenleer. Die Lehmziegelhäuser der Dörfer sind reich mit geometrischen Mustern geschmückt, und farbenfroh gewandete Kinder begrüßen jubelnd jeden Reisenden. Abends erzählt man sich am Lagerfeuer unter Milliarden funkelnder Sterne der Milchstraße die alten Geschichten von Sindbad, dem Seefahrer.

OAXACA & CHIAPAS

INDIGENE KULTUR IM SÜDEN MEXIKOS

Links: Tempel der Inschriften in Palenque
Unten: Allerheiligenfeier in Oaxaca

Mexikos Süden gehört zu den kulturell faszinierendsten Landstrichen des amerikanischen Kontinents. In und rund um die Stadt Oaxaca mischen sich spanisch-koloniales Ambiente mit dem Reiz indigener Folklore. An Allerseelen wird hier mit verblüffender Fröhlichkeit und Naschwerk in Form von Skeletten der Toten gedacht. Schon die Fassaden der barocken Kolonialkirchen sind kunstvoll verziert, doch erst innen offenbart sich eine verschwenderische Pracht mit Kassettendecken im Mudéjar-Stil, Arabesken, Engeln, Heiligenfiguren, Madonnenstatuen und naiven Malereien. Auf den Märkten werden schöne „Artesanias" verkauft: Webwaren, Stickereiartikel, Keramik, Hängematten und Körbe. Die Museen zeigen erlesenes indigenes Kunsthandwerk. Besonders kostbar ist der Gold- und Türkisschmuck aus dem zapotekischen Kultzentrum Monte Albán. Die eindrucksvolle Tempelstadt ist das beliebteste Ausflugsziel von Oaxaca aus, doch im weiteren Umkreis der Stadt sind auch eine Reihe von Dörfern mit verblüffend kostbaren Klöstern und Kirchen zu sehen: Zeugnisse der faszinierenden kulturellen Verschmelzung, die teilweise noch auf die Renaissancezeit zurückgehen.

IM REICH DER MAYA

Noch stärker indigen geprägt und mit ebenso prachtvollen Kolonialkirchen gesegnet ist San Cristobal de las Casas im kühlen Hochland von Chiapas. Die Indígenas der umliegenden Dörfer tragen noch ihre reich bestickte farbenfrohe Kleidung und mischen in ihrem Glauben alte Maya-Bräuche mit katholischer Heiligenverehrung. Eine Serpentinenstraße führt hinunter in den feuchtheißen Urwald von Chiapas. Hier liegt Palenque, die vielleicht schönste Ruinenstadt der Maya. Sie erlebte ihre Blütezeit im 7. Jahrhundert. Ihre 21 Meter hohe Pyramide mit dem „Tempel der Inschriften" übt bis heute eine magische Anziehungskraft aus. Noch tiefer im Regenwald sind die farbenfrohen Maya-Fresken von Bonampak und die erlesen gemeißelten Stelen und Türstürze der Tempel von Yaxchilán zu sehen, die mit unerhörter Meisterschaft die Rituale der Maya abbilden.

TOULOUSE

KULTUR UND TECHNIK IN SÜDFRANKREICH

In der technikbegeisterten „Ville Rose" ist es Anfang November noch herrlich mild: eine ideale Zeit, um Kunst, Kultur und das Savoir-vivre des Midi zu genießen. Erstes Highlight eines Stadtspaziergangs durch zehn Jahrhunderte ist die romanische Pilgerbasilika St. Sernin. Die Kapitelle der Porte des Comtes zeigen die ältesten in Stein gemeißelten Darstellungen von Höllenstrafen. Auf dem Tympanon der Porte Miègeville ist die Himmelfahrt Christi zu sehen, der in der Pose des Weltenrichters wieder auf dem romanischen Altar erscheint. Im Musée des Augustins erzählen kunstvolle Kapitelle von „den klugen und den törichten Jungfrauen" sowie die Geschichte von Salomé und Johannes dem Täufer: Apotheosen der romanischen Steinmetzkunst schlechthin.

REISE DURCH DIE ZEITGESCHICHTE

Toulouse kann aber auch Gotik: Das äußerlich abweisend wirkende Ziegelschiff des Couvent des Jacobins überrascht mit einer riesigen Halle, deren gotische Kreuzrippengewölbe auf Palmensäulen ruhen, ein Symbol für die Ausbreitung des Glaubens. Buntes, aus riesigen schmalen Fenstern einfallendes Licht taucht den steinernen „Palmengarten" in eine mystische Atmosphäre.

Die verschwenderischen Renaissancepaläste der Stadt stammen aus der Zeit, als die Händler hier mit dem in Frankreich „Pastel" genannten Färberwaid schwerreich werden konnten. Ein besonders erlesenes Beispiel ist das Hotel d'Assézat mit faszinierender Säulenfassade. Im Palais sind Gemälde von Canaletto, Bonnard und Werke der Nabis und Fauves zu sehen.

Mit dem Capitole ist um 1750 Frankreichs vielleicht schönstes Rathaus entstanden. Im Musée des Abattoirs springt man dann ins 20. Jahrhundert. Hier ist bedeutende Kunst von Kubismus über Expressionismus bis zur Arte Povera untergebracht. Im Weltraummuseum Cité de l'Espace steht eine 53 Meter hohe, maßstabsgetreue Kopie der Trägerrakete Ariane 5. Auf Schritttempo entschleunigt man dagegen mit dem Hausboot auf dem idyllischen Canal du Midi. Von Toulouse kann man durch das Languedoc bis zum Mittelmeer schippern.

Kreuzgang des Jakobinerklosters in Toulouse

Zum Weihnachtsmarkt nach Erfurt oder zum Lichterfest nach Lyon? Oder doch lieber goldene Tempel in Bangkok, Strandfreuden in Thailand (Foto), Natur pur auf den Azoren, Trekking durch die südchilenische Wildnis oder Surfen in Marokko? Der Dezember lässt keine Reisewünsche offen.

KAPVERDISCHE INSELN

SONNENINSELN IM ATLANTIK

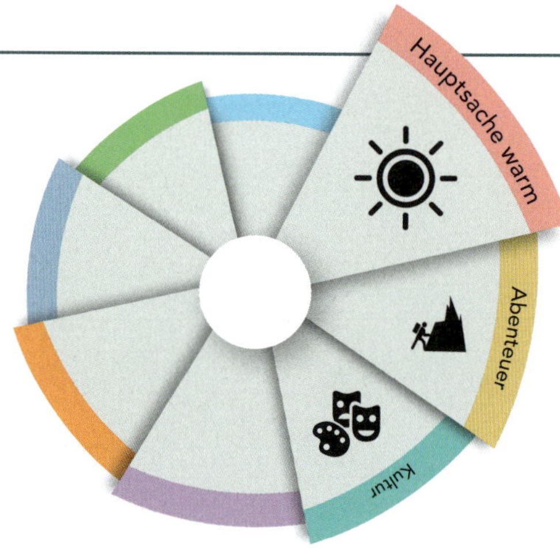

Traditionelles Fischerboot in Santa Maria auf der Insel Sal

Die Inseln im Zentralatlantik hat das enge Zusammenspiel von Vulkanen, Sahara und Atlantik geprägt. Im Dezember weht der Nordostpassat, das Wetter ist besonders angenehm. Auch für Surfer herrschen jetzt perfekte Verhältnisse. Besonders karg gibt sich die Insel Sal. An den ewig langen Stränden schützen sich die komfortablen Hotels mit hohen Hecken vor dem Wind, der die Surfer so entzückt. In Santa Maria ganz im Süden der Insel locken goldgelbe Sandstrände am türkisblauen Meer. Viele Urlauber fliegen aber weiter zu den anderen Inseln. Auch dort dominieren eher karge, aber auch dramatische Landschaften das Bild: Granitberge, Vulkane, Wanderdünen, Trockentäler, Wadis, Lavafelder und sogar grüne Oasen. Auf Sal bleibt, wer surfen, segeln und baden will. Nur auf der Wüsteninsel Boa Vista weiter südlich sind die Bedingungen dafür noch besser: menschenleere, kilometerlange feine Sandstrände und dazu eine Dünenlandschaft, die an die Sahara erinnert.

DIE NÖRDLICHEN INSELN

Boa Vista und das karge São Vicente sind die musikalischen Hochburgen der Kapverden. Auf São Vicente wurde Césaria Evora, die „Königin der Barfüßigen", geboren. In den Hafenkaschemmen des kolonial-portugiesisch geprägten Mindelo sang sie ihre traurigen Mornas, melancholische Lieder von Sehnsucht und Verlangen, der „sodade", die man engumschlungen tanzt, als wollte man den Partner auf ewig festhalten. Mit etwas Glück erlebt man heute einen Auftritt von Jenifer Solidade Almeida oder Cremilda Medina, Césarias talentierten Nachfolgerinnen. Aber auch fröhliche Töne und Rhythmen wie die humorvolle Coladeira und der rasante, aufputschende Funaná beherrschen die heißen Näch-

Surfer auf den Kapverdischen Inseln

UND ÜBRIGENS ...

Die wichtigsten Surfreviere liegen in der Bucht von Santa Maria im Süden und an der Punta Preta im Südwesten der Insel Sal sowie vor der Insel Boa Vista (Praia Carlota und Praia de Cabral). Etwas ganz Besonderes ist das Hochgeschwindigkeitsrevier São Pedro auf São Vicente.

te von São Vicente. Also raus aus den klimatisierten Hotelbars! In den warmen sternenklaren Nächten leben die Menschen auf. Überall auf den Inseln, nicht nur auf São Vicente, wird der ausländische Besucher herzlich in die Runde aufgenommen. Oft findet sich ein Kapverdier, der gerade auf Heimaturlaub ist und Englisch spricht. Viel fruchtbarer als São Vicente ist die für Wanderer ideale Nachbarinsel Santo Antão, denn in ihrer wilden Bergwelt gibt es Wasser für die Terrassenfelder, auf denen Obst und Gemüse, ja sogar Kaffee und Wein gedeihen. Der Norden präsentiert sich tropisch bis subtropisch grün, Süden und Westen sind wesentlich trockener. São Nicolau, die andere Nachbarinsel, ist dagegen – wie São Vicente – von einer grauen Mondlandschaft mit bizarren Felsformationen und urzeitlichen Drachenbäumen bedeckt.

ZWISCHEN AFRIKA UND PORTUGAL

Auf Santiago herrscht – im Gegensatz zu den übrigen eher kreolisch geprägten Inseln – afrikanische Atmosphäre. Während die Cidade Velha ein vor sich hindösendes Weltkulturerbe mit restaurierten schlichten Kolonialhäusern ist, erinnert die heiße Hafenstadt Praia an Städte in Guinea, Senegal oder Sierra Leone. Die Bucht von Tarrafal am Nordzipfel Santiagos ist mit der Gebirgskulisse des 645 Meter hohen Monte Graciosa vielleicht die schönste der Kapverden. Hier schläft man in netten Ferienbungalows. Das Meer ist ruhig, bunte Fischerboote liegen am Strand, und der kühlende Passatwind sorgt für angenehme Temperaturen. Sogar Palmen spenden Schatten, eine Seltenheit an kapverdischen Stränden. So könnten sie ausgesehen haben, die Kapverden vor 50 Jahren.

Die muschelförmige, vom 2828 Meter hohen Vulkankegel Pico do Fogo beherrschte „Feuerinsel" Fogo besitzt eine malerische Hauptstadt mit Häusern im portugiesischen Kolonialstil. An den Lavahängen wächst guter Wein und noch besserer Kaffee. Nach Fogo kommen Wanderer, die auf Weinbauernhöfen übernachten, am Leben der Einheimischen teilnehmen und die Vielzahl endemischer Pflanzen studieren möchten, von der Kapverdischen Glockenblume bis zur Gänsedistel. Für Genusswanderer geeignet ist auch das wesentlich kleinere Brava. Die für kapverdische Verhältnisse wirklich grüne feuchttropische Insel ist nur mit dem Fährschiff zu erreichen, und in den oft wolkenverhangenen Bergen ist es meist angenehm kühl. Besonders üppig blühen hier Hibiskus, Oleander und Bougainvilleen.

GRENADINEN

KARIBIK FÜR INDIVIDUALISTEN

Malerische Bucht auf der Insel St. Vincent

Majestätisch gleitet ein eleganter Viermaster mit geblähten Segeln durch eine tropische Bacardi-Welt mit tiefblauem Himmel, türkisfarbener See, smaragdgrünen Inseln und schneeweißen Korallenstränden: Karibik pur eben. Die 34 Inseln der Grenadinen haben nie einen Krieg erlebt und seit 150 Jahren auch keinen Hurrikan mehr. Ihre schönsten Strände und verschwiegensten Buchten erreicht man vorzugsweise mit dem Boot, am besten mit dem eigenen. Robinsons kommen ein paar Jährchen zu spät. Doch auf angenehmste Art Schiffbruch zu erleiden, das geht auf den Grenadinen immer noch. Auf der kleinen privaten Hotelinsel Petit St. Vincent hissen Gäste eine rote Flagge vor ihrem Bungalow, wenn sie ungestört bleiben wollen, eine gelbe, um den nächsten Mango-Daiquiri zu bestellen. Auf Mustique haben sich Prominente aus aller Welt schicke Domizile gebaut. Und weil Stars wie Raquel Welch, Tommy Hilfiger und Mick Jagger nur sporadisch auf Mustique weilen, kann man deren Luxusvillen mieten, inklusive Hauspersonal, Köchin und Auto. Normalsterbliche steigen in einem der sieben Zimmer des Firefly Hotel ab, um die Reichen und Schönen früher oder später in Basil's Bar zu treffen. Paparazzi haben aber keine Chance: Der Inselpolizist am Flughafen kassiert Teleobjektive gnadenlos ein!

GRENADINEN MIT SCHMALEM BUDGET

Es geht allerdings auch wesentlich preiswerter. Zweimal die Woche klappert das staatliche „Mailboat" MV Barracuda die größeren Inseln der Grenadinen ab. Als „Segeltramper" kann man die Inselwelt sogar kostenlos erobern: Viele Skipper nehmen Passagiere, die im Hafen freundlich anfragen und ein wenig mit Hand anlegen, gerne mit. Das nächste Eiland ist immer in Sichtweite. Auf Bequia, Mayreau und Union Island gibt es bezahlbare Unterkünfte und Einheimischenlokale. Doch Vorsicht: In den Rumshops wird man gern zu einem Glas Feuerwasser eingeladen, das aus Plastikkanistern fließt. Besonders ruppig geht es in den Bars des von Dorngestrüpp überzogenen Union Island zu. Hier blüht der Schmuggel mit dem benachbarten, zu Grenada gehörenden Carriacou, die Fischer rauchen Ganja aus den Bergen, sind aber sehr freundlich, solange man sie nach einem verschwiegenen Traumstrand und nicht nach ihren Nebeneinkünften fragt.

Port Elizabeth auf der Grenadineninsel Bequia

Bequia ist die Ausflugsinsel par excellence, denn die Fähre Bequia Express flitzt in nur einer Stunde von St. Vincent hinüber. Hier gibt es jede Menge verschwiegene Strandbuchten mit einer zusammengezimmerten Bar, deren Stammgäste hereingeschneite Neulinge oft mit Daiquiris bestechen, damit sie die Entdeckung nicht weitererzählen. Verraten darf man jedoch, dass der Hope Beach einen perfekten Halbmond bildet. In der geschützten Admirality Bay versammeln sich die Atlantiküberquerer und machen bei Regatten oft lange Gesichter. Denn die Einheimischen sind erstklassige Bootsbauer, und ihre auf althergebrachte Weise gezimmerten und kalfaterten Zedernholzboote hängen die topmodernen Aluminiumyachten aus aller Welt oft locker ab. Zum Trost ordern viele Segler in den Werkstätten von Port Elizabeth ein maßstabsgetreues Modell ihres Schiffes.

PROVIDENCIALES

TURKS- UND CAICOSINSELN

Grace Bay auf Providenciales

Die Insel Providenciales südöstlich der Bahamas, meist nur kurz „Provo" genannt, ist ein tropisches Paradies par excellence. Sie ist das Urlaubszentrum des britischen Überseegebiets Turks & Caicos und von Deutschland aus über Miami problemlos zu erreichen. Providenciales bietet wirklich einige der spektakulärsten Strände der Welt: puderzuckerfeiner, weicher, champagnerfarbener, stellenweise hellrosa schimmernder Sand und ein kristallklares, in Türkis und Azurblau leuchtendes, sanft an den Strand spülendes Meer, das auch im Dezember noch angenehm warm ist. Die Hurrikanzeit ist vorbei, und Anfang des Monats ist es auch am herrlichen Grace Bay Beach noch schön ruhig. Das gilt erst recht für die geschützten und abgelegenen Strände wie Taylor Bay und Sapodilla Bay. Für Schnorchler ist Providenciales das reinste Paradies. Urlauber haben die Wahl zwischen All-Inclusive-Resorts und Luxushotels mit Spas und Gourmet-Restaurants. Es gibt aber auch ruhige Ferienvillen direkt am Strand.

LYON

LICHTERFEST IN DER AUVERGNE

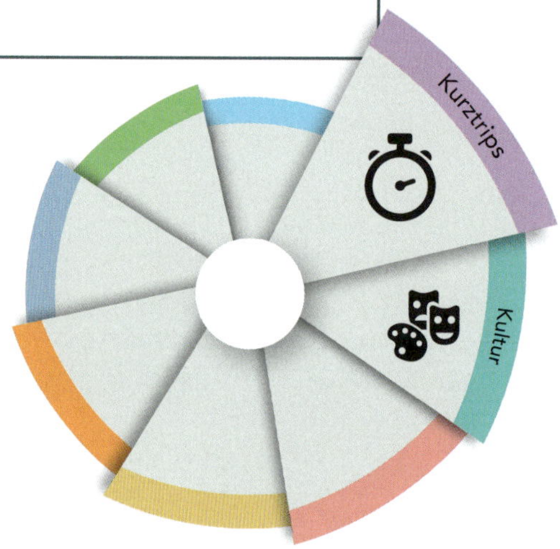

Jedes Jahr taucht an vier Tagen rund um den 8. Dezember, dem Tag von Mariä Empfängnis, die „Fête des Lumières" Frankreichs Metropole an der Rhone in ein märchenhaftes Lichtspektakel. Am besten wählt man den Donnerstag- oder Sonntagabend für einen Streifzug durch die Stadt, dann ist der Andrang auswärtiger Besucher weniger groß. Von Künstlern aus aller Welt komponierte, fantasiereiche Lichtinstallationen tanzen auf den historischen Monumenten, malen Bilder auf die Renaissancefassaden und erzählen Geschichten auf den Brücken. Das Wasser von Rhone und Saône glitzert in magischen Lichtreflexen. Besonders eindrucksvoll mit 3D-Animationen illuminiert werden die viertürmige gotische Kathedrale St.-Jean und die beiden gallo-römischen Theater am Fourvière-Hügel. Die Themen der Lichtanimationen wechseln täglich. Auf der Place des Terreaux führt der Brunnen Bartholdi ein Wasserballett mit musikalischer Untermalung auf. Zum Aufwärmen gibt es an jeder Ecke in der Lyoner Innenstadt einen Stand mit Glühwein, Crêpes oder gerösteten Kastanien. Konzerte und Straßentheater unterhalten das Publikum, alles ist kostenlos, und es herrscht eine wunderbare Volksfeststimmung.

Lyons illuminierte Kathedrale während des Lichterfests

DAS „ALTE" LYON

Tagsüber empfiehlt sich ein Bummel durch die kopfsteingepflasterten Gassen der Altstadt Vieux Lyon mit ihren schönen Renaissancehäusern. Viele besitzen reich dekorierte Fassaden. Schilder an den Portalen erzählen ihre Geschichte. Eine Besonderheit von Lyon sind die vielen „traboules" genannten überdachten Passagen mit wunderschönen Innenhöfen, Bogengalerien, Wendeltreppen und alten Brunnen. Einst nutzten die Seidenweber die Passagen, um ihre kostbare Ware vor Wind und Regen geschützt durch das Viertel zu transportieren. Schlechtes Wetter überbrückt man im Musée des Beaux-Arts, dessen erlesene Kunstsammlung Werke von Dürer, Rubens, Monet, Degas und Picasso zeigt, und im der Seidenweberei gewidmeten Musée des Tissus. Auch ein Besuch der typischen Lyoner „bouchons" lohnt sich, die herzhafte traditionelle Küche wie Innereien servieren – natürlich mit viel Beaujolais und Geselligkeit.

ERFURT

ADVENTSZEIT IN THÜRINGEN

Das festlich illuminierte mittelalterliche Panorama von Luthers vieltürmigem „Erfordia turrita“ ist kaum zu schlagen: Mit der gotischen Doppelkirchenanlage von Mariendom und Severikirche, zu der eine majestätische Freitreppe hinaufführt, genießt der Weihnachtsmarkt auf dem Domplatz eine spektakuläre Kulisse. Highlights sind die 25 Meter hohe Tanne und die acht Meter hohe Weihnachtspyramide. Sie zeigt auf fünf Etagen Personen der Erfurter Geschichte sowie weihnachtliche Szenen. Kinder lieben auch die Weihnachtskrippe mit 14 nahezu lebensgroßen, handgeschnitzten Figuren und den Märchenwald. Natürlich dürfen die kulinarischen Spezialitäten der Region nicht fehlen: Thüringer Bratwurst und Erfurter Schittchen. Letzteres wurde 1329 erstmals erwähnt und zählt damit zu den ältesten Christstollen in Deutschland. Nicht weit davon überspannt Erfurts „Ponte Vecchio“, die 1325 errichtete steinerne und beidseits mit Häusern bebaute Krämerbrücke und ein Wahrzeichen der Stadt, die Gera.

Weihnachtsmarkt in Erfurt mit Mariendom und Severikirche

LÜTTICH

WEIHNACHTSZAUBER IN BELGIEN

Weihnachtsdorf an der Place Saint Lambert in Lüttich

Nur einer Stunde Bahnfahrt von Köln entfernt empfängt die alte wallonische Stadt ihre Besucher mit der spektakulären Architektur des topmodernen Bahnhofs Liège-Guillemins, den Stararchitekt Santiago Calatrava entworfen hat. Auf dem Weihnachtsmarkt fühlt man sich dagegen in ein wallonisches Dorf mit Gässchen, Plätzen, einem Rathaus, einer Kirche, einem Postamt und einer Rodelbahn versetzt. Jedes Jahr wird im Dezember vor der Kulisse des Palastes der Fürstbischöfe an der Place St. Lambert und an der Place du Marché Belgiens größtes Weihnachtsdorf aufgebaut. Den schönsten Blick genießt man vom Riesenrad mitten auf dem Markt. Die 200 Holzchalets des Village de Noël verkaufen nicht nur belgische und französische Weihnachtsartikel, sondern servieren auch Champagner, Wein, belgische Abteibiere, Lütticher Genever, Entenpastete, Weinbergschnecken, Austern, Quiches, Pilzgerichte, Schinkenkeulenbraten, belgische Edelschokolade, Waffelspezialitäten und natürlich die legendären belgischen Fritten.

TORRES DEL PAINE

TREKKING IM SÜDEN VON CHILE

Mächtige Gletscher, glasklare, türkis und mintgrün schimmernde Seen, reißende Bergflüsse, subantarktische Tundra, Hochgebirge mit bizarren, bläulich leuchtenden Felslandschaften, üppige Südbuchenwälder und großer Artenreichtum: Im Nationalpark Torres del Paine findet man wirklich alles, was die raue Schönheit Südpatagoniens ausmacht. In den Schutzhütten geht es ruhig zu, weil in Chile und Argentinien die großen Ferien noch nicht begonnen haben. Und Anfang Dezember ist das Wetter schon „sommerlich". Allerdings ist das Mikroklima im Park völlig unberechenbar und hängt von der Nähe zu einem Gletscher, Bergmassiv oder See ab. So kann am Lago Paine und an der Laguna Azul die brennende Sonne die Temperaturen an windstillen Tagen auf 25 bis 30 Grad treiben, während Stunden später eisiger Wind Schnee und Graupelschauer vom Glaciar Grey herunterfegt.

O ODER W?

Schon in Puerto Natales wird jeder, der ernsthaftes Trekking im Nationalpark ankündigt, nach diesen zwei Buchstaben gefragt. „Circuito O" heißt die – mit Abstechern – 125 Kilometer lange Umrundung der Berggipfel der Torres und Cuernos ab Laguna Amarga oder Hostería Las Torres gegen den Uhrzeigersinn. Kalkuliert man schöne Abstecher, Ruhetage und Schlechtwetterphasen ein, sind acht bis zehn Tage für die Tour realistisch. Den Paso John Garner (1241 Meter), von dem sich ein fantastischer Blick auf den Grey-Gletscher und das südliche Eisfeld bietet, darf man aus Sicherheitsgründen (Verirrungsgefahr) nur in Begleitung anderer Trekker überschreiten. Größere Flüsse überspannen Hängebrücken, kleinere Bäche muss man schon mal durchwaten. „W" heißt die „Light-Variante", weil die mittelschwere Trekkingroute zu den Highlights am Südrand des Massivs in etwa ein W beschreibt. Hier reichen vier bis fünf Tage, und man kann auch ohne Zelt gehen.

UND ÜBRIGENS …

Das Hotel Lago Grey organisiert einen tollen dreistündigen Ausflug mit einem Katamaran über den See zum Glaciar Grey. Dabei kommt man den Eiswänden des Gletschers sehr nahe und muss kein bisschen wandern.

Spektakuläre Aussicht: die drei Granitspitzen der Torres del Paine vom Mirador Torres aus gesehen

DIE SCHÖNSTEN TAGESTOUREN

Die Refugios im Nationalpark sind gute Ausgangspunkte für Tagestouren auf dem „W" mit leichtem Tagesgepäck. Ideal und schön gelegen ist die moderne, windgeschützte Refugio Vertice Paine Grande. Man erreicht sie bequem mit dem Katamaran, der über den Lago Pehoé fährt. Von hier sind es nur Spaziergänge zum Salto Grande, dem größten Wasserfall im Nationalpark, sowie zum eine Stunde entfernten Mirador Nordenskjöld, von dem man direkt in das Valle del Francés blickt. In zwei Stunden kann man von diesem Hotel auch zum Mirador Grey wandern. Der Aussichtspunkt eröffnet einen großartigen Blick auf den Glaciar Grey und die Berge auf dem Inlandeis.
Eine gute Basis ist das Refugio Vertice Paine Grande auch für eine Tageswanderung in das traumhaft schöne Valle del Francés. Zwei Stunden durch schönes Matorral-Buschland – die Überquerung einer Hängebrücke mit eingeschlossen – sind es bis zum Zeltplatz Campamento Italiano am Talausgang. Von hier wandert man entlang einer Moräne direkt gegenüber des grandiosen Hängegletschers Glaciar Francés bergauf und anschließend durch schönen Lenga-Wald zum idyllisch gelegenen Campamento Británico (2,5 Std.). Eine Viertelstunde bzw. eine weitere gute Stunde talaufwärts gibt es Aussichtspunkte mit herrlichem Blick auf die Granitspitzen Aleta Tiburón und Castillo.

TOUR ZU DEN TORRES

Von der Hostería Las Torres bietet sich die Wanderung zum Campamento Chileno (2 Std.) und weiter durch das wunderschöne Valle Ascensio zum Campamento Torres (1,5 Std.) an. Von dort geht es in einer Stunde zum Mirador Torres. Diese Tagestour gilt als ein absolutes Highlight, denn von diesem Aussichtspunkt präsentieren sich die drei Granitspitzen der Torres in all ihrer Pracht und Schönheit. Torre Central (2800 Meter), Torre Sur (2850 Meter) und Torre Norte (2600 Meter) ragen oberhalb einer milchgrünen Lagune und einer Steilwand über 1000 Meter senkrecht empor: doppelt so hoch wie die Südtiroler Drei Zinnen in den Dolomiten. Allerdings hüllen sich die Torres besonders nachmittags oft in dichte Wolken. Deshalb am besten früh aufstehen: Ein unvergleichliches Erlebnis ist es, sie im ersten Morgenlicht orangerot erglühen zu sehen.

STRASSE DER VULKANE

BERGABENTEUER IN ECUADOR

Zwischen Tulcán im Norden und Riobamba im Süden säumen auf einer Strecke von ungefähr 450 Kilometern 22 der insgesamt 73 Vulkane von Ecuador die Panamericana. Kein Wunder, dass Alexander von Humboldt die Region „Allee der Vulkane" nannte. Besonders attraktiv ist das zentrale Hochland südlich von Quito. Schon die Kulisse der Hauptstadt Ecuadors mit ihren schneebedeckten Vulkanen ist grandios, die koloniale Altstadt mit ihren erlesenen, vor Gold strotzenden Barockkirchen ist heute Weltkulturerbe.

COTOPAXI – SITZ DER GÖTTER

Mit seinem perfekt symmetrischen, von einer Eiskappe bedeckten Kegel ist der 60 Kilometer südlich von Quito aufsteigende Volcán Cotopaxi (5897 Meter), Ecuadors zweithöchster Berg, geradezu der Inbegriff eines Stratovulkans. Einen besonders malerischen Anblick bietet seine Nordwestflanke, die sich in der Laguna Limpiopungo spiegelt. Den Indígenas der Region galt der Berg lange vor Beginn der Inkaherrschaft als heiliger Regenspender und Sitz von Göttern. Bis zum Refugio José Rivas auf einer Höhe von 4658 Metern kann man mit dem Auto fahren, aber die etwa sechs- bis achtstündige Besteigung darf man nur mit vorheriger Akklimatisierung in Angriff nehmen. Entspannter sind Wanderungen und Radtouren über das umliegende, „Páramo" genannte Andengrasland, durch das Hirsche, Kaninchen, Füchse und (menschenscheue) Pumas streifen. Auch Andenkondore kreisen in den Lüften.

Das im Kolonialstil wieder aufgebaute freundliche Lacatunga bietet die beste touristische Infrastruktur und an einem klaren Morgen einen Ausblick auf neun Vulkankegel. Nur einen Tagesausflug entfernt liegt der Vulkankratersee Laguna Quilotoa mit seinem azurblauen Wasser. Fünf Stunden dauert die Umrundung zu Fuß. Mit dem immer wieder ausbrechenden Tungurahua (5016 Meter) leben muss der Kurort Baños de Agua Santa, ein Zentrum für Aktivurlauber. Da sich der Krater auf der von der Stadt abgewandten Seite befindet, kann man Eruptionen in der Regel gefahrlos von mehreren Aussichtspunkten aus beobachten. Besonders spektakulär ist die nächtliche Sicht von Las Antenas auf die Lavafontänen.

Kratersee Quilotoa bei Sonnenuntergang

ECUADORS HÖCHSTER GIPFEL

Die Stadt Riobamba etwa 160 Kilometer südlich von Quito liegt nahezu im Schatten des riesigen erloschenen Volcán Chimborazo (6267 Meter) und ist wegen der

Oben: mit Eiskappe bedeckter Gipfel des Vulkans Cotopaxi

von den Gletschern herabfegenden Winde eine der kältesten Städte Ecuadors. Wanderungen durch die von Páramo-Steppe, Polylepis-Wäldern und Mondlandschaften geprägte Reserva Producción Faunística Chimborazo etwa 30 Kilometer von Riobamba sind eine gute Alternative für alle, die nicht – wie Humboldt – den Gipfel von Ecuadors höchstem Berg erklimmen möchten. Hier oben, nicht etwa auf dem Mount Everest, steht man aufgrund des am Äquator größeren Erddurchmessers auf dem vom Mittelpunkt der Erde am weitesten entfernten Ort!

OMAN

AUF TUCHFÜHLUNG MIT DELFINEN

Ein Märchen aus Tausendundeiner Nacht, aber mit Delfinen! Vor Muscat, der geheimnisvollen Hauptstadt des Oman, tummeln sich wahrscheinlich mehr Delfine in der warmen Arabischen See als vor der Küste Floridas. Am kühlen Morgen schon starten die Boote, und es dauert nicht lange, bis die ersten Delfine längsseits kommen, um ihre Show abzuliefern – und das ohne jedes menschliche Zutun. Warum diese „Spinnerdelfine" am Morgen ihre Pirouetten und Tänze aufführen, aus dem Wasser schießen und sich im glitzernden Wasser mit unglaublicher Virtuosität um ihre eigene Achse drehen (englisch: to spin), bevor sie im tieferen Wasser verschwinden, weiß niemand. Viele begeisterte Touristen mieten sich nach dieser Erfahrung ein Kajak, um mehr Zeit mit den freundlichen, fröhlichen und neugierigen Tieren zu verbringen. Jetzt im Dezember bekommt man oft auch Buckelwale und sogar Orcas zu Gesicht. Muscat selbst ist sehr sehenswert, besonders die 2001 eröffnete Große Sultan Qabus Moschee, die auch Nichtgläubige besuchen dürfen. Ein Blick in das riesige Kaleidoskop der Zentralkuppel mit ihrem enormen Kristalllüster, den über 600 000 Swarovski-Kristalle und 1122 Glühbirnen zum Funkeln bringen, sorgt fast für Augenflimmern. Welche Arbeit steckt erst in dem 70,50 Meter × 60,90 Meter großen Gebetsteppich, den 400 Frauen im Iran von Hand geknüpft haben. Insgesamt vier Jahre haben sie dafür gebraucht!

Delfine im Golf von Oman

AZOREN

PORTUGALS VULKANINSELN IM ATLANTIK

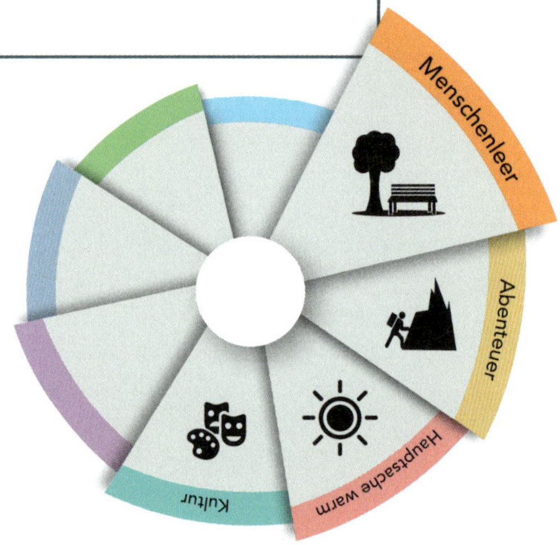

Menschenmassen kennen die neun im Nordatlantik treibenden portugiesischen Azoreninseln mit ihren heißen Quellen, Wasserfällen und Seen auch im Sommer nicht, doch im Dezember hat man hier oft die Natur für sich allein. Dabei ist es auf dem Archipel, der Europa die willkommenen Azorenhochs beschert, auch im Winter angenehm mild. Das liegt natürlich am Golfstrom, der für die üppige subtropische Pflanzenwelt der grünen Vulkaninseln verantwortlich ist. Auf São Miguel ist sogar Europas letzte Teeplantage zu bewundern. Das warme Wasser der Meeresströmung sorgt dafür, dass hier selbst im Winter die Temperatur des Atlantiks nicht unter 16 Grad fällt. Wer also auf tropische Riffe verzichten kann, erlebt rund um die Inseln São Miguel, Santa Maria und Pico eine faszinierende wilde Unterwasserwelt. Keine Inselflüsse trüben das kristallklare Wasser mit 50 Metern Fernsicht, und die steil abfallenden Lavafelsen sind Tummelplätze für Blau- und Walhaie, Riesenmantas, Barracudas, Delfine und Wale.

VON INSEL ZU INSEL

Wer lieber auf festem Boden bleibt, bewundert auf Terceira das Weltkulturerbe Angra do Heroísma, die älteste Stadt der Azoren, und erforscht die Vulkanhöhle Algar do Carvão. Auf Pico kann man den mit 2351 Metern höchsten Berg Portugals besteigen, den Montanha do Pico, dessen Gipfel im Dezember mit einer Schneehaube überzuckert ist. Für Genusswanderer bietet sich die Blumeninsel Flores an. Wer es heiß mag, probiert auf São Miguel in dem malerischen, in einer Caldera gelegenen Dorf Furnas (deutsch: Öfen) die azorische „Vulkanküche“: herzhafte Eintöpfe („cozidos“), die viele Stunden lang im dampfenden Boden gegart werden. Im Winter besonders angenehm, vor allem für die Haut, ist auch ein Bad im Wasserbecken des Parque Terra Nostra: Das natürlich braune Thermalwasser hat eine perfekte Temperatur von 38 Grad. In dem schon 1780 gegründeten, wunderschönen Botanischen Garten sind eine der weltweit größten Sammlungen von Kamelien mit über 600 verschiedenen Arten sowie Europas größte Sammlung von Sagopalmfarnen zu sehen. 1500 Kilometer westlich von Lissabon ist der Winter wirklich weit weg.

Montanha do Pico auf der Azoreninsel Pico

KO TARUTAO

THAILAND FÜR ROBINSONS

Tarutao National Marine Park

Die südlichsten Inseln der thailändischen Andamanenküste erwachen allmählich aus ihrem Dornröschenschlaf. Ihre noch völlig intakten Korallenriffe bilden einige der besten und schönsten Tauchgründe Thailands. Durch das bergige und wilde Terrain von Ko Tarutao, der Hauptinsel des gleichnamigen marinen Nationalparks, mit Wasserfällen und von Schwalben und Fledermäusen bewohnten Höhlen führen überwucherte Pfade. An den prachtvollen Stränden der Westküste wie Ao Son und Ao Phante tummeln sich Meeresschildkröten. Auch Warane, Schlangen, Nashornvögel und Makaken leben hier fast ungestört. Beim Parkhauptquartier gibt es Unterkünfte in Form einfacher Bungalows, einen Campingplatz und ein Restaurant. Zum Archipel gehören auch die besiedelten Inseln Ko Adang, Ko Rawi und Ko Lipe (Letztere mit günstigen Komfortbungalows). Weiße Strände aus Quarzsand, üppig grüner Primärwald, eine See in allen Schattierungen von Azur bis Türkis und großartige Aussichtspunkte von hohen Granitbergen: Thailand, wie es vor 30 Jahren war!

DAWEI

MYANMAR FÜR STRANDROMANTIKER

Erst 2013 wurden die Beschränkungen für Reisen nach Tanintharyi, Myanmars südlichste Region, aufgehoben. Der Merguei-Archipel an der Grenze zu Thailand ist inzwischen ein beliebtes Tauchrevier. Weiter nördlich, rund um die verschlafene Hafenstadt Dawei, ist die Küste noch immer fast völlig unberührt. Im Dezember ist die Regenzeit vorbei, und bisher verirren sich nur wenige abenteuerlustige Traveller in diese Gegend. Am besten übernachtet man in Dawei und mietet sich ein Moped, um die zahlreichen, weitgehend menschenleeren Strände zu erkunden. Manche erstrecken sich viele Kilometer lang, andere sind charmante idyllische Sandbuchten mit kleinen Fischerdörfern. Hier gibt es weder Hotels noch Beachbars. Doch das könnte sich bald ändern. Ein Joint Venture zwischen Myanmar und Thailand plant Eisenbahn-, Autobahn- und Pipeline-Verbindungen nach Thailand und China. Ein riesiger Hafen mit Sonderwirtschaftszone soll hier entstehen. Also möglichst bald kommen, denn noch ist von all dem nichts zu sehen!

Tizit Beach bei Dawei

QUEENSTOWN

ABENTEUER AUF NEUSEELANDS SÜDINSEL

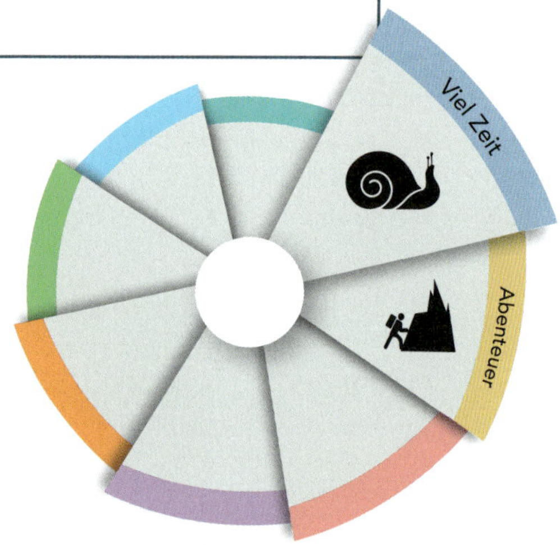

Viel weiter kann man von Europa aus eigentlich nicht fliegen, um an einem Ort zu landen, an dem es fast wieder so aussieht wie in Europa. Der Unterschied? Die Entfernungen zwischen norwegisch wirkenden Fjordlandschaften, mediterran angehauchten Weingütern und hochalpinen Schneebergen (plus Papageien!) sind viel kürzer, und natürlich stehen die Jahreszeiten kopf. Dezember ist ein guter Monat für einen Besuch der Südinsel Neuseelands, bevor die großen Ferien der naturbegeisterten Kiwis beginnen.

SPORTERLEBNISSE MIT BESONDEREM KICK

Das spektakulär am Ufer des Lake Wakatipu am Fuße der Südlichen Alpen gelegene Queenstown ist das Standquartier der Abenteuersportler. Bungeespringer versammeln sich auf der Kawarau Gorge Suspension Bridge. Hier wurde der Sport schon in den 1970er-Jahren praktiziert, bevor er seinen Siegeszug um die Welt antrat. Jetboating durch enge Flussschluchten bietet der Shotover River: der ultimative Adrenalinkick!
Für sommerliche Eisabenteuer wurde das „Heli-hiking“ auf dem Franz-Josef-Gletscher erfunden. Dazu bringt ein Hubschrauber die Hiker hinauf zu den Eisströmen, dann wandert man ein paar Stunden mit einem professionellen Führer in magischer Stille durch bläulich schimmernde Eishöhlen auf dem Gletscher. Auch Mountainbiker nehmen in Queenstown den Helikopter und lassen sich auf dem 1803 Meter hohen Ben Cruachan absetzen. Anschließend geht es auf einem rauen Trail in zwei Stunden bergab ins Gibson Wine Valley. Hier kann man die aufregende Fahrt mit einem Glas vorzüglichen Pinot Noir beschließen.

Bungee-Jumping in Queenstown

ZWISCHEN REGENWALD UND GRANITGIPFELN

Eine Mischung aus Südsee und Skandinavien ist dagegen der dunkelblaue Milford Sound in Fjordland, der gebirgigen Südwestspitze der Südinsel. Selbst riesige Kreuzfahrtschiffe wirken angesichts dieser Kulisse steil aufragender, smaragdgrüner Berge wie Spielzeugboote. Mit einem Kajak, vielleicht begleitet von einem Delfin, fährt man auf dem spiegelglatten Wasser tief hinein in die stille Einsamkeit. Bei Regen – und den gibt es hier fast täglich – wirkt diese Landschaft besonders geheimnisvoll. Trekker wandern in vier Tagen auf dem legendären Milford Track über sumpfige Wege und Hängebrücken durch Steppen, Moos- und Regenwälder mit rauschenden Wasserfällen zum Milford Sound. Pro Tag dürfen nur 90 Wanderer starten.

ALBERTA

WINTERSPASS IN KANADA

Fluffiger Pulverschnee, oft knallblauer Himmel und grandiose Winterpanoramen: Jasper, Banff und Lake Louise im kanadischen Bundesstaat Alberta zählen zu den besten Ski- und Snowboardgebieten der Rocky Mountains. Allein die Fahrt auf dem Icefields Parkway lohnt die lange Anreise über Edmonton mit anschließendem fünfstündigen Bustransfer. Die Panoramastraße verbindet die beiden Nationalparks Banff und Jasper und führt vorbei an bizarren Eisfeldern, zerklüfteten Gipfeln, gefrorenen Wasserfällen und tief verschneiten Baumlandschaften. Die Skiorte sind bestens erschlossen, doch im Dezember herrscht hier nicht der Rummel alpiner Skiregionen. Langes Anstehen an den Skiliften kennt man im Skigebiet Marmot Basin bei Jasper nicht. Auch die über 80 Abfahrten aller Schwierigkeitsgrade, darunter Buckelpisten und Tiefschneefelder, sind ganz bestimmt nicht überfüllt. Relaxt geht es auch in den drei Skigebieten rund um Banff und auf den 90 Abfahrten von Lake Louise zu – und das alles inklusive der herzlichen kanadischen Gastfreundschaft.

Skifahrer bei Banff in den kanadischen Rocky Mountains

NORDPATAGONIEN

ARGENTINIENS SEENGEBIETE

Blick vom Cerro Campanario auf das Seengebiet von Bariloche

Die „Argentinische Schweiz“ im Norden Patagoniens lässt erahnen, wie es in den Alpen vor 300 Jahren ausgesehen haben könnte. Wenige Kilometer außerhalb der vom Tourismus lebenden Städte Bariloche, San Martín de los Andes und Junín de los Andes beginnt die Wildnis, in der – abgesehen von einigen Lodges für enthusiastische Angler – nur Zeltplätze existieren. Von Gletscherwasser gespeiste, tiefe, kobaltblaue Seen, kristallklare Bäche und Flüsse sowie gemäßigte Valdivianische Regenwälder an der Grenze zu Chile sorgen für grandiose Naturerlebnisse. Im Parque Nacional Lanín bietet der perfekte Schneekegel des erloschenen Volcán Lanín (3776 Meter) eine Postkartenkulisse. Im südlich angrenzenden Parque Nacional Nahuel Huapi setzen der mächtige schneebedeckte Berg Cerro Tronador (3554 Meter) und der „schwarze Gletscher“ Ventisquero Negro in der „schönen Pampa“ (Pampa Linda) die Ausrufezeichen. Die landschaftlich reizvolle „Straße der Sieben Seen“ verbindet beide Nationalparks miteinander.

TAGHAZOUT

SURFERMEKKA IN MAROKKO

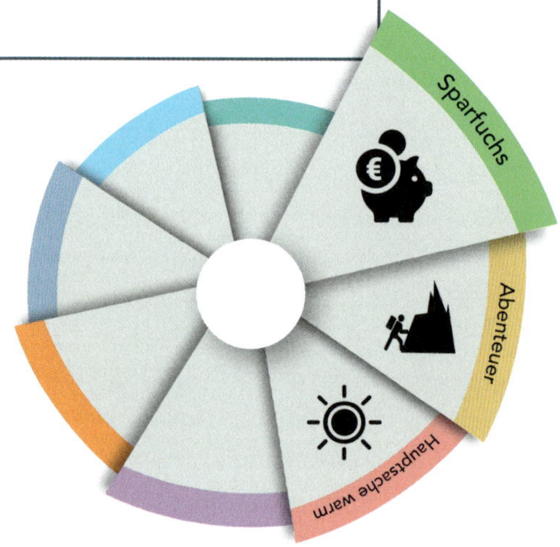

Surfen im tiefen Winter, aber nicht gleich nach Hawaii oder Tahiti fliegen? Marokko heißt die preiswerte Alternative. Nur 50 Kilometer Taxifahrt vom internationalen Flughafen von Agadir, gute drei Flugstunden von Mitteleuropa entfernt, liegt Taghazout am Atlantik. Dezember – das bedeutet hier blauer Himmel, Wassertemperaturen von etwa 16 Grad und perfekte Bedingungen für Wellenreiter. Anfang des Monats surft man hier nur mit einigen wenigen Einheimischen. Und bei denen wohnt man auch. Die Zimmer sind noch immer extrem preiswert, ebenso die lokale Küche wie Tajine, Couscous und marokkanische Salate. Fast wie zu den Hippiezeiten der 1960er-Jahre! Man kann aber auch in Surfcamps nächtigen, die günstige Paketpreise anbieten und auch Boards und Wetsuits vermieten. Überhaupt säumen Cafés und Surfläden die Hauptstraße des Ortes. Nur eine Umgehungsstraße sowie luxuriösere Bungalow- und Hotelanlagen inklusive Golfplatz beeinträchtigen die ursprüngliche Atmosphäre ein bisschen, aber die kann man ja ignorieren.

UND ÜBRIGENS ...

Sollte es mal keine guten Wellen in und um Taghazout geben, dann fahren viele Surfschulen ins 60 Kilometer nördlich gelegene Imsouane.

SURFEN MIT WÜSTENFLAIR

Einer der besten Surfplätze ist Killer Point. Hier gibt es einen besonders starken Pointbreak, das heißt, die Welle bricht auf Stein, also um einen bestimmten Punkt herum. Der Swell trifft nicht direkt auf das Land, sondern kommt von der Seite. Man kann daher besonders lange auf derselben Welle surfen. Benannt ist der Spot nach den Killerwalen (Orcas), die vor der Küste kreuzen. Direkt vor dem Dorf brechen drei sogenannte „Righthander“, darunter absolut perfekte Tube-Wellen am Anchor Point. Sanfter ist der Righthander von Banana Point. Am etwas windgeschützteren Panorama Beach läuft der Righthander fast genauso lang wie am Anchor Point. Hier kann man auch Jetski und Quad fahren. Wer mal eine Pause braucht: Am Fluss Tamraght im Landesinneren liegt eine paradiesische Schlucht mit Palmen, Wasserbecken und Wasserfällen.

Surfer bei Taghazout

LAOS

SÜDOSTASIEN FÜR WENIG GELD

Traveller, denen es in Thailand bereits zu teuer und zu hektisch ist, finden in Laos ihren preiswerten Vorgeschmack auf das Nirwana. Im von Bergen und den Flüssen Mekong und Khan gesäumten Luang Prabang, der alten Hauptstadt von Laos und Weltkulturerbe, geht es noch immer sehr gemächlich zu. Die 33 golden glänzenden buddhistischen Tempel und Pagoden sind nicht minder schön als im Nachbarland. 328 Stufen führen auf einen Hügel mit dem That Pu Si Stupa. Von hier bietet sich eine herrliche Aussicht auf die Stadt und den königlichen Palast aus Teak- und Rosenholz. Der 1560 erbaute Tempel Wat Xieng Thong gilt als schönste und heiligste Stätte von Laos. Zum Charme von Luang Prabang trägt auch das kolonialfranzösische Flair bei. Es gibt viele preiswerte Restaurants, Cafés, Hotels und Geschäfte, die schöne Stickereien und Schmuck des Hmong-Bergvolks verkaufen. In der Umgebung locken Höhlen und Wasserfälle. Rucksackreisende lieben auch gemächliche Bootsfahrten auf dem Mekong: Zwei Tage dauert die Fahrt von Houayxai an der Grenze zu Thailand nach Luang Prabang.

Tempel Haw Pha Bang in Luang Prabang

LIVIGNO

SCHNEEVERGNÜGEN IN ITALIEN

Pisten im italienischen Alpenresort Livigno

Tolle Pisten und viel Sonne – damit lockt Italien Skifahrer, aber nicht unbedingt mit Schnäppchenpreisen. Eine Ausnahme bildet das Pulverschneeparadies Livigno in der Lombardei. Wer hier zu Saisonbeginn, also Anfang Dezember, mindestens vier Tage in einem Hotel oder sieben Tage in einem Apartment bucht, bekommt den Skipass gratis dazu. Für 115 Pistenkilometer und den größten Snowpark Italiens zahlt man also keinen Cent. Dazu kommen die niedrigen Shoppingpreise, denn Livigno ist eine zollfreie Zone in einem Bergtal kurz vor der Schweizer Grenze. Mehr als 250 Geschäfte bieten nicht nur Zigaretten, Spirituosen und Parfum, sondern auch Mode, Sportartikel und Schmuck an. Autofahrer tanken hier besonders günstig, doch es geht auch ohne eigenen fahrbaren Untersatz. Über die Flughäfen Innsbruck oder Mailand mit Transfer per Ski-Shuttle-Bus des Livigno-Express ist man nämlich schnell da. Auch vor Ort gibt es ein sehr gut funktionierendes Bus-System.

ERZGEBIRGE

ADVENTSZAUBER IN SACHSEN

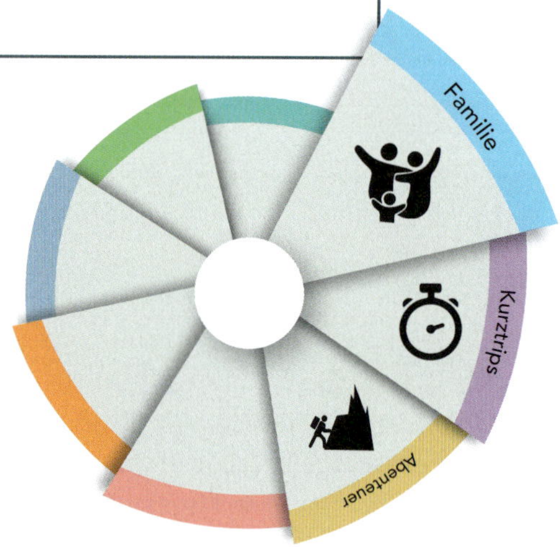

Im Dezember verwandelt sich das Erzgebirge südlich von Chemnitz in eine festliche Weihnachtswunderwelt. Es liegt nicht einmal drei Stunden Autofahrt von Berlin entfernt, ist also perfekt für alle, die nicht die ganzen Winterferien frei haben. Verschneite Landschaften, oft blauer Himmel, Lichterketten und hell erleuchtete Schwibbögen, wohin man schaut. Fast jeder Haushalt baut seine eigene Krippe auf, deren Figurenreichtum oft über viele Jahrzehnte gewachsen ist: Nussknacker und Räuchermännchen, Lichter tragende Bergleute und Engel, Kurrendesänger mit ihrem Stern, Pfennigvieh, Spanbäume, Hängeleuchter und natürlich die zwei rührenden Striezelkinder, die frierend Spielzeug feilbieten. Mitten in Seiffen steht die kleine Dorfkirche, die – tausendfach modelliert – in alle Welt gegangen ist. Sie wurde im 18. Jahrhundert nach dem Vorbild der Dresdner Frauenkirche als barocker achteckiger Zentralbau mit steilem Zeltdach und Glockentürmchen errichtet. Einmal in dieser Weihnachtskirche die Christmette feiern: welch ein Erlebnis!

Kirche von Seiffen im Erzgebirge

WINTERLICHES FLAIR IN SEIFFEN

Die sanften Hügel im Skigebiet rund um Seiffen sind ideal für Kinder, die das erste Mal auf Brettern stehen. Täglich gibt es Ski- und Snowboardkurse, deren Preise ebenso familienfreundlich gestaltet sind wie die Übernachtungs- und Restaurantangebote. Für Langläufer gibt es im Erzgebirge insgesamt über 1000 Kilometer gespurte Loipen, die zum Teil grenzüberschreitend bis nach Tschechien führen. Außerdem kann man rodeln, Schlittschuh laufen und Eisstock schießen.
Bei schlechtem Wetter bringt das Erzgebirgische Spielzeugmuseum in Seiffen Kinderaugen zum Leuchten, besonders die Seiffener Arche Noah mit 192 Tierpaaren. Nicht minder faszinierend ist die über zwei Stockwerke des Museums reichende, sechs Meter hohe Weihnachtspyramide. Außerdem setzt ein mechanischer Heimatberg mit 88 Figuren die Lebensweise der Bergleute um 1830 in Szene. Richtig spannend finden Kinder auch das Deutsche Uhrenmuseum in Glashütte. Nicht nur hier vergeht die Urlaubszeit wie im Flug.

BAHAMAS

FERIENTRÄUME IN PINK UND TÜRKIS

Junkanoo-Karneval auf den Bahamas

Die Strände der Bahamas sind ein wahrer Traum für Familien. Selbst die Kleinsten können hier selig im knietiefen, kristallklaren Wasser planschen, und auf Eleuthera ist der Sand sogar hellrosa. Im Lucayan National Park auf Grand Bahama kann man Unterwasserhöhlen erforschen, reiten, Kajak fahren und bunte Fische in Lagunen bewundern. Der sich über viele Inselchen erstreckende Exuma Cays Land and Sea Park ist ein absolutes Schnorchelparadies mit Fischen und Korallen in allen Regenbogenfarben. In Fort Charlotte, das oberhalb des Hafens von Nassau thront, können die Kids zwischen Kanonen Pirat spielen. Und wo sonst als auf den Bahamas kann man an Weihachten und Silvester einen Karneval erleben? „Junkanoo" heißt die große Sause, die es mit tollen Kostümparaden, fantasievollen Masken, Akrobaten, Clowns, Tänzern, Musik, Kuhglocken, Goombay-Trommeln und natürlich jeder Menge Feuerwerk durchaus mit New Orleans und Rio aufnehmen kann.

MEIRINGEN-HASLIBERG

SCHWEIZER PARADIES FÜR SKIHASEN

Winterurlaub in der teuren Schweiz? Dann aber zumindest sehr familienfreundlich! Da kann dieses Skigebiet im Berner Oberland wirklich punkten, und das nicht nur mit einer Vielzahl von Ermäßigungen für Familien und preiswerten Wochenpauschalen. Besonders beliebt bei kleinen Gästen ist natürlich das abgegrenzte Skihäsliland an der Gondelstation Bidmi. Hier gibt es ein von der Skischule betriebenes und beaufsichtigtes Übungsgelände mit Kinderskiliften, Förderbändern, Wellenbahnen, Abenteuerspielplatz, Zauberteppich, Zirkusspielwagen und einem Karussell. Für kleine Snowboarder und solche, die es werden wollen, steht ein eigener Lift zur Verfügung. Viel Spaß macht Kindern auch das Iglu-Dorf und der Rutschbahnturm. Nachmittags und am Wochenende ist das Skihäsliland auch für Kinder geöffnet, die nicht am Skikurs teilnehmen. Zwei weitere Übungslifte liegen unterhalb der Gondelstation Mägisalp. Dazu kommt bei guter Schneelage der Junior Funpark Mägisalp.

Schweizer Skischule Meiringen-Hasliberg

BANGKOK

THAILANDS PULSIERENDE HAUPTSTADT

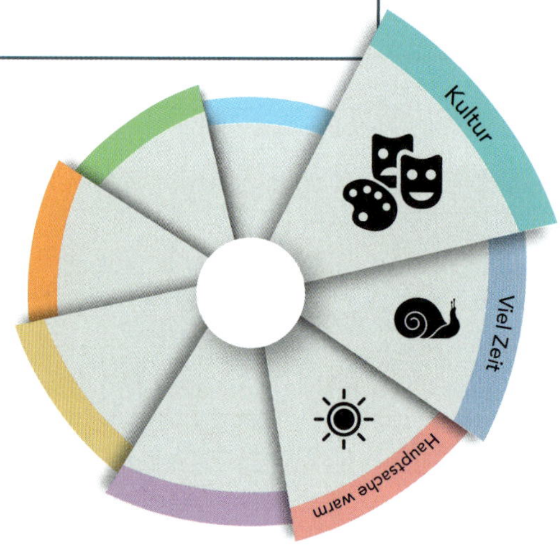

Kostbare Tempel, luxuriöse Shoppingpaläste, stille Klongs, an deren Ufern das Leben aus der Zeit gefallen scheint, endlose kulinarische Verführungen, Märkte fast an jeder Straßenecke und ein Nachtleben, das auch ohne Rotlicht viel „Sanuk" (thailändisch: Spaß) verheißt – das alles ist Bangkok. Im Dezember ist das Klima am angenehmsten, und Anfang des Monats hält sich der Touristenansturm noch in Grenzen.
Golden, rot und grün leuchten die Pagoden, Prangs und Staffeldächer des buddhistischen Tempels Wat Phra Kaeo. Eine Märchenwelt mythologischer Figuren begleitet den Weg durch Bangkoks meist besuchte Attraktion. Grazile Vogelmädchen, elefantenköpfige Gottheiten und grimmige Riesenwächter aus Stein säumen den Rundgang. Im Dämmerlicht schimmern die Fresken des Ramakien, Thailands Version des indischen Ramayana-Epos, die vom Sieg des Guten über das Böse erzählt. Im angrenzenden Wat Pho spendet man nicht nur dem berühmten Ruhenden Buddha die obligatorischen 108 Satang-Münzen, hier kann man auch eine traditionelle Thaimassage genießen. Anschließend kann man die Stadtbesichtigung beschwingt fortsetzen und zum Beispiel über den Fluss zum Wat Arun, dem „Tempel der Morgenröte", übersetzen. Sein 79 Meter hoher Tempelturm, Symbol des heiligen Weltenbergs Meru, ist komplett mit einem Mosaik aus bunten chinesischen Porzellanscherben und Muscheln überzogen, die sich zu Blumenmustern arrangieren. Im frühen Morgenlicht nehmen diese Fayencen einen perlengleichen Schimmer an, während sie bei Sonnenuntergang in Rosa, Grün, Gelb und Blau besonders intensiv leuchten. Nachts wird das Ensemble effektvoll angestrahlt.

STREET FOOD UND SHOPPING MALLS

Es gibt in Bangkok noch viele weitere Tempel zu bewundern, doch bietet die Stadt auch jede Menge „Schmeckenswürdigkeiten". Die unzähligen Garküchen sind auch dem „Guide Michelin" nicht entgangen. Eine wurde sogar mit einem Stern ausgezeichnet. Aber Vorsicht: Manche Gerichte sind wahre Brandbeschleuniger! Unvorsichtige „Farangs" – so nennt man in Thailand die Ausländer – lösen dann schon nach dem ersten Bissen oder Schluck viel Heiterkeit bei den umstehenden Gästen aus.
Garküchen sind die großen sozialen Gleichmacher Bangkoks: Hier schlürfen Konzernbosse und Prominente ihre Nudelsuppe neben Sekretärinnen und Arbeitern. Ein Traum für Liebhaber von Street Food, die zu Spottpreisen essen möchten, ist Chinatown. Rund um die Yaowarat Road ist das Angebot an thai-chinesischen Köstlichkeiten geradezu überwältigend. Sollen es Reisnudeln mit Rindfleisch sein oder himmlisch zarte Schweinefleischhäppchen auf Reis mit süßer Soße, dünne Eiernudeln mit Krabben, Shrimps und Huhn, mit schwarzem Sesam gefüllte Klöße in Ingwerbrühe, glasierte Schmorente, scharfer Papayasalat oder Austern- und Muschel-Omeletts? Vielleicht doch lieber eine klare Fischbrühe mit Nudeln und Fischbällchen, gebratene gefüllte Teigtaschen, das klassische Nudelgericht Phat Thai oder die sauerscharfe Suppe Tom Yam Gung, die auch erfolgreich Kater und – meist durch eisige Klimaanlagen verursachte – Erkältungen bekämpft. „Hast Du schon gegessen?" begrüßen sich die Thais.

UND ÜBRIGENS …

Bangkok bietet weltweit das wahrscheinlich beste Preis-Leistungs-Verhältnis bei Nobelhotels. Schnäppchenjäger finden immer wieder Angebote unter 100 Euro pro Nacht für echten Fünf-Sterne-Luxus.

Oben: Grand Palace, die einstige Residenz der Könige von Siam
Links: Schwimmender Markt bei Bangkok

Bangkok ist aber auch ein wahres Shoppingparadies. Die topmodernen Konsumpaläste rund um den Siam Square sind ebenso leicht mit dem Skytrain zu erreichen wie der berühmte Chatuchak-Markt im Norden der Stadt, wo es nun wirklich alles gibt, was man braucht, und noch viel mehr.

BANGKOK BEI NACHT

Und das Nachtleben? Bangkok bietet jede Menge schicke Musiktempel und seriöse Nightclubs, aber auch Theater, in denen kunstvolle Tanzdramen aufgeführt werden. Und natürlich Muay Thai, die Thaiboxwettkämpfe, bei denen die Einheimischen jegliche Zurückhaltung ablegen. Vielleicht verirrt man sich aber auch in ein einheimisches kleines Musiklokal, in dem eine Sängerin die in westlichen Ohren recht schräg klingenden Töne von Mor Lam und Luk Thung intoniert, der Thaiversion von Countrymusic. Und dann gibt es noch die fantastischen Skybars auf den Hochhäusern der Stadt. Bei exzellenten Cocktails liegt Besuchern das funkelnde Lichtermeer der Stadt zu Füßen.

HAVANNA

NOSTALGIEREISE DURCH KUBAS HAUPTSTADT

Dezember ist der beste Monat für einen Besuch in Havanna. Die unangenehm frischen Nordwinde kommen meist erst im Januar, jetzt ist das Klima sonnig und trocken mit warmen Tagen und kühlen Nächten. Dazu kommt das internationale Filmfest, das Stars aus aller Welt anzieht, die man dann oft ganz spontan und zwanglos an der Bar des noblen Hotel Nacional oder bei einer Fahrt mit einem pinken Oldtimer auf der berühmten Uferpromenade Malecón trifft.

ZWISCHEN GLANZ UND VERFALL

Vor Tagesanbruch schon krähen die Hähne von Havanna. Noch ist es kühl: Der Morgen ist die ideale Zeit für eine Besichtigung der Altstadt. Sie ist Weltkulturerbe, stellenweise schon renoviert und – wie die Plaza Vieja – adrett in Pastellfarben herausgeputzt. Nur einige Schritte weiter, in der nächsten Gasse, zeigt das harte Tageslicht gnadenlos den Verfall von Gebäuden, die 60 Jahre weder frischen Putz noch Farbe gesehen haben. Und doch kann schon der nächste Hauseingang überraschende Perspektiven bieten, zum Beispiel ein altes Kachelmosaik oder eine Heiligenfigur mit einem Revolutionsbild darüber. Und während man noch neugierig guckt, wird man schon eingeladen und betritt verdutzt einen Salon, der von längst vergangenem bürgerlichen Wohlstand kündet.

Havanna ist das Entzücken der Fotografen, aber auch der Architekten und Stadtplaner. Es war kein Geld da, um Altes durch Neues zu ersetzen, und so hat Habana Vieja sein Erscheinungsbild seit 200 Jahren kaum verändert. Die Altstadt ist ein lebender Mythos – eine Mischung aus Lebensfreude und Melancholie. Verwitterte koloniale Prachtbauten, Musik an jeder Straßenecke und Straßenkreuzer aus der Zeit Hemingways.

Am Parque Central diskutiert an der „Esquina Caliente“, der „heißen Ecke“, ein Männerpulk wild gestikulierend über Kubas Nationalsport Baseball. Die Abendsonne verleiht den verblichenen Fassaden einen fast geheimnisvollen Anstrich, die Morro-Festung erglüht in Tieforange, ein sanfter Passatwind streicht über den Malecón und vertreibt die drückende tropische Schwüle. Auf der noch sonnenwarmen, von Salzwasser zerfressenen Mauer von Havannas Uferpromenade sitzen Liebespaare, einsame Träumer und fröhliche Gruppen junger Leute, die Bierflaschen kreisen lassen und einen missbilligend dreinschauenden Polizisten erfolgreich ignorieren. Noch immer schlägt hier das Herz von Havanna – mag der Blick auch oft hinauswandern aufs Meer, hinüber nach Florida.

Rechts: Tänzerinnen im legendären Nachtclub „Tropicana“
Unten: Kapitol am Parque Central in Havanna

BUNTES NACHTLEBEN

Wer das trotz der Stromknappheit in Havanna wie ein Christbaum beleuchtete berühmteste Kabarett und Revuetheater der Karibik heute besucht, macht einen Zeitsprung in die turbulenten 1950er-Jahre. Im legendären „Tropicana“ traf sich „tout“ Havanna, und spendierfreudige Gringos zogen die ohnehin schon spärlich bekleideten Tänzerinnen mit den Augen aus. Noch heute wirbeln hier Amateur- und Profitänzerinnen mit Glitzerbikinis und Federhüten über die Bühne und vollführen komplizierte Schritte und Figuren. In den Diskotheken tanzt die Jugend längst nicht mehr nur Salsa, sondern oft lieber den harten Reggaetón. „Wenn ich verloren gehe, sucht mich in Kuba“, schwärmte der spanische Dichter Federico García Lorca.

ABU DHABI

EDLE METROPOLE AM PERSISCHEN GOLF

Kunstmuseum Louvre Abu Dhabi

Nicht Dubai, sondern Abu Dhabi ist die Hauptstadt der Vereinigten Arabischen Emirate. Und da man hier viel mehr Öl und damit auch Geld hat, liebt man Superlative. Mit Petrodollars werden aber nicht nur glitzernde Hochhauspaläste und luxuriöse Shopping Malls gebaut: Abu Dhabi investiert in Kultur, und das nicht zu knapp. Mit der Scheich-Zayid-Moschee bewies das Emirat, wie vollendet man auch im 21. Jahrhundert islamische Gotteshäuser bauen kann. Superlative natürlich auch hier: Platz für 40 000 Gläubige, vier Minarette mit jeweils 107 Meter Höhe, die zweitgrößte Moscheekuppel der Welt, ein 5627 Quadratmeter großer, handgeknüpfter Teppich, dazu viel edelster Marmor, Blattgold und der größte Kronleuchter der Welt. Wer Kunst vom Feinsten aus aller Welt sehen möchte, besucht den 2017 eingeweihten Louvre Abu Dhabi, auch architektonisch ebenso ein Leckerbissen wie das postmoderne Manarat Al Saadiyat nebenan, ein Hightech-Zentrum für interaktive lokale Kulturdarbietungen, internationale Ausstellungen und Theater.

REGISTER

A

Abu Dhabi 317
Ägypten
- Hurghada 29
- Luxor 282
- Nilkreuzfahrt 282
- Pyramiden von Gizeh 85
- Rotes Meer 52
- Tal der Könige 283
- Tal der Königinnen 283

Alaska 146
Albanien
- Riviera 99
- Riviera Shqiptare 99

Algarve 72
Amazonas 202
Amsterdam 144
Andalusien 134
Argentinien
- Buenos Aires 285
- Iguazu 227
- Los Glaciares 97
- Mendoza 77
- Nordpatagonien 309

Australien
- Arnhem Land 182
- Great Barrier Reef 150
- Great Ocean Road 47
- Kata Tjuta (Olgas) 126
- Kimberley-Region 204
- Melbourne 46
- Perth 231
- Südosten 46
- Sydney 46
- Tasmanien 25
- Uluru (Ayers Rock) 126
- Westaustralien 231
- Wildblumenblüte 231

Azoren 306

B

Bahamas 313
Bali 154
Bangkok 314
Barcelona 249
Belgien
- Antwerpen 194
- Binche 39
- Brügge 172
- Lüttich 301

Belgrad 189
Belize 16
Bolivien
- Salzseen 185
- Titicaca-See 280

Borneo 205
Brasilien
- Amazonasgebiet 202
- Costa Verde 271
- Fernando de Noronha 231
- Manaus 202
- Rio de Janeiro 32

Bretagne 186
Budapest 50
Buenos Aires 285
Bulgarien
- Bansko 51
- Schwarzmeerküste 156

Bwindi 17

C

Chile
- Feuerland 48
- Kap Hoorn 49
- Torres del Paine 302

China 256
- Hangzhou 256
- Peking 241
- Shanghai 256
- Wasserstädte 256

Cook Islands
- Aitutaki 152

Costa de la Luz 218
Costa Rica
- Karibikküste 75
- Pazifikküste 116

D

Dalmatien 178
- Diomedische Inseln 178
- Kornaten 178

Dänemark
- Färöer-Inseln 201
- Jütland 158
- Kopenhagen 118

Deutschland
- Amrum 187
- Baden-Baden 273
- Bayerischer Wald 28
- Berchtesgadener Land 249
- Berlin 137
- Bodensee 132
- Chiemsee 20
- Deutsche Märchenstraße 210
- Deutsche Weinstraße 68
- Erfurt 301
- Erzgebirge 312
- Fränkische Schweiz 145
- Garmisch-Partenkirchen 39
- Hainich 157
- Hamburg 197
- Harz 206
- Helgoland 272
- Hiddensee 277
- München 92
- Neuschwanstein 276
- Potsdam 135
- Rügen 234
- Sächsische Schweiz 251
- Sauerland 14
- Schwarzwald 159
- Spitzingsee 15
- Sylt 125
- Usedom 12
- Weimar 224
- Wismar 273
- Zugspitze 39

Djerba 78
Dominikanische Republik
- Halbinsel Samana 64
- Punta Cana 29

Dubai 11

E

Ecuador
- Pazifikküste 21
- Straße der Vulkane 304

Edinburgh 212
Elsass 119
England
- Cornwall 147
- Lake District 96
- London 284
- Südengland 211
- Turks- und Caicosinseln 299

Estland
- Tallinn 189

F

Färöer-Inseln 201
Feuerland 48
Fidschi-Inseln 254
- Mamanucas 254
- Yasawas 254

Finnland 179
- Karelien 200
- Lappland 81
- Nationalpark Oulanka 179

Florida 286
Frankreich
- Atlantikküste 208
- Auvergne 149, 300
- Bretagne 186
- Dordogne 226
- Elsass 119
- Iles d'Hyeres 221
- Korsika 143
- Languedoc 168
- Loire-Schlösser 240
- Lyon 300
- Marseille 163
- Mayotte 244
- Paris 110
- Provence 250
- Pyrenäen 275
- Reunion 176
- Strasbourg 119
- Toulouse 293

Französisch-Polynesien
- Huahine 153
- Marquesas 180

G

Galicien
- Illas Cies 166

Gardasee 107
Georgien
- Tiflis 258

Ghana
- Goldküste 65

Gotland 192
Grand Canyon 76
Grenadinen 298
Griechenland
- Ägäis 140
- Delphi 162
- Korfu 237
- Kreta 80
- Kykladen 140
- Mani 229
- Peloponnes 229
- Rhodos 246

Guatemala 30
- Tikal 30

Guyana
- Kaieteur National Park 253

H

Havanna 316
Hebriden 124
Highway Number One 230
Honduras
- Bay Islands 79
- Roatan 79
- Utila 79

I

Iguazu-Wasserfälle 227
Indien
- Kerala 41
- Rajasthan 290

Indonesien
- Bali 154

Irland 159
- Connemara 274
- Shannon River 159

Island 174
- Halbinsel Snafellness 174
- Reykjavik 174

Israel 52
- Jerusalem 52

Italien
- Abruzzen 123
- Costa Amalfitana 117
- Florenz 74
- Gardasee 107
- Gargano 232
- Lago di Como 69
- Livigno 311
- Rom 160
- Sardinien 201
- Sizilien 108
- Südtirol 55
- Umbrien 137
- Venedig 18

J

Japan
- Hokkaido 49, 77
- Kirschblüte 77
- Tokio 77

Jordanien
- Petra 84

Jütland 158

K

Kambodscha
- Inseln 10
- Koh Rong 10

Kanada
- Alberta 309
- Banff National Park 309
- Jasper National Park 309
- Neufundland 183
- Yukon 227

Kanalinseln
- Brecqhou 98
- Sark 98

Kapstadt 278
Kapverdische Inseln 296
Kenia 177
- Lamu 193
- Lamu-Archipel 193
- Manda 193
- Masai Mara 177

Kerala
- Backwaters 41

Kleine Antillen
- Dominica 70

Kolumbien
- Cartagena 22
- Karibikküste 22

Komoren 244
Korfu 237
Korsika 143
Krakau 188
Kroatien
- Dalmatien 142
- Istrien 220
- Kvarner Bucht 220
- Makarska Riviera 142

- Plitvicer Seen 252

Kuba
- Baracoa 27
- Havanna 316

Kykladen 140
- Mykonos 141
- Santorini 140

L

Lago di Como 69
Laos 311
La Palma 247
Lappland
- Rovaniemi 81

Lettland
- Riga 214

Libanon 41
Liechtenstein 173
- Vaduz 173

Litauen
- Kurische Nehrung 149
- Vilnius 184

Lofoten 44
Luxemburg 145

M

Madagaskar 100
- Nosy Be 100

Madeira 62
Malaysia
- Langkawi 11

Malediven 105
Mallorca 66
- Palma de Mallorca 67
- Serra de Tramuntana 66

Malta 260
Marokko
- Fès 266
- Taghazout 310
- Marrakesch 58

Mauritius 288
Mexiko
- Chiapas 292
- Chichén Itzá 90
- Halbinsel Yucatan 90
- Mexiko-Stadt 83
- Oaxaca 292
- Palenque 292
- Riviera Maya 90
- Teotihuacan 82

Montenegro 199
Myanmar 33
- Dawei 307

N

Namibia
- Etosha National Park 147

Nepal 275
- Annapurna 73

Neufundland 183
Neuseeland
- Nordinsel 281
- Queenstown 308
- Südinsel 308

New York City 238
Nicaragua
- Corn Islands 26
- San Juan del Sur 24

Niederlande
- Amsterdam 144
- Delft 196
- Maastricht 225

Nordmazedonien
- Ohridsee 185

Norwegen
- Lofoten 44
- Sognefjord 122

O

Oman 305
Österreich
- Großglockner 198
- Salzburg 170
- Salzkammergut 119
- Serfaus Fiss Ladis 81
- Tirol 81
- Wachau 248
- Wien 94

P

Panama
- San Blas Islands 37

Patagonien 97, 309
Peloponnes 229
Peru
- Inka-Trail 103
- Machu Picchu 103
- Titicaca-See 280

Philippinen
- Palawan 37

Polen
- Hohe Tatra 259
- Krakau 188
- Masuren 253
- Nationalpark Białowieża 229
- Warschau 222

Portugal
- Algarve 72
- Azoren 306
- Lissabon 42
- Loule 73
- Madeira 62
- Nationalpark Peneda-Gerês 99
- Porto 267

Prag 277
Provence 250
- Camargue 250

R

Reunion 176
Rhodos 246
Riga 214
Rio de Janeiro 32
Rumänien
- Bukovina 104
- Sighişoara 233
- Transsilvanien 233

Russland
- Kurische Nehrung 149
- Moskau 136, 233
- Transsibirische Eisenbahn 233
- St. Petersburg 45

S

Salzburg 170
Sansibar 169
Sardinien
- Costa Verde 201

Schottland
- Cairngorms 179
- Edinburgh 212
- Hebriden 124
- Skye 124

Schweden 148
- Gotland 192
- Kungsleden 228
- Lappland 228
- Schären 148
- Stockholm 17

Schweiz
- Bernina-Express 107
- Chemin au fil du Doubs 199
- Meiringen-Hasliberg 313
- Schweizer Alpen 107

Serbien
- Belgrad 189
- Sopocani 207

Sevilla 264
Seychellen
- La Digue 114
- Praslin 114

Sibirien
- Transsibirische Eisenbahn 233

Singapur 59
Sizilien 108
- Palermo 108

Slowakei
- Waldkarpaten 125

Slowenien
- Ljubljana 95
- Triglav 27

Spanien
- Andalusien 134
- Atlantikküste 218
- Barcelona 249
- Costa de la Luz 218
- Estremadura 75
- Fuerteventura 270
- Galicien 166
- Gran Canaria 262
- Ibiza 38
- Jakobsweg 128
- Kantabrien 207
- Katalonien 249
- La Gomera 289
- Lanzarote 91
- Madrid 111
- Mallorca 66
- Menorca 193
- Pyrenäen 275
- Santiago de Compostela 129
- Sevilla 264
- Teneriffa 236

Sri Lanka 36
- Colombo 36

Südafrika 120
- Greater St Lucia Wetland Park 120
- Kap der Guten Hoffnung 279
- Kapstadt 278
- Kruger-Nationalpark 120

T

Tansania 40
- Kilimandscharo 40
- Sansibar 169

Tasmanien 25
- Overland Track 25

Thailand
- Andamanenküste 54, 307
- Bangkok 314
- Ko Samui 187
- Ko Tarutao 307
- Phuket 54

Tiflis 258
Tirol
- Serfaus-Fiss-Ladis 81
- Titicaca-See 280

Transsilvanien 233
Trinidad & Tobago
- Port of Spain 56

Tschechien
- Prag 277
- Telč 215

Tunesien
- Djerba 78
- Tunis 259

Türkei
- Antalya 263
- Ephesos 106
- Istanbul 130
- Südküste 263
- Westküste 106

Turks- und Caicosinseln 299
- Providenciales 299

U

Ukraine
- Lemberg 131

Uluru (Ayers Rock) 126
Ungarn
- Budapest 50
- Donauschwaben 105
- Pecs 105

Uruguay
- Küste 271

USA
- Alaska 146
- Bryce Canyon 97
- Florida 286
- Grand Canyon 76
- Highway Number One 230
- Hawaii 102
- Indian Summer 257
- Las Vegas 76
- New York City 238
- Südwesten 76
- Vermont 257
- Wyoming 251
- Yellowstone National Park 251

Usbekistan
- Samarkand 129
- Seidenstraße 129

V

Vereinigte Arabische Emirate
- Abu Dhabi 317
- Dubai 11

Vietnam 51
Vilnius 184

W

Warschau 222
Weißrussland
- Nationalpark Białowieża 229

Y

Yukon 227

Z

Zimbabwe 131
- Victoriafälle 131

Zypern 88
- Paphos 89

IMPRESSUM

1. Auflage 2019
ISBN 978-3-8342-3046-1

GRÄFE UND UNZER VERLAG
Postfach 86 03 66, 81630 München
Tel. 0 89/41 98 19 00
holiday@graefe-und-unzer.de
www.holiday-reisebuecher.de

GRÄFE UND UNZER

Ein Unternehmen der
GANSKE VERLAGSGRUPPE

Idee/Konzept dieses Buchs: Silke Tauscher, Wilhelm Klemm
Redaktion und Projektmanagement: Silke Tauscher, Wilhelm Klemm
Lektorat: Angelika Holdau
Satz: Mediendesign Anne Tegler
Bildredaktion: Dr. Nafsika Mylona
Schlussredaktion: Ulla Thomsen
Produktion: Gloria Schlayer, Renate Hutt
Umschlaggestaltung & Layout: Independent Medien Design, München, Horst Moser (Artdirection)
Illustration: Anton Hallmann, sepia
Repro: Repro Ludwig, Zell am See
Druck und Bindung: Drucarnia Dimograf Sp z o.o. (Polen)

Liebe Leserinnen und Leser,

hat Ihnen unser Buch gefallen? Falls ja, freuen wir uns, wenn Sie es weiterempfehlen. Wenn Sie Kritik oder Korrekturen haben, schreiben Sie uns gerne an leserservice@graefe-und-unzer.de. Sie erreichen uns auch telefonisch unter Tel. 0 800 / 72 37 33 33 (gebührenfrei in D, A, CH), Mo–Do 9–17 Uhr, Fr 9–16 Uhr.

Ihre HOLIDAY-Redaktion

BILDNACHWEIS

AdobeStock: art/zzz 292/1, Aunging 315/1, BajeczneObrazy.pl 188, Beboy 143/2, carles 26, Carson Liu 267, chiradech 315/2, davis 93/1, dudlajzov 189/2, dudlajzov 225/1, DZiegler 206, eyetronic 19, eyetronic 115/1, Ilan Ben Tov 305/1, jarcosa 128, joserpizarro 219/1, Lotharingia 293, Lux Blue 129/1, miquelrc 275/1, N. Korzhov 311/2, Noppasinw 161/1, P. Gallo 193/2, P. Kosmider 91/1, pawopa3336 309/2, pkazmierczak 289/2, powell83 197, R. Ködder 148, 186, reservoircom 149/1, rolf/52 192, rosensterne 297, rustamank 156, S. Bogomyako 91, S. Figurnyi 196, 214, S. Bernsmann 289/1, This Life In Trips 193/1, Travel Wild 311/1, Tupungato 105/1, twixx 72/73, Uwe 86/87, yulenochekk 136 · Alamy: Jo Crebbin 313/1 · AWL Images: F. Iacomino 126/127, I. Trower 195, J. Arnold 316/317, S. Lubenow 137/1, Travel Pix Col. 161/2, F. Iacobelli 137/2 · Fotolia: lkunl 8/9, A. Whitworth 47 · Getty Images: A. Thomae 39/1, R. Rahman 35/35, 59/2, C. Bortes 187/1, C. Cantón 135/1, D. Corio 265/2, D. Tomlinson 80, D. Johnson 305/2, P. Biris 81/2, R. Pohle 15/2 · HUBER IMAGES: A. Gerth 199/2, C. Bäck 13/1, F. Cogoli 171, F. Lukasseck 235/1, 301/1, G. Gräfenhain 265/1, G. Filippini 141, J. Banks 271/1, J. Foulkes 280, J. Ritterbach 23/1, J. Wlodarczyk 233/2, K. Holger 14, M. Rellini 270, O. Fantuz 167/1, P. Giocoso 101, R. Schmid 15/1, 68/69, 229/1, 237, 259/1, 273/2, 285, 312, S. Kremer 64/65, 65/1 · imago: 69/1, 189/1, 301/2, 304/305, All Canada Photos 106, K. Horstmann 235/2 · JALAG: A. Selbach 58/59, G. Lengler 287/2, T. Langlotz 27/1 · Julian Yu on Unsplash 290 · laif: C. Lataste 181, F. Guiziou 294/295, 307/1, F. Heuer 117, G. Knoll 210, J. Modrow 287/1, M. Kirchner 135/2, R. Haidinger 24/2, RIEGER B. 283, T. Gerber 66 · Look: H. Leue 21/1 · mauritius images: A. Vitting 157, B. Römmelt 228, ClickAlps 107/2, D. Vilaplana 24/1, Dinodia Photos 291, H. Higuchi 170, Hemis.fr 79/1, imageBROKER 28, K. Welsh 134, M. Keller 133, M. Molina 60/61, M. Runkel 299/2, MITO images 159/2, R. Harding 40, 299/1, T. Till 253/2, travelstock44 209/1, Y. Duffe 273/1 · picture alliance: allOver/TPH 93/2, DUMONT 308, Reuters 41/2, 57 · Schweizer Skischule Meiringen-Hasliberg/Perretfoto.ch 313/2 · seasons.agency: Jalag 132, 111, 279/1, 63/2, 187/2, 251/2 · Shutterstock: 74, C. Poe 79/2, ChameleonsEye 83/2, J. Theodor 53/1, rbrechko 249/1, saiko3p 207/1, T. Q. Thinh 51/2, A. Jandi 227/2, A. Mayovskyy 122, 199/1, A. P. Deer 182/183, A. Petrus 155/2, A. Saluk 115/2, A. Todorovic 262, A. Zappalorto 202/203, A. Paes 32, A/Ivanov 129/2, 238/239, A. Segre 284, A. G. Rosa 48, AlexAnton 85/2, Allard One 98, amalasi 145/2, A. Bvba 277/1, anyaivanova 277/2, B. Stroujko 173, 258, Bluesnaps 97/1, bmphotographer 127, BTWImages 78, Bucchi F. 251/1, C. Babcock 183/2, C. Briones 83/1, C. Mueller 13/2, canadastock 97/2, 215, CatalinT 201/2, cge2010 246/247, christian/b 231/1, concept w 220/221, Coralie M 245/2, Creative Family 175, Creative Travel Projects 198, CSNafzger 309/1, D. Belitsky 44, D. James 150/151, D. Mammoser 36, 254/255, D. Ramsey 70/71, D. Rukhlenko 41/1, D. Kay 124, D. Ionut 302/303, Day2505 54/55, Delpixel 185/1, Demchyna 200/2, dimbar76 45/1, domhnall dods 213/2, Dreamer4787 142, Explorer 164/165, E. Eremeev 229/2, E. Gevaert 247/2, E. Locci 201/1, emperorcosar 103, EQRoy 118, E. Valenne 177/1, 185/2, evenfh 213/1, f11photo 77/2, Fesus R. 27/2, fotorince 222, freeskyline 159/1, G. Frazao 203, Gagliardi 239, gg-foto 152, 153, Glimpse of Sweden 211, A. Gudkov 17/2, Guitar 155/1, gyn9037 257/1, H. Hotson 147/1, H. Jenhung 16, hlphoto 205/1, Horizonman 33/2, I Shafiq 151, I. Dyba 90, I. Grochev 200, I. Karasi 178, iamanewbee 102, ilolab 119/2, images72 145/1, iPics 55/2, iweta0077 179/2, Izabela23 50, J. Chica 59/1, J. de la Bastide 56, J. Nedbal 125/2, J. Netzker 20, J. Swanepoel 147/2, Javitouh 167/2, J. Walker 138/139, J. Kruger 11/1, K. Bakalarova 306, K. Dagan 39/2, 292/2, K. Joergensen 11/2, K. Lugmayer 95/1, K. R. Zerloch 109/1, Kelly 143/1, klauskannas 179/1, Koverninska O. 169/2, 172, L. Calconi 91/2, L. Petrikova 55/1, LaMiaFoto 94, Larwin 298, leoks 69/2, lukaszimilena 99/100, M. Alex 231/2, M. Bozhko 317/2, M. Charles 96, M. Gebauer 29/1, M. Gillespie 268/269, M. Golovianko 223, M. Kastelic 95/2, M. Nagy 140, M. Ossino 109/2, M. Rehak 225/2, M. Rodrigues 73/1, M. Thaler 125/1, M. Tomasini 183/1, M. Vinuesa 226, Mapics 162, marako85 224, meunierd 31, milosk50 90/91, mpaniti 252, muratart 263, N. Folkertsma 30/31, N. Huebl 216/217, N. Nazarova 51/1, NadyaEugene 236, Natursports 1772, NaughtyNut 241/1, NavinTar 84/85, nito 219/2, O. Prosicky 112/113, 272, O. Rudchenko 276, OPIS Zagreb 130, orangecrush 77/1, P. Costa 99/1, P. Gueret 116, P. J. Durieu 300, P. Jankovic 17/1, P. Perola 29/2, P. Skibinski 255, P. Tanpairoj 230, P.-Y. Babelon 99/2, palomadelosrios 38, Paul88 307/2, paulmichaelNZ 190/191, Pecold 227/1, Phattana Stock 241/2, P. Dase 274, Photix 110, PhotoSky 121/2, 279/2, Pisit Rapitpunt 73/2, Pit Stock 261/2, Pixel to the People 158, Popova V. 45/2, R. Babakin 81/1, R. Cichawa 281, R. Mareel 49/1, R. Sedlak SK 119/1, R. Semik 75/2, R. van Beets 85/1, R. M. Nunes 23/2, 37/2, Randrei 266, ronnybas frimages 75/1, S. Bidouze 33/1, S. Dannhauer 37/1, S. Delle Vedove 184, S. Ember 245/1, S. Manousis 247/1, S. Pavone 43/1, 49/2, 255/256, S. Rotter 248, S. Uryadnikov 205/2, S. Hesse 10, S. Yalcin 310, Samot 250, S. Borges 296, saraporn 146, Serjio74 233/1, S-F 163, S. Werakijpanich 105/2, Snehit 257/2, Standret 174, stockfotoart 221/2, stockphoto-graf 288, Sun/Shine 18, 169/1, 194, T. Abramovich 107/1, T. Mazon 259/2, T. Popova 43/2, T. Vyshnya 46/47, TG23 65/2, The Visual Explorer 317/1, TobyG 242/243, trabantos 168, TUX85 121/1, Umomos 180, V. Gajic 207/2, V. Galkina 67, V. Lavra 104, 232, V. Petrakov 131/2, V. Sebek 21/2, V. Mei 123, V. Lopatin 240/241, Visual Collective 25, vitormarigo 271/2, Vlad61 53/2, Vlada Zhi 63/1, Vladitto 249/2, Von 204/205, W. Boonrawd 76, WitR 282/283, xbrchx 221/1, Y. Belich 149/2, Yasonya 144, Y. Kumsri 275/2, ysuel 253/1, yu-jas 131/1, Z. Popat 176/177, ZGPhotography 261/1